LA
PURETÉ DANS LE THÉÂTRE
DE
JEAN ANOUILH

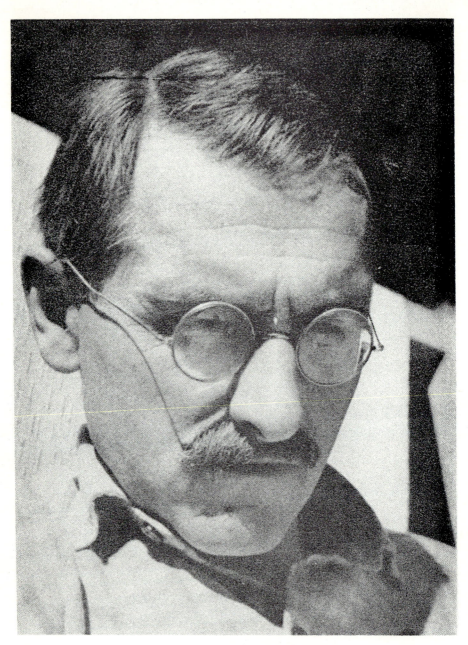

JEAN ANOUILH, «LE MYSTÉRIEUX»

ANDRÉ FRANÇOIS ROMBOUT

LA
PURETÉ DANS LE THÉÂTRE
DE JEAN ANOUILH

AMOUR ET BONHEUR, OU L'ANARCHISME
RÉACTIONNAIRE

UNE ANALYSE DE LA FONCTION 'MYTHIQUE',
DE LA VIRGINITÉ ET DE LA PURETÉ MORALE SUR LE COMPORTEMENT
DES INDIVIDUS EN QUÊTE DU BONHEUR

AVEC EN APPENDICE DES EXTRAITS DE PROGRAMMES, UNE BIBLIOGRAPHIE
ET UN INDEX

HOLLAND UNIVERSITEITS PERS
AMSTERDAM

28368

PREMIÈRE ÉDITION 1975
PARU ÉGALEMENT COMME THÈSE Á L'UNIVERSITÉ DE GRONINGUE, 1975

HOLLAND UNIVERSITY PRESS BV
[ASSOCIATED PUBLISHERS AMSTERDAM / APA]

POSTBOX 1850 (SINGEL 395)
AMSTERDAM 1000

ISBN 90 302 1106 7

Matri et uxori

PREFACE

Soixante-cinq ans.Auteur dramatique depuis l'âge de vingt ans.
Trente-six pièces publiées. "Un cerveau branché sur un stylo."
Signe également depuis vingt ans -seul ou avec Roland Piétri -
la mise en scène de ses pièces.En moyenne une création par an
sur les scènes parisiennes et étrangères sans compter de très
nombreuses reprises.En période creuse, pour se faire diversion
et changer de répertoire,monte du Molière et du Shakespeare
ou encore un ... mélodrame.
Dialoguiste et adaptateur éprouvé pour la Radio, la Télévision
et le film, rien de l'art des spectacles ne lui est étranger.Il est
titulaire du Prix Dominique de la mise en scène (1959),du Prix
del Duca (1970).du Prix de la Critique Dramatique (1970) et du
Prix du Brigadier (1971).
Ni misanthrope,ni misogyne mais individualiste et sauvage autant par necessité que par goût, voilà comment apparaît,à la
lumière de son œuvre et des rares confidences de ses amis,
"Jean Anouilh le mystérieux", un homme chez qui art et artisanat se confondent et pour qui écrire une pièce est exercer un
métier ni plus ni moins noble que celui de tailleur,de plombier
ou de rempailleur de chaises.
La question du bonheur et plus particulièrement de celui que
peut offrir l'amour et la vie du couple n'ont cessé, depuis
Mandarine jusqu'au Directeur de l'Opéra , de préoccuper Jean
Anouilh et chacune de ses pièces a éclairé une des multiples
facettes de ce vaste problème.Celui-ci restant essentiellement
le même, certains éléments dramatiques reviennent régulièrement d'une pièce à l'autre.C'est le cas de l'idée de pureté
considérée dans son acception morale au sens de pureté de
cœur comme dans son acception physique, plus spécialement
réservée aux adolescentes, au sens de virginité.
Une introduction méthodologique ayant défini les perspectives
de la recherche, une esquisse sémantique a permis ensuite de
dégager le fonctionnement du thème du contact à travers les divers motifs qui le composent et de montrer comment joue l'idée
de pureté dans ce cadre.
Dans la phase suivante (chapitres III et IV),l'objectif a été de
faire ressortir l'influence de la pureté physique et plus spécialement de la virginité ou de la chasteté de l'héroïne sur le bonheur du couple.La méthode phénoménologique a ici cédé le pas
à l'analyse textuelle et la perspective adoptée a été celle des
protagonistes considérés dans leur univers personnel ou,si
l'on préfère, celle d'un metteur en scène essayant de "vivre"
les personnages.
Alors que dans la première partie toute considération historique était systématiquement écartée et que seul le moment fictif
de l'action entrait en ligne de compte, c'est le regard du spec-

tateur contemporain de la création de la pièce qui a, autant que possible,été utilisé dans la seconde partie pour permettre d'apprécier l'impact de la notion d'honneur de l'homme sur la conduite des protagonistes dans leurs relations avec la société.

A la lumière de ces différents éclairages il s'est avéré que la virginité des jeunes filles ou la chasteté postnuptiale n'étaient une garantie de bonheur durable qu'à condition de s'accompagner d'une grande pureté morale ou pureté de coeur chez les deux partenaires.La plupart du temps toutefois, l'impossibilité d'une adéquation autre que momentanée de l'adolescente à l'idéal féminin dont rêve son compagnon cause le malheur du couple et sa faillite sinon sa désintégration.

Non content de sacrifier son bonheur et celui de sa compagne au mythe de la femme idéale et d'un foyer exemplaire, le héros anouilhien fait de sa notion d'honneur de l'homme,une pierre de touche sur laquelle il essaie son comportement social et celui des autres.Ce critère, identifiable à la limite à l'idée de dignité humaine,l'amène à refuser catégoriquement tout ce qui risque, de près ou de loin de porter atteinte à ce qu'il considère comme son honneur.Le caractère généralement excessif et sourcilleux de cette conception fait des héros masculins ou féminins de Jean Anouilh, d'éternels révoltés n'admettant ni ne tolérant aucune autre autorité hors celle qui correspond à leur rêve.Cet individualisme de caractère libertaire au double sens du terme fait de leur conduite un anarchisme réactionnaire.

TABLE DES MATIERES

X

TABLE DES ABREVIATIONS

Abréviation	Titre
Al.	L'Alouette
Ant.	Antigone
Ard.	Ardèle ou la Marguerite
Bal.	Le Bal des Voleurs
Beck.	Becket ou l'honneur de Dieu
Bi.	Pauvre Bitos ou le Dîner de Têtes
Bou.	Le Boulanger, la Boulangère et le Petit Mitron
C.A.	Cher Antoine
Céc.	Cécile
Ch.B.	Chansons Bêtes
Col.	Colombe
Dir.	Le Directeur de l'Opéra
Ep.	Episode de la vie d'un Auteur
Gent.	Tu étais si gentil quand tu étais petit
Eur.	Eurydice
F.	Fables
Foi.	La Foire d'Empoigne
Gr.	La Grotte
Her.	L'Hermine
Hum.	Humulus le muet
Hurl.	L'Hurluberlu ou le Réactionnaire amoureux
Inv.	L'Invitation au Château
J.	Jézabel
Léoc.	Léocadia
Ma.	Mandarine
Mé.	Médée
Orch.	L'Orchestre
O.	Oreste
Orn.	Ornifle ou le Courant d'Air
P.R.	Les Poissons Rouges ou "Mon Père ce Héros"
P.M.	La Petite Molière
Rép.	La Répétition ou l'amour puni
Rév.	Ne Réveillez pas Madame...
R.&J.	Roméo et Jeannette
R-V.	Le Rendez-vous de Senlis
Sau.	La Sauvage
Son.	Le Songe du Critique
Val.	La Valse des Toréadors
Voy.	Le Voyageur sans bagage
Y'avait	Y'avait un prisonnier

LA
PURETÉ DANS LE THÉÂTRE
DE
JEAN ANOUILH

Projet de costume pour La Valse des toréadors. Rotterdams Toneel 1957
Wim Vesseur: gouache sur carton violet 32,5 x 49,7 cm.
Détail du costume de mariée de Ghislaine de Ste Euverte
Collection: Toneelmuseum, Amsterdam

PERSPECTIVES METHODOLOGIQUES

Avant d'aborder l'analyse du théâtre d'Anouilh nous voudrions corriger ce que le titre que nous avons donné à cet ouvrage peut avoir de trompeur et d'imprécis.

Notre travail ayant pour objet d'étudier quelle est, dans l'œuvre théâtrale de Jean Anouilh, la fonction de la pureté, nous aurons au préalable à nous demander ce que nous entendons par œuvre théâtrale et par pureté, puis à choisir une méthode et des procédés d'analyse susceptibles de fournir les réponses cherchées.

Comme dans toute entreprise de critique littéraire la matière nous sera fournie par l'ensemble des textes qui constituent l'œuvre de l'auteur. Mais nous n'avons pas plus tôt émis cette idée toute simple que déjà nous entendons l'avertissement tant de fois répété par les praticiens et théoriciens du théâtre ou de la littérature. Le texte? Mais le texte de l'auteur n'est au théâtre qu'un point de départ. "Un poème, un roman s'adressent à la solitude" (1), on peut les transporter avec soi, en prendre connaissance où et quand on veut, on peut les lire d'un trait ou les abandonner et les reprendre ensuite. Le lien d'intimité qui s'établit entre l'œuvre et le lecteur n'a pas besoin d'un intermédiaire ou d'un lieu privilégié pour naître. Il surgit spontanément entre l'univers romanesque ou poétique et le lecteur. Parfois l'auteur ouvrira un dialogue en s'adressant au lecteur et en lui parlant de son héros, comme aime à le faire Stendhal, mais le plus souvent il s'effacera, comme le veut Flaubert.

Vouloir soumettre une pièce de théâtre au corps-à-corps qui s'établit entre le lecteur et le texte dans la solitude et le silence d'un cabinet, ou même au fond d'un fauteuil, au coin du feu comme le souhaitait Musset, n'est-ce pas méconnaître profondément l'essence même du théâtre? Quelles que soient les intentions, avouées ou non, poursuivies par l'auteur: didactiques, morales, religieuses, politiques, etc... elles sont en dernier ressort toujours subordonnées à un objectif primordial unique: la représentation. C'est ce que trahissent au premier abord la forme dialoguée, la division en actes, tableaux ou scènes du texte, mais surtout les indications scéniques dont il est accompagné dès le debut, ce qui distingue le texte théâtral des autres productions littéraires.

Lorsque Ionesco nous dit: "une pièce de théâtre n'a pas à être présentée, il lui suffit d'être représentée" (2) et que Henri Gouhier insiste "surtout l'œuvre théâtrale n'est pas seulement un texte, elle ne jouit de sa pleine existence que sur la scène" (3), ils ne se contentent pas de répéter un lieu commun; ils soulignent l'élément spécifique du théâtre: la représentation (4).

Représentation ou présentation seconde. Le texte ne devient pièce de théâtre que lorsqu'il est re-présenté sur ce cube ouvert sur le devant que constitue la scène, dans un décor choisi et créé spécialement pour lui, par des acteurs choisis et préparés pour le jouer de façon à souligner certains mots, certains passages, certaines idées, selon un jeu, un mouvement qui sont le fruit d'une quarantaine de répétitions sous la direction de cet être doué du don d'ubiquité et de voyance qu'est le metteur en scène. Les choses étant ce qu'elles sont, il est évident qu'il existe non pas une version d'une pièce, mais des versions, fatalement différentes: d'abord celle que l'auteur a écrite en vue de la re-présentation et qui est aussi celle dont s'inspirera, au départ, le metteur en scène. Encore celui-ci peut-il la modifier avec, ou parfois même sans le consentement de l'auteur - soit en opérant des coupures, soit en demandant à l'auteur ou à quelqu'un d'autre de refaire telle ou telle partie -. On peut également parler de la version du décorateur, de celle du costumier, des machinistes, des électriciens, etc... Ce sont toutes ces versions superposées et fondues et un ensemble aussi cohérent que possible qui font la pièce de théâtre.

Dans une sémiologie du signe théâtral esquissée naguère (5), M. Kowzan ne relevait pas moins de treize signifiants partant du "lieu scénique" et s'ajoutant au texte dit. Par "signe théâtral" nous devons entendre l'ensemble des signifiants qui, chacun avec sa faculté évocatrice propre, se combinent pour constituer le message perçu par le public. Un ou plusieurs signifiants peuvent donner un signifié. Ainsi l'impression de tristesse pourra-t-elle être évoquée et perçue à partir d'une apparence extérieure de celui-ci (costume de deuil), d'un aspect du lieu scénique (changement dans l'éclairage, évocation musicale), etc... et fusionnant en une impression unique; mais également à partir d'une seule modification intervenant dans l'économie de la pièce, les autres éléments restant inchangés. Cette profonde diversité du signe au théâtre, analysée ici au niveau du lieu scénique, -c'est-à-dire de la scène et de l'acteur, se complique non seulement du fait de la multitude de structurations latentes qu'offrent les divers éléments mais encore du fait de l'intégration du lieu scénique dans le lieu théâtral qui comprend, outre la scène et l'acteur, la salle et le public.

Telle pièce qui réussira dans l'intimité d'un théâtre de poche ou d'une salle expérimentale, ne résistera pas à l'épreuve d'un grand théâtre des Boulevards (6), d'un grand public ou d'une grande salle presque vide.

On aurait tort en effet de méconnaître l'importance du public. L'auteur écrit la pièce, l'acteur la crée, le metteur en scène aidé du décorateur, des machinistes, des électriciens, des couturiers, des maquilleurs, la monte, mais le public la fait vivre. Ce n'est qu'en présence du public et grâce à lui, que la pièce pourra exister. Sans le public il n'y a pas représentation mais répétition, l'avant-dernière répétition étant la générale ou présentation à la critique. C'est ce sentiment que trahit la formule de remerciement que les acteurs adressent parfois au public admis pour la première fois à voir la pièce: "Nous venons de répéter devant vous pour la dernière fois"... Suit alors le titre de la pièce, le nom de l'auteur, du metteur en scène et de tous ceux qui ont contribué à la réalisation.

Un roman, une plaquette de poèmes relégués par l'éditeur dans le "fonds des invendus" n'en restent pas moins un roman ou des poèmes. Une pièce de théâtre à laquelle le public ne vient pas "tombe", c'est un "four". "Le théâtre a ceci merveilleux et de terrible qu'on ne peut s'y passer de succès" (7). Retirée de l'affiche la pièce de théâtre n'est plus qu'un texte dont quelques années suffiront à effacer toutes traces (8), à moins que la volonté de l'auteur ou la découverte du manuscrit, voire d'une "conduite" ne la sauvent du néant en lui donnant la pérennité de l'écrit.

Jean Anouilh va même jusqu'à exiger du public qu'il accepte de jouer le jeu avec lui. Il voudrait que le spectateur vînt au spectacle pour passer le temps, pour digérer, pour se faire voir (et être vu peut-être), mais aussi, sous l'affet d'un conditionnement psychologique préalable, pour y participer lui-même. Un peu comme le joueur de bridge s'asseoit à la table de jeu avec l'intention bien arrêtée de jouer le jeu, d'en respecter les règles et d'en tirer le maximum de plaisir, tout en contribuant au maximum au plaisir et à la satisfaction de ses adversaires et de son partenaire. Cette volonté première de participation donnerait au public une homogénéité d'intention qu'il est loin de posséder (9). Ici une double précision s'impose: quand nous parlons de public nous entendons bien un groupe plus ou moins important d'individus et non un seul ou quelques-uns. Cette volonté de participation que demande Anouilh pourrait alors constituer un des deux critères permettant de distinguer le public de la foule, l'autre étant cette communion des individus avec l'œuvre théâtrale telle que la définit Henri Gouhier (10). Ce fut l'erreur de Musset, erreur causée plus par un mouvement de déception que par une faute de jugement, de croire que le théâtre vivant pouvait être remplacé par le théâtre lu. Il suffit de penser aux transformations que lui-même a dû faire subir aux textes publiés avant de les faire jouer, pour avoir la preuve de cette erreur d'optique. Chaque spectateur apporte dans la salle ses préoccupations personnelles mais aussi celles de son milieu et de son époque multipliées, transformées par son appartenance à ce nouvel organisme: le public. C'est lui qui décide, en dernier ressort, si une pièce doit exister ou non, c'est lui qui permet que s'établisse un lien entre la scène et lui, qui accepte ou refuse le "signe théâtral" dont nous parlions tout à l'heure et c'est lui également qui conditionne le texte car il faut que celui-ci "passe", qu'il "porte" (11).

Tous les praticiens du théâtre s'accordent pour reconnaître qu'il s'en faut parfois d'un rien pour que le contact recherché avec le public s'établisse ou non. Il pourra suffire parfois d'une modification infime dans la régie, dans le jeu de l'acteur ou d'autres facteurs de la représentation; un amendement plus ou moins profond du texte lui-même, une coupure ou un becquet opportuns pourront changer la portée d'une tirade ou l'éclairage d'un caractère pour répondre à la froideur du public et amener le succès dans l'intervalle de deux représentations. Peu importe si la modification est de l'auteur ou du metteur en scène, avec ou sans l'aveu de celui-là. Le seul objectif poursuivi alors est d'établir le contact avec la salle, de faire passer le texte, et c'est aussi la seule règle que l'on ne puisse enfreindre sans dommage. Rappelons à ce sujet que lors de la représentation à Groningue du Voyageur sans bagage par les Réalisations Théâtrales de Roger Colas (27-3-1968) le second tableau était joué à rideau fermé, un décor montrait le trou de la serrure et les domestiques tandis que 2 magnétophones "disaient" le texte. En outre le 4e tableau avait été purement et simplement supprimé et remplacé par un raccord inopérant. De telles "inventions" dont les tournées sont fertiles portent souvent préjudice au théâtre plus qu'elles ne l'aident. Nous avons pu constater à la lecture de certaines mises en scène que Jean Anouilh modifie lui-même son texte jusqu'à la dernière minute pendant les répétitions et même après la première. Un lecteur exercé de pièces de théâtre saura, sans doute, créer à la lecture une vision intérieure qui soit l'équivalent de la conception globale de l'auteur ou du metteur en scène, mais celle-ci n'aura jamais, à elle seule, le pouvoir évocatif qui est le fruit de la colloboration de tous les spécialistes intéressés dans la création.

Est-ce à dire que la seule critique dramatique véritable soit celle dont nous retrouvons les échos au gré des générales dans les articles de presse réunis dans le fonds Rondel, et que l'on rencontre à la page des spectacles dans les grands quotidiens, les hebdomadaires ou les revues au lendemain de la création de la pièce? On l'a prétendu.

Sans vouloir le moins du monde minimiser l'appoint de ces connaisseurs par excellence que sont les critiques dramatiques professionnels, nous ne pouvons nous départir d'une certaine méfiance, fruit de la lecture de quelques centaines de comptes-rendus. A quelques exceptions près ils pêchent tous par leur caractère impressionniste, fugace et épisodique.

On ne peut réfléchir sérieusement à la valeur du "signe au théâtre" sans se sentir immédiatement abasourdi par la multiplicité de ses implications. On a tôt fait d'être convaincu également de l'impossibilité matérielle où nous nous trouvons de le saisir dans toute son ampleur et sous toutes ses facettes lorsqu'il s'agit d'une ou deux pièces et, à plus forte raison, lorsque l'analyse doit se faire uniquement à la lumière de la représentation. Dans ce cas la complexité du signe risque bien de n'être pas un avantage mais bien l'inconvénient majeur dès que l'on tentera, par exemple, de donner une interprétation aussi complète et aussi objective que possible de la pensée de l'auteur ou de la psychologie des personnages. Dans cette optique la pièce montée au théâtre apparaît comme étrangère à son auteur, c'est "une pensée qui se métamorphose en machine" disait Vigny (12). Jouvet, qui le cite, a beau jeu de renchérir: "machine de spectacle, machination de comédiens, machinerie des éléments de scène", parce qu'il voit justement dans cette mécanisation du texte aboutissant à une "métamorphose" le plus beau titre de gloire et la raison d'être du metteur en scène: mettre la pensée de l'auteur à la portée du spectateur (13). Il ne nous appartient pas de discuter ici ce point de vue, mais nous pouvons en tirer au moins un enseignement. Si l'intervention du metteur en scène a pour effet de faire subir une "métamorphose" au texte, elle en détruit ipso facto l'authenticité. Même lorsque l'auteur, comme c'est le cas ici, fait (ou contribue à) la mise en scène de sa pièce. Il pourra lui arriver, même plus facilement qu'à tout autre, de modifier, de "métamorphoser" sa pièce en la voyant se dérouler sous ses yeux et non plus dans son esprit (14). Or notre intention est justement de réunir le maximum de garanties quant à l'authenticité du texte, de rechercher les meilleures conditions d'analyse, le "maximum de sens" comme dirait Roland Barthes. Sans vouloir reprendre l'éternelle et insoluble polémique à propos de la prééminence du théâtre vu (et joué) sur le théâtre lu (et rêvé), force nous est bien de revenir au texte publié par l'auteur. Nous n'hésiterons pas, cependant, à faire appel, chaque fois que cela sera possible et que cela nous semblera utile, à la version vécue que constitue le texte de la mise en scène. Nous rejoignons ainsi, nolens volens, la conception généralement adoptée par la critique dramatique que nous appellerons faute de mieux "journalistique".

Le problème du texte de base de l'œuvre théâtrale étant ainsi tranché, voyons à présent, avant de nous arrêter à la fonction de la pureté, comment et sous quels aspects celle-ci se présente généralement dans l'œuvre de Jean Anouilh.

Lorsque dans L'Hermine, au début de la carrière dramatique de Jean Anouilh, l'aveu imprévu et mensonger de Joseph vient mettre un terme à l'interrogatoire que les policiers font subir à Frantz, mais en même temps lui voler la responsabilité de l'assassinat de la Duchesse de Granat, celui-ci se hâte de revendiquer la paternité de son acte. Il explique à son ami Philippe horrifié: "Si je l'ai tuée, ce n'est pas pour son argent, c'est parce que son argent était devenu le prix exact de notre pureté" (15). La pureté dont fait état Frantz présente deux aspects: l'un physique, l'autre métaphysique; Monime a perdu sa virginité en devenant la maîtresse de son ami d'enfance. Celui-ci considère leur liaison de ce fait comme avilissante pour elle et pour lui, cause et instrument de la souillure. Le mariage pourrait laver celle-ci; mais non pas celle que ne manquera pas de faire naître la pauvreté, source de compromis et de compromissions.

Plus loin dans la pièce Frantz fera appel ensuite à la valeur cathartique du sang versé pour justifier son geste et motiver la force qui lui a permis jusqu'alors de résister à la pression des policiers: "J'étais plus fort qu'eux, je serai toujours plus fort que le monde et la pauvreté même. Je me suis purifié dans le sang de cette vieille" (16). Son acte cesse ainsi d'être un crime pour devenir une sorte de sacrifice religieux.

Trente ans plus tard, dans La Grotte, l'auteur dévoilant les secrets de sa "cuisine" se parodie lui-même et se moque de ses propres conceptions esthétiques et morales dans une charge ironique contre le bon vieux mélodrame. Une idylle naît entre un jeune séminariste assoiffé de pureté et une petite bonne, toute simple et bien incapable de réagir contre le milieu sordide dans lequel elle se débat. Le cocher l'a violée un soir, par surprise, et depuis s'impose à elle par la force. Elle en attend même un enfant. Lorsqu'elle rencontre le séminariste

5

elle éprouve au contact de celui-ci une honte profonde faite du regret de sa pureté physique perdue, du dégoût des manœuvres abortives auxquelles elle se soumet et du désespoir devant l'impossibilité où elle se trouve de se libérer des intrusions nocturnes du cocher! Elle aime le séminariste, elle voudrait répondre au désir de pureté de celui-ci, mais ne peut que souffrir passivement, tiraillée entre tous ceux qui "veulent son bien". "La Marie-Jeanne qui a compris maintenant que son fils tournait autour moi. (Elle désigne le curé d'un geste). Lui, qui me dit toujours que je dois être pure. L'autre, qui veut que je retourne avec lui et qui me bat" (17).

Lorsqu'après un silence de six années Anouilh se présente à nouveau devant le public parisien pour passer son "baccalauréat annuel" comme il appelle ses créations, il a deux textes: Chansons-Bêtes, un spectacle de marionnettes monté à partir de ses Fables, et Le Boulanger. Dans cette pièce qui inaugure une nouvelle manière dans laquelle rêve et réalité se confondent non seulement dans l'esprit du personnage mais même sur la scène, nous retrouvons, mais cette fois sur le mode ironique, de nombreuses allusions à la virginité, à la chasteté et à leur incidence sur la vie du couple. La scène cauchemardesque qui constitue au second acte le minidrame du second tableau et clôture, provisoirement, la scène de ménage, nous paraît éloquente en l'occurence. Elodie entend se remarier, refaire sa vie, trouver enfin ce bonheur et cet amour qu'elle n'a pas osé saisir quand ils passaient à portée de sa main. Sans broncher elle prétend recommencer sa vie, repartir à zéro, effacer passé et expérience, douze ans de mariage et deux enfants et redevenir, sur la foi d'un simple bref apostolique, la pure et candide jeune fille de naguère: "Oui. Avec la vie que j'ai menée, je me considère comme vierge. J'écrirai au Pape. J'aurai une dispense. Je me remarierai en blanc, à l'église, avec toutes mes fleurs d'oranger" (18).

Cette persistance du thème de la pureté physique et morale dans l'œuvre de Jean Anouilh a été souligné depuis longtemps par tous les journalistes, critiques dramatiques et essayistes qui au gré des générales ou d'études diverses se sont penchés sur son théâtre. Pourtant il semble bien que c'est Robert Brasillach qui a, le premier, étudié systématiquement cet aspect de l'œuvre du dramaturge. Rendant compte en 1943 de la récente édition Pièces Noires et des Pièces Roses, le journaliste intitule son article: Jean Anouilh ou le mythe du baptême (19). Analysant avec perspicacité les différents thèmes qui parcourent les deux recueils: désir d'évasion, rejet du passé, nostalgie de l'enfance, il note que dans ce monde rose et noir "chacun veut revêtir la robe d'innocence. Plus il est souillé, plus il a péché et plus il désire la blancheur et la vie nouvelle" (20). Aussi proposa-t-il de faire du mythe du baptême le lien central unissant toutes ces pièces, sans perdre de vue le caractère paradoxal de cette suggestion où se retrouvent les termes mêmes de la terminologie chrétienne de la pureté appliqués à un théâtre dont l'inspiration n'était rien moins que chrétienne. Le critique serait sans doute encore plus surpris de constater que l'auteur a persisté dans l'exploitation de cette veine durant

6

toute sa production dramatique, c'est-à-dire au gré de quelque quarante pièces connues et jouées.

Cette constante n'a pas pu échapper à la critique et ne pas irriter certains de ses représentants. Ceux-ci en sont venus rapidement, dans des comptes-rendus de générale à parler d'essoufflement, de tarissement de la veine créatrice, voire même de fabrication en série, chez un auteur contraint de retourner toujours à ses premiers thèmes parce qu'incapable de se renouveler. C'était oublier la liberté de l'auteur dans le choix de ses sujets et de ses moyens. C'était également faire un peu trop vite bon marché de la possibilité d'un choix délibéré, d'un parti-pris originel qui, repoussant la diversité des thèmes et se concentrant sur l'un d'eux suffisamment vaste pour les englober tous, permettrait, dans l'esprit du dramaturge, de traduire sa propre vision du monde et de la préciser par retouches successives, un peu comme les éclairages successifs frappant une statue qui tournerait sur son socle, font de degré en degré apparaître une nouvelle image. Ces images se complétant, s'éclairant l'une l'autre, finissent par donner de l'ensemble primitif une vision beaucoup plus évocatrice et beaucoup plus éloquente qu'une série d'images uniques en leur genre. C'est ainsi qu'en acceptant la récurrence de la pureté comme donnée fondamentale, certains critiques ont pu lui consacrer des analyses qui éclairent l'œuvre d'un jour nouveau.

En 1946, à la veille de la création de Roméo et Jeannette, Pierre Chazel se penchant comme Brasillach sur les Pièces Noires et les Pièces Roses voit dans ce théâtre le conflit des générations opposant adolescents et adultes. Assoiffés de pureté et de grandeur morale les uns souhaitent protéger leur idéal de la contamination que leur impose la vie telle que les autres, les adultes, l'ont faite. A cette exigence d'absolu ces derniers opposent le bonheur relatif que constituent les petites joies qui sont le lot de toute existence à qui sait composer avec elle. La pureté de cœur que recherchent les jeunes agit sur eux comme une sorte d'excitant, de doping qui les conduit à refuser l'existence, car: "on ne guérit pas le mal de vivre avec des drogues quand on porte au cœur la brûlure de l'absolu" (21).

Dans une série de huit conférences données pendant l'hiver de 1958-59 et dans lesquelles il étudiait les "Grands" du théâtre moderne sous le titre de Théâtre et Destin, Pierre-Henri Simon réserve la sixième leçon à Jean Anouilh et la pureté (22). Considérant que seul le théâtre d'avant 1945 est vraiment la partie représentative et neuve de cette œuvre, le critique limite son enquête aux deux recueils cités ci-dessus et plus particulièrement à l'étude de "ces trois tragédies du refus" que sont La Sauvage, Eurydice et Antigone. Ce que ces trois héroïnes refusent c'est le bonheur: "Thérèse par amour pour les misérables", Eurydice parce qu'elle ne croit plus à "l'amour que les vices avaient corrompu trop profondément", Antigone parce qu'elle fuit devant l'action corrosive de la Vie, ou plus précisément, du Temps. Cette dernière ne cherche pas à retrouver une pureté perdue mais se prémunit contre cette perte: "la souillure n'est pas en arrière mais en avant". Ceci tendrait à démontrer que la "vie même protégée contre les atteintes de la misère et du vice est finalement intrinsèquement impure" (23).

Si maintenant nous examinons ces exemples d'un peu plus près nous constatons que chez Brasillach l'emploi du terme de pureté débouche sur une sorte de quête religieuse dans laquelle l'individu voudrait retrouver l'intégrité absolue d'avant la chute originelle; que chez Pierre Chazel il s'agit surtout, comme il le souligne lui-même par le titre de son article, d'une recherche de la pureté morale que confère la pureté de cœur; que chez Pierre-Henri Simon ce n'est pas tant la recherche d'une pureté que la crainte d'une souillure physique et morale inéluctable qui est exprimée sous la forme du refus de l'existence, c'est-à-dire, essentiellement, de la durée. Comme c'est souvent le cas dans la relation humaine les trois auteurs emploient un terme unique qu'ils emplissent chacun d'un contenu différent. Cette polyvalence du signifié est source d'erreur et demande que les différences acceptions du terme de pureté et de la notion qu'il recouvre dans l'œuvre de Jean Anouilh soient précisées. Ceci nous a conduit à tenter une typologie de la pureté étendue à tout l'œuvre dramatique de Jean Anouilh. Une telle caractérisation des différents types de pureté devant permettre d'en dégager la fonction et l'incidence dans l'économie des pièces étudiées.

Sans doute convient-il, avant toute chose, de préciser, ne fut-ce que sommairement et pour les besoins immédiats de notre réflexion, les différents aspects de la notion de pureté. Une simple réflexion au niveau de la langue usuelle (24) confirme notre impression première quant à l'étendue du champ sémantique recouvert par le terme de pureté et à la complexité de ses différentes acceptions. C'est ainsi que l'on pourra dire d'une amitié dans laquelle n'entre aucun élément étranger (tels, par exemple, l'intérêt, l'égoïsme ou l'amour-propre) que c'est une pure amitié; d'une jeune fille qui n'a connu ni la réalité ni même la pensée d'un commerce charnel on dira qu'elle est vierge ou pure (25). Dans une perspective morale, religieuse ou politique on pourra marquer son admiration envers le degré de perfection spirituelle atteint par un individu en le disant un "vrai", un "pur" (26). Dans ces trois exemples la pureté se présente sous l'aspect d'une particularité physique: la qualité de la jeune fille non déflorée et sous celui d'une particularité métaphysique: la qualité d'un caractère de haute valeur ou de haute probité morales. Autrement dit la pureté joue dans le domaine du corps d'une part et dans celui de l'âme de l'autre. Les différentes catégories que l'on peut distinguer dans l'aspect métaphysique de la pureté ne doivent pas faire illusion. Elles se justifient plus par une différence d'accent, ou par la présence ou l'absence d'un facteur - religion, sentiment, raison - que par une opposition fondamentale. Aussi est-ce bien pour éviter la nuance presque exclusivement religieuse qui prédomine dans les emplois modernes du mot "âme" et non par refus pur et simple des implications religieuses de la pureté ni pour établir une nouvelle distinction que, conservant dans l'esprit l'opposition traditionnelle corps-âme, nous lui substituerons celle de corps-cœur. Ainsi nous adopterons pour désigner les différents types de pureté non-physique le terme unique de "pureté de cœur". D'ailleurs cette simplification n'est qu'aparente.

8

En effet le tandem corps-cœur (âme) est à la fois antithétique et complémentaire dès qu'il s'agit de pureté, puisque l'on a coutume d'établir un rapport de conséquence entre la pureté du corps et celle de l'âme(27). L'identification de la pureté du corps à la pureté de cœur est particulièrement sensible lorsque nous pensons à la pureté de la femme. D'une jeune fille ayant perdu son intégrité physique avant le mariage, on dira dans le style pompeux de nos grands-pères, qu'elle ait été consentante ou non, qu'elle est "déshonorée".

On retrouve dans cette expression le glissement du physique au moral, la défloration de la jeune fille en dehors du mariage entraînant dans l'optique sociale de valorisation de l'acte une souillure physique et morale. Dans les sociétés fortement traditionalistes comme les sociétés insulaires de la Corse, de la Sardaigne ou de la Sicile, il appartient aux mères de veiller sur l'honneur de leurs filles et aux pères et frères de "le venger" et de "le laver dans le sang" si le "responsable" refuse la seule réparation possible après la souillure: le mariage. L'importance accordée traditionnellement à la virginité des jeunes filles dans notre société transparaît dans le lexique comme c'est souvent le cas. En effet employé absolument le terme pureté sous-entend presque exclusivement l'état de la jeune fille - éventuellement du jeune homme - vierge.

C'est pourquoi une réflexion philosophique prendra de préférence pour objet non la pureté - trop concrète - mais le pur catégoriel dans toute son abstraction (28). En ce qui nous concerne nous donnerons à "pureté" son sens le plus étendu quitte à le restreindre en le précisant au passage. Il comprendra à la fois:
- la pureté de corps, c'est-à-dire celle que possède un être dont l'intégrité physique est intacte. Pour la jeune fille en particulier, cette intégrité implique la présence d'un critère physiologique: l'hymen intact, qui peut être une preuve concrète (29) de l'absence de relations sexuelles prénuptiales. En outre le corps masculin et féminin peuvent être souillés également par la maladie, les tares physiques, la sénescence ou même le simple contact ou la promiscuité avec un être souillé physiquement ou moralement;
- la pureté de coeur, c'est-à-dire celle que possède un être dont le conscience est exempte de "toute intentionalité égoïste, d'intérêts suspects, d'arrières-intentions sordides, de mobiles inavouables" (30).

Cet aperçu, même sommaire, des sens divers de la pureté, fait apparaître un lien commun entre les différentes acceptions: elles se définissent le plus souvent non par une présence, mais par une absence: la pureté c'est ce qui n'est pas... entamé, souillé, corrompu, sali... etc..., en bref c'est ce qui est sans mélange, ou mieux sans impureté. Cette vérité qui pourrait à première vue sembler une puérile lapallissade devient à la réflexion fort raisonnable et même significative et fondamentale. La pureté et l'impureté, ou dans une optique plus vaste le pur et l'impur forment une unité en ce sens qu'elles constituent les deux pôles d'une série de variations corrélatives, un duel, comme le bien et le mal, le jour et la nuit, le blanc et le noir, l'obscurité et la lumière. Dans ce duel, chacun des termes ne peut se définir que par rapport à l'autre et en fonction du degré d'absence

ou de présence du terme second. Si bien que, paradoxalement,
on pourra parler également de pureté relativement impure et
d'impureté relativement pure. À la limite d'équilibre, la pureté
sera souillé par la présence de l'impureté comme l'impureté le
sera par celle de la pureté; sinon ce sera par rapport à l'élément dominant que s'établira la valorisation, l'appréciation du
degré de pureté (31). C'est ce qui explique que Jacques Maritain a
pu dire: "le diable est pur parce qu'il peut faire que le mal" (32).
C'est pour la même raison que l'on pourra parler de la pureté
intrinsèque de l'acte de Créon, aussi pur en soi que celui
d'Antigone, si on les considère chacun dans leur sphère propre:
obéissance à la raison du cœur.

Etudiant l'aspect métaphysique de la pureté Vladimir
Jankélevitch y constate le présence d'un postulat de nature à satisfaire l'amour-propre des hommes et leur sens logique: "l'homme est un être essentiellement pur qui est devenu accidentellement impur". Ce postulat répond, nous démontre-t-il en sub-
stance, à un besoin fondamental de l'esprit humain qui veut que
tout commencement soit pur par définition, ce que prouvent les
concepts de pureté originelle, de Paradis, de tabula rasa, de
purs esprits que l'on retrouve dans la plupart des mythes et religions (33).

Dire que l'impureté est un état accidentel, c'est dire que la
pureté existe, qu'elle est possible, qu'elle constitue l'état normal et habituel de l'être; c'est faire de l'impureté un élément
étranger maléfique et néfaste dont la présence dans la pureté
n'est que momentanée et transitoire et dont il convient de se débarasser au plus vite et par tous les moyens. Tout comme dans
l'ordre physiologique le corps humain refuse l'ingérence d'un
élément étranger, fût-ce un organe de remplacement, et le rejette par la sécrétion d'antigènes appropriés, de même dans
l'ordre moral ou spirituel l'âme refusera et rejettera tout ce qui
ne lui est pas consubstantiel. C'est pourquoi tout ensemble puriste organisé comprendra à la fois un certain nombre de prescriptions permettant de reconnaître et de localiser la pureté
et l'impureté, mais cette dernière ne pourra se penser sans
l'existence d'un processus de purification. La pureté se trouve ainsi placée à la source du sacré et à l'origine de nombreux
tabous, interdits et rites religieux dans lesquels la possibilité
du retour à la pureté originelle est sensible dans des termes
comme: ex-pier, ex-orciter, ex-communier qui marquent chaque fois le mouvement purificatoire, la dynamique du rejet de
l'élément de souillure (34).

Cette première approche théorique de la pureté nous permet d'en dégager quelques grandes lignes. Nous avons pu reconnaître deux aspects fondamentaux de celle-ci selon que l'on en
considère l'aspect physique ou moral et les liens qui l'unissent
à l'impureté et à la purification. Nous obtenons ainsi une première série de cadres et d'outils d'analyse qui, bien que ru-
dimentaires et grossiers, nous permettent d'amorcer notre recherche.

Une typologie fonctionnaliste de la pureté aura à tenir
compte de l'ensemble des facteurs concernant l'impureté (tabous et interdits religieux ou moraux qu'il ne faut pas trans-

gresser) en tant que menace permanente contre cet état précaire
et momentané par excellence que constitue la pureté. Elle devra également se préoccuper des possibilités de purification
(les rites et observances qui permettent de retrouver la pureté
perdue).

Pureté, impureté et purification seront considérées non seulement au niveau de l'individu lui-même, mais aussi dans ses
rapports avec autrui. C'est ainsi que, dans le domaine moral,
nous aurons à tenir compte de la sincérité et du mensonge comme deux éléments de la pureté de cœur. Par ailleurs la pureté intéresse au premier chef la conscience individuelle; la valeur que lui accorde celle-ci est fonction de celle que lui reconnaît une société donnée dans une époque déterminée, c'est-à-
dire qu'elle dépend des moeurs de ladite société.

L'œuvre théâtrale de Jean Anouilh s'étend pratiquement des
années trente à aujourd'hui (1974). En reconnaître les limites
temporelles, c'est rappeler qu'elle fut jouée dans une France
marquée par les conséquences de la Grande Guerre et de la crise économique qui l'a suivie, tout aussi bien que dans un pays
marqué par celles de la dernière guerre et par ses séquelles
dont nous ne sommes pas encore débarrassés.

Si nous nous plaçons au point de vue des moeurs considérées dans l'optique de la pureté nous constatons la présence
d'un véritable bouleversement des valeurs dans une société elle-même bouleversée. La pureté de corps que nous pourrions
assimiler ici à la virginité prénuptiale a eu à subir les assauts
consécutifs au mouvement d'émancipation féminine, et à la
"guerre pour l'égalité des sexes" dont les conséquences les
plus marquées ont été la vogue de l'union libre et de la sexualité. La pureté de cœur a eu à souffrir en particulier de l'ac-
célération du mouvement évolutionniste consécutif aux progrès
de la science et de la technologie, notamment dans le domaine
des communications de masses. La transformation de la catho-
licité et, plus généralement, la remise en question des valeurs
religieuses fondamentales qui paraît bien être une séquelle des
"Temps Modernes", constitue la toile de fond sur laquelle se
détache le comportement religieux des personnages. Le passage d'une société paternaliste et, partant, traditionaliste, à
évolution lente, à une société contestataire et futuraliste à révolutions soudaines et nombreuses; le marasme économique et
politique de l'entre-deux-guerres, accru par la défaite et l'occupation ainsi que les grands scandales financiers du type
Stavisky ou Joanovici éveillent, par contraste, chez bon nombre de Français une soif d'ordre, un désir de réarmement moral, une nostalgie de pureté de cœur dont se réclameront aussi bien un Maurras dans l'Action française que son disciple
Brasillach dans Je suis Partout. La désagrégation des valeurs
morales qu'entraîne la vague de fond qui bouleverse la société permet de comprendre que le besoin de pureté devienne l'expression d'une notion d'humanisme et de civisme comprise comme fondant l'honneur de l'homme.

Toutefois notre étude n'ayant pour objet exclusif que l'examen de la pureté et de sa fonction dans le théâtre de Jean
Anouilh, les influences sociologiques que nous venons d'es-

quisser serviront uniquement de cadre de référence à notre analyse, dans la mesure où elles permettront d'éclairer le comportement des personnages ou celui du public à la représentation.

Ayant donc déterminé la matière à analyser et défini le but de
l'analyse, il nous reste à voir les moyens et les méthodes que
nous appliquerons. Ceux-ci nous seront fournis par certaines
caractéristiques de l'œuvre.

En premier lieu nous devons signaler la récurrence de notions comme l'amour, le passé, l'argent, le couple, mais aussi
le regard, le destin, la politique. Cette récurrence ne sera pas
considérée comme un défaut accidentel de l'œuvre, mais comme
un élément structural partant d'un choix, conscient ou inconscient, de l'auteur et constitutif de la thématique de la pureté
chez celui-ci. Le dénombrement et l'étude de l'organisation,
par rapport au thème central, de ces éléments spécifiques nous
permettront de déterminer l'évolution et les variations éventuelles de ce dernier. C'est ainsi que, partant de certains motifs
dominants, nous avons été amenés à regrouper nos analyses en
fonction du rôle de la pureté de corps dans l'amour humain d'une
part et de l'autre de la pureté de cœur et de son rôle, dans l'a-
mour humain également, mais surtout dans ce que nous appellerons pour l'instant avec l'auteur: l'honneur de l'homme.

Qui dit évolution dit chronologie. Nous avons préféré à la
certitude qu'offrait la date des créations le classement plus a-
léatoire mais aussi plus riche d'enseignements de la date de
composition. Ceci pose un problème de datation. L'auteur a
daté lui-même les pièces reprises en recueil sauf celles réunies
sous le titre de Pièces Brillantes et de Pièces Grinçantes. Ici
nous avons dû procéder dans la mesure du possible par recou-
pement, la date de création servant de limite ante quem (Voir
annexe I).

L'abondance du matériel offert à notre investigation nous a
fait reculer devant une analyse systématique complète de chaque pièce. A cette analyse exhaustive nous avons substitué celle de moments ou de situations caractéristiques. Une même pièce pourra donc être considérée successivement dans ses différents aspects compte tenu de comportement de certains personnages et de leur conception quant à la pureté. Si nous considérons par exemple L'Alouette il ne fait aucun doute que le thème de Jeanne d'Arc implique à la fois une référence à la pureté
physique: la pucelle; une référence à la pureté politique: la
condamnation de Jeanne; et enfin une référence à la pureté religieuses: la mission de Jeanne et l'Eglise.

Cette simple énumération souligne déjà la difficulté et l'artificialité sinon l'arbitraire du choix. Nous nous laisserons
guider par le caractère spécifique de la pureté en procédant
par éclairages successifs et en n'hésitant pas à reprendre plusieurs fois un même personnage dans des situations différentes.

Toutefois pour permettre au lecteur de se remémorer rapidement le mouvement et les péripéties de l'intrigue ainsi que
le nom des principaux personnages nous avons regroupé (Annexe II) les textes de présentation des programmes distribués
lors des créations ou des principales reprises parisiennes
dont certains sont signés par l'auteur, tandis qu'un index al-

phabétique des personnages permet d'éviter les confusions pro-
voquées par des similitudes de patronyme, et de retrouver certains mots clefs.

PURETE DE CORPS
et
AMOUR HUMAIN

L'HURLUBERLU (<u>L'hurluberlu, ou le réactionnaire amoureux</u>)
Projet de costume par J.-D. Malclès
Vignette ornant la couverture du volume des
<u>Nouvelles pièces grinçantes</u> (La Table Ronde 1970)

I. INTRODUCTION

Dans l'œuvre littéraire, l'amour est une donnée plus ou moins privilégiée, plus ou moins développée. Il sert de support à une histoire, autobiographique ou non, rêvée ou vécue, que raconte l'auteur sous le couvert d'une affabulation romanesque, poétique ou théâtrale. Cette histoire, toujours la même en soi, mais susceptible d'une multitude infinie d'interprétations relate la naissance, la vie et la mort d'un couple: "cette rencontre de deux solitudes" (1).

La naissance du couple, réduite à sa plus simple expression suppose d'ordinaire franchies les étapes suivantes:
- 1. la rencontre de deux individus, un homme et une femme;
- 2. la naissance entre eux de l'amour ou d'un sentiment qui se donne comme tel à l'un ou aux deux intéressés après un temps de gestation plus ou moins long: instantanée dans ce qu'on appelle "le coup de foudre" la gestation est lente dans "l'inclination";
- 3. la déclaration. Celle-ci implique la perception du sentiment éprouvé et son identification avec l'amour, étapes suivies de la révélation de celui-ci par l'un des partenaires à l'autre chez qui il suppose qu'il existe également. Si l'autre accepte cette déclaration et reconnaît éprouver le même sentiment il y a entente entre les partenaires. Le couple (2) est né et ceux-ci promettent de lui conserver l'existence: ils se sont engagés, ils se sont promis.

Si, au contraire, la déclaration n'a pas été acceptée par l'autre qui nie éprouver de l'amour on parlera d'amour non-partagé, de passion malheureuse, etc...

Le couple ayant été créé au niveau des individus sa vie commence, ou plus exactement sa lutte pour la vie. Pour subsister et prospérer il devra combattre et vaincre à la fois des ennemis venus de l'intérieur (issus de l'esprit de ses membres ou de la nature du sentiment qui les unit) et de l'extérieur (famille, société, liaison ou mariage antérieurs de l'un ou des deux partenaires). Le couple devra en outre pouvoir s'ériger en cellule autonome et imposer à ses constituants, comme à la société, la reconnaissance de sa réalité indépendante. C'est à quoi tendent plus ou moins inconsciemment les promis. Leur entreprise peut être couronnée de succès, ils peuvent aussi échouer à maintenir l'existence du couple. Celui-ci se dissout par suite de la rupture qu'entraîne l'abandon par l'un ou par les deux membres de l'idéal commun. Nous parlerons pour les commodités de l'analyse:
1. - du couple des promis ou simplement des promis, pour indiquer le couple né de la seule volonté de ses constituants;
2. - du couple licite, lorsque l'existence et la réalité de celui des promis sont tacitement ou publiquement reconnues et accep-

tées par les tiers;

3. - du couple marié, lorsque sa réalité et son autonomie ont été sanctionnées par la loi et/ou la Religion ou encore simplement par le Temps.

Tout couple passe fatalement par trois phases:

1 - la naissance,
2 - la vie,
3 - la mort.

La vie du couple suppose l'adjonction aux trois facteurs initiaux de la notion de durée. Le développement de la vie du couple depuis le stade de l'entente présente la particularité de pouvoir s'arrêter à un moment quelconque de son histoire, sa réalité et, par là même, son existence pouvant toujours être remise en question.

Ce schéma relativement simple, permet pourtant de rendre compte de toutes les histoires d'amour, dans le domaine littéraire aussi bien que dans celui de l'existence humaine. C'est que par sa simplicité il permet une infinité de variations au niveau de chacun des facteurs constitutifs et du moment considéré.

Ainsi la rencontre pourra être fortuite ou arrangée. Les protagonistes pourront être jeunes et beaux, vieux et laids. L'amour qui naîtra entre eux pourra être unilatéral ou réciproque, véritable ou feint, de nature sensuelle, cérébrale ou sentimentale, participer de l'aberration ou de la sublimation. La vie du couple pourra ne pas dépasser le stade de l'entente ou bien aboutir à celui du mariage et se poursuivre après lui; elle pourra être menacée et même détruite selon un processus de désintégration plus ou moins rapides sous l'influence de facteurs internes ou externes, etc., etc...

Le dramaturge qui, à l'encontre du romancier, est limité dans ses moyens par les cent-cinquante minutes du spectacle traitera rarement la totalité de l'histoire d'amour et préférera s'attacher à la représentation d'un de ses moments typiques.

Il pourra choisir de ne dépeindre que le moment précis de la naissance du couple. Ainsi dans Phèdre Racine s'est arrêté au thème de l'entente impossible entre Phèdre et Hyppolite et de l'entente contestée par Phèdre dans le couple Aricie-Hyppolite. Marivaux analyse d'ordinaire très subtilement la naissance du couple jusqu'à l'entente et passe rapidement sur sa licitation. Ce néologisme que nous avons, faute mieux, dérivé de licite, nous servira à caractériser cette période de la vie du couple qui va de l'entente à sa reconnaissance de facto ou de jure aussi bien par le monde extérieur que par chacun de ses membres. Il nous servira également à désigner le processus même de la reconnaissance, de la légitimation et de la légalisation. Dans Hernani, Hugo, au contraire, insiste sur les difficultés que présente la licitation. Le mélodrame et le théâtre du Boulevard mettront en vedette, eux, l'infortune des couples mariés.

Héritiers d'une longue tradition et de nouveaux moyens d'investigation grâce aux progrès de la psychologie et de la psychanalyse, les dramaturges contemporains ne semblent pas avoir de préférence marquée. Ils s'arrêtent aussi bien à la peinture de la naissance du couple qu'à celle de sa vie quand ce n'est pas sa mort.

Cette esquisse des variations possibles sur la notion de couple est bien loin d'être exhaustive, mais il suffira, pensons-nous, à illustrer notre conception et à justifier le choix des critères que nous allons appliquer à l'œuvre théâtrale de Jean Anouilh.

L'histoire d'amour y joue un rôle prépondérant. Sur la totalité des pièces nous n'en trouvons que six dans lesquelles elle ne fait pas le fond de l'intrigue, soit à peine le sixième des pièces connues, et encore le thème du couple n'est-il vraiment absent d'aucune. Dans Antigone, Le Voyageur sans bagage, L'Alouette, Becket ou l'honneur de Dieu, Pauvre Bitos et La Foire d'Empoigne bien que peu développé il est un des éléments importants du dénouement. Le reste de l'œuvre constitue une riche galerie de couples et semble même n'avoir d'autre objet que de faire leur histoire depuis leur naissance jusqu'à leur licitation d'une part; de leur licitation à leur désintégration de l'autre.

Il nous est toutefois rarement donné - La Petite Molière et Colombe - de suivre un couple depuis la rencontre initiale de ses membres jusqu'à la faillite du couple marié. Cette faillite peut être totale, entraînant une séparation des partenaires ou bien se limiter à une rupture profonde colmatée en surface. Cette alternative se présente lorsque malgré les périls qu'il vient de courir et qui continuent parfois à le menacer, le couple arrive à maintenir une apparence d'union, une entente de façade. La barque conjugale continue de voguer, démâtée et à la merci du premier remous ou du premier banc de sable: le couple survit, mais sa faillite n'en est pas moins évidente.

Jusqu'à présent il n'existe qu'un couple marié qui échappe à cette faillite systématique: celui que forment, dans L'Hurluberlu ou le Réactionnaire amoureux, le général Ludovic et sa femme Aglaé.

Cette constatation nous permet un second clivage. En nous plaçant uniquement dans la perspective du couple principal et en tenant compte du stade atteint par celui-ci dans le déroulement de son histoire, nous pouvons répartir les pièces en cinq familles:
1. celle où le rideau tombe après la licitation du couple sans que celle-ci soit particulièrement menacée;
2. celle où le rideau tombe avant la licitation ou, si ce stade est atteint, sur la destruction du lien qui a uni les partenaires;
3. celle où le rideau tombe lorsque le couple marié a su maintenir intacte son union malgré les menaces et les attaques dont elle a été l'objet;
4. celle où le rideau tombe lorsque le couple marié ayant enregistré sa faillite se désintègre et se brise;
5. celle où le rideau tombe lorsque le couple marié bien qu'ayant fait faillite conserve un semblant d'unité et d'existence de sorte qu'il se survit.

Cette double perspective: la pureté de l'héroïne et le stade atteint par le couple lorsque le rideau tombe donne le classement suivant:

I. LE COUPLE LICITE
A. La Victoire des promis
Ce couple apparaît dans cinq pièces: Le Bal des Voleurs,

Le Rendez-vous de Senlis, *Léocadia*, *L'Invitation au Château* et *Cécile, ou l'Ecole des Pères*, facilement reconnaissables grâce à la persistance d'un ensemble d'éléments spécifiques chez l'héroïne. Celle-ci a rarement plus de vingt ans. L'aventure qu'elle vit sous nos yeux est sa première expérience de l'amour. N'ayant "jamais aimé" comme le précise gentiment Amanda (3), ces jeunes filles ont conservé totale leur intégrité physique et leur candeur enfantine: parties pleines de foi à la conquête de leur bonheur, le rideau qui tombe consacre leur victoire.

B. L'échec des Promis

Six pièces nous offrent la peinture des vains efforts que tentent les promis pour permettre à leur couple de subsister malgré les attaques dont il est l'objet et de leur incapacité à atteindre le stade licite tel que nous l'avons défini puis à s'y maintenir. Dans trois cas - *L'Hermine*, *Ardèle* et *La Répétition, ou l'amour puni* - la protagoniste, vierge au moment de la rencontre et de l'entente, ne l'est plus au dénouement; par contre dans les trois autres *Eurydice*, *Roméo et Jeannette* et *La Grotte* elle était souillé avant la rencontre (4). Nous aurons ici à compter surtout, non avec la pureté, mais avec l'impureté, et à étudier comment celle-ci entraîne la désintégration du couple, le plus souvent par suite de la défection de l'héroïne qui fuit, solitaire et meurtrie, en refusant un bonheur entrevu mais qu'elle ne croit plus possible.

Si l'on peut dire que la victoire des promis prend généralement l'aspect d'une ascension vers le bonheur, leur défaite ressemble plutôt à une descente vers les abîmes du malheur (5).

II. LE COUPLE MARIE

A. Victoire du couple marié

Grâce au repli stratégique du général et à ses facultés d'adaptation le couple Ludovic - Aglaé de *L'Hurluberlu ou le Réactionnaire amoureux* réussira, malgré le péril, à éviter aussi bien la faillite que la désintégration totale ou partielle.

B. Faillite et désintégration du couple marié

Ici le regroupement est relativement facile. Six titres s'offrent à nous: *Mandarine*, *Jézabel*, *Colombe*, *La Petite Molière* et *Cher Antoine* (6). L'accent est mis uniformément sur la faillite du couple et celle-ci entraîne la désintégration des liens unissant les individus. Cette désintégration va jusqu'à la rupture et les conjoints se séparent définitivement, parfois de façon tragique. Fait caractéristique: chaque fois la femme s'est mariée (ou donnée) jeune et vierge, mais au moment de rompre elle méprise et foule aux pieds son ignorance et sa candeur de naguère.

C. Faillite et survie du couple marié

Bien que l'on puisse parler ici aussi de faillite du couple marié, la désintégration en cours n'a pas encore abouti à la séparation quand le rideau tombe. En apparence le couple continue d'exister même s'il s'agit clairement de la simple juxtaposition de deux solitudes. Cette fausse unité est présentée dans *La Valse des Toréadors* et les six dernières pièces de Jean Anouilh. Celles-ci constituent, pour plusieurs raisons, une sorte de bloc dans son œuvre théâtrale. Tout d'abord parce qu'elles marquent un nouveau départ sur les scènes parisiennes et mondiales après une absence de six ans, (pour ce qui est des créations), ce qui, pour un auteur qui avait habitué son public à une nouvelle production annuelle depuis près de trente ans n'est rien moins qu'une éternité! Ensuite parce que toutes les pièces, depuis, ont pour sujet principal le problème de la vie et de la durée du couple dans l'optique du bonheur humain, ou plus exactement les tentatives successives de l'homme et de la femme pour trouver un partenaire idéal et former un couple durable dont le bonheur ne s'effrite pas sous la dent du temps. Enfin par suite d'une utilisation particulière dans la dramaturgie des notions de temps et d'espace aboutissant à une sorte de négation de la perspective linéaire de celles-ci. Dans la même optique on pourrait ajouter au couple principal dans Le Boulanger, la Boulangère et le Petit Mitron, Les Poissons Rouges, ou Mon Père ce Héros, Ne Réveillez pas Madame..., Tu étais si gentil quand tu étais petit et Le Directeur de l'Opéra (7) de nombreux autres couples secondaires comme celui du général et d'Amélie (Ard.) ou de Tigre et de la Comtesse (Rép.).

Trois pièces encore ont pour thème sinon le couple du moins l'amour. Le trait commun de celles-ci: Episode de la vie d'un Auteur, Ornifle et L'Orchestre est de présenter une parodie grotesque et une dérision profonde de l'amour et plus généralement des motifs habituels de l'auteur. (7)

Telle quelle, la répartition des pièces que nous venons d'effectuer en vertu des seuls critères de la pureté de corps de l'héroïne, du stade de développement atteint par le couple dans son histoire et du sort qui lui est réservé, est loin de tenir compte de toutes les nuances et de toutes les complexités inhérentes même aux seules situations considérées. On ne manquera certainement pas de taxer d'arbitraire, surtout dans une optique féministe (8), le fait de n'avoir pris en considération que la pureté de corps féminine. Nous avons déjà répondu en partie à cette objection ici-même, (p.   et note 34). Ce n'est sans doute pas un hasard si un "puceau" fait la conquête de la "vieille fille" Mlle de Ste Euverte. Par ailleurs le fait même que nous ne disposions que de peu d'exemples de puceaux s'oppose au choix d'un tel critère. La décision que nous avons prise de nous arrêter à un couple plutôt qu'à un autre peut se discuter dans ce qu'elle peut paraître arbitraire. Ici aussi nous nous sommes laissé guider par des raisons d'ordre pratique aussi bien que d'ordre fonctionnel. Il est certain que Tigre et sa Comtesse, Ornifle et la sienne, Madeleine Béjart et Molière forment des couples mariés au même titre que ceux que nous avons retenus. Mais leur rôle dans la pièce est chaque fois de servir de repoussoir à un autre couple: celui de Tigre et Isabelle, de Fabrice et Jacqueline, de Molière et Armande Béjart, dont ils commandent d'une manière ou d'une autre le comportement. Nous les étudierons donc en fonction de leur influence. De même nous avons affirmé la faillite du couple dans Eurydice, Roméo et Jeannette et Ardèle alors qu'ils sont tous les trois éternels, leurs membres étant réunis dans la mort. Nous verrons, à l'analyse, que dans les deux premiers cas ce n'est que par l'emploi d'un artifice dramaturgique fréquemment utilisé par l'auteur, et que l'on pourrait appeler une fin-postiche, que ce résultat est obtenu. Ce procédé consiste à donner par un revirement subit de la situation, au moyen d'un deus ex machina par exemple, une fin heureuse supprimant, en surface, l'aspect tragique que faisait prévoir le déroulement de l'action et le développement des caractères.

Convenons en outre que la mort n'a jamais été la solution idéale pour assurer la vie d'un couple; elle n'en garantit, au mieux, que la survie dans le souvenir de témoins.

Une dernière objection pourrait être faite à cette méthode d'analyse. C'est qu'il est pratiquement impossible, sauf au prix d'une systématisation incompatible avec les faits et la réalité de distinguer entre pureté physique et pureté morale quand il y va de la motivation du comportement.

Si nous avons accepté ce schéma de répartition malgré ces défauts et d'autres qui apparaîtront en leur temps, c'est qu'il présentait à nos yeux l'avantage incontesté de regrouper certaines situations-types et de les centrer sur l'objet même de notre analyse: la fonction de la pureté de corps. Subsidiairement ce schéma a également pour effet de faire ressortir la fréquence sinon l'importance de ladite notion.

Ces deux considérations nous dictent la marche à suivre. Nous commencerons ce travail par une description phénoménologique de la notion de contact et des motifs utilisés par l'auteur pour la représenter et l'exprimer. Le contact est en effet l'élement de base, le fondement indispensable à l'établissement de toutes les relations humaines et l'idée même de couple ne saurait exister indépendamment de celle de contact. Nous examinerons ensuite dans un premier mouvement analytique la fonction de la pureté dans chacune des pièces ainsi regroupées afin d'en dégager les caractères dominants à l'intérieur d'une même famille. Dans un second temps, synthétique, nous serons amenés à considérer l'ensemble du théâtre du couple et à nous demander quelles sont les raisons qui peuvent justifier la prédilection et l'importance accordées à la pureté physique.

II. DE LA TOUCHE AU TOUCHER
CONTACT ET BONHEUR

Stade initial de l'histoire d'amour la rencontre ne prend sa pleine signification, dans un tel contexte, que si la réunion momentanée de ces deux êtres s'accompagne, soit immédiatement soit
après coup, d'une prise de conscience individuelle ou mutuelle
de la présence de l'Autre. Cette reconnaissance entraîne une
certaine sensation de bien-être dont le bénéficiaire voudrait qu'elle ne cessât point ou, pour le moins, qu'il pût être assuré de la
voir se renouveler en retrouvant l'Autre.
    Si chacun des deux individus éprouvent cette sensation en mê-
me temps, le geste, la parole, la circonstance la plus fortuite
et la plus futile seront prétexte suffisant pour que s'établisse
entre eux, même s'ils ne se connaissaient pas à l'instant précédent, une relation de sympathie, un contact affectif ou spirituel
qui les pousse à lier connaissance et à se donner l'occasion de
retrouvailles.
    C'est ce type de rencontres que nous offrent des pièces com-
me Le Bal des Voleurs, Léocadia, Eurydice ou Colombe. Dans
L'Invitation au Château, par contre, la sensation de bien être
qu'éprouvent Frédéric et Isabelle sera mise au compte de tiers,
Diana et Horace, et cette confusion retarde la venue du stade
de l'entente.
    Le contact est, sans contestation possible, la condition né-
cessaire et suffisante à toute relation sociale de quelque nature
qu'elle soit, aussi le thème du contact et les différents motifs
qui l'exprime jouent-ils un grand rôle dans la relation par excellence que constitue le lien amoureux.
    Précisons d'abord ce que nous entendons par motifs, ce ter-
me étant devenu fort ambigu en littérature depuis la guerre.
Par motif nous n'entendons pas comme la Stoffgeschichte le noyau élémentaire susceptible de développement et de combinaison
qui, réuni en une série ou un complexe structuré, forme un
"plot", une histoire, qui se transmet à travers les âges (1).
Cette conception est intéressante surtout pour les comparatistes
qui cherchent à faire l'histoire d'un thème littéraire en le considérant dans une perspective synchronique ou diachronique,
ou pour un ethnologue désirant comparer, aux fins d'identification ou autres, plusieurs versions d'un récit mythique type.
Dans cette perspective le motif devient en quelque sorte l'équivalent de "l'élément thématique" dont parle Tomachevski (2) ou
du "mythème" de Claude Levi-Strauss (3). La notion de motif
telle que nous l'utiliserons dans les pages qui vont suivre tient
de ces conceptions mais se rapproche plutôt quant à sa nature
de la définition qu'en donne M. Weber. Dans sa thèse celui-
ci désigne par le terme de motif: "tout élément linguistique re-

venant avec insistance dans l'œuvre d'un écrivain" (4). Cependant nous ne nous arrêterons pas, comme lui, à des figures de style ou de pensée suggérant la présence dans l'imagination de l'auteur, d'éléments obsessionnels susceptibles de se laisser réduire à une ou plusieurs images centrales. En effet notre but n'est pas de parvenir à une herméneutique de l'imaginaire de Jean Anouilh, mais à une simple description de sa notion de pureté (5). Tout élément thématique revenant avec insistance dans l'œuvre de Jean Anouilh et représenté par le même noyau sémantique peut se regrouper pour former des systèmes particuliers ou motifs, lesquels peuvent se réunir à leur tour pour constituer des systèmes plus vastes ou thèmes, chaque thème fonctionnant à son tour dans une des deux classes fondamentales du purisme: le pur, l'impur et, bien entendu, dans celles de leurs corrolaires: la purification et la souillure. C'est ainsi que si l'on désire analyser le thème du contact on n'aura pas de peine à constater qu'il peut prendre plusieurs formes, chacun des cinq sens pouvant servir de trait d'union entre la source et l'objet du contact. Le toucher, la vue, l'ouie, l'odorat et le goût peuvent intervenir simultanément ou séparément et combler la distance séparant sujet et objet jusqu'au contact pur et simple, au propre ou au figuré. Chacun d'eux constitue donc un motif et, ensemble, ils forment le thème du contact. Cette interdépendance des motifs et du thème apparaît au niveau du lexique. Des verbes comme toucher, caresser, frapper, sentir, envelopper peuvent s'employer indépendamment de l'organe du sens impliqué dans l'action. La peau, les yeux, l'oreille sont touchés respectivement par un objet, un spectacle, un son; le nez et la langue sont caressés, respectivement, par la brise, la beauté, l'harmonie, les effluves et la saveur. Par ailleurs l'intention qui commande le contact ou la valeur (morale) que lui accorde son objet feront qu'il passera successivement de la catégorie du pur à celle de l'impur et inversement, qu'il aura pour conséquence la purification ou la souillure ou même se répartira entre le domaine physique et le domaine moral. Au lieu d'être caressés les organes des sens seront frappés et le contact pourra être soit bénéfique soit maléfique.

Rappelons que la notion de pureté physique de l'héroïne telle qu'elle joue dans l'économie des pièces n'est pas seulement déterminée par l'état de virginité. La pureté de la jeune fille suppose également, de façon implicite, l'intégrité totale de son corps. Or virginité et intégrité sont continuellement menacées. De l'extérieur par les hommes dont elles éveillent la convoitise et qui cherchent à entrer en contact avec le corps de la jeune fille qu'ils désirent toucher par l'intermédiaire d'un de leurs sens et qu'ils souillent ainsi, à moins que ce contact ne soit reconnu comme innocent par la jeune fille! La menace intérieure n'est cependant pas moins dangereuse puisque la jeune fille elle-même est toujours prête à offrir ce corps intact et dont l'intégrité est si importante, comme preuve tangible de l'authenticité, de la profondeur et du désintéressement de son amour. A un autre niveau, le corps de la jeune fille ou de la femme est menacé de l'intérieur comme de l'extérieur par les facteurs biologiques tels que le vieillissement et la maladie. L'un et l'autre entraînent irrévocablement la dégradation du corps. Cette dernière peut être ac-

célérée ou ralentie, dans une perspective morale s'entend, par
le milieu social dans lequel évoluent les individus, les riches é-
tant favorisés par rapport aux pauvres. On peut avoir quelque
peine à accepter sans plus ce glissement de sens du physique au
moral. Cependant le cas de Monime (Her.) nous semble une preuve convaincante de la présence de ce glissement de sens chez les
personnages de Jean Anouilh, dès le début de sa carrière. En
effet Frantz n'entend-il pas faire de la fortune de la Duchesse de
Granat, un mur de protection qui empêche les causes de souillure
consécutives, selon lui, à la pauvreté: travaux pénibles ou grossiers, humiliations, compromissions, maladie et vieillissement
même, d'atteindre sa compagne, de la toucher?
  Dans l'histoire du couple les yeux sont sans doute avec la
main les premiers organes servant à réunir deux individus. Les
regards sont en effet le relais obligatoire du coup de foudre et
la poignée de mains qui précède ou suit habituellement cette première prise de contact est probablement le premier contact physique que connaissent les protagonistes de la rencontre. Que
ces regards et ce geste soient de nature complexe et difficile à
valoriser, qu'ils peuvent être la source de nombreux malentendus
tout le monde en conviendra sans peine.
  Dans son roman A la Recherche du Temps Perdu, Marcel
Proust exploite habilement, à propos de la rencontre initiale de
Gilberte et du narrateur cette ambiguïté et cette permutabilité
des signaux. L'absence présumée de la femme de Swann ayant
incité les promeneurs partis du côté de Méséglise à emprunter,
exceptionnellement, le chemin longeant le parc de Tansonville,
le narrateur a l'occasion de détailler et de subir longuement le
charme des aubépines du parc de Swann. Poursuivant sa route
il découvre à travers une ouverture de la haie, une allée du parc
bordée de jasmins et de girofflées qu'encadrent des pensées et
des verveines. C'est alors que frappé d'une paralysie instantanée par sa vision, il aperçoit Gilberte Swann et tente de l'inves-
tir de tous ses sens: "Je la regardais d'abord de ce regard qui
n'est que la porte-parole des yeux, mais à la fenêtre duquel se
penchent tous les sens anxieux et pétrifiés, le regard qui voudrait toucher, capturer, emmener le corps qu'il regarde et l'â-
me avec lui" (6). Tout lecteur de A la Recherche du Temps Perdu reconnaîtra que cette rencontre est de la première importance pour l'économie de tout le roman. L'échange de regards qui
suit fait l'objet d'une double interprétation basée sur l'intention
prêtée par le regardé au regardant: sur le moment le regard de
Gilberte est considéré par son objet comme "outrageant mépris"
et le geste dont il est accompagné qualifié "d'intention insolente"
et il faudra attendre Le Temps Retrouvé pour qu'il prenne sa
vraie valeur de signe de connivence, d'aveu et de déclaration
d'amour voire d'offrande totale de soi (7). Dans l'argot des a-
dolescents on pourrait dire que le jeune garçon venait d' "avoir
une touche" et qu'il lui a manqué seulement le doigté et l'expérience pour décoder et interpréter correctement les signaux
qu'il venait de recevoir et pour "ferrer" à fond la proie qui se
jetait "à sa tête" avec l'indécence crue d'une "fille expérimentée"
Le symbolisme des fleurs évoquant à la fois la prudence, la fidélité du souvenir affectueux, l'amour et l'enchantement (8); la

poésie de la rencontre et du rêve qu'elle suscite, ajoutent encore à cette confusion d'autant plus que le narrateur n'avait vu jusqu'alors en Gilberte, qu'une fillette, une enfant ignorante de toute sexualité.

Comme la main ou le geste, le regard s'arrête, en principe, à la surface des choses qu'il parcourt superficiellement pour les (re)connaître. Ce faisant il se livre à l'œil et au regard d'autrui, comme la main inquisitrice ou caressante par exemple se livrent au corps ou à la main qu'elle touche. L'identité de ces deux motifs est telle que les verbes et adjectifs applicables à l'un le sont aussi à l'autre. Toutefois trois différences profondes les séparent: alors que le contact est immédiat ou presque dans le toucher épidermique, le contact est purement virtuel dans le toucher oculaire et s'établit à travers un espace plus ou moins grand séparant l'œil de l'objet de son regard; en outre alors que la main est considérée comme le miroir du temps humain (9), les yeux, eux, sont réputés le miroir de l'âme et ouvrent à autrui l'accès du cœur et de l'esprit de l'être regardé. Enfin dernière différence: le regard peut se porter sur le monde extérieur, mais il peut également, dans l'introspection, se poser sur l'être intime sous le nom de conscience ou œil intérieur.

Ces quelques remarques montrent bien que le regard est un médium beaucoup plus complexe et plus polyvalent que le toucher épidermique et Jean Anouilh a su jouer avec habileté des possibilités que lui offrait le champ sémantique du regard. Ses personnages ont un regard "adorable", un regard "d'ange" (10). La couleur de leurs yeux est peu différenciée. Bleu clair, vert foncé et noir marquent un état d'âme variant respectivement de la tristesse chronique à un bonheur intense (11) ou signalent la haine vindicative et le mépris (12). Certaines héroïnes trahissent par leur regard "lumineux" la candeur de leur caractère et la pureté de leurs mœurs.

Le regard "épie", "scrute" pour percevoir chez l'adversaire le moment de faiblesse ou la minute de vérité. Le regard comme la main représente une valeur propre bénéfique ou maléfique et comme elle il peut purifier ou souiller son objet selon qu'il est pur ou impur.

Le regard pur est le plus souvent l'apanage des adolescentes. Elles ont un regard limpide, clair, lucide qui perce et coupe comme un diamant traversant tout ce qui obscurcit la vérité (13).

Les yeux d'enfants sont clairs aussi mais, par contre, trompeurs. C'est que croyant à l'innocence de l'enfant, on ne pense pas à se méfier de lui et qu'on oublie un peu trop vite que dans l'enfant il y a la fille ou la femme, l'adolescent ou l'homme qu'ils deviendront. Leur évolution, qui paraît de ce fait soudaine et imprévue, surprend doublement l'adulte dont les yeux se désillent subitement (14).

Les regards des hommes adultes sont souvent concupiscents, chargés de désir et de ce fait impurs, souillés et souillants: "c'est laid, c'est obscène, les regards des hommes! Cela se pose sur vous comme des chenilles, comme des limaces, cela se glisse partout" (15). Le regard d'un être aimé change la face du monde. Il a le pouvoir de chasser les cauchemars et les mauvaises pensées, il peut purifier un geste, effacer un

doute et rendre à l'être sa confiance enfantine en l'existence (16).
Or le regard ou la main, comme les paroles d'ailleurs, sont l'instrument par lequel l'autre fait sentir sa présence et établit le
contact. La détresse des héroïnes quand l'aimé ne les comprend
pas ou refuse de voir leur amour est marquée par des "yeux perdus" qui finissent par convaincre leur partenaire en lui donnant
mauvaise conscience (17) ou en suscitant une alliée toute-puissan-
te à la jeune fille en la personne d'une vieille dame: la Duchesse
(18) ou Mme Desmermortes par exemple.

La honte est, avec l'amour, le sentiment le plus souvent présent dans l'âme des héros de Jean Anouilh. Comme le signale
Sartre (19) la honte est pratiquement inséparable de la présence
d'autrui. On a honte de soi devant un autre. C'est dans la mesure où un acte, une parole, ou une pensée apparaissent comme
indignes à autrui, que l'on prend une conscience véritable de leur
valeur. Encore faut-il, cependant, que l'on accorde quelque cré-
dit au jugement de ce tiers. On ne peut avoir honte devant "personne" (20). Il faut que le jugement du protagoniste soit valorisé par l'intéressé(e) pour que le regard puisse être source de
honte en faisant découvrir le prix d'une qualité - pureté, sincérité, pudeur - qui, originellement, n'en avait aucun.

La honte joue un grand rôle dans le cas des jeunes filles appartenant à notre catégorie des impures ou devenues impures.
Leur honte va le plus souvent de pair avec le regard révélateur.
Comme leur regard ne sait pas cacher ses sentiments ou ses im-
pressions il suffit que leur partenaire regarde leurs yeux pour
pénétrer jusqu'au plus intime de leur être, même à leur corps
défendant (21). Elles ont alors la ressource de fermer les yeux
pour intercaler la muraille des paupières entre leur moi et le
monde, pour empêcher l'Autre de lire en elles (22), ou de sup-
plier pour qu'on ne les regarde pas (23) ou enfin de rendre, si
elles le peuvent, leur regard inexpressif (24). Le regard révélateur met le regardé à la merci du regardant et peut, de ce fait,
devenir homicide puisqu'il détruit le pour-soi de l'Autre. Sans
aller aussi loin que l'homicide, le regard concupiscent s'empare
du corps d'autrui, le dénude, le possède (25), voire le viole et
le prostitue par la projection, soit de désirs sexuels (26), soit
de désirs de puissance (27) qui se trouvent ainsi affichés, visi-
bles à qui sait voir.

Il est possible que cette certitude de se livrer dénudé et sans
protection aucune au regard inquisiteur de l'Autre remplisse
les deux partenaires de honte et non plus un seul (28). Il faudra
alors qu'ils combattent cette espèce de honte congénitale qui les
sépare et, le plus souvent, ils détruiront la barrière en faisant
exprimer la sympathie et la tendresse qu'ils éprouvent par leurs
"regards / de chien_/ perdus" (29).

Alors que, attendri par l'amour, plein de compassion et de
tendresse, le regard des jeunes filles prélude d'ordinaire à
l'entente, il peut également éveiller un sentiment de refus, de
colère sinon de haine et susciter même une sorte de violence
meurtrière. Le long dialogue du quatrième acte entre Héro et
Lucile (Rép.) est, comme nous pourrons le constater, une véritable corrida. Il serait facile de montrer que les regards
qu'échangent les adversaires scandent le rythme des passes.

C'est pour n'avoir pas su regarder "un peu plus attentivement" la jeune fille qu'il avait en face de lui que Héro se fait moucher à la première escarmouche. Lorsque débordant de haine Héro est sur le point de se trahir, les deux protagonistes "se regardent". Lucile voudrait rompre l'entretien, mais Héro fait appel à sa pitié. Quand après quelques répliques celui-ci lui avoue ses intentions, ils se défient du regard et Lucile crie, trop fort, pour cacher son angoisse, sa peur des mots. Devant la gratuité du prétexte allégué par l'ivrogne, l'entêtement enfantin, puéril même qu'il révèle, Lucile se reprend et domine Héro qu'elle écrase littéralement de sa pitié. Elle déclenche ainsi l'assaut final de Héro et sonne l'hallali sur elle-même. Un dernier regard termine cette scène intensément dramatique. Héro "regarde au loin" en prédisant à Lucile, qu'il "serre contre lui", le sort qu'a connu Evangeline et, en bon chasseur, rend ainsi hommage au gibier qu'il a forcé dans sa dernière retraite et qui se prépare à mourir dignement après s'être vaillamment défendu. Lucile est devenue, à ses yeux, un "petit enfant perdu", tout comme Evangeline et tout comme lui-même (30).

Le regard réprobateur peut avoir un effet positif sur le regardé. S'emplissant de pitié (31), de mépris (32), ou de rage impuissante ou de haine (33), il rappelle à son objet l'existence de la mission qu'il a reçue ou s'est donnée, l'incite à y rester fidèle ou à manifester plus de rigueur. Il agit alors comme un fouet dont la cuisante blessure conserve l'esprit éveillé, mieux que le plus irritant cilice, en rappelant sans cesse l'homme à son devoir ou sa mission.

La main, organe et instrument par excellence du toucher est, de ce fait même, l'intermédiaire privilégié du contact avec autrui. Son importance comme médiateur des relations humaines est reconnue depuis toujours: on se donne, se tend, se prend, se serre la main en signe de bienvenue, on saisit, garde, presse, enferme les mains d'une femme entre les siennes pour lui marquer son affection ou son amour. Taper dans la main d'un acheteur ou vendeur en signe d'affaire conclue vaut pour le maquignon le meilleur contrat et remplace avantageusement le papier timbré. On n'en finirait plus d'énoncer les multiples fonctions au propre et au figuré dont la main est l'agent ou l'objet. On en est même venu à lui faire signifier nos humeurs, nos adhésions, nos refus, nos enthousiasmes et nos défiances (34) et la chiromancie lui fait dévoiler notre passé comme notre avenir.

Philosophes (35), romanciers (36), poètes et artistes (37) ont médité sur la main et sa signification. Rare est l'histoire d'amour dont est absente la main caressante ou caressée ou bien la main qui se posant librement sur le corps de l'aimé(e) scellera ainsi l'accord et instaurera un nouveau couple par l'entente.

Les mains de Marie-Jeanne (38) sont faites pour travailler (39), guérir (40), tuer (41), étrangler (42), avorter (43). Elles sont son drapeau et son honneur. Celles de Marie-Jeanne exceptées on trouve relativement peu d'allusions aux mains de femme. Celles de Cécile (44) demandent à être embrassées et cajolées, dans un léger marivaudage qu'elle interdit pour le rendre plus attrayant. C'est le souvenir des bouts de meringue grignotés sur la main gantée de

Mademoiselle Ste Euverte qu'évoquent les deux amants ridicules
en se retrouvant après 6 ans (45). La main de la femme adulte, de
Médée (46) ou de Madame Larivière (47), large grasse, lourde de
bagues apporte la mort ou la souillure. Mains d'étrangleuses, d'in-
fanticides que les deux alliances de la veuve anoblissent comme
deux chevrons de respectabilité mais salissent aux yeux des adolescents parce qu'elles marquent sa vieillesse, son expérience de
la vie et des hommes.

Le plus souvent c'est de la main de l'homme qu'il s'agit. C'est
elle qui a pour tâche de découvrir le corps de sa compagne, d'en
reconnaître les moindres contours, le velouté de la peau ou son
grain caractéristique, la faille ou la boursoufflure d'une cicatrice
qui lui permettront d'identifier un corps dans ce qu'il a d'unique,
de personnel, d'attirant ou de repoussant (48). Elle va, explora-
trice, inquisitrice, s'informant et reconnaissant le corps qui
s'offre à son contact comme un propriétaire parcourt en tous
sens un nouveau domaine pour reconnaître ce qu'il a de particulier, quelles sont ses richesses ou ses défauts spécifiques (49).

La main qui s'informe a pour pendant la main qui informe,
qui signifie. Elle établit un lien de parenté, une appartenance
(50). Les mains de paysan du séminariste, comme sa robe, confirment sa bâtardise, il n'est ni d'en haut, ni d'en bas. Aux
mains près, il serait un petit monsieur, ressemblerait pleinement au Comte, son père. Cette main d'homo faber est intempestive chez lui, car s'il la tient de sa mère il ne sait s'en servir
ni pour travailler, ni pour guérir, ni pour tuer comme elle (51).

La main qui reconnaît est elle-même reconnue et c'est surtout lorsqu'elle se fait caressante ou aimante que ce double mouvement centrifuge et centripède apparaît clairement. La main
tendue, doigts réunis à l'exception du pouce, invite à la confiance, à l'ouverture des cœurs en s'offrant d'elle-même au contact
d'autrui. Même forte et rude la main de l'homme se fait légère
et douce, elle s'arrondit et s'incurve de façon à épouser la forme du corps féminin qu'elle entend découvrir et reconnaître,
appréhender et caresser, tout en se faisant reconnaître et caresser par lui (52). Cette main caressante est promesse de
bonheur, de bien-être. Parfois elle se posera à plat, légèrement recroquevillée sur une épaule, une hanche, parfois aussi
sur une cuisse ou un ventre nus, marquant par sa présence
tranquille la possession du corps qu'elle réchauffe. Cette main
posée marque la possession, manifeste la main-mise de l'homme sur le corps mais par là sur tout l'être de la femme. Celle-ci ne se rebiffe pas. Au contraire, le plus souvent elle recherche, provoque ce geste. En effet, d'une part ce contact
consacre son aliénation; il l'objective, mais lui permet, d'autre part, de faire intervenir dans le duel qui l'oppose souvent
à un partenaire plus hésitant et plus réticent qu'elle à se laisser aller à la tentation du bonheur, les forces mystérieuses
émanant de son corps (53). Aimée ou aimante la main est souvent possessive (54). Le contact des mains et du corps instaure
une sorte de circuit qui, dès qu'il est établi et tant qu'il n'est
pas interrompu est source de bonheur, de confiance, de force
pour le présent et de foi en l'avenir. La simple aliénation,
l'objectivation, la sujétion même que la main posée sur le corps

de la compagne symbolise n'est pas ressentie par elle comme une diminution de sa liberté et de son indépendance, au contraire (55) En effet cette main lui donne chaud, la rassure et c'est justement quand elle se retire qu'arrive la protestation: la jeune fille ne se sent plus de taille à lutter contre les obstacles internes ou externes s'opposant à son bonheur (56).

Ce rôle de protecteur, de dispensateur de chaleur et de force est parfois confié aux bras. Entourant les épaules ou s'appuyant des mains sur le bas du dos les bras constituent une sorte d'abri. Se blottir dans les bras de l'aimé(e) revient pour les adolescents à retrouver la chaleur et la sécurité du ventre maternel.

La main posée donne lieu à des formules ironiques ou comique par antiphrase quand on lui reproche de se poser, de se mettre inconsidérément partout (57).

La main noble de l'homo faber, créateur et artiste, n'apparaît pratiquement pas. Le plus souvent la main noire, "sombre(s) que l'été tanna" (58), rendue rugueuse par le frottement des manches d'outils ou de la terre remuée est déconsidérée. On lui préfère une main durcie par "les raquettes", "le yachting" ou "les clubs de golf" (59). Pour les jeunes filles la main sera "fine et agile" (60). Par contre rougies par les lavages de langes, de lessives ou de vaisselles, crevassées par le vent et le froid parce que "sans gants" (62), les mains aux ongles, usés et cassés par le travail, sont des mains qui affichent leur indignité et leur souillure. Ce sont des mains qui ont "servi" (62) au double sens du terme. Telles quelles elles peuvent cependant acquérir soudain une véritable noblesse dans l'esprit de l'individu lui-même (63), de son partenaire ou d'autrui qui les préfère alors aux belles mains "oisives", "sanglantes" de leurs "griffes" peintes, aux doigts alourdis de "cailloux" (64), auxquelles il les oppose.

Les travaux ménagers ne sont pas les seuls à salir les mains Une source beaucoup plus fréquente de souillure est offerte par le crime. La main meurtrière "tremble" avant et surtout après l'acte homicide (63), elle est "rouge", tachée du sang de la victime (64) ou noircie par l'encre d'imprimerie qui entraînera le crime (65). Les "mains d'assassin font horreur" (66) et cette souillure est indélébile: "tous les fleuves ensemble, confondant leurs routes, tenteraient en vain de laver la souillure" (67). Elle est "étrangleuse", "assommeuse", chasseresse de diptères c'est-à-dire: "tueuse, ployeuse d'échine", ou suivant la correction de Verlaine "casseuse" d'échines, de verre ou de bonheur comme celle de Héro, avorteuse "décanteuse(s) de poisons" (68). Les mains destructrices ou meurtrières sont d'une telle efficacité meurtrière qu'elles ne font jamais mal (69). De nature physique autant que morale la souillure des mains se transmet par contact à tout ce qu'elles touchent. Ne pas se laisser toucher, c'est refuser soit le pur et simple contact de la main du garde se posant au collet ou sur le bras pour arrêter le coupable (70) ou encore celui des mains simplement affectueuses ceignant les épaules dans une embrassade (71), soit la caresse intime qui prend son plaisir ou qui le donne. Toucher peut même avoir le sens d'une perversion chez ceux qui "se touchent", garçon ou fille (72).

La main qui apporte sur un front moite d'angoisse la fraî-

cheur de son doux contact (73), qui efface d'un léger attouche-
ment les mauvaises pensées se blotissant à l'abri d'un front d'adolescente (74) peut aussi présider à la naissance (75) ou à la mort.
Guérisseuses ou accoucheuses (76), les mains bénéfiques sont
assez rares par comparaison aux mains homicides ou maléfiques.
   On peut même dans quelques cas parler d'un véritable animis-
me des mains. Elles apparaissent alors comme étant douées d'u-
ne vie indépendante et peuvent même agir à l'encontre de la volonté expresse des protagonistes dans la mesure où leurs réactions
instinctives font échec au rationalisme des individus. Elles ne
se posent pas de questions. Tout pour elles est affaire de l'instant. La durée comme la réflexion leur sont étrangères. Cette
main-là se contente du plaisir immédiat. Dans sa simplicité, son
absence de calculs, elle sait "être heureuse toute seule" (77).
Cependant elle peut, "sans prévenir, un matin se réveiller étrangère" (78). Elle peut aussi indépendamment du cœur et de l'esprit, devenir la source d'une véritable jouissance esthétique qui
dispense au héros un bien-être "très proche du bonheur" (79)
dans ce qu'elle chasse, pour un moment dont la brièveté n'a d'é-
gale que la puissance du sentiment de joie qu'il donne, l'impression de solitude, d'abandon au sein d'un monde hostile qui est
propre à l'homme vivant dans l'univers de Jean Anouilh (80).
   Cette main, symbole du plaisir sensuel et physique le plus
simple, a pour grande ennemie la tête, la raison, parce qu'elle
aussi, elle se souvient et garde au bout de ses doigts l'empreinte d'un corps, la forme d'un muscle qui lui servent d'étalon et
lui permettent un jugement esthétique objectivé (81).
   La main aimante ou caressante ou même strictement possessive marque le corps de la jeune fille de manière indélébile de
sorte que la trace des mains sur le corps de l'aimée brille comme une sorte de traînée phosphorescente captivant le regard des
adolescents qui en éprouvent une espèce de hantise.
   Les mains qui, comme nous l'avons vu, transmettent la souillure, sont aussi susceptibles d'être purifiées. Il leur suffit,
pour cela, d'entrer en contact avec le corps pur, ou considéré
comme tel sous l'effet de l'amour ou de la tendresse,d'une jeune
fille. De même les mains (et les lèvres) peuvent, en certains
cas, acquérir une certaine valeur purificatrice dans l'esprit de
la partenaire. Leur contact efface la trace des autres mains
masculines qui l'ont touchée plus ou moins intimement. Ceci
bien entendu s'ajoute à une excitation sexuelle qui ne peut manquer d'agir sur chacun des partenaires. L'appétence physique
agissant sur eux, chacun des protagonistes se sent invinciblement attiré par l'autre et ils s'épuisent vainement à vouloir résister. Ils sont convaincus que ce simple contact (re) scellera
leur union, quitte à faire le malheur d'un(e) rival(e), et les rendra invincibles. Les mains sont des pôles par lesquels se transmet le courant d'amour et de sympathie qui se dégage de l'être
aimé. Revigorée par la présence des mains et des bras sur elle, par la chaleur qu'elles dégagent l'aimée se sent de taille à
résister malgré ses souillures (malgré les diminutions que celles-ci impliquent) aux "fourmis" et, plus généralement, à toutes les femmes pures et honorables en qui elle reconnaît des
ennemies en puissance (82).

Une récapitulation de ces manifestations du toucher manuel chez Jean Anouilh fournit le tableau ci-après:

Typologie de la main	
Contact bénéfique	Contact maléfique
Aspect Physique	
main fine et agile	épaisse, grasse
blanche	rouge (rougie)
dure (cals) mais douce	ont "servi" - rugueuses
nue	alourdie de cailloux
	alliance (respectabilité)
ongles courts	griffes sanglantes
Implication morale	
Purifiante	Souillante
Aimante	Prostituante
rafraîchissante	main d'adulte touchant
	un jeune corps
ardente	glacée (limaces)
aliénante (acceptée)	aliénante (refusée)
Guérissante	homicide : sanglante
accouchante	avorteuse

Terminons cette revue des éléments constituant ce qu'on pourrait appeler le motif du contact épidermique direct par une esquisse du rôle de la nudité dans cette perspective.

Rappelons tout d'abord que les héroïnes pures sont toutes nues sous la robe blanche qui symbolise leur virginité comme si d'autres vêtements devaient porter atteinte à leur intégrité physique un peu comme les bijoux ou le vernis à ongles souillaient la main de la jeune fille. Pure, il ne semble pas que celle-ci a honte de son corps ni qu'elle attache une valeur spéciale au don de celui-ci. Par contre si elle a une quelconque expérience de la vie, si son corps n'est plus dans son intégrité première, l'adolescente éprouve le déshabillage comme une épreuve dangereuse. La nudité qui est absence d'artifice et total dépouillement n'est plus une preuve de pureté mais sa valeur dépend de l'appréciation du partenaire. Se mettre nue c'est pour Eurydice se livrer tout entière à la merci du regard inquisiteur d'Orphée en se privant de toute possibilité de défense; c'est se soumettre sans aucune retenue au jugement d'Ordalie, c'est assumer la minute de vérité: "J'ai pensé que moi, j'avais à être belle, par dessus le marché"... (83).

Le vêtement protège, pare, efface ou souligne, cache ou camoufle. Il est le plus souvent trompeur. Au moment de refaire sa vie avec Isabelle Georges abandonne ses vêtements de naguère comme s'il faisait textuellement peau neuve (84). Au moment de recommencer sa vie avec Frédéric, Jeannette, au contraire, emporte la belle robe blanche qui lui a donnée Azarias pour prix de sa prostitution. Son geste est commandé par sa psychologie puérile. Dans cette perspective elle est la sœur d'Antigone et de tous les adolescents qui tels Orphée ne veulent pas grandir. Sans aller plus loin que l'immédiat et l'apparence, sans chercher à distinguer l'être et le paraître, elle revêt cette robe blanche parce qu'elle veut être belle pour celui qu'elle aime. Elle veut être la jeune fille dont elle sent bien que Frédéric n'a jamais cessé de rêver, et qu'elle ne pourra jamais être pour lui. Son mensonge ne commence pas au moment d'expliquer la provenance de la robe mais à partir du moment où elle fait de la robe de mariée, symbole de virginité, un vêtement, d'apparat destiné à cacher un corps dont elle a honte et à lui conférer le signe extérieur d'une intégrité perdue et qu'il ne saurait retrouver.

Même si elle n'a rien de consistant, la parole heurte l'oreille, touche le cœur ou l'esprit (85). Elle caresse ou frappe (86); blesse ou guérit (87); souille ou purifie (88); réchauffe ou glace. Nous n'aurions guère de peine à reprendre ici les conclusions auxquelles nous sommes parvenus en étudiant le rôle de la main ou du regard dans la vie du couple. Le héros anouilhien est parfaitement conscient de la force et de la faiblesse de la parole et de son digne acolyte, "sa majesté le mot". Mots et paroles ne sont que du vent mais un rien suffit à faire de la brise ou du doux zéphyr un ouragan et une tornade dévastant tout ce qui se trouve sur leur route et détruisant jusqu'à la plus petite lueur d'espoir la plus infime possibilité de bonheur.

Les adolescentes physiquement impures savent très bien que le bonheur qu'elles entrevoient et dont elles subissent la tentation, elles l'obtiendront plus facilement en se taisant qu'en parlant. Les adolescents, eux, sentent très bien qu'il peut être dangereux de vouloir pénétrer le secret de leur compagne, d'acquérir une certitude définitive à l'égard de ce passé mystérieux qu'ils redoutent et dont, par jalousie malsaine et sans fondement actuel, ils ne peuvent détacher ni les yeux ni l'esprit. Aussi est-ce avec angoisse mais aussi avec masochisme qu'un Orphée, un Julien, voire un Oreste veut remonter dans le passé d'Eurydice, de Colombe ou de Clytemnestre. Ce que les uns et les autres craignent par dessus tout, ce sont les questions parce que celles-ci les obligent à une prise de conscience. Leur cœur ne peut plus ruser avec leur esprit et ils doivent accepter la confrontation avec la vérité dans la certitude qu'ils n'arriveront jamais à en éclairer suffisamment les multiples nuances: il faut d'abord tout se dire. Les mots ne servent à rien et on n'en comprend que la moitié, mais ils doivent être dits (89). Tout vaut en effet mieux que l'incertitude et l'angoisse qui rongent respectivement le jaloux et l'objet de sa jalousie dès que la première question et sa réponse sont proférées. Les mots seront tous dits parce qu'ils "lavent" (90) et parce que pour douloureux que soit le débridement d'une plaie, le dégorgement du pus apporte toujours un soulagement, au moins momentané. Toutefois la guérison totale apparaît bientôt impossible aux protagonistes et, pour échapper définitivement au pouvoir corrodant des mots, à la douleur insidieuse qui ronge leur cœur du fait de l'impossible adéquation du rêve et de la réalité, il ne leur reste qu'à tuer leur rêve de bonheur. Ils le font en fuyant: soit en se souillant systématiquement aux yeux de l'Autre dans une espèce de catharsis inverse, soit encore en se suicidant pour que, purifiées par la mort, les âmes sœurs trouvent enfin le bonheur dans l'éternité (91).

Nous terminerons cette nomenclature des éléments constitutifs de la thématique du contact physique proprement dit, en nous arrêtant un instant au rôle imparti à l'odorat dans le purisme anouilhien.

Les bonnes odeurs sont rares (92), de même que les parfums (93). Toutes proportions gardées ce n'est ni le verbe embaumer, ni parfumer ou même le verbe sentir qui est le plus fréquent dans cette optique, mais le verbe puer. Ordinairement ce terme caractérise une adeur pénible et désagréable rien que par sa nature ou sa violence. Il suggère souvent l'idée de décomposition physiologique, de malpropreté et, dans l'abstrait, de malhonnêteté et de noirceur, de péché même. La fête de Corinthe, la lande où elle est arrêtée avec Médée éveillent chez la nourrice le souvenir des fêtes de Colchide, la "bonne" odeur des herbes de la patrie. Pour Médée, par contre, les échos de cette fête lointaine lui parviennent à travers sa jalousie de femme délaissée, comme des relents nauséabonds et fétides d'une joie nourrie de son malheur: "cela pue le bonheur jusque sur cette lande" (94). Chez Anouilh le verbe puer renvoie le plus souvent aux émanations du corps humain - odeur de sueur, de gros rouge - , aux odeurs de cuisine - friture oignons-soit d'une manière générale aux plaisirs et jouissances populaires, par opposition aux raffinements des riches ou des intellectuels (95), et... à la sexualité. L'amour est senti à distance; son odeur permet à la Générale, que son obsession maladive rend hypersensible, de réagir au message qu'elle perçoit dans l'espace environnant, de connaître la minute précise des innombrables copulations qui s'accomplissent dans la nature environnante aussi bien que dans sa propre demeure ou même dans l'esprit de son mari (96). De même il ne fait aucun doute que parmi les multiples raisons que Bitos-Robespierre pouvait avoir de détester Danton au point de ne pas reculer devant le meurtre d'un vieux compagnon de lutte et de l'amener sous le couperet, il convient de mentionner la haine de l'avocat d'Arras pour tout ce qui sent le peuple et sa phobie de tout ce qui salit le corps ou l'âme tandis que Danton affichait volontiers une paillardise effrénée (97) et une vulgarité populiste. Aussi ne nous étonnons pas de voir Bitos dire à Maxime: "...je n'aime personne même pas le peuple. Il pue. Il pue comme mon père qui me cognait dessus et comme les amants de ma mère qui ont continué après, quand il est mort. Et j'ai horreur de ce qui pue" (98).

L'odeur du corps humain qu'il transpire de chaleur, de travail ou de crainte devient une sorte de signal, un fumet que l'enfant privé de sa mère recherche et reconnaît sur les vêtements ou sous les autres parfums. Mais cette odeur maternelle qui promet amour, douceur, chaleur, sécurité à l'enfant est combattue, neutralisée par l'odeur du désir ou de l'homme, plus particulièrement de l'adultère et du crime (99).

La maladie et la vieillesse détériorent le corps humain et sont par là, nous y reviendrons, sources de souillure et d'impureté. Aussi la lutte contre le vieillissement commence-t-elle par l'achat de parfums suffisamment lourds pour dominer l'autre odeur (100).

Un dernier emploi caractéristique du verbe puer place les odeurs dans un contexte religieux. A partir de la notion biblique du Mal nauséabond et du Bien embaumant nous arrivons à la puanteur des péchés humains (101). Derrière le pessimisme profond de cette boutade nous retrouvons une fois de plus la notion de souillure et, bien entendu, de pureté passant du domaine physique au domaine métaphysique, du corps au cœur et à l'esprit.

Si la frontière entre physique et moral, pour ce qui est des implications du purisme n'est pas toujours très claire, on peut en dire autant de la frontière entre physique et métaphysique. En effet le refus du composant métaphysique dans certains facteurs du purisme tels que l'eau ou les formules lustrales rendrait, par exemple, toute catharsis baptismale ou confessionnelle vaine, pour ne pas dire impossible. Le temps qui passe nous fournit également un bon exemple du glissement de sens, mais cette fois du métaphysique au physique, pour autant qu'on le considère dans la perspective de la durée humaine, c'est-à-dire de la vie et du vieillissement.

Le temps qui passe est l'ennemi par excellence de l'héroïne comme du héros. La durée ce sont "des images qui changent peu à peu", un visage "qui se flétrit", c'est l'écoulement des jours, la succession des aubes et des crépuscules reconnaissables aux ombres portées et à la lumière (102). Il "va vite" et on est un vieillard avant même de s'en rendre compte, avant d'avoir vécu. On a juste "eu le temps" de faire quelques bêtises "pour passer le temps" et avant même de s'être retourné "le temps est passé" et "il est temps" de penser à "apprivoiser la mort".

Devant le problème que pose la durée l'individu anouilhien a le choix entre trois attitudes:
- il peut reconnaître l'existence de la durée et admettre comme un phénomène naturel son action sur l'individu: le processus du vieillissement;
- il peut aussi purement et simplement en nier l'existence, il peut refuser tout ordre chronologique et prétendre que tout se passe en même temps (103).
- il peut encore, à la suite d'un subtil distinguo, accepter la réalité d'un écoulement, temporel, d'une durée donc, mais refuser son action sur le corps et, bien entendu, sur le cœur. Autrement dit au lieu de refuser que les choses se passent en succession il refusera de participer, lui, à cette évolution, à ce vieillissement. Il refusera de grandir. C'est le cas le plus fréquent.

Les adolescents rêvent continuellement au bonheur de leur enfance, celle de leur onze à douze ans, qu'ils identifient à une espèce de phase paradisiaque dans leur existence. Ils voudraient ne jamais dépasser le stade de l'adolescence et, lorsqu'ils prennent conscience du vieillissement ou de sa potentialité, ils n'hésitent pas, le plus souvent, à recourir au suicide pour se libérer de ses atteintes. Si, au contraire, acceptant de grandir ils optent pour la mort lente qu'implique le vieillissement ils suppriment le plus souvent la durée, la vie, dans leur rêve. En effet ils passent directement du stade d'adolescent à celui de vieillard sans emprunter aucune des phases intermédiaires. Décrivant leur rêve à l'aimée ils voient une vieillesse de livres de prix, idéalement "noble". La jeune fille est devenue leur compagne aux cheveux blancs (104) parce qu'elle aura accepté de rester elle-même, de ne pas "se teindre", de ne pas effacer ses rides, elle sera "très douce, très maigre et très charmante". Par cette idéalisation de l'aimée les adolescents refusent le vieillissement. En effet celui-ci tue leur idéal de pureté. A leurs yeux il porte atteinte à l'intégrité de leur corps aussi bien que de leurs forces physiques et ... morales. C'est ce que montre leur hostilité envers les adultes toujours prêts au compromis. Par ailleurs le vieillissement a ceci de commun avec la honte - son corrolaire possible d'ailleurs - qu'il prend toute sa valeur uniquement en fonction d'autrui. C'est le regard, les paroles dites ou sous-entendues, les gestes d'un autre qui vous font percevoir tout d'un coup que vous n'êtes plus ce que vous pensiez être: la jeune fille ou le jeune homme plein d'ardeur et de force qui se préparait à mordre à belles dents au banquet de la vie dont parle Chénier. L'individu va jusqu'à nier le vieillissement même s'il le perçoit physiquement. Il imputera alors sa carence à une toute autre raison: fatigue, surmenage, mauvaise hygiène. C'est que reconnaître son vieillissement c'est admettre une altération de ses forces vives, une décrépitude, un délabrement, un pourrissement de l'être: les cheveux se décolorent, la peau du visage se fane et se ride, les mains se parcheminent, les ongles durcissent alors que, pendant longtemps encore, l'esprit et le cœur conservent leur intégrité. Pour la femme chez qui le corps est l'exposant par excellence de l'intégrité physique, et, partant, de la pureté sous sa forme la plus visible, ces signes avant-coureurs de la sénescence sont une véritable hantise qu'elle essaie généralement de pallier par tous les moyens jusqu'au moment où elle en vient à les assumer pleinement. Mais alors elle reconnaît l'existence de la vieillesse, elle est vieille (105). Reconnaître un tel état de fait est plus facile durant la jeunesse, pendant une rêverie d'adolescent que de l'accepter dans sa réalité. C'est que la femme n'a pas seulement à tenir compte de sa propre appréciation ou valorisation, elle est comptable de son corps et de sa beauté à son compagnon de route (106). Celui-ci peut refuser de la voir vieillir (107). Mais le plus souvent c'est elle-même qui refuse de vieillir au mépris du plus simple bon sens. Elle se vêt de couleurs voyantes, essaie, à force de fards et de poses, de se donner une allure jeune (108) ou bien tente de se conserver indéfiniment conforme à une image d'elle-même, souvenir du temps de sa splendeur (109). Ce vieillissement refusé, considéré comme une honte ne doit pas faire illusion. Il s'agit au pis aller de quin-

quagénaires et ce n'est que par comparaison avec les adoles-
cent(e)s qu'ils paraissent si âgés.

Le vieillissement n'est pas présenté explicitement comme apportant la souillure physique, mais plutôt comme un délabrement
qu'accentue l'emploi des palliatifs: cheveux teints ou toupets,
crèmes et fards. Ceci est très sensible dans une pièce comme
Colombe. Les "vieux" ici appartiennent tous au monde du tréteau.
Leur déchéance physique est marquée par une série d'éléments
soulignant l'artifice, le trompe-l'œil: corset, canne, faux-che-
veux, jusqu'à leur sexualité qui est fausse puisqu'ils poursuivent
les jeunes filles plus par acquit de conscience et par la force de
l'habitude que sous l'impulsion d'un vrai désir. Dans ce monde
où tout est authentiquement faux, le langage lui-même trahit l'artifice. La fausseté, c.q. l'impureté remplit exactement le vide
qui se crée entre le ton primesautier, les déclarations d'un romanesque ardent que l'on se prodigue en public et le langage
vulgaire, ordurier même qui caractérise les rapports des artistes entr'eux quand ils cessent de se sentir en représentation et
se retrouvent entre camarades.

A part les duchesses du Bal et de Léocadia il n'y a pas à proprement parler de vieillard jouent un rôle important dans le théâtre d'Anouilh. Mme Alexandra, Du Bartas, comme le père Tarde
et le père Maurin (110) sont des adultes ayant atteint cette espèce de no man's land qui sépare la maturité de la vieillesse. Ils
sont conscients d'être engagés dans une course contre la montre
mais en ont pris leur parti et ont accepté la certitude de leur défaite, même si, avec un opportunisme cynique, ils essaient de
masquer leur décrépitude ou de l'ignorer. Leur rôle habituel est
celui de parents et c'est l'échec de leur rôle de père et de mère
que consacre la révolte des adolescents.

Les pères ont le plus souvent le genre artiste, l'aspect de
ganaches et de clochards ayant une mentalité de commis-voyageur
ou de marchands de tapis. Ils pratiquent de main de maître la
subtile casuistique de la double morale et de l'aveuglement devant l'évidence. Leur hypocrisie et leur mauvaise foi n'ont d'é-
gales que leur proxénétisme et leur fausse dignité. Lorsqu'à
l'issue du conflit qui les oppose aux adolescents ils ont dû dépouiller successivement tous leurs faux oripeaux d'artiste, de
"tombeur" irrésistible, d'amant comblé et adulé, il ne reste le
plus souvent qu'une misérable loque humaine, un ballon crevé
quémandant, en fait de bonheur, la seule joie de vivre au jour
le jour en grignotant un rayon de soleil ou un sourire de pitié
(111). Ils joignent donc à la dégradation physique qu'entraîne
l'âge la dégradation morale qui accompagne les abandons successifs, les compromis, les irrévoltes multiples.

Le père idéal est un "vieux monsieur charmant", jeune encore de caractère et d'esprit, "d'une jeunesse contre laquelle
le temps ne peut rien", point paternaliste ou autoritaire du tout
mais plutôt une sorte de frère aîné, de grand frère protecteur
et prêt à se transformer en "camarade" (112) sans cesser toutefois d'être fortement "Pélican", comme nous le verrons.

Bien que les adolescents leur reprochement parfois de rendre leur jeunesse malheureuse par suite de leur incapacité, ou
qu'ils les rendent responsables de l'inconduite de leur mère

(113), garçons et filles leur témoignent le plus souvent une certaine sympathie protectrice (114). C'est que le père a vécu, tout en voulant rester un adolescent, et l'âge s'est surimposé sur son visage d'enfant, sans parvenir à l'effacer complètement (115). Il faut dire qu'à partir d'Hurluberlu le père aura ce que l'on pourrait appeler un vieillissement noble, dans la mesure où il sera moins du type "clochard" et plus du type "Pélican" ou "Romain" et s'occupera par conséquent de l'éducation et du bien-être de ses enfants, n'hésitant pas à remplacer au besoin la défaillance maternelle (116). Ces pères-là regrettent souvent de ne pouvoir vivre sur un pied de véritable amitié, de pure camaraderie avec leur fils, soit parce qu'il est trop jeune, soit que la différence de générations et l'incompréhension mutuelle qui en découle les séparent de sorte que les uns et les autres n'arrivent pas, malgré leur bonne volonté, "à se croiser en route" (117). Ajoutons à cela que l'un des plus grandes reproches que les adolescents font aux adultes, mais plus particulièrement aux pères, c'est de dire "oui" à la vie: d'accepter qu'elle évolue sous l'influence de la durée. Ainsi intervient un nouvel élément dans le purisme anouilhien: les rapports du temps et du bonheur dans l'amour sous forme d'acceptation ou de refus de grandir. Apprendre à vivre est pour les adolescents un immense problème (118), comme pour les adultes d'ailleurs (119). Qu'est-ce que la vie? Qu'est-ce que vivre? C'est évidemment durer et accepter de se plier au consensus social, c'est dire "oui". Or ce oui catégorique et essentiel est la décision la plus lourde de conséquence qui soit et la plus contestée. Ce oui devant la vie est même, nous l'avons vu, la source du conflit fondamental opposant les adolescents qui refusent d'abandonner l'univers de l'enfance à ceux qui acceptent de grandir. Il y a deux façons de vieiller, grandir ou rester l'adolescent rêvant du paradis enfantin. Parmi ceux qui grandissent, c'est-à-dire qui acceptent que tout ne soit pas aussi beau que dans leur rêve, que leurs enthousiasmes, leur amour changent (120), certains se contentent des petites joies terre-à-terre ne sortant pas de l'ordinaire ni du quotidien: un bon menu à prix fixe, un bon cigare, un petit verre, des amours ancillaires s'ils appartiennent à ce que nous pourrions appeler la catégorie de l' "artiste raté" (121); une femme, des enfants, une maison bien tenue, une liaison plus ou moins officielle et "servir à sa place" si l'on fait partie de la catégorie de l' "artiste doué" ou si l'on appartient à cette aristocratie de sang qui, même décavée, sait garder suffisamment d'élégance pour accomplir avec une charmante simplicité et sans avoir l'air d'y toucher, de véritables exploits (122). A côté de ces derniers pour qui la vie est "une pitrerie", un "mélo absurde" ou bien "un long déjeuner de famille", "du guignol" dans lequel on "joue toujours la même pièce" (123), nous rencontrons les artisans, les homo faber pour qui vivre c'est surtout retrousser ses manches et mettre de l'ordre dans un pays. Tels sont Créon, Becket, Louis XVIII ou Egisthe (124). Ils sont le plus souvent en conflit direct avec un adolescent qui méprise leur conception , qui leur reproche de se contenter d'un à peu près sans rechercher l'absolu seul digne d'intérêt à leurs yeux. Ces constructeurs sont prêts à transiger, à accepter le compromis, ils sont disposés à "rebâtir , sans illusions, un monde" à mesure humaine "pour y attendre d'y mourir" (125). Leurs protagonistes, au contraire, ne pouvant accepter que la vie, le bonheur qu'on leur offre ne correspondent pas à l'idéal de pureté et d'honneur dont ils ont rêvé. Ils n'ont en fait qu'une ressource, considérée par leur adversaire comme une solution de facilité: celle de mourir, pour éviter que la vie, la durée, l'existence ne les souillent (126). Ils n'ont pas voulu ou pas su grandir. Dans une perspective plus populaire cela est valable aussi pour le conflit Orphée-Eurydice, Julien-Colombe, ou, d'une manière générale, pour les "Romains" en face de la vie.

Cependant garçons et filles arrivent assez bien à s'entendre avec leur père et à lui pardonner ses fautes. Les véritables impurs, les vrais coupables dans cet univers de la pureté et de l'innocence ce sont les mères. Elles se présentent à nous sous deux aspects: comme femmes - qu'elles soient épouse ou maîtresse - et comme mères. Donnant toujours la priorité à leur rôle de femme, elles sacrifient celui de mère. Elles sont ainsi la cause d'un sentiment de frustration chez l'enfant, voire d'un conflit survenu vers l'âge de onze, douze ans, c'est-à-dire à l'âge de la puberté et qui a commandé dès lors son comportement affectif envers la mère et les femmes en général. Adolescent ou adulte il se plaint encore régulièrement de ce que sa mère sortait trop, rentrait très tard, pensait égoïstement à ses plaisirs en l'abandonnant aux bonnes, ou encore lui refusait sa tendresse par dureté de cœur, par manque d'amour maternel véritable (127). Mais le traumatisme dont souffre l'enfant a une origine profonde bien déterminée. Son rigorisme de "Romain" vient de la lecture de "livres d'histoire" et d'une expérience de son enfance: entre 10 et 11 ans, le plus souvent, il a surpris un jour sa mère en galante compagnie, voire au beau milieu de ses ébats amoureux (128). Il n'a pas compris directement mais a conservé de ce spectacle un profond sentiment de honte. A partir de cet instant la mère cesse d'être pour l'enfant un être pur, asexué, à qui l'on se confie, qui protège, console, caresse et guérit, pour devenir une femme, être mystérieux, dangereux et souillé dans l'esprit du fils par son caractère d'être sexualisé. Elle devient dès cet instant une étrangère, une "chère ennemie". Elle-même se souvient, sans pouvoir s'expliquer la cause du changement, de ce moment spécifique où elle est devenue une étrangère, une ennemie qu'un reste d'affection et le besoin d'amour maternel, empêchent de mépriser totalement et de renier.

Dans ce débat la femme est le plus souvent excusée. Elle est considérée comme victime de l'incapacité de son mari qui n'a su ni lui inspirer de l'amour ni même satisfaire ses besoins sexuels. En définitive il ne reste pour ces "mauvaises mères" que le reproche de ne pas avoir su sublimer leur amour en le transférant sur les enfants (129). Il s'agit ici au fond d'une conduite rappelant de très près le comportement de ceux que l'on est convenu d'appeler "les enfants du divorce". Or, ce qui empêche les mères d'être, comme le veulent leurs fils, des mères types, des images d'Epinal ou comme le recommande Georges, "des mères admirables" (130), c'est la peur d'être vieille, de ne plus se sentir femme, ce qui arrive le jour où les hommes ne s'intéressent plus amoureusement à elles (131).

Cette dialectique entre la hantise de la féminisation que ressentent les adolescents et celle de la déféminisation qui poursuit leur mère crée un insoluble problème qui ne peut se résoudre que par la destruction de l'un des points de vue, ou de l'un des antagonistes.

Pour terminer la revue des facteurs de souillure par contact, nous signalerons le rôle de la maternité et de la maladie comme porteurs d'impureté. Toutes deux portent atteinte à l'intégrité physique des héros et héroïnes en attaquant l'épiderme, en déformant l'aspect extérieur du corps. La maigreur noire est signe de pureté, la rondeur des êtres trop bien nourris, la blancheur fade des chairs sont signes de dégradation.

A l'encontre de ce qui se passe généralement dans la littérature, la maternité n'est pas considérée comme un bienfait mais, au contraire, comme un malheur parce qu'elle enlaidit et vieillit en déformant le corps si bien qu'être pure et belle c'est avoir "un ventre plat" (132), des seins fermes que n'a pas alourdis l'allaitement.

Personnification du Mal, Médée est comparée, mieux identifiée, à un ulcère, à des croûtes, à mal honteux qui ronge et détruit l'épiderme tendre et lisse de l'adolescente au même titre que le vieillissement. Elle va même jusqu'à faire état de sa propre pourriture: elle pue (133) et nous avons vu le sens qu'il convient de donner à ce terme.

La description que nous venons de tenter du thème du contact humain dans le théâtre de Jean Anouilh nous a permis de constater, comme nous l'avions prévu, l'abondance, la diversité et l'étendue de ses manifestations. Cela n'a en soi rien d'étonnant puisque dans ce théâtre il s'agit surtout de l'étude et de la représentation des relations affectives pouvant se développer après leur rencontre entre deux ou plusieurs individus dans le cadre d'une inlassable poursuite du bonheur dans l'amour humain. L'étude des différents motifs a également fait ressortir l'importance de la valorisation du contact pour chacun des partenaires et de l'élément principal fondant leur appréciation: la pureté.

Voyons maintenant comment ces relations affectives évoluent et se développent d'une pièce à l'autre et le rôle que joue la virginité de la jeune fille dans le succès ou l'échec du couple poursuivant la réalisation de son plus profond désir: être source de bien-être et de bonheur.

III. LE COUPLE LICITE

A. La victoire des promis

Une jeune fille pure et riche peut-elle trouver le bonheur auprès
d'un voleur malgré la différence de situations sociale et morale?
Oui, si elle croit à l'amour, répond Le Bal des Voleurs , (1932),
la comédie-ballet dont le succès est devenu légendaire.

Le premier tableau de cette pièce remarquablement bien équi-
librée, trop au gré de l'auteur, pourrait s'intituler suivant la mode romantique: les rencontres . En effet c'est au moyen d'un véritable chassé-croisé incessant de tous les personnages que l'auteur a choisi de nous les présenter. Concertées ou fortuites ces
rencontres fournissent une cascade de situations cocasses et ro-
cambolesques: voici les trois voleurs qui se volent l'un l'autre
parce qu'ils ne se reconnaissent pas sous leur travesti; voilà
Lady Hurf qui feint tout à coup de retrouver en Peterbono un vieil
ami perdu de vue depuis longtemps, au moment où celui-ci se préparait à lui faire "le coup des Espagnols ruinés"; voici les Dupont-
Dufort qui, dans la bonne tradition des "marcheurs" de la Belle-
Epoque, s'attachent aux pas de Lady Hurf et de Juliette qu'ils "ren-
contreront par hasard au bout de la promenade"; voilà également
Eva qui est tombée amoureuse d'Hector rencontré dans un parc et
voici enfin Juliette racontant comment elle a rencontré Gustave,
par un hasard, véritable cette fois. Peut-on rêver de circonstances
plus romanesques pour une jeune fille: Gustave a aidé Juliette à
repêcher un gosse de cinq ans tombé dans le bassin des Thermes,
à Vichy où tout le monde est réuni. Ils ont bavardé en se séchant
au soleil. "Elle m'a dit que je lui plaisais" signale le jeune apprenti au maître-voleur en conclusion de son rapport de l'événement comme pour affirmer ses droits sur l'inconnue. Juliette en
fera autant, non sans ingénuité, à l'égard d'Eva dont elle craint
les talents de séductrice comme Gustave ceux d'Hector.

Qui est cette Juliette? Elle est brune, elle a l'air riche, elle
a vingt ans, elle est "aussi tendre, aussi nette que la vraie et
presque du même âge" (1). Son innocence et sa candeur excitent
une affectueuse compassion mêlée de dépit chez son aînée qui, veuve, connaît la vie (2) et jalouse sa sœur d'être "toute intacte,
toute prête à croire" sans qu'aucun bijou, aucun sous-vêtement
luxueux ne viennent non pas parer mais ternir un corps dont la
robe blanche symbolise la pureté (3).

De l'adolescente, Juliette possède le caractère romanesque,
l'exubérance, les emballements et l'instabilité foncière qui la
font passer, sans transition, de la joie à la tristesse, du bonheur
tranquille à l'inquiétude inquisitrice, de la confiance à la jalousie,
chaque fois avec une violence puérile. Elle ne cesse de penser
à son aventure, la raconte immédiatement à ceux qu'elle aime,

Lady Hurf et Eva. "Elle ne parle plus que de cela" (4), mais cet enthousiasme chaleureux se change en une froide lucidité qui lui fait ramener la prouesse de son héros à de justes proportions dès qu'elle s'adresse aux Dupont-Dufort, les coureurs de dot.

Gustave est moins candide que Juliette s'il est aussi beau et aussi jeune. C'est un voleur, c'est même le seul voleur du trio, mais c'est un voleur consciencieux: il fait son métier simplement, honnêtement, là ou le sort l'a placé, en bon ouvrier. "Il faut être propre dans sa partie ou sans cela il n'y a plus de vie possible" (5), affiche-t-il comme devise. Il est moins exubérant, moins loquace aussi mais tout aussi enthousiaste que Juliette. Il refuse, exceptionnellement, d'abandonner Juliette à Hector, le séducteur professionnel de la bande, comme le voudrait la discipline; il échange bien vite sa soutane de secrétaire ecclésiastique qui le couvre de ridicule à ses yeux, contre un habit princier. Après la rencontre de Juliette, il a cru les trois premiers jours à la possibilité du bonheur qui s'offrait à lui et a même envisagé de fuir avec elle après lui avoir dit qu'il l'aimait. Mais la raison prend alors de dessus: les scrupules l'assaillent à la pensée de sa condition sociale et il devient réticent. Il n'a jamais envisagé que Juliette puisse être une aventure telle que l'imaginent Peterbono, Horace et même Eva. Il a honte de la comédie qu'il joue car il ne voudrait pas "coucher avec elle une fois, pour être obligé de la quitter après". C'est en fait lui qui empêche, par honnêteté morale, par une sorte de pureté des sentiments et du caractère, la progression du couple à partir du stade de l'entente. Et c'est Juliette, au contraire, qui prendra l'initiative de le convaincre en l'emmenant au jardin - comme si elle avait besoin de l'appui des forces de la nature pour combattre celles de l'esprit (6) - et en s'offrant à lui sur la seule garantie que lui donne l'amour.

Eva ne croit qu'aux visages, qu'aux apparences de l'amour; la Duchesse y a officiellement renoncé depuis longtemps; Juliette seule a la foi, une foi enfantine qui lui fera soulever des montagnes. Elle ne réfléchit pas, elle sent; elle ne raisonne pas, elle croit; elle ne calcule pas, elle agit. C'est pourquoi dans se monde de fantouches, de pantins, auquel Gustave échappe de justesse (7) et que dirige la Duchesse, elle est "la seule vivante". Le bonheur est tout simple à ses yeux: "il n'y a qu'à se laisser aller. On ne passe pas une minute sans être malheureux, mais je crois que c'est cela être heureux" déclare-t-elle à sa sœur avec une sorte de dureté égoïste.

Il faut dire que la conquête de son bonheur, qu'elle mène, tambour battant, avec une audace et une sérénité qui frisent l'inconscience, lui est facilitée par la complicité de tout son entourage et... de l'auteur. La petite fille lui offre des marguerites à effeuiller afin qu'elles lui portent bonheur; Eva ne lui dispute pas Gustave; celui-ci est suffisamment honnête et chevaleresque pour la ramener intacte après sa fugue, puis pour refuser le subterfuge grossier mais touchant imaginé par Lord Edgard; les Dupont-Dufort sont suffisamment ridicules pour que le Gendarme, protecteur des honnêtes gens, pour une fois, ne s'y trompe pas et Lady Hurf, sorte de fée tutélaire de tout cet univers de fous, suffisamment puissante et suffisamment fidèle à ses propres rêves de petite fille, pour accepter de réaliser celui de sa nièce et lui permettre de le vivre (8).

Ainsi tous les obstacles disparaissent-ils comme par miracle et les malheurs auxquels faisait allusion Juliette ne sont-ils, tout au plus, que des chagrins d'enfant.

Dans ce Vichy désuet et charmant de nos grands parents, tout est artificiel et poétique. La vie ne reflète la réalité que sous une forme comique et parodique. Tout y est clair et net comme un foie lavé à l'eau thermale - si l'on en croit les curistes - et rêve et poésie peuvent s'y donner libre-cours. Même si quelques dissonances - une certaine amertume et un ton désabusé chez Eva; une sagesse faite de résignation et d'acception clairvoyante chez Lady Hurf; un opportunisme à peine parodié chez les voleurs surpris et ravis de l'aubaine; une cupidité sordide que ne voile pas la farce chez les banquiers - transparaissant tout au long de la pièce; ces dissonances ne sont là que pour rappeler au spectateur que nous sommes en plein dans un concert harmonieux donné sous l'égide de l'amour et conduite, en dernier ressort, par la jeunesse.

Si le rêve domine dans Le Bal des Voleurs au mépris de la réalité et de la vie, celles-ci sont, par contre, présente dans Le Rendez-vous de Senlis, sans toutefois réussir à chasser l'idéal et à empêcher les promis de conquérir leur autonomie et par suite leur bonheur.

Comme nous venons de le faire pour Le Bal, nous pourrions résumer le thème général du Rendez-vous (1937) par une question: une jeune fille pure peut-elle conserver son amour, basé sur une image idéalement noble et chevaleresque de l'aimé quand la vraie, platement ignoble et sale, lui est révélée? Pour y répondre l'auteur imagine de faire apparaître au rendez-vous que Georges a donné à Isabelle, les deux mondes dans lesquels il vit tour à tour: celui de son rêve, qu'il a matérialisé pour un soir avec l'aide de comédiens professionnels, et celui de la réalité: ses parents, son ami Robert, sa maîtresse Barbara, femme du complaisant ami. La pure Isabelle se trouve ainsi placée devant un choix qui fera apparaître la puissance de l'amour (9).

Trois femmes se partagent la vie de Georges: deux impures - Henriette qui a acheté son amour et a épousé le jeune homme comme on achète une voiture ou un jouet et Barbara. Celles-ci représentant le monde du réel, du quotidien, du concret, même si Henriette est un personnage invisible; une pure: Isabelle. Georges rejette les deux premières de son monde onirique, par un silence motivé à la fois par un souci de convenance - il ne faut pas effaroucher inutilement la jeune fille - et par le désir d'effacer jusqu'à leur souvenir dans son propre esprit. Il voit en elles, en effet, les instruments de sa souillure. Il reproche à l'une l'argent dont elle paie, à ses yeux, l'amour qu'elle exige de lui. Pour l'autre, il lui en veut, non pas parce qu'elle lui donne mauvaise conscience vis-à-vis d'Henriette mais, et c'est presque un paradoxe, parce qu'elle s'est salie avec lui. De leur liaison il ne retient, ne veut retenir que l'aspect sexuel le plus instinctif, le plus bestial: "les gestes de l'amour" (10). La "haine" et le "dégoût" qu'il lui offre en guise d'adieu sont, en réalité, la preuve qu'il l'a vraiment aimée et qu'il considère Barbara comme l'obstacle majeur à son bonheur. Il rejoint ainsi l'intuition d'Isabelle (11). Pourtant lorsqu'il demande à sa maîtresse "pardon pour la sale vie" qu'il lui a fait mener, Georges réveille, en elle, cet amour qu'il vient de bafouer si durement. Cette chance, "cette sale petite chance toute noire" détruite par le démenti de la mort présumée d'Henriette existerait-elle? Barbara va-t-elle essayer de la saisir? Cédera-t-elle à la tentation du bonheur? C'est là le sens du débat intérieur que couvre le "terrible silence" (12). En appelant Isabelle, en s'avilissant même par une sorte d'autopunition, d'autodestruction expiatoires (13), elle s'élève d'un seul coup au niveau de cette pureté morale recherchée par Georges. Son "non" à l'amour, qui est un non aux compromissions et aux bassesses, est aussi violent et aussi désespéré que celui de son amant; elle "offre" littéralement son amour en holocauste au bonheur de Georges. En empêchant toute récidive, tout retour Barbara rejoint, dans sa conception de la vie, celle de Thérèse, La Sauvage.

Isabelle est une jeune provinciale "égarée dans la capitale pour y suivre des cours de Lettres" et rencontrée par hasard au Louvre. Sa fraîcheur, sa candeur ont fait renaître chez Georges son rêve d'enfant: connaître la vie de famille. Comme Juliette, Isabelle affiche le symbole de sa pureté: une robe et un chapeau blancs (14). En réalité elle apparaît beaucoup moins "oie blanche" que ne la supposent Georges et par la suite Robert: elle fait montre durant toute la pièce d'un esprit de décision, d'une rigueur, d'une fermeté de caractère et d'un équilibre pour le moins surprenants chez une provinciale de vingt ans débarquée depuis deux mois à peine dans la capitale. Il est vrai que, comme Juliette, elle dispose d'un atout majeur: sa pureté, qui lui a permis de tout savoir en naissant. En outre elle croit à la réalité de son rêve de bonheur. Son calme, sa dureté dans l'action, sa confiance inébranlable, ou presque, son refus de voir, de savoir et de comprendre ce qui risquerait d'entamer l'image qu'elle se fait de la vie et de Georges, en font un être tout d'une pièce, irritant et même "terrible" (15) qui l'emporte sur la charmante mais puérile héroïne du Bal. Il est vrai que la lutte qu'elle devra mener est autrement dangereuse, si l'enjeu est le même: le bonheur.

Le personnage de Georges marque un progrès certain sur celui de Gustave. Il est plus nuancé, plus complexe, il a moins l'air d'une marionnette. Son mariage avec Henriette est une affaire d'argent. Sa liaison avec Barbara était moribonde, pour ne pas dire morte, lorsqu'il a rencontré Isabelle. En la voyant il a eu l'illusion qu'il pourrait échapper au sentiment possessif et jaloux de propriétaire capricieuse dont l'enchaîne Henriette et à la satiété qui se fait jour dans sa liaison avec Barbara; il a cru pouvoir réaliser son rêve: vivre enfin dans un foyer uni. Son souhait c'est à sa mère d'occasion, l'actrice matérialisant la mère idéale dont il rêve, qu'il le confie "les yeux fermés, d'une drôle de voix" (16).

Au troisième acte Isabelle voit se désagréger sous les coups de boutoir successifs de Robert et des parents de Georges l'i-

mage que ce dernier lui a donnée de lui et de sa vie. Elle lui garde pourtant une confiance inébranlable. Avec une obstination purement enfantine, elle refuse d'apprendre, de savoir, de connaître. Enveloppée sans sa robe blanche et dans sa foi, comme dans u-
ne armure, elle résiste aux attaques et toutes ces paroles glissent
sur elle sans l'atteindre (17). Elle attend Georges. De lui seul
elle veut connaître non pas la vérité, elle sent très bien que tout
cela est vrai, mais le pourquoi du mensonge, la raison profonde
de l'acte, celle qui peut normaliser l'acte en apparence le plus
anormal. Cette rencontre aura lieu et constitue une scène éminemment poétique, participant à la fois du rêve et de la réalité.
Georges reconnaît tout en bloc, et justifie ses tromperies en leur
conférant la qualité de mensonges pieux. Puis "pelotonné dans
un coin du fauteuil", dans cette position fœtale prise instinctivement et qui trahit son désarroi et un besoin de se blottir au chaud,
comme un petit enfant, baignant dans la certitude de l'acception
d'Isabelle, comme dans les eaux-mères, Georges vit, dans les
quelques minutes qui lui restent, ce bonheur rêvé, cette existence douce et paisible, ce vieillissement à deux, sans fard et sans
honte, jusqu'à leurs noces d'or, le tout dans une atmosphère de
pureté reconquise. Quand la réalité se présente à la porte -
Robert - il est prêt à payer le prix que lui réclame la vie pour
les cinq minutes de bonheur: Isabelle et sa liberté.

C'est alors que, par la volonté de l'auteur, se renouvelle le
miracle, ce retournement de la situation qui fait du dernier acte
une fin-postiche et de la Pièce Noire une Pièce Rose, si tant est
que ces qualificatifs aient un autre sens que publicitaire. Pour
nous, nous la verrions plutôt dans les Pièces Brillantes.

Après la vieille maison fantomatique, le château farfelu avec
son Prince Charmant et sa Duchesse fantasque. Dans Léocadia
(1939) comme dans Le Bal "l'extravagance est l'élément naturel"
dans lequel évoluent les personnages burlesques dont le ridicule n'arrive cependant pas à cacher entièrement ce qu'ils ont de
profondément humain. Ici également c'est la naissance du couple depuis la première rencontre jusqu'au stade licite, qui prend
l'accent. La Duchesse, seconde Lady Hurf - comme le Baron
est un second Lord Edgard - mène le jeu. Sans cesse trottinan-
te, agitée, surgissant au moment opportun comme un "bon" diable de sa boîte pour voler au secours de sa protégée, elle est,
sous son masque de vieille excentrique, sincère, simple et bonne. Les voleurs et leur mascarade se retrouvent dans le personnel de ce Ste-Anne-du-Pouldu fossilisé qui orne le parc du château et la musique intervient cette fois sous la forme d'une Valse symbolique. Enfin Amanda est ici aussi la seule figure "vivante" de tout ce monde étrange et cataleptique. Renversant
les rôles c'est elle qui par le contact, non de ses lèvres mais
de son corps, réveillera le Prince endormi apportant du même
coup la vie dans cet univers de Belle au bois dormant.

Viennent par contre du Rendez-vous de Senlis, ce désir de
matérialiser un rêve - là: une soirée de famille jamais vécue,
ici: une fugace idylle brisée par la mort - mais aussi le maître

d'hôtel dédoublé en deux personnalités, celles de serviteur de maison bourgeoise et celle d'extra déchu.

Dans cette pièce, comme dans Le Bal tous les obstacles externes susceptibles d'empêcher la naissance du couple ou même de l'entente ont été levés d'entrée de jeu pour ne laisser que les obstacles internes, particuliers aux individus. Lorsque la Duchesse s'est décidée à faire renvoyer Amanda de chez les sœurs Réséda elle a surtout été guidée par la ressemblance de la jeune fille avec la morte. Elle ne s'est pas préoccupée de savoir, au préalable, si elle était vierge ou non. Il est vrai qu'elle s'en informe avant de lui mettre son marché entre les mains (18). Comme Juliette, Amanda est "toute nue" sous sa petite robe, et sa robe de bal sera blanche. Elle est jeune, belle, fine, racée bien qu'elle ne soit qu'une cousette. Elle a conservé suffisamment de candeur enfantine pour que le conte de fée que la Duchesse a matérialisé pour son neveu l'émerveille et l'émeuve au point de vouloir en connaître le prince charmant (19). Puis, l'ayant vu, pour qu'elle se décide à tenter l'expérience parce qu'elle espère le consoler de sa peine. Sa tendresse, prélude à la prise de conscience de son amour, s'éveillera lorsque le Prince essuyant furtivement une larme, s'excusera de cet instant de faiblesse qui marque l'intensité de sa peine. Le "je vous demande pardon" mutuel, comme le "j'ai honte" de Gustave ou le mouvement de Georges baissant la tête comme un enfant pris en faute crée, dans des circonstances analogues, une sorte d'entente spirituelle (20) qui donne à la jeune fille le désir d'être, pour trois jours, cette Léocadia qui a su inspirer et vivre un tel amour.

Tout bien considéré la pureté de corps ne joue dans Léocadia qu'un rôle accessoire quoique, paradoxalement, essentiel. En effet elle n'intervient comme moteur de l'action et des sentiments que dans le dernier tableau, mais elle est alors l'agent du bonheur. C'est son physique tout court, autant que sa pureté physique qui, lui apportant la complicité de la nature et de la Duchesse, permettent à Amanda d'arracher la victoire. La bonne fée intervient au moment où, libre de tout engagement qui pourrait donner un caractère intéressé à son comportement, mais désespérée, Amanda est prête à abandonner le rêve qu'elle a commencé à caresser. Elle lui rend courage en lui révélant le secret du pouvoir de Léocadia et par contrecoup le moyen de réussir dans son entreprise. La chanteuse est une puissance de la nuit et du songe, de l'artifice et de la mort. Qu'Amanda redevienne elle-même, qu'elle soit jour et réalité, nature et vie, et elle sera non seulement celle qui doit être aimée mais également celle qui est aimée. C'est dans l'aube rosissante d'un soleil que l'on sent mais ne voit pas, dans la tiédeur de l'aurore et le réveil de la nature, dans le bruissement joyeux des abeilles est de la lumière que lui arrive son second cadeau: le patron de l'Auberge lui confirme que le Prince a déjà oublié Léocadia depuis longtemps et que son souvenir ne se perpétue que par les récits que lui font les "témoins" de "leur" aventure; qu'en fait le Prince se laisse littéralement voler dans son propre bois, par tous ces pseudo-fantômes et faux-témoins.

Rejetant, définitivement cette fois, nous le sentons bien, ce masque de mâcheuse d'orchidées et de vedette sophistiquée que le Prince lui avait demandé de revêtir pour qu'elle devienne momentanément l'illusion d'une illusion, Amanda redevient elle-même: une jeune fille pleine de santé, de chaleur et de vie. Comme un papillon quitte son enveloppe de chrysalide et défripe ses ailes pour resplendir au soleil et s'enivrer de lumière au sortir de la nuit du cocon, Amanda rayonne dans la pureté de l'aube. Elle se libère avec d'autant plus de facilité que le Prince lui-même a dénoncé leur "convention" et que la Duchesse, comme la jeune fille aux marguerites pour Juliette, lui a prédit la victoire.

Avec l'esprit de décision, la confiante arrogance que lui donne la pleine conscience de ses moyens Amanda entreprend, elle aussi, la conquête de son bonheur en s'affirmant dans ce qu'il y a plus naturel en elle: sa joie de vivre. Elle bouscule les habitudes du Prince qui arrive en ce cognant partout comme un oiseau de nuit, l'installe au soleil, refuse la fade limonade et commande pour eux un véritable petit déjeuner puis, heureuse de vivre, elle dévore ses tartines beurrées comme "un petit ogre joyeux et sûr de lui, sans trace d'une douleur, sans trace d'une honte" (21). C'est dans cette atmosphère de pur hédonisme, de fête des sens et de bien-être physique qui marque son accord avec la Nature et l'aurore (23), qu'Amanda l'emportera définitivement sur Léocadia en se faisant reconnaître par les mains du Prince, ces mains franches, dures et douces à la fois (24). Le Beau Prince au Bois Dormant peut recommencer à vivre.

La victoire d'Amanda c'est celle de la vivante sur la morte, du physique sur le cérébral, du tangible sur l'abstraction (25). Amanda comme Isabelle est consciente de la fragilité et de la précarité de ce succès, mais comme elle, et plus expressément encore, elle en assume le risque dont elle a déjà reconnu l'étendue la veille avec une sorte de fatalisme bon enfant: "les mains aiment, puis un matin elles se réveillent étrangères, ce ne sont plus que des mains à dire bonjour et à caresser les cheveux. Voilà tout. Et c'est bien ainsi" (26).

C'est encore à une fête de famille, à un bal de fiançailles cette fois, que nous invite en bonne et due forme de par son titre: L'Invitation au Château (1946) qui fut créée à Prague le 5 avril 1947 et à Paris sept mois après.

La pièce est présentée comme une comédie d'intrigue qui n'ose pas dire son nom (27) et dont l'action progresse comme il se doit par bonds successifs au gré des péripéties renouvelées naissant d'une succession d'imbroglios. Pourtant pour intéressant que soit cet aspect de l'architecture de la pièce, nous limiterons notre analyse une fois de plus à la naissance du couple et au rôle de la pureté de corps dans cette génèse. Notons tout d'abord que le problème de la virginité ne se pose en réalité que pour Isabelle et non pour les deux héroïnes comme on pourrait le croire. C'est que le rôle de Diana est au fond subordonné à celui d'Isabelle. Elle constitue un obstacle au même titre qu'Horace, Messerschmann ou la Mère, pour ne citer qu'eux. Diana est à la petite danseuse ce qu'Horace est à Frédéric. Il est assez significatif que l'on ne trouve à son sujet ni une allusion à la virginité, ni un de ces éléments subsidiaires que nous avons déjà rencontrés d'une pièce à l'autre: fraîcheur, nudité sous la robe, candeur naïve, tendance au rêve et à l'attendrissement. Au contraire tout en elle est paré, violent et dur. Le couple licite dont elle fait partie au lever du rideau est en fait son œuvre, mais il doit l'existence à un caprice, à un mensonge. Elle s'est fait offrir Frédéric par son père, comme elle aurait demandé un bijou ou une auto, par dépit amoureux et non par amour. Elle est jalouse et vaniteuse mais surtout elle n'a pas su, malgré la fortune de son père, s'élever au dessus des humiliations subies dans son enfance pauvre. Comme le banquier elle humilie chaque fois qu'elle le peut, ceux qui l'entourent, tout en recherchant, inconsciemment sans doute, l'humiliation, par une sorte de sado-masochisme instinctif. Elle bafoue Frédéric, mais se soumet à Horace qu'elle va rejoindre au fond du parc. Comme elle est aussi incapable d'aimer que celui-ci, on peut augurer sans peine que leur mariage sera un conflit perpétuel, une constante épreuve de force entre deux volontés.

Isabelle appartient au monde de la bohème. Elle n'est pas précisément ingénue mais a su préserver, miraculeusement, son intégrité physique. Armée d'un solide bon sens, nourrie d'une expérience de la vie suffisante pour ne pas se leurrer outre mesure, elle a pourtant conservé intacts également, un optimisme agissant et la force de rêver d'un bonheur répondant à son idéal de pureté. Nous retrouvons ici encore une jeune fille introduite par hasard dans un monde brillant d'un éclat des plus faux, sans qu'elle sache, exactement, ni pourquoi elle est là, ni ce qu'on attend d'elle. Elle y resplendit de tout le charme de ses vingt ans, et il n'y a qu'elle, on s'en doute, de vraiment fraîche, de vraiment naturelle et "qui n'ait pas l'air de jouer la comédie" (28).

Cette jeunesse, cette innocence foncière transparaissant dans chacun de ses actes et dans ses paroles, lui valent immédiatement la sympathie de Mme Desmermortes. Celle-ci n'hésite pas à déplacer un de ses hôtes habituels pour donner la meilleure chambre à Isabelle. Fine et sensible, son intuition, sa plasticité, sa simplicité native tiennent lieu à celle-ci d'éducation, de bonnes manières et de savoir-vivre. Horace s'en rend compte: "elle savait tout cela en naissant" (29). Comme Juliette, comme Amanda, elle est "toute nue" sous sa robe de bal. Par ailleurs la valeur magique de cette pureté de la jeune fille est reconnue par Messerschmann - n'est-il pas, comme par hasard, le plus impur ou plutôt le moins pur de tous les hôtes - quand il avoue ne pouvoir "presque rien" contre une jeune fille (30). L'expérience lui donne pleinement raison puisqu'en fait c'est elle qui lui inspire le désir de redevenir pauvre et lui rend un semblant de bonheur en le faisant douter du pouvoir de l'argent.

Le quatrième acte peut être considéré comme celui de la lutte d'Isabelle contre les obstacles internes et externes à son bonheur. Comme son homonyme du Rendez-vous a dû affronter successivement au troisième acte: d'abord les comédiens, le maître d'hôtel, l'ami, ensuite les parents de Georges puis Barbara et enfin Georges lui-même s'acharnant les uns et les autres sur ce bonheur qu'elle imaginait si proche, Isabelle devra lutter contre ses ennemis non pas pour défendre son bonheur, du moins en apparence, mais plutôt, pour défendre son honneur et sa foi de jeune fille dans l'amour. Elle est cependant plus mal armée que l'autre Isabelle. Elle ne peut s'appuyer sur Horace comme l'étudiante sur le souvenir du Georges qu'elle a connu. Aussi devra-t-elle d'abord descendre jusqu'au fond du désespoir - et la plongée dans le bassin est ici doublement significative - avant que le renversement de la situation provoqué par l'intervention de Mme Desmermortes ne vienne la tirer de l'abîme en lui apportant la lumière et le bonheur.

Malgré la fausseté essentielle du rôle qu'elle joue dans la comédie du bal imaginée par Horace (31) Isabelle reste pure, physiquement et moralement d'un bout à l'autre de la pièce. Si elle s'est pliée à ce jeu dont elle perçoit clairement les dangers et la cruauté, ce n'est pas sans résistance. Horace doit littéralement la contraindre à agir comme il l'entend. Nouveau Néron il reste dans les coulisses et la surveille, la morigérant chaque fois qu'elle essaie de se libérer de son emprise. Si elle supporte cette tutelle ce n'est ni pour sa belle robe ni pour le cachet qu'elle doit toucher, mais parce qu'elle croit aimer Horace depuis la première minute (32). Elle ressent profondément tout ce qu'elle dit ou fait, elle ne joue pas la comédie mais elle la vit comme une aventure réelle: "son aventure!".

Cet amour explique que la protestation qu'elle élève contre les menées d'Horace soit "raisonnable" et empreinte d'une peine et d'un chagrin intimes surtout quand celui-ci a décidé de découvrir le pot-aux-roses. Elle veut même renoncer à son bien le plus précieux, sa belle robe de bal, rêve de toute jeune fille. Elle le supplie de cesser de jouer, de lui épargner cette dernière humiliation, doublement offensante puisque venant de lui et devant avoir lieu devant Diana qu'elle déteste comme une rivale personnelle. Son échec est d'autant plus cuisant qu'il ne fait que préluder à toute une série. Après avoir été victime de l'amour elle l'est de la jalousie dans la querelle avec Diana. Sa belle robe déchirée, sa pauvreté reprochée expliquent son mouvement de révolte. Dans la violente apostrophe qu'elle adresse à Frédéric en le prenant pour Horace, elle crie sa honte et trahit son secret avec un réel désespoir. Mais en même temps elle justifie sa conduite depuis son arrivée au château: c'est par amour qu'elle a accepté de rivaliser avec Diana - "Si, je ne vous avais pas aimé tout de suite croyez-vous que j'aurais accepté votre comédie" - rejoignant ainsi dans son comportement celui d'Amanda. Cette mise au point d'Isabelle est capitale dans l'économie de la pièce (33). Ce cri du cœur montre qu'elle souffre et n'est pas dupe du rôle qu'on veut lui faire jouer. Cet aveu a également pour effet d'édifier Frédéric sur son compte tout en le remplissant de honte et de compassion, parce qu'il retrouve dans cette protestation et cette souffrance de la jeune fille, l'image même de sa situation et de ses propres sentiments. Cette communauté de leur sort, leur pitié mutuelle, la honte de Frédéric qui se sent, au fond, la cause de toute cette parodie du bal qu'Horace vient de dévoiler, rendent possible le double transfert. Aussi la dernière insulte de Diana la traitant de "fille" et suggérant qu'elle n'est qu'une domestique du dernier rang, qu'Horace fera régler par son maître d'hôtel, marque-t-elle paradoxalement la défaite de la millionaire.

Pourtant Isabelle devra subir encore deux attaques, deux tentatives de corruption: celle de sa mère qui la rend responsable
d'avoir raté une bonne occasion de "se caser" et d'être heureuse et celle de Messerschmann. Ils voudront l'acheter en lui faisant miroiter sous les yeux l'une un bonheur raisonnable, l'autre
une fortune inespérée. Ici encore on peut noter une constance
remarquable dans la conduite d'Isabelle résistant à ses deux tentations qui feraient d'elle effectivement une "fille" et une domestique comme le voulait Diana. Depuis le début elle souffre de se
sentir objectivée, monnayée comme une tête de bétail. Elle a
honte du maquignonnage de sa mère prête à la donner au plus offrant. On sent en elle, surtout à son arrivée, une sorte de passivité, d'obéissance résignée, de lassitude devant ce combat d'u-
sure que lui mène sa mère. Elle est pour ainsi dire "mûre à
point". Elle a déjà accepté de venir à St Flour dans une situation pour le moins équivoque, et on la sent très près de l'abandon de ces demi-révoltées que l'on retrouve dans les romans des
années vingt et que définit Jules Bertaut. Comme Julie Monneron
de L'Etape (34) par exemple, on peut prévoir qu'elle "se donnera
(...) non par amour ni par sensualité mais par suite d'une sombre tristesse, par apathie, par veulerie" (35). En ce sens cette invitation au château est un miracle destiné à la sauver du désespoir et à la récompenser de sa constance et de sa foi en l'a-
mour, de ce qu'elle ne voit pas en lui, comme sa mère, comme
Lady India ou Diana un objet monnayable. Cette tentation comme
la suivante qui se place à un moment où elle devrait reconnaître
l'impossibilité de la lutte, se faire une raison et accepter ce petit bien-être matériel - inespéré dans sa situation - montrent
que sa jeunesse, sa foi, ses exigences de pureté lui donnent une
force d'âme peu commune.

Toutefois comme la demi-révoltée de Jules Bertaut elle se
sent salie par la sanie et la corruption du monde dans lequel elle évolue, celui de la bohème comme celui des riches. Comme
il ne reste même pas l'espoir de se régénérer par l'amour, puis
que, malgré la sincérité, la profondeur et la force de son inclination, elle n'a pu gagner le cœur d'Horace, il ne lui reste qu'u-
ne ressource pour laver sa honte et trouver la paix: la fuite,
mais une fuite définitive, irrémédiable: la mort.

Ce dernier mouvement de révolte tournera à son avantage,
ou plutôt à celui de sa pureté de corps et de cœur. La sympathie que sa fraîcheur, son innocence lui ont gagnée chez Mme
Desmermortes jouera. Isabelle, le petit éphémère, sera sauvée
malgré ses ailes brûlées (36).

Lorsqu'on essaie de retrouver les étapes de la formation du
couple Frédéric - Isabelle, il est difficile de reconnaître lequel
des deux prend l'initiative et amorce le mouvement qui conduira
à l'échange des partenaires originels. Il nous semble que c'est
Frédéric, mais d'une façon accidentelle et proprement inconsciente. Sa résignation, son esprit de sacrifice, nés l'un et
l'autre d'un excès d'amour de Frédéric pour Diana excitent le
pitié d'Isabelle. Celle-ci est d'autant plus attendrie que
Frédéric montre qu'il est parfaitement conscient de ne devoir
Diana qu'au dépit amoureux qui la dresse contre Horace (37).

50

Lorsqu'en outre il prend, pour ainsi dire, à son compte la dureté de ce dernier puisqu'il s'en excuse comme si elle lui était imputable (38), il crée entre la jeune fille et lui le climat de sympathie affective qui prélude souvent à l'entente dans ce théâtre. Ce sentiment de sympathie est la clef du sens véritable de la déclaration d'amour qu'adresse Isabelle à Frédéric en le prenant pour son frère Horace (39). Les deux frères se ressemblent au physique comme deux gouttes d'eau, mais seul le premier correspond complètement au rêve de bonheur d'Isabelle. Il répond en effet à son besoin de douceur, de sincérité, de compréhension et de confiance, en un mot il possède au plus haut point tous ces sentiments dont on ne fait peut-être pas la plus belle littérature, mais qui, de génération en génération, semblent être la condition nécessaire et suffisante du bonheur du couple. Mieux que par toute autre chose, Isabelle et Frédéric sont unis par leur incapacité "d'aimer quelque chose de laid" (40). La formule est ambiguë puisqu'elle vise aussi bien le physique que le moral.

Ainsi comédie d'intrigue, Comedy of Errors, L'Invitation reprend, sous le couvert d'un simple batifolage, l'objectif unique de toutes les héroïnes et de leur partenaire, la poursuite du bonheur dans l'amour.

Nous savons que Cécile, ou l'Ecole des Pères (41) est un cadeau de mariage de Jean Anouilh à sa fille Catherine. Devant cette pièce on peut adopter deux points de vue. Soit la considérer, non sans raison, comme un aimable pastiche dans le style de Molière selon E.O. March (42); de Marivaux selon Luppe (43) ou Jolivet (44); comme "un acte éblouissant" où voisinent Molière, Beaumarchais, Marivaux et Musset (45), ou comme une "petite pochade" comme Clément Borgal (46) par exemple. On peut également, tout en lui reconnaissant cet aspect, penser que s'il est vrai qu'elle ait été écrite pour le mariage de sa fille, cette Ecole des Pères ne contient peut-être pas un message, mais pour le moins une mise au point, une série de conseils, de confidences voilées perceptibles aux seul initiés: la famille, les amis, les nouveaux mariés eux-mêmes évidemment. Ce qui nous incite à adopter ce point de vue c'est la conviction que Jean Anouilh n'écrit pas de pièces gratuites. On ne trouve pas dans son œuvre une pièce qui ne soit que pur amusement ou intérêt commercial (47). Même Le Bal qu'il renie ouvertement comme nous l'avons vu, illustre les thèmes généraux de son œuvre. Sous ses concessions et son abus de la facilité cette comédie-ballet est également bien de sa manière et de son fonds.

Pourtant notre intention n'est pas de rechercher ici, ni d'ailleurs dans aucune autre pièce, des confidences autobiographiques, mais plutôt d'accorder aux thèmes qui y apparaissent, aux sentiments et aux idées qui y sont exprimées, un degré d'authenticité au moins aussi élevé qu'à ceux que nous trouvons dans d'autres textes moins "engagés" si l'on peut dire.

Pièce de salon, impromptu et lever de rideau commode au même titre que Episode de la vie d'un auteur, Le Songe du Critique ou L'Orchestre, elle est également marquée par une distribution réduite; deux jeunes filles, leurs pères respectifs, leurs amoureux (M. Orlas étant à la fois le père de Cécile et l'amoureux d'Araminthe). On est frappé par l'absence de la mère. Celle-ci est évidemment explicable par la structure de la pièce - M. Orlas marié pourrait moins facilement faire la cour à Araminthe - mais également par le refus délibéré du personnage dans la répartition des forces, refus que l'inimitié marquée de l'auteur pour le caractère de mère justifie tout aussi bien (49).

Cécile et Araminthe sont au fond deux versions de la "jeune fille", l'une écervelée, enthousiaste, ingénue et ignorante jusqu'à l'inconscience, crédule aussi, avec pourtant des éclairs de lucidité qui dénotent qu'il ne lui manque qu'un minimum d'éducation dans ce domaine et que celle-ci sera vite parfaite. C'est l'adolescente proprement dite, instable et romanesque. L'autre est posée, pleine d'amour, pétillante d'esprit mais aussi parfaitement consciente de sa position et des dangers qui menacent sa jeunesse et sa virginité. Comme Juliette et Isabelle, Cécile a été protégée par son milieu du contact direct avec la vie. Son comportement est inspiré par une expérience livresque ou, tout simplement, par la rêverie que nourrissent les contes de son enfance récente. Araminthe, par contre, est de condition plus modeste; elle se rapproche quant à ses conceptions et à son comportement d'Amanda (Léoc.) et d'Isabelle (Inv.). Elle est, en outre, plus âgée que celles-ci et ses vingt-trois ans lui confèrent une maturité qui en fait la digne adversaire de M. Orlas. Nous retrouvons ici l'équilibre des forces défendu par Mme Desmermortes. Contrairement à ce que l'on pourrait croire le couple principal n'est pas celui de Cécile et de son chevalier mais bien celui d'Araminthe et de son maître. Cette dernière mène le jeu qui conduira le père de sa pupille dans ses bras, et fera également le bonheur de celle-ci. Les obstacles sont réduits au minimum et nous sommes très près du stade de l'entente. Araminthe seule résiste, mais il ne s'agit que d'une réserve prudente qui doit lui permettre de s'assurer si c'est uniquement le désir, ou une véritable inclination qui guide, le soir, M. Orlas devant la porte de sa chambre.

Celui-ci est un quadragénaire qui se targue d'une certaine expérience de la vie et des femmes. Sa conduite semble tenir dans le vieil adage: "faites ce que je dis mais ne faites pas ce que je fais" que l'on pourrait compléter par "ni ce que j'ai fait". Dans la leçon qui lui est infligée par Araminthe, l'argument principal reprend le reproche que faisait déjà Georges à son père dont il rejetait le patriarcalisme et le paternalisme anachroniques bien faits pour irriter le besoin et la volonté d'indépendance des jeunes gens désireux de voler de leurs propres ailes, quittes à se brûler. Dans cette optique la pièce justifie son sous-titre d'Ecole des Pères. L'auteur conseille à ceux-ci d'emprunter, sincèrement et sans sophisme, la voie de la camaraderie, d'une égalité compréhensive dans les relations parents-enfants tout en leur montrant, avec une ironie bonhomme, les dangers de la conduite traditionnelle. Cette sympathie avec le point de vue des jeunes pourrait n'être qu'une amabilité de circonstance, mais la confirmation que l'on en trouve dans les autres pièces donne au refus de la double morale dé-

52

crit ici, la valeur d'un précepte et d'un avertissement.

La pitié d'Araminthe, éveillée par la sincérité de M. Orlas, fournit ici encore le climat sentimental et spirituel propice à l'entente. Aiguillonné par la jalousie qu'éveille en lui la jeunesse du Chevalier en qui il voit moins l'amoureux de sa fille, que celui d'Araminthe, M. Orlas souffre et l'avoue à la gouvernante. C'est parce que "blessé et triste" (50) il abandonne son masque fanfaron de conquérant expérimenté et sûr de lui qu'il progresse dans le cœur de la jeune fille. C'est parce qu'il reconnaît, non sans dépit, que le respect qu'elle lui impose lui pèse moins qu'il ne le prétendait, que celles-ci est troublée et, sans encore l'avouer, vaincue. Le passage au couple licite pourrait être immédiat s'il n'y avait le problème du mariage de Cécile et, également, son consentement à celui de son père. Ceci ne constitue pas, à proprement parler un obstacle, mais plutôt un atermoiement.

La rencontre dans le jardin entre Orlas et sa fille qu'il prend pour Araminthe dans la bonne tradition de la comédie d'intrigue, permet au père de se convaincre de la pureté de sentiment de Cécile. Par contre Araminthe, cachée à la fenêtre, trouvera dans les aveux de son maître une nouvelle confirmation de l'authenticité du sentiment qu'il lui porte. Vaincu une seconde fois, et comme Amant et comme Père, M. Orlas n'a plus qu'à se rendre à l'évidence et à reconnaître que les filles, même les plus écervelées, savent bien défendre seules leur honneur pourvu qu'elles y tiennent. Une nouvelle péripétie permet de convaincre M. Damiens et tout le monde passera à table, satisfait et convaincu, car en France: "Noces, baptêmes, duels, enterrements, escroqueries, affaires d'Etat tout est prétexte à cette fin-là" (51).

Après cette fin naturelle, "à la française", les invités de Jean Anouilh ont pu passer à table doucement amusés, attendris et heureux de s'être tous un peu reconnus, eux et leurs problèmes, qui dans l'un, qui dans l'autre des personnages.

Quels sont les critèrs qui, outre la pureté physique commune aux cinq héroïnes que nous venons d'accompagner dans leur ascension vers le bonheur, font qu'elles réalisent leur rêve. C'est sans doute le fait que leur pureté physique est naturelle et, dirons-nous, inconsciente. A aucun moment elles ne craignent pour leur intégrité physique, à aucun moment elles ne (sur)valorisent leur virginité ou leur jeunesse, voire leur beauté. Celle-ci est implicite. Elle n'a d'autre objet que de favoriser le coup de foudre ou l'inclination chez leur partenaire. A l'exception de Gustave ce partenaire est un peu plus âgé qu'elles et possède quelque expérience de la vie. Pour compenser cette infériorité elles sont flanquées d'un ange tutélaire qui les guide et leur facilite la victoire en levant les obstacles externes à la licitation.

Comme le rideau tombe immédiatement après la licitation du couple nous n'avons matériellement pas le temps de nous inquiéter de son avenir. D'ailleurs les jeunes filles ont toutes accepté de prendre leur risque et de courir leur chance, à partir du moment de l'entente.

Le Rendez-vous de Senlis et L'Invitation au Château sont peut-être dans cette optique, les moins uniformément rassurantes. Elles pourraient donc être considérées comme faisant la transition avec le groupe suivant dans lequel les promis n'arrivent pas à assurer l'existence du couple qu'ils ont pourtant fondé d'un commun accord et avec les meilleurs intentions.

B. L'échec des Promis

'a) Licitation et don du corps

Dans les pièces que nous venons d'analyser la jeune fille rencontrait l'amour au sortir de l'enfance, dans la première adolescence le plus souvent, à un moment où elle était encore pucelle et le rideau tombait avant qu'elle ait perdu cette virginité, même si on la sentait psychologiquement prête à ne plus la défendre comme un bien à conserver à tout prix, ou même disposée à l'offrir d'elle-même à son partenaire en témoignage de son amour.

Dans L'Hermine, Ardèle et La Répétition, par contre, la jeune fille fait l'expérience de l'amour charnel assez rapidement après avoir atteint, avec son partenaire, le stade de l'entente et sans attendre l'étiage de la licitation ou du mariage. Ils ne réussissent d'ailleurs pas à atteindre cet étiage: le couple se détruit lui-même avant d'y parvenir, sous la pression de l'effort conjugué "des milliers de forces cachées" qui viennent de l'un ou de chacun de ses membres, ou encore du monde, c'est-à-dire de l'intérieur ou de l'extérieur.

L'Hermine est l'histoire d'un amour qui devient l'histoire d'un crime. Les deux histoires se superposent et s'imbriquent dans les trois actes de l'œuvre sans que le mélange se fasse si intimement que l'on ne puisse apercevoir le parallélisme de leur progression. L'histoire d'amour s'organise autour de trois moments principaux qui correspondent en gros à la division en actes: les tentatives de Frantz pour réaliser l'image d'un amour idéalisé et pur dont il rêve, la réalité de ce même amour souillé, car rien ne le distingue d'une banale liaison, et enfin la faillite de l'amour.

Au niveau de l'histoire du crime le premier acte fournit les raisons lointaines qui peuvent inciter Frantz au crime: sa hantise de la pauvreté le second les causes directes de l'homicide: la suppression par le crime de l'obstacle majeur à la réalisation de son rêve d'un amour pur; le dernier acte montre les conséquences du meurtre.

Pour faire ressortir ce que l'amour tel que l'imagine Frantz a d'absolu, Anouilh l'oppose à quatre autres conceptions de façon à définir le premier par les différences plutôt que par les ressemblances. Une classification dans l'ordre croissant de la part d'absolu et de pureté dans chaque type d'amour donne la série suivante: l'amour de convenance, l'amour pantouflard, l'amour de tendresse et l'amour de résignation.

L'amour de convenance c'est celui qui unit encore, pour la forme et aux yeux d'une société volontiers myope et faussement moraliste, un couple qui a cessé depuis longtemps d'en être un et dans lequel chacun des conjoints (et non des partenaires) cherche son bonheur dans les bras d'un tiers sans se plaindre ou s'étonner, se rebiffer ou se fâcher devant la conduite de l'autre. Il s'agit, on l'a reconnu, du fameux triangle ou carré, illustré depuis longtemps par le théâtre de Boulevard et devenu comme l'exposant du monde de l'aristocratie, des grands bourgeois, des artistes et, plus généralement, des vieux ménages sur le retour. On a de l'argent, une maison à tenir, un rang, des amis de son monde, et faire du sentiment comme une cousette serait du dernier ridicule. On ne demande rien au mariage sinon d'apporter la liberté d'action, de n'entraver en rien voire même de faciliter l'indépendance des conjoints tout en leur garantissant un minimum de respectabilité. L'adultère n'est une faute que s'il se produit entre gens n'appartenant pas au même milieu. Cet amour est fait de l'estime réciproque que procure une longue communauté de vie et d'esprit, du souvenir d'un bonheur passé, fruit d'un véritable amour, et d'une grande condescendance mutuelle aux erreurs, fautes ou travers de l'autre. Il est représenté ici par Mrs. et Mr. Bentz. Financier, celui-ci a commandité Frantz pendant deux ans mais a décidé de lui enlever son appui, l'affaire ne rendant pas. Mrs. Bentz, qui trouve Frantz fort à son goût, se chargerait bien de lui faire obtenir le renflouage dont il a besoin pour faire face à ses échéances, à condition que le jeune homme accepte de lui marquer sa reconnaissance en nature, si l'on peut dire. Cet amour de Mrs. Bentz pour Frantz ne connaît aucun impératif sinon le bon vouloir de celle-ci, aucun empêchement moral, puisque dans l'optique courante la morale n'a rien à voir dans cette affaire qui n'est qu'une question de goût. Pour Frantz c'est une chance que l'Américaine lui propose cette solution, mais il la refuse, par superstition, pour ne pas devoir son bonheur à une souillure, même si, dans sa situation et dans la morale de son milieu (représenté ici par Philippe), on peut estimer qu'il n'y aurait là rien de bien extraordinaire.

L'amour pantouflard est à l'amour ce que le sentiment est à la passion. Il se distingue du précédent en ce qu'il suppose à l'origine que le cœur, l'esprit et le corps y trouvent raisonnablement leur compte. Il suppose également une grande lucidité objective et une grande compréhension mutuelle de la part des partenaires. Il viendra à son heure quand le temps des toquades et passades de la première jeunesse aura fui et qu'il faudra songer à s'établir, "à faire une fin", à se caser comme de bons petits bourgeois respectables et qui veulent l'être. Les conjoints sont corrects, honnêtes, méticuleux et bien pensants, s'aiment bien, d'un bon amour tout simple sans tragique, sans complications qui, avec le temps, évoluera dans le sens d'une bonne et franche camaraderie empreinte de tendresse et d'affection mutuelles dans le respect, plus ou moins poussé, de la morale traditionnelle. Il traduit l'ambition du commun des mortels. Sans doute est-ce l'idéal informulé de Philippe de Florentine. S'ils rêvent d'une passion, ce rêve n'est pas assez puissant pour leur faire perdre le sens des réalités ou plus simplement leur bon sens.

Monime serait prête également à se contenter de cette conception. Elle n'envisage pas l'amour comme une passion violente et meurtrière mais comme une douce inclination. Elle s'est

56

Projet de costumes pour <u>La valse des Toréadors</u>, Rotterdams Toneel 1957
Wim Vesseur: gouache sur carton violet 32,5 x 49,7 cm.
Collection: Toneelmuseum, Amsterdam

donnée à Frantz parce qu'elle le sentait malheureux et espérait ainsi le consoler mais,l'absence de consécration sociale les privant de liberté, les rares possibilités de rencontre qui leur restent déplacent l'accent de l'accord sentimental vers les rapports physiques. Leur union se trouve ainsi ravalée au rang d'une banale liaison: de ce cinq à sept traditionnellement ridiculisée, ou d'une pratique d'hygiène et de santé. Par ailleurs la douceur et la tendresse de Monime édulcorent ce sentiment et le font pâlir aux yeux de Frantz. Celui-ci refuse également tous ces types d'amour, mais plus spécialement l'amour de tendresse qu'il craint sans doute plus qu'il ne le repousse. Dans tendresse il y a tendre, c'est-à-dire mou. Frantz fait une distinction très nette entre amour et tendresse. Celle-ci est pour lui une sorte d'amitié, d'intérêt sentimental qui précède parfois l'amour et peut en favoriser l'éclosion, mais qui intervient le plus souvent dans une seconde phase, alors que le feu de la passion rougeoie à peine et que l'appétence physique menace de disparaître. Elle ne saurait en aucun cas - quels qu'en soient le charme et l'intérêt - remplacer une véritable passion (1).

Au lieu de cet amour tendre, Frantz exige une passion où domine la violence et l'emportement correspondant en gros à celle que suggère Orlas à sa fille (Céc.) ou que traduit l'histoire du Duc de Medino-Solar et de Lady Forgotten (Inv.). Autrement dit quelque chose comme les amours tragiques du romantisme où dominent l'axagération et la violence d'un désir débridé. Il reconnaît devant son ami qu' "il suffit qu'une petite garce dans la rue lève les bras et montre ses seins pour que toute tendresse soit inutile" (2). L'amour doit être dur! Etre un homme c'est aimer durement, aimer les choses dures, la chair ferme de la jeunesse, les décisions entières, tout fléchissement ne signifiant rien de moins qu'une souillure. Au fond ce que Frantz reproche à l'amour pantouflard c'est qu'il est la négation de la passion, qu'il est dominé par la raison et par le sens du confort et de la commodité. Quant à l'amour de tendresse il lui en veut de n'avoir rien de bien net, de bien précis, d'être tout en nuances, de manquer de consistance et d'être à la merci d'un véritable appel des sens.

L'amour de résignation est celui qui fait les vieilles filles, les aigris ou, par le biais d'une sublimation transférant un surplus d'amour d'un individu sur tous les individus, les philanthropes, promoteurs du bonheur de la société. Les résignés sont aussi exigeants, aussi idéalistes que les passionnés, mais refusent le recours à la violence ou à la révolution aussi bien qu'au compromis, aux demi-mesures. C'est de cet amour que la confidence de Marie-Anne nous donne l'image peu avant le crime de Frantz. Son aveu acquiert ainsi une valeur de motivation. "Nous n'avions pas d'argent pour nous établir ou même pour partir ensemble. Il gagnait à peine de quoi vivre à condition d'être sur mer toute l'année. Moi j'étais déjà au service de la Duchesse qui ne voulait pas me garder si je me mariais. Il a bien fallu que nous nous résignions.... Il n'y avait aucun autre moyen d'avoir de l'argent. Nous ne pouvions pourtant pas assassiner quelqu'un pour le dévaliser" (3).

Cette histoire que l'on dirait sortie d'un roman-feuilleton

d'Eugène Sue ou de Paul Féval, de même d'ailleurs que la description de l'amour de convenance ou de celui, passionnel et romantique, dont parle M. Orlas, est aussi irréelle que la passion dont rêve Frantz; c'est pourquoi ce récit fait une impression décisive sur l'esprit de ce dernier.

Si nous essayons maintenant de définir comment Frantz voit l'amour nous sommes bien en peine pour réunir les éléments d'une description qui permettrait d'arriver à un tout homogène, tant dans la forme que dans le fond. Exception faite du critère de pureté, sur lequel nous reviendrons, l'idée que se fait Frantz de l'amour ne dépasse guère le niveau du rêve de la première cousette venue. Il est au fond de la plus plate banalité: Frantz veut que son amour soit beau et qu'il dure; lorsqu'il évoque l'avenir en compagnie de Monime il ne va guère plus loin que la fuite loin du château de Granat et le mariage; mais en outre le jeune homme manque de logique. Frantz reproche à Monime qui s'offre à lui de se comporter en franche camarade, de ne pas accompagner le don de son corps d'un mysticisme de sacrifice, de ne pas vouloir se <u>donner</u> à lui par amour mais uniquement de se <u>prêter</u> par gentillesse, par tendresse. Le don de soi qu'il attend d'elle ne doit pas être un abandon, un geste de camaraderie comme celui de Florentine à Philippe. Il ne doit pas être non plus un accouplement sans autre conséquence que la satisfaction du besoin sexuel ou l'apaisement d'une excitation épidermique momentanée, comme la coucherie qui lui propose Mrs. Bentz. Au contraire il exige une unification totale et complète de deux cœurs; une fusion désirée et voulue de deux entités étrangères luttant pour leur intégration en un être unique, au risque de se détruire elles-mêmes physiquement et spirituellement. Tout bien considéré Frantz reproche surtout à Monime de s'être donnée à lui trop facilement, trop vite. Il s'accuse lucidement lui-même de ne pas avoir su résister et d'être devenu de la sorte la cause de l'abaissement moral de la jeune fille. Il se reproche de lui avoir appris à mentir, à se cacher; il ne voit plus dans leurs escapades qu'un simulacre de l'amour et pourrait, comme Georges parler des gestes de l'amour. En définitive au lieu d'être heureux et reconnaissant du comportement de Monime il lui en veut obscurément d'être sa maîtresse. L'amour physique auquel il semble attacher tant de prix est en même temps l'objet de sa réprobation tant qu'il ne bénéficie pas de la justification du maire ou du curé. Frantz ne se contente pas du sacrifice et de l'assentiment de Monime, il lui faut aussi l'accord de la société. Lutte des corps et des individus entre eux, l'amour est aussi une lutte constante "contre des milliers de forces qui viennent de vous ou du monde. Contre d'autres hommes, contre d'autres femmes" (5), lutte dans laquelle l'argent a le beau rôle.

Nous avons déjà vu que le manque d'argent a fait le malheur de Marie-Anne et de son marin - qui, soit dit en passant - constituent avec Frantz et Monime les représentants du véritable amour, tandis que les autres couples n'en sont que la caricature. Il menace de faire le malheur de Frantz, sinon celui de Monime, puisque leur amour ne saurait résister à la souillure qui accompagne fatalement la pauvreté selon Frantz. La phrase par laquelle Frantz justifie son acte aux yeux de Philippe:

"Si je l'ai tuée ce n'est pas pour son argent, c'est parce que son argent dans le mystérieuse balance des choses était devenu le prix de notre pureté" (6) semble constituer la clef de voûte de la pièce. C'est du moins à ce titre qu'elle a été le plus souvent commentée.

La pureté telle que la conçoit Frantz est d'ailleurs assez ambiguë (6). En effet, de tous temps, la plus grande et la plus forte souillure a été celle du sang versé comme en témoignent les tabous et les rites de purification mythique ou religieux. Son crime le souille donc inéluctablement. Monime ne fait qu'obéir à la tradition en refusant après le crime que son amant la touche de ses main tâchées du sang qu'elles ont fait couler. Sans doute applique-t-il lui, inconsciemment le principe de réparation qui veut que la perte de l'honneur, la souillure morale soit lavée dans le sang. Dans cette optique le sang a une puissance cathartique et le crime, comme nous l'avons déjà signalé, prend l'allure d'un sacrifice: la Duchesse considérée comme directement responsable et de la souillure de Monime et de celle, subséquente, de leur amour, a été immolée par Frantz comme un animal sacré et rituel, lequel comme le pharmacon antique prend le mal sur lui et en libère les sacrificateurs. Ce crime cesse d'en être un. Cet aspect de sacrifice dont Frantz revêt son geste est encore renforcé par la description qu'il en donne à Monime. Par son crime il s'affirme et se valorise. En un certain sens il se purifie également et le sang qu'il verse le fait bénéficier des forces vitales de l'ennemi qu'il abat: l'argent. Il ne s'est pas contenté de tuer la Duchesse, il a tué également le petit jeune homme qu'il était: tendre, pauvre, peureux "qui n'avait pas eu la force" de la prendre, "qui avait peur des avorteuses". Il s'est ainsi placé au dessus du commun des mortels et c'est bien d'ὕβρις que l'accuse Monime (7).

Considérant la pureté de corps dans l'optique de Monime nous constatons aussi une évolution dans la conception que se fait la jeune fille de l'importance de la virginité. Tant qu'elle a cru Frantz malheureux, triste et victime de sa tante, elle lui a offert sans réfléchir la seule consolation, la seule compensation dont elle disposait: son corps et sa tendresse. Ce n'est pas elle mais Frantz qui se plaint des taches qui maculent sa robe blanche. Ce n'est pas elle non plus qui évoque les mensonges, les chambres d'hôtel à l'heure, les bruits d'eau, les faiseuses d'anges, etc..., en un mot qui étale la panoplie complète du sort de la "fille-mère" vue dans l'optique des romans populaires et "édifiants" de la fin du siècle dernier. Elle, elle a accepté et assumé tout cela, et l'infanticide, en se proposant à son ami d'enfance. Mais pour elle aussi tout ce cortège des souillures évoquées par Frantz existe et il suffira qu'elle rejette cet amour "de sueur et de sang" pour que les gestes de l'amour perdent tout lustre et se ravalent à la pure animalité.

Nous apercevons ici un Anouilh rigoriste préconisant une morale relative et une pureté de corps que l'on pourrait qualifier de socialement garantie par le sacrement de l'Eglise ou le paraphe de l'Officier d'Etat Civil tandis que la valeur de la virginité en soi est minimisée. Le titre ne représente donc pas le symbole de la pureté de corps de l'héroïne ou même de sa pureté morale, mais celui d'une pureté perdue que l'on désire retrouver. Il traduit la transformation du stupre en chasteté par le mariage et celle de l'impureté morale consécutive à la vie dans la pauvreté en pureté morale retrouvée grâce à l'effet lustral de la richesse. Dans cette perspective la pureté n'est plus qu'une question d'environnement et son aspect change suivant les circonstances comme le pelage de l'hermine passe du fauve au blanc quand la neige de l'hiver recouvre la terre d'un manteau immaculé (8).

L'échec des promis peut évidemment s'expliquer par le crime de Frantz mais celui-ci n'en est que la cause immédiate. La raison profonde réside dans le conflit permanent entre le rêve de Frantz et la réalité, entre sa soif d'absolu et la relativité du bonheur que lui propose la vie. Son crime en est un de démesure, d'orgueil, dira Monime, de déraison pourrait-on dire dans une morale traditionnelle, mais aussi d'incompatibilité des deux conceptions du bonheur qui s'opposent en dernier ressort et se manifestent dans le dernier dialogue des amants. Frantz y parle un langage métaphysique tandis que Monime lui répond en termes de simple bon sens. L'un continue à rêver tout haut devant l'image d'un amour presque surnaturel dans sa perfection, l'autre raisonne à partir de la réalité concrète de l'expérience journalière des individus. Elle aimait Frantz "comme une petite fille aime son ami d'enfance qu'elle a retrouvé" et non d'une passion égale à la sienne. Ayant perdu ce statut de petite fille par le fait de sa liaison, la femme est devenue la lucidité, la réalité mêmes dont la puissance exorciste n'a été tempérée que par un excès de tendresse. Elle a compris que Frantz aimait en elle non pas la jeune fille qu'elle avait été ou la maîtresse qu'elle était mais une image abstraite d'elle-même, la projection de son désir de pureté, de virilité et de puissance, c'est-à-dire en dernier ressort lui-même tel qu'il voudrait être.

Dans L'Hermine la licitation du couple était surtout rendue impossible, malgré les apparences, par un obstacle interne: la démesure du caractère et du rêve de Frantz. Avec Ardèle c'est l'obstacle externe par excellence, la société, qui s'oppose au bonheur des deux bossus. Cette pièce est sans aucun doute le plus sombre, le plus désabusé, le plus complet et le plus complexe "procès de l'amour" (9) que nous fournisse l'œuvre d'Anouilh. Même Jezabel pourtant "noire" à souhait n'atteint ni cette profondeur ni cette plénitude. Quant à L'Orchestre, si sa virulence n'est pas moindre elle s'annule néanmoins en partie du fait de l'excès de dérision et de son aspect parodique. En outre la tache lumineuse que constitue dans Ardèle l'idylle des bossus fait paraître plus noires encore par contraste les différentes conceptions de l'amour que l'auteur oppose en une progression mathématique devant la porte close derrière laquelle la vieille fille défend les droits de l'individu à la liberté d'aimer. Le général, la comtesse, le comte, Nicolas, la générale, chacun fait, dans sa propre optique, le portrait de l'amour et de la vie ou plus exactement de la lutte sans merci que la vie livre à l'amour. Mais en outre Villardieu, Nathalie et même Toto et Christine participent au procès dans lequel la défense est représentée par le comte et Nicolas.

La pureté de corps ne joue in extenso que pour Ardèle. Or si elle est vierge, elle a passé l'âge où cette virginité est reconnue comme une qualité et comme un privilège. Quarante ans bien sonnés en font une vieille fille. En outre elle est bossue et cette difformité plus que son âge, doit la condamner à la solitude, à ses plantes et à la religion, seul refuge noble pour les filles laides dans la société où elle se débat. Elle est donc littéralement prisonnière de son physique et ses qualités morales ou ses sentiment ne sauraient la libérer. Elle n'apparaît pas sur scène. Le spectateur ne peut donc éprouver de visu le ridicule du personnage et, malgré les réitérations des autres, il ne tarde pas à oublier la bosse et même la vieille fille pour ne plus songer qu'à la victime du préjugé social (10). Or tous ceux qui sont appelés à statuer sur le sort du couple ont eu naguère une haute conception de l'amour et se sont réclamés, en leur temps, des droits et de la liberté que réclament, aujourd'hui,les bossus. Depuis, satisfaits ou non, tous ont composé avec la vie et renoncé à leur idéal juvénile, quittes à prendre des compensations quand ils se sentent trop seuls. Ils conservent en outre, au fond du cœur, la nostalgie de leur premier amour. Le général a follement aimé sa femme, mais "les anges vieillissent et un matin on se réveille tout surpris avec une vieille tête d'ange en papillotes à ses côtes" (11). Son amour est mort ce jour-là avec son désir. Les hommes ont tort d'exiger un amour éternel. Dieu lui-même ne semble pas l'avoir voulu puisqu'il n'a pas fait en sorte que "les conditions du désir le demeurent" (11). Dans cette perspective l'amour est uniquement la conséquence du désir, d'une appétence physique. Le thème du vieillissement de la jeune fille est exprimé ici dans toute sa crudité et sa fatalité irrémédiable. La perte de la jeunesse, comme celle de la virginité, se fait selon un processus absolument irréversible et l'homme, comme la femme, essaient, dans le théâtre de Jean Anouilh, de pallier par tous les moyens, avouables ou non, raisonnables ou absurdes, les atteintes de la vie et du temps. Le général a eu un instant l'idée d'accepter de vieiller pour sa bru en qui il voit "l'intransigeance et la pureté", il s'est imaginé un instant en général blanchi et considérait que ce serait "un beau personnage à jouer pour en finir" (12), mais Dieu à qui il demandait de le soutenir a fait la sourde oreille. Il cherche maintenant l'image du beau jeune homme qu'il a été dans les yeux de sa jeune bonne Ada, comme sa sœur Liliane cherche la jeune fille qui a suivi le comte voici quinze ans dans les yeux de Villardieu, son burlesque amant, tandis que son mari cherche cette jeune fille et ce jeune homme qu'ils ont été dans ceux d'une petite cousette. Ils sont tous conscients de l'imperfection de la solution qu'ils ont adoptée et de la lâcheté foncière qui les a empêchés les uns et les autres de rompre pour recommencer leur vie. Ils se justifient les uns et les autres par des impératifs sociaux: ils font leur devoir d'individu en respectemt les lois du groupe. Le respect de l'ordre et le devoir sont les seuls critères qui leur permettent de juger de la validité d'un acte, mais respect et devoir sont très relatifs et reviennent en fait pour chacun à sauver les apparences, au besoin en fermant les yeux sur la réalité. Seul le comte refuse de s'aveugler volontairement. Il n'hésite pas à dévoiler publiquement la fausseté de sa situation, inspiré en cela, sans doute, par l'amour véritable qu'il éprouve pour la cousette. Aussi n'est-il pas surprenant que ce soit lui qui réussisse le premier à se faire écouter. Un dialogue s'établit alors de part et d'autre de la porte de la chambre où est enfermée Ardèle. Il prend immédiatement la forme d'un débat sur le bonheur et par voie de conséquence sur l'amour. Au fur et à mesure des réponses que transmet le comte aux autres membres du conseil de famille et de ses commentaires, Ardèle apparaît comme un être lucide, intransigeant, parfaitement logique et sain dans son désir d'être heureuse et d'aimer librement. Elle a très bien vu l'inconséquence des comportements chez ceux de son monde et méprise la double morale qui leur sert de justification. Tous ont fait, et, sauf Nicolas et Nathalie, font bien pire qu'elle avec son bossu, puisque tout en proclamant la toute-puissance de l'amour, ils le bafouent en n'osant lui sacrifier au nom de fausses raisons (crainte du scandale, devoir, pitié), un lien qui paralyse leur marche vers un bonheur complet. Ils trichent... parce que mis en présence d'un trésor, ils n'essaient pas de s'en emparer et d'en jouir pleinement mais se contentent pour ainsi dire de l'usufruit et font ainsi le malheur de tous les intéressés.

Lorsque, fatigué de louvoyer avec plus ou moins de bonheur entre ce qu'il veut dire et ce qu'il doit dire, le comte abandonne la porte d'Ardèle demandant un volontaire pour continuer le plaidoyer, c'est Nicolas qui se précipite. Il ne raisonne pas, n'argumente pas, il se contente de crier à sa tante de ne pas écouter ce qu'on lui dit et de prendre ses risques, de vivre sans attendre et surtout sans s'occuper du monde pour lequel on est toujours ou trop jeune ou trop vieux. Il en profite d'ailleurs pour clamer son indignation et pour accuser Nathalie d'avoir épousé son frère alors qu'elle l'aimait. Le conseil de famille tourne à la confusion de ses membres et la séance est levée sans qu'une décision ait été prise. Il manque pourtant encore deux voix au débat: celle de la générale et celle de Nathalie. Elles auront la parole au dénouement.

Comme par un fait du hasard personne ne dort ce soir-là, mais tout le monde, chacun pour des raisons personnelles, surveille ce que fait son voisin: Liliane jalouse épie le retour de Tigre, Villardieu épie Liliane, le général épie le moment où il pourra rejoindre la bonne, Nathalie attend derrière sa porte de pouvoir rejoindre Nicolas, Ardèle derrière la sienne guette l'arrivée de son bossu, et la générale, elle nous le dira plus tard, épie, du fond de son lit, tous ces couples qui se reforment et qu'elle sent vivre et aimer à travers son obsession.

Nathalie a enfin pu rejoindre Nicolas et leur duo est une nouvelle mise en accusation de l'amour. A l'accusation de parjure que prononce Nicolas, Nathalie répond en accusant le Temps. Pauvre, misérable, elle ne pouvait pas attendre indéfiniment que Nicolas eût grandi et pour cela continuer à refuser les partis que lui présentait sa tante. Il y allait de sa vie car si "elle attendait encore c'était son âme qui allait mourir" (13). Autrement dit la Vie l'avait amenée à composition. Or ce mariage était, au fond, la solution la moins déloyale envers son véritable amour puisque à travers son frère c'était à Nicolas qu'elle se donnait. Nous retrouvons ici les arguments que, dans une situation analogue, Valentine donne à Gaston dans Le Voyageur. Par contre, Nathalie ne renouera pas avec Nicolas non pas par respect de son mari, ni de la parole donnée, mais parce qu'elle se sent prisonnière de son corps. Si elle n'aimait pas Maxime elle n'en a pas moins "aimé et gémi de joie sous lui"; elle en a oublié Nicolas jusqu'au matin et le lendemain l'a retrouvé attendant "humblement" que Maxime revienne. Elle a honte et dégoût de sa sujétion, mais elle ne veut pas, de surcroît, salir également son amour pour Nicolas, en se donnant à lui en fraude: "notre amour d'avant était profond et pur comme un matin d'été. Mais si nous nous aimions maintenant ce serait laid, ce serait comme eux" (14). La raison de son refus apparaît donc comme un besoin de pureté, de propreté physique autant que morale. Préservé de l'expérience physique, l'amour qu'elle éprouvait pour Nicolas s'est idéalisé. En dernier ressort c'est par fidélité à leur rêve de naguère qu'elle se refuse aujourd'hui à livrer son corps, un corps pour lequel elle n'a plus qu'aversion depuis qu'il l'a trahie. Sa décision est d'ailleurs renforcée par l'apparition du bossu. Bien que dans son for intérieur elle ne doute ni de la grandeur, ni de la sincérité du sentiment pouvant unir les bossus, elle ne voit en lui, sous l'influence de sa propre expérience et de la difformité de ce couple déjà vieux, que l'expression de la simple animalité. Le bossu "est venu rôder autour de la maison comme les vieux chiens pelés quand on enferme Diane" (14).

L'avilissement progressif de l'amour sous la main-mise de la sexualité atteint son apogée avec l'apparition de la générale. Celle-ci est une malade, un cas de pathologie sexuelle. Son obsession l'a nantie d'un sixième sens, d'une sorte d'antenne ultrasensible qui lui permet de capter autour d'elle, dans sa chambre, dans sa maison et jusque dans la nature environnante les pulsions sexuelles de tout ce qui vit, si bien que son esprit est continuellement encombré de visions de pariades et d'accouplements. Elle n'a jamais cessé de sentir trompée par son mari, non seulement de fait, mais encore d'intention dans ce que l'on pourrait appeler un perpétuel adultère cérébral ou moral. Elle lui reproche le désir qui, émanant de ses instincts les plus inavoués, les moins conscients, irradiait, à partir de tout son corps et de tous ses sens, pour se fixer sur chaque femme passant à sa portée ou présente dans sa mémoire jusqu'à la posséder physiquement. Ce monologue halluciné de la générale est bien l'évocation la plus complète des effets de la libido sur l'inconscient dans la meilleure tradition freudienne (15).

Ainsi, dans l'optique de la pièce, le monde est mené par une sexualité effrénée dans une ronde infernale où tout "jouit et s'accouple".

La conclusion de la pièce est double: le général traite les deux bossus qui se sont suicidés d'imbéciles, Nathalie conseille à Nicolas de ne plus penser à elle, de ne plus penser à l'amour. Que ce conseil soit absurde et impossible à suivre, les enfants qui entrent alors en scène nous le confirment. Ils jouent à papa et maman et le son des paroles d'amour, des formules amoureuses traditionnelles qu'ils échangent, jusqu'à la dispute finale pour savoir qui des deux aime le plus, cache à peine sous le comique de la situation, le tragique profond du jeu. Survenant après la charge de toute la scène nocturne cette conclusion grince horriblement. Certains critiques et en particulier Francis Ambrières (16) ont été choqués par la prédominance de la sexualité dans Ardèle et refusent l'explication de la générale comme la parodie des enfants. Pourtant celle-ci est dans la logique même du développement: elle ferme la boucle en étendant jusqu'à eux le jeu des sens et de l'instinct, si l'on considère que trois générations: adultes, adolescents et enfants exposent et discutent, chacune à sa manière et dans sa propre optique, les thèmes centraux du procès: le bonheur et l'amour. Ils marquent ainsi, comme le signale Joseph Tans, la permanence du mal dont souffrent les héros d'Anouilh; d'autre part ils créent de la sorte un effet brechtien de distanciation en soulignant l'aspect ludique de toute la scène et même de toute la pièce (17).

La mise en procès est, de beaucoup, plus violente que dans L'Hermine , sans aucun doute parce que nous avons affaire en grande partie à des adultes qui se sont tous, plus ou moins, colletés avec le Temps. En fait ils sont tous à la recherche de leurs illusions passées, qu'il s'agisse de la défense du Comte dans son dialogue avec Ardèle ou de celle des protagonistes de la soirée des rendez-vous. Mais ni les attendus, ni le verdict ne sortent du cadre de la procédure habituelle. Devant le bonheur deux conduites sont possibles: l'attendre patiemment, intelligemment, puis lorsqu'il passe à votre portée le saisir sans hésiter et tout manger d'un seul coup comme le conseillait déjà la Duchesse à Amanda (Léoc.), ou bien si l'on n'a ni la patience, ni le courage ou l'esprit d'attendre, accepter un succédané construit à partir des mille bribes de satisfaction intime que réserve l'existence même la plus terne, même la plus triste quand on se donne la peine de les voir. On ne peut vouloir l'absolu celui-ci étant un don, une grâce; mais on peut vouloir et découvrir de petites joies humbles. En somme il faut opter entre les deux possibilités sans essayer de ménager ni de conserver et la monnaie et le billet. Si l'on rencontre un trésor il faut, ou bien le laisser filer, ou bien payer le prix que sa possession exige: une liberté et une disponibilité totale. Le devoir, la morale, le qu'en dira-t-on, le respect des traditions et des mœurs sont considérés comme autant de freins, de faux arguments, de sophismes dont il faut avoir le courage de se libérer si l'on opte pour le bonheur absolu. Il faut être prêt à abandonner également la notion d'éternité et la remplacer par celle de momentané, tout prendre, tout avaler d'un seul coup avant qu'un changement quelconque de la situation et des circonstances ne vienne vous priver de la joie et du bonheur.

Mais être heureux qu'est-ce à dire? C'est avant tout ne plus se sentir seul, ne plus avoir froid. Et cette présence intime à vos côtés, cette chaleur en vous, c'est celles que procure l'amour d'un être jeune, pur, chaud de cette bonne chaleur animale que donne la vie bouillonnante de sève de l'adolescence. Tout ne va pas sans heurts, sans cris, sans souffrance, mais Juliette dans Le Bal des Voleurs ne croyait-elle pas

déjà que "c'est cela être heureux". La définition la plus complète de cette conception du bonheur et de l'amour c'est le comte qui
nous la donne: "Et je me dépouille et je me déchire et je me tue
pour l'être aimé? C'est vrai. Tant que l'être aimé est cette projection idéale de moi-même, tant qu'il est mon bien, ma chose,
tant qu'il est moi. C'est si bon de sortir de l'immonde solitude.
A soi-même sincèrement on n'oserait pas. Mais tout donner à un
autre qui est vous, quelle bonne pluie d'été sur un cœur racorni.
Jusqu'au moment où caprice, hasard, l'autre devient un autre,
sans plus. Alors on arrête les frais naturellement " (18).

Ce dont il faut se garder dans ce cas-là, c'est de philanthro-
pie, autrement dit de tendresse et de demi-mesure. La rupture
doit être claire, nette, avoir la précision barbare mais efficace
d'une intervention chirurgicale. La guérison ou tout au moins la
liberté sont à ce prix. D'où l'exigence des héros et leur mépris
de la compromission, du moyen terme.

La pureté de corps s'insère tout naturellement dans cet ense-
ble. Si l'amour est don de soi à soi, si l'être aimé est à la fois
projection idéale de soi-même et bien et chose de soi, l'homme
aura tendance à exiger le maximum de garanties d'authenticité, de
perfection, d'intégrité de ce bien, de cette chose qu'il se donne.
Il le voudra neuf, il voudra être le premier à entendre son chant
de bonheur. Il voudra être sûr que les mots, les gestes, les regards, le corps et l'esprit de cet objet privilégié n'ont jamais
été dits, faits ou donnés, n'ont jamais servi. C'est ainsi que se
justifie finalement le cri de Nathalie "Pas à toi aussi" et l'antino-
mie de son comportement. Elle ne peut plus aimer Nicolas que de
tendresse puisque non seulement elle ne dispose plus d'un corps
neuf mais en outre le plaisir que Maxime lui a donné l'a liée à
lui physiquement et spirituellement: il l'a subjuguée. Le personnage de Nathalie "la dernière héroïne d'Anouilh" parce qu'elle
est soumise à la vie (19) est particulièrement intéressant parce
qu'ambiguë à première vue. Il est vrai qu'elle a cédé à la pression de la vie et que fondamentalement le fait d'avoir épousé
Maxime sans amour la souille définitivement. Pourtant son comportement ne diffère pas essentiellement de celui des vierges à
cette nuance initiale près. Elle est "pure et intransigeante",
éprouve un profond dégoût des agissements du général comme de
ceux de sa tante et de son oncle. Elle ne participe pas directement au débat sur Ardèle et on ne sait si elle l'approuve ou non.
Ce qu'elle condamne surtout, et cela s'expliquerait en psychanalyse par le traumatisme nuptial, c'est la sexualité à laquelle elle voit se réduire l'amour du fait de la bipartition de son expérience amoureuse. Elle aime de cœur Nicolas mais son corps,
ses sens, apartiennent à Maxime. Comme Isabelle (Inv.) son a-
mour est partagé entre les deux frères, mais elle ne peut plus
revenir sur le choix qu'a consacré son corps.

Les bossus meurent victimes des préjugés de la société auxquels ils ne peuvent résister; Nathalie souffre pour avoir cédé
à ces préjuges, pour s'être abandonné. La vie est donc victo-
rieuse de son ennemi l'amour.

Ce thème de la lutte de l'amour et de la vie nous le retrouvons dans La Répétition, ou l'amour puni et le sous-titre nous en donne l'issue.

Le conseil de famille réuni par le général formait le tribunal devant lequel comparaissait l'amour en la personne d'Ardèle. Celle-ci jouissait de la liberté d'expression par le truchement de son avocat, le comte, et de l'appui avoué d'au moins un des membres du jury: Nicolas. Dans La Répétition l'amour, incarné par Lucile, est puni à la suite d'un procès dans lequel l'accusée principale est privée au dernier moment de son soutien et livrée dans sa cellule aux attaques et à la dialectique du délégué de l'ordre, Héro, dont l'argumentation est autrement dangereuse que celle du général d'Ardèle ou de la femme de Tigre (Rép.).

Nous retrouvons ici toute une série de personnages que nous connaissons déjà soit par Ardèle dont sortent Tigre, la comtesse et Villebosse, l'amant ridicule mais sincère de celle-ci, soit par Le Rendez-vous de Senlis qui fournit l'ami. Héro est un Robert adapté à la mesure du comte et dont le comportement est plus rationnellement cruel, tout en conservant malgré le cynisme du personnage et l'horreur de son geste une certaine noblesse que n'avait pas l'ami de Georges. Lucile pour sa part est une seconde Araminthe dont le père, robin lui aussi, est devenu l'oncle. Est également évocateur de L'Ecole des Pères le climat Louis XV de la répétition de la pièce de Marivaux. Enfin le pretexte à la réunion de tous les personnages est, comme dans L'Invitation , un bal donné pour une fête de Charité. Le bal sera précédé d'un dîner-spectacle pendant lequel les principaux invités joueront La Double Inconstance. La pièce de Marivaux fournit cette fois outre la mise en situation et le regroupement des couples également le texte de leurs réparties. Par un jeu subtil de transparence, d'allusions, d'identité de sentiments ou de situation le texte de Marivaux est fondu et intégré dans celui d'Anouilh.

Dans La Répétition les trois femmes qui gravitent autour du comte représentent trois types d'amour. La comtesse est une cérébrale, une intellectuelle; on pourrait même penser à une frigide (20). Son mariage ne lui a pas apporté les satisfactions sexuelles qu'elle en attendait si tant est qu'elle en ait attendu; la rupture physique date déjà de la lune de miel d'où l'insistance qu'elle met pour savoir si Hortensia continue à satisfaire le comte sur le plan physique. En réalité si elle tolère Hortensia comme les autres maîtresses précédentes de son mari c'est qu'elles apportent à celui-ci ce qu'elle ne peut lui donner. Comme celui-ci ne vit que pour le plaisir elle est sa compagne dans le domaine de l'esprit et abandonne le corps à des femmes plus douées sous ce respect.

Hortensia, elle, est une sensuelle. Elle est experte à sentir les nuances que peut revêtir le désir du mâle. Le comte a aimé son corps, noble et beau comme celui d'une bête, il a éprouvé une sorte de joie très pure (...) et très proche du bonheur (21) à la toucher. Les mains sont redevenues comme dans Léocadia les outils de la connaissance physique. Hortensia, à qui Tigre conseillait de laisser l'intelligence à Eliane, sa femme, et de se réserver la beauté, ne peut comprendre l'emballement du comte pour quelque chose qui est tout ce qu'il n'aime pas. Elle

est convaincue qu'il la désire encore: "la tête, le cœur font mille bêtises, les mains se trompent rarement". Ce sont même elles qui fournissent la preuve que l'amour est né. Héro s'inquiétant non sans ironie de savoir comment se déclenche l'amour
Lucile le lui apprend en rappelant justement l'impression de bien-
être, d'aboutissement et de sécurité qu'ont déclenchée chez elle
les mains du comte: "Je n'avais jamais supporté que l'on me touche. Et quand il m'a prise dans ses bras, j'ai senti que j'étais
enfin arrivée quelque part (...), une propriétaire en quelque sorte" (22). Ainsi alors qu'elle se livre, alors qu'elle donne, la
jeune fille a l'impression de prendre. Ce paradoxe autour de la
notion de prendre et de donner s'explique par le sentiment de sécurité et de certitude que donne à la jeune fille l'idée que désormais elle n'a plus à craindre sa propre faiblesse et qu'elle est
sous la protection de son amant. Les bras forment un nid douillet
et rassurant dans lequel la jeune fille se blottit et dont elle prend
pleinement possession comme d'un chez soi.
        Or aussi bien Eliane que son amie ne représentent qu'un ver-
sant, complémentaire il est vrai, de ce que l'on pourrait appeler
un amour total. En effet l'amour total doit satisfaire à la fois la
tête, le cœur, c'est-à-dire les sentiments, et les sens, c'est-à-
dire la chair. L'ordre des facteurs, la prépondérance de l'un ou
l'autre déterminent le type d'amour et la satisfaction que celui-
ci peut offrir à son bénéficiaire. Des trois femmes qui entourent
Tigre, Lucile est la seule à réunir les trois aspects de l'amour
et elle peut, seule, donner un bonheur complet à Tigre tout comme le fit naguère Evangéline pour Héro. Cette perfection de
Lucile lui est funeste: elle se laisse trop dominer par ses sentiments. Elle est victime de sa pitié pour Héro, de son manque de
calcul et de réflexion devant le monde de Tigre; elle est trop
bonne, trop simple, trop sensible pour cette société.
        La naissance du couple obéit ici encore à un processus connu,
qui reprend assez exactement le mouvement de L'Ecole des Pères
surtout en ce qui concerne la conception que se fait Lucile de
l'amour. On croirait entendre Araminthe. Comme elle, elle défend une sorte de fatalité du sentiment, une simplicité, un naturel de l'accident. Quand elle saura qu'un homme l'aime - et elle
le saura même ou surtout s'il ne le lui dit pas, s'il a honte au
lieu de se pavaner et de faire bouffer ses plumes - elle sera à
lui tout entière et tout d'un coup. La preuve d'authenticité de
l'amour est, dans les deux cas, une sourdine mise au désir.
Orlas était heureux qu'Araminthe lui défendît sa porte, et en
souffrait moins qu'il ne le feignait. Le comte, oubliant son propre plaisir après en avoir prôné l'éloge et pratiqué la philosophie pendant de nombreuses années, offre à Lucile de la laisser
partir après le bal, de lui assurer modestement sa vie matérielle afin de lui permettre de terminer ses études tout en lui sou-
haitant de trouver dans quelques années un jeune homme sérieux
qui l'épouse et la rende heureuse. Ce geste, "égoïste" si l'on
en croit le comte, crée néammoins cette fois encore le climat
affectif de l'entente et Lucile s'avoue vaincue. Tigre est devenu un agneau, la petite bergère peut accepter son amour et y
répondre. Ils connaissent ensemble quelques instants de bonheur. On s'est demandé si le comte était sincère ou si nous é-

tions passé de Marivaux à Laclos. Héro et la comtesse qui le
connaissent bien ne s'y trompent pas: le comte n'est plus le même.
C'est d'ailleurs cette nouveauté dans sa conduite qui les effraie.
L'auteur semble avoir voulu insister sur cet aspect de véracité
de la conduite de Tigre.

Ne fait-il pas, en effet, arborer à Tigre, au vu et au su de
tout le monde, un signe caractéristique, une sorte d'exposant significatif de son grand bonheur, de cette paix intérieure soudain
redécouverte et qui le regénère, en lui permettant de retrouver,
au contact de Lucile et sous l'effet de l'amour, son visage d'enfant? (23)

l'air d'innocence, la candeur enfantine qui éclaire le visage
du Comte est la preuve manifeste du pouvoir purificateur de l'a-
mour de la jeune fille. Nous pouvons en déduire, par analogie a-
vec ce qui se produit dans le cas d'Amanda et de son Prince
(Léoc.) comme dans celui de Georges et d'Isabelle (R-V.) et en
joignant à ces indices la confirmation de Lucile elle-même: "Non,
je n'aime personne et je n'ai encore jamais aimé." (24), que la
jeune fille est effectivement vierge au début de ses relations avec
le Comte.

Etant donné le rôle capital que paraît jouer la virginité de la
jeune fille dans l'issue du combat que livre le jeune couple en
marche pour assurer son droit à l'existence, il convient de toute évidence de préciser si Lucile est restée vierge jusqu'au moment où elle s'enfuit du château ou si elle est devenue entretemps
la maîtresse de Tigre. Si cette alternative peut être prouvée;
il y aura également à préciser à quel moment de l'action se place
cet événement qui change l'équilibre des forces en présence.
Les représentants du monde de Tigre et de sa femme ont tous
remarqué la modification survenue au visage de leur ami, mais
seule la Comtesse puis Héro y voient un signal tout en se mépre-
nant l'un et l'autre sur la valeur exacte de celui-ci (25).

Si nous nous basons sur la psychologie du Comte telle qu'elle est évoquée par les témoins du comportement qui était le sien
antérieurement à la rencontre de Lucile et sur les conceptions
de la jeune fille, on pourrait s'attendre à ce que Tigre ait promptement demandé à Lucile de confirmer par le don de son corps
celui de son cœur et que celle-ci, fidèle à ses principes, ait
tout aussi promptement accepté de "courir le risque des filles".
La Comtesse est convaincue que c'est là, ce qui s'est produit.
Elle affirme d'abord à Hortense, au début du 3e acte que Lucile
est vierge, mais quand cette dernière fait allusion à un serment
- qu'elle aurait prêté la veille au soir - de ne pas se marier,
Eliane n'hésite pas à en déduire qu'il lui faut agir rapidement.
Elle rompt abruptement son entretien avec Lucile et appelle Héro
"pour empêcher Tigre de faire une bêtise". Comment peut-elle
affirmer alors à son futur complice, que Lucile est la maîtresse de son mari "depuis hier"?

Après la confidence de celle-ci Eliane à le choix entre deux
interprétation de ces paroles: ou bien Lucile est effectivement
déjà la maîtresse de Tigre et l'air de bonheur, que reflètent les
traits de ce dernier, prouve que l'échec physique qu'elle espérait du manque de maturité et d'expérience de sa rivale et
dont Hortense, moins intellectuelle que sensuelle, doutait, ne

s'était pas produit. Ou bien, seconde alternative, Lucile persiste encore dans sa résistance au Comte et celui-ci en a pris son parti comme le prouve son visage rayonnant du bonheur de l'attente. Dans ce cas, aussi, l'amour étant parfaitement partagé, Lucile est on ne peut plus dangereuse, puisque savoir résister au Comte équivaut, dans certains cas, à un ennoblissement, ce ce qui aurait pour conséquence de faire disparaître au profit de la jeune institutrice tout obstacle de classe (26).

Dans les deux cas l'intruse doit être neutralisée et évincée avant que rien d'irréparable ne se produise. Tout ce calcul des probabilités de la Comtesse repose sur une erreur d'optique ou, si l'on veut, sur un malentendu. Eliane ne peut croire ni à la sincérité de Lucile, ni au désintéressement de celle-ci parce que ce sont là deux sentiments qui ne sauraient faire partie du bagage moral d'une fille du peuple, d'une roturière, telle que la Comtesse les imagine, ni, par ailleurs, justifier le comportement présent de son mari.

Seconde Marquise de Merteuil, Eliane demande donc à Héro de jouer les Valmont et de pénétrer chez la jeune fille pour abuser d'elle, convaincue que Lucile étant la maîtresse de Tigre depuis la veille au soir, elle se trouve désormais sans aucune protection contre les entreprise de Héro. (27)

Or le serment de Lucile, sur lequel la Comtesse base tout son jugement et son plan de campagne pourrait tout aussi bien - raisonnable et lucide comme la jeune fille nous est apparue jusqu'à présent - n'être autre chose que pure vérité et exprimer sa façon de réagir au bonheur total qu'elle éprouve en présence de Tigre ou en pensant à lui. Il est difficile de déterminer avec précision si Lucile s'est donnée physiquement à son amant. L'aveu que fait ce dernier à sa femme en rentrant du faux voyage qui l'a éloigné une nuit du château, à propos du désir qu'il pourrait avoir de posséder Lucile: "Je n'ai même pas cette hâte, cette fois", semblerait indiquer clairement que celle-ci était encore vierge la veille quand il est parti lui-même. Par contre Lucile ne protestant pas lorsque Héro, par deux fois, fait allusion à son abandon éventuel, ce silence pourrait faire croire que la Comtesse a raison. (28)

Contrairement à l'opinion généralement admise (29) nous croyons pouvoir affirmer que c'est à partir de la première rencontre de Lucile et de Héro (30), avant même que la scène de l'entente nous soit offerte, que l'atmosphère de ce jeu vire au tragique. Les notes de régie présentent Héro comme un oiseau de mauvais augure: il empiète sur la liberté de Lucile en approchant "trop près" ou "tout près" d'elle. Son lugubre cynisme tandis qu'il sourit méchamment effraie Lucile et la dégoûte. C'est lui qui averti M. Damiens du danger que court Lucile, danger dont on ne peut savoir s'il entend par là celui que représentent Tigre et son amour, ou s'il envisage également les conséquences de cet amour, c'est-à-dire la réaction de défense du monde de Tigre et sa propre intervention.

Nous avons pu constater en étudiant en particulier Le Rendez-vous de Senlis et L'Invitation au Château que dans la structure des pièces la lutte pour la licitation commence immédiatement après l'entente et se poursuit en une progression d'une rigueur

mathématique, le couple étant systématiquement mis en butte aux
attaques de ses adversaires. Pour Tigre et Lucile leur entente
existe aux yeux des autres depuis que Tigre a manifesté sa gêne
à la fin du 1er acte, provoquant ainsi la surprise des siens
"Hortensia, la comtesse et Héro derrière son verre le regardent"
(31). On pourrait même dire que les attaques qu'ils subissent
chacun isolément obligent les amoureux à prendre pleinement conscience de leurs sentiments et des dangers réels qui menacent
leur avenir. Elles favorisent ainsi la naissance du climat spirituel qui prélude à l'entente. Celle-ci est vécue par eux comme
un moment d'intense bonheur, de clarté, de légèreté. Se détachant
sur la noirceur dont ils viennent d'éprouver les effets, cet excès
de bonheur ne peut pas ne pas leur faire éprouver un sentiment
d'angoisse que traduira assez rapidement Lucile en manifestant
sa crainte. Elle a, en effet, conscience, par une sorte de pré-
monition tragique, que ces quelques instants qu'elle vient de passer dans les bras de Tigre ont terriblement entamé leur réserve
de bonheur: "vous croyez que c'est cela qu'ils appellent la tendresse? Je croyais que cela ne vanait que beaucoup plus tard?"
demande-t-elle au comte, tandis que sa réplique à la réponse affirmative de celui-ci la montre déjà préparée au pire: "Nous a-
vons bien fait /de faire vite/, c'est le meilleur" (32). Comme
Georges du Rendez-vous elle a vécu toute sa part d'amour en quelques minutes. Déjà sa confiance s'effrite et c'est à Tigre désormais qu'il incombe de la rassurer.

Nous n'avons pas assisté à "l'avertissement" de la comtesse,
nous ne pouvons que supposer qu'il ne valait guère mieux que celui de M. Damiens par les quelques mots qu'en dit Tigre, mais
nous assisterons à celui de Héro. Celui-ci a un compte à régler
avec Tigre à qui il reproche précisément ce "visage d'enfance"
retrouvé dont la vue éveille en lui une sorte de haine viscérale,
aussi aveugle que désespérée et fait de l'ivrogne cynique un adversaire redoutable. Lorsque le comte refuse de renouveler
leur serment d'enfant et de le signer une fois de plus de son sang,
nous comprenons que Héro va devenir l'instrument de la fatalité,
ce deus ex machina auquel les dénouements de Jean Anouilh nous
ont habitués. L'émeraude volée, les fausses excuses (33) de la
comtesse et la rage que lui cause l'échec de sa manœuvre ne
sont pas pour nous rassurer, même si cet attirail emprunté à
Marivaux manque de véracité.

Le déplacement d'intérêt qui fait de Héro, au lieu du comte,
le protagoniste de Lucile après le 3e acte ne doit pas nous étonner outre mesure puisque nous savons depuis le début de l'acte
que Héro reproche à Tigre d'avoir retrouvé le visage de leur
enfance et que nous connaissons par ailleurs l'importance de cette période de leur existence pour les héros de l'auteur. On a
parlé à propos de l'arrivée de l'ami, de personnage de mélodrame, du traître habituel à ce genre de théâtre. Héro est-il vraiment le traître? Nous ne le pensons pas: après avoir averti
M. Damiens comme nous l'avons vu, il prévient le comte et celui-ci sait très bien à quoi s'en tenir, mais ne prend pas suffisamment au sérieux les paroles de l'ivrogne. Qu'il n'attache
pas l'importance qu'il mérite à l'avertissement, vient de la réputation que s'est faite Héro, du jeu qu'il n'a cessé de jouer

70

(34) depuis la perte d'Evangeline. Héro serait plutôt le jaloux et le vengeur. Tigre est responsable du malheur de la jeune fille de naguère comme, par contrecoup, de la déchéance de son ami. Aujourd'hui essayant de retrouver le bonheur de l'enfance il ajoute à ses crimes celui de parjure: il rompt le pacte d'union conclu avec Héro lorsqu'ils étaient enfants. En outre la manière dont Héro obéit sur le fond à la comtesse tout en lui désobéissant dans la forme montre qu'il considère sa mission comme parfaitement justifiée. Strict dans sa logique avivée par l'ivresse il se contente d'appliquer la loi du Talion: une jeune fille contre une autre jeune fille, son amour perdu contre la perte de celui de Tigre, mais dans les formes, comme s'il s'agissait d'une mise à mort rituelle, d'un sacrifice.

La lutte s'engage sur le ton d'une conversation anodine et parfaitement plausible, si l'on fait abstraction de la personnalité de l'interlocuteur. Le Marivaudage du premier acte s'alourdit de sous-entendus, mêlant les confidences personnelles à celles, prétendues, de Tigre. Un timide essai de séduction, pour commencer, vite contré par Lucile. Puis une double tentative pour s'assurer si Lucile est encore vierge mais devant l'ingénuité désarmante de son adversaire et la profondeur de son amour, de son désintéressement, et aussi de sa lucidité il ne résiste plus à la jalousie qui le tenaille. Il a toujours souffert de l'injustice de son sort. Pourquoi tout réussit-il à Tigre? Qu'a-t-il de plus que Héro? Qu'est-ce qui les sépare et les distingue? Pourquoi Tigre aurait-il la possibilité de faire peau neuve, de recommencer sa vie, de renouveler sa foi en l'amour, de retrouver intactes les illusions de leur jeunesse: "il va avoir vingt ans comme un rien et toute la candeur, tout l'avenir devant lui! S'offrir cela à quarante ans quand on commence à avoir assez bu" (35). A la fin de ces préliminaires la victoire serait plutôt acquise à Lucile. Sentant que l'affaire devient dangereuse, elle essaie de rompre l'entretien. Peine perdue! Héro reste. Il lui décrit sa situation de viveur et lui démontre qu'elle est sans issue, qu'il n'arrivera jamais à se relever. Même à Lucile il ne viendrait pas à l'idée de s'y employer. Elle ne veut pas jouer au jeu de l'Ange consolateur qu'il lui propose. Il lui raconte alors le véritable but de sa visite. La poursuite du gibier prend fin. Il ne reste qu'à le diriger sur le hallier prévu pour la curée mais, auparavant, il la prévient honnêtement: il est venu se venger. Oh! qu'elle se rassure, il n'abusera pas d'elle, il se contentera de lui parler. Pourquoi? Non par obstination de névrosé ou d'ivrogne, non parce qu'il est le délégué de son monde, mais parce qu'il aime casser, comme un petit enfant, sans raison, même le jouet qu'il préfère parce qu'il le préfère ou celui de son frère parce qu'il n'est pas à lui, en appliquant le principe puéril et absurde du jaloux: moi pas! toi non plus! Lucile reconnaît le petit enfant. Sa peur fait place à la pitié. Héro est maintenant à sa mesure pense-t-elle. Or la pitié est exactement ce qu'il craint plus que tout au monde, comme tout bon cynique. Jusqu'ici Lucile n'était que l'instrument de sa vengeance, maintenant elle devient l'objet de sa haine au même titre que Tigre. Il lui crie sa rancune avec violence dénigrant tout ce qu'il admire inconsciemment chez elle en des termes crus, obscènes même; il repousse tout ce qui est convenable,

honnête, sain, sincère et propre en elle et surtout sa conception
raisonnable de l'amour et de la précarité du bonheur. Il commence à parler et Lucile saigne; c'est la curée. Elle fait front
après une défaillance passagère comme "une petite bête forcée
dans un coin par les chiens et qui fait face", adossée à l'arbre.
C'est Lucile maintenant qui veut savoir, qui veut entendre même
si chaque mot est un peu de son sang, si chaque syllabe emporte
un peu de sa vie. L'histoire de Héro est fort plausible, si plausible même qu'elle pourrait déjà avoir servi, ce pourrait être
celle qu'employa Tigre lui-même il y a dix-neuf ans pour convaincre Evangeline (36). Fort habilement Héro détruit systématiquement la valeur du raisonement de Lucile: elle voulait se contenter de l'amour de Tigre, ne pas lui être à charge, ne vivre que
pour le sentiment sans rien demander d'autre pour elle; la perfection même, l'immensité de son sacrifice a effrayé Tigre et il
a fui. Héro connaît trop bien la souffrance, il en a trop l'expérience pour ne pas en jouer de main de maître. Lucile est vaincue et convaincue. Il entreprend de la consoler. Ils sont dès
lors deux frères d'infortune et ils trinquent ensemble et pleurent
de concert: Lucile c'est maintenant Evangeline et c'est dans une
espèce d'hallucination que Héro reprend l'histoire de celle-ci.

Jean-Jacques Gautier (37) et nombre de ses collègues auraient
voulu que la pièce s'arrêtât au troisième acte. L'auteur semble
se faire l'écho de ce reproche en notant avec une ironie amère:
"tout le monde dit d'ailleurs que cet acte est mauvais et qu'il n'a
pas le ton des autres. Une troupe un jour pourrait essayer de
ne pas le jouer. Peut-être la pièce n'y perdrait rien, au contraire" (38).

Notre analyse nous a permis, pensons-nous, de montrer que
la noirceur et la violence du drame pénètre dans la légèreté du
texte de Marivaux dès le second acte, l'atmosphère va alors en
s'épaississant et ce quatrième acte constitue l'aboutissement
d'une évolution logique dans le mouvement interne de la pièce.
l'idée de le supprimer n'est qu'une boutade. Il faudrait tout refaire à partir de l'entente. Est-ce la Double Inconstance ou La
Répétition qui est la plus cruelle? Sans doute se valent-elles.
A première vue la mise en situation et les caractères sont identiques dans les deux pièces, seule l'issue du débat diffère: heureuse dans la Double Inconstance elle est malheureuse dans La
Répétition. C'est que dans l'une les éléments externes, in ca-
su la Cour et Flaminia, favorisent la tentative du Prince, tandis que dans l'autre pièce leurs homologues la Comtesse,
Hortense, Héro s'opposent à l'essai de régénération de Tigre.
Le Prince est libre et maître de son milieu de ses actes, le
comte est prisonnier de son milieu et de son passé ou, si l'on
préfère, de sa vie, que représentent sa femme, sa maîtresse
et son ami. A la question du comte: Pourquoi refuser aux prin-
ces le droit d'aimer aussi fort, aussi simplement qu'Arlequin?
Marivaux répond en faisant le bonheur du Prince au nom du bon
plaisir, Anouilh en le détruisant en vertu de l'ordre social et
la fête de charité devient la fête de l'égoïsme sans perdre pour
cela ni son brillant ni son caractère artificiel.

La pièce de Marivaux n'est pourtant pas si inoffensive qu'il
y paraît. En effet l'amour d'Arlequin et de Sylvia est purement

Projet de costume pour le Musicien dans *Le Bal des Voleurs*,
Toneelgroep Puck 1954. Noni Lichtveld: gouache 25,2 x 17 cm.
Collection: Toneelmuseum, Amsterdam.

et simplement détruit pour des raisons de classe, le riche et puissant Prince l'emportant sur le pauvre et candide valet. Le fait qu'en dernière instance Sylvia et Arlequin semblent tous deux satisfaits de leur nouveau bonheur ne doit pas faire illusion.

Cependant La Répétition l'emporte en cruauté sur son modèle. Héro aimant casser mais ne réparant jamais, il n'y a pas remplacement et si Lucile est atteinte au plus profond d'elle-même ce n'est pas tant elle que l'image de l'amour qu'elle représente, qui est rejetée par la société du comte et surtout par Héro. On peut voir dans le départ de Lucile sans avoir revu Tigre une décision psychologiquement difficile à défendre. Nous ne le pensons pas. Même si Héro n'a pas abusé d'elle, ce que nous serions enclin à croire après l'analyse du quatrième acte et en pensant à l'espèce de loyauté, démoniaque si l'on veut mais loyauté quand même, avec laquelle Héro accomplit sa vengeance et, celle-ci obtenue, cherche la mort, la situation de Lucile est sans issue. Deux alternatives doivent être envisagées si nous voulons justifier la fuite de Lucile: ou bien elle a effectivement fait l'offrande de sa virginité à Tigre, ou bien elle s'est gardée intacte. Dans le premier cas, Héro ayant passé chez elle ne serait-ce que le temps matériel du débat, comment pourrait-elle, même si elle se reprenait, si elle essayait de revoir Tigre prouver à Tigre que Héro n'a pas abusé d'elle, qu'elle est encore celle qu'il a quittée il y a quelques heures. Elle n'est plus vierge et la preuve matérielle de sa pureté lui fait défaut. Elle est alors victime à la fois du comte qui aurait dû la conserver intacte jusqu'à ce qu'ils se soient enfuis. ("Vous étiez vierge, c'était votre petit capital, il n'aurait pas dû y toucher" (36)), de la vengeance de Héro qui ne peut supporter la pureté enfantine irradiant le visage de son ami, celui-ci étant redevenu, grâce à Lucile, le petit enfant que Héro fut lui-même avec Evangeline, et enfin de sa propre philosophie de l'amour: "C'est le risque des filles" mais il peut leur coûter cher. Si elle était intacte au moment du départ du comte, sa fuite se justifie par la crainte de devoir affronter Tigre et de lui entendre confirmer les paroles de Héro, ou bien de ne devoir un démenti éventuel de celles-ci qu'à la pitié ou au désir pur et simple de son amant. Par ailleurs on peut penser également que Héro l'ayant convaincue du manque de réalisme de ses projets d'avenir, elle craint, en effet, de devenir, à la longue, un obstacle au bonheur de Tigre et préfère rompre définitivement par dévouement et par esprit de sacrifice, reprenant ainsi à son compte la décision première de Tigre (40).

En y regardant de plus près, nous avons pu constater que si les trois héroïnes, vierges au départ ne le sont plus quand le rideau tombe, il convient de faire une distinction en ce qui concerne la situation de chacune des héroïnes et le rôle que joue la pureté physique dans chacune de ces aventures.

C'est parce que la Duchesse de Granat (Her.) estime que le fils de son médecin n'est pas de leur monde, qu'elle refuse sa nièce à Frantz, malgré l'estime qu'elle éprouve à son égard. Celui-ci, nous l'avons vu, ne veut voir dans ce refus, et à tort, qu'une question d'argent. Cette erreur d'optique lui sera fatale puisqu'elle fera de lui un criminel et, surtout, lui aliènera. Monime qui refusera de la suivre dans son rêve de grandeur. Toutefois cela ne constitue pas la seule raison de l'échec du couple. En effet Frantz ne s'intéresse pas, à proprement parler, à son amie d'enfance Monime, mais à la jeune fille idéale qu'est devenue celle-ci dans son rêve d'impuissant et de pauvre déclassé. Il ne fait aucun doute que, même si Frantz avait accepté le geste de Monime et ne s'était pas dénoncé à la police, leur couple était bel et bien mort et Frantz aurait continué à vivre seul dans son monde imaginaire. Monime n'éprouvant plus que dégoût et répulsion devant l'amour physique de Frantz dans lequel elle ne voit désormais qu'une pure violentation et la réponse d'un impuissant devant la faillite de son combat social, et, à tout bien considérer la confirmation de la faiblesse physique et morale de son compagnon de jeux. Alors que Frantz souffre d'avoir été amené par le refus de la Duchesse à souiller leur amour en acceptant que l'harmonie totale des cœurs et des corps dont il rêvait pour eux se réduise à une vulgaire liaison, Monime au contraire ne commence à refuser cet état de choses qu'au moment où elle prend conscience de n'être plus qu'un objet pour Frantz et se sent, de ce fait, prostituée par lui.

Pour les deux autres jeunes filles la situation est beaucoup moins tranchée. On ignore, en définitive, si Ardèle s'est donnée à son bossu avant leur suicide commun et leur couple est éternellement uni dans la mort. Seule la société a encore la possibilité de le nier et même de le détruire, au moins en partie, en enterrant leur corps séparément. Quant à Lucile, sa souillure risque fort d'être plus morale que physique. Il n'en est cependant pas moins vrai que pour les deux jeunes filles la véritable ennemie est la société qui reproche, à l'une sa bosse, à l'autre son manque de naissance (41) et en prend prétexte pour leur interdire à toutes deux l'accès au simple bonheur humain. Autrement dit dans L'Hermine ce sont des obstacles externes qui empêchent la licitation du couple et des obstacles internes qui s'opposent à sa survie; dans Ardèle seuls des obstacles externes semblent jouer aussi bien au niveau de la licitation qu'à celui de l'existence du couple; pour Lucile et Tigre les obstacles empêchent la licitation du couple ne seraient pas vraiment néfastes et meurtriers si ne venaient s'y ajouter du seul fait de Lucile des obstacles internes.

Avec Eurydice (Eur.), Jeannette (R.&J.) et Adèle (Gr.) que nous allons aborder à présent ce sont comme pour Monime (Her.) surtout des obstacles de type interne au bonheur du couple qu'elles essaient vainement d'amener au stade de la licitation.

b) Pureté perdue et licitation

Jusqu'ici les héroïnes avaient rencontré l'amour avant de perdre le privilège accordé aux vierges. Leur virginité les avait préservées, comme une cuirasse, des attaques de la vie et repoussait le malheur. Disposaient-elles de l'appui d'une fée tutélaire: Duchesse, vieille femme voire ancienne amante de leur partenaire qui symbolisaient l'expérience, la société, la vie? Elles trouvaient un bonheur plus ou moins assuré dans le mariage. Ce représentant du destin se détournait-il d'elles ou les combattait-il, elles échouaient dans leur poursuite du bonheur à partir du moment où elles perdaient leur protection naturelle, même si elles avaient, par ailleurs, tous les atouts pour réussir et ne voulaient vivre que pour l'amour comme Lucile. Dans les pièces que nous allons étudier à présent la jeune fille n'est plus vierge quand elle rencontre l'amour. Elle a perdu sa pureté par pitié, pour consoler un malheureux compagnon comme Eurydice (Eur.), par vénalité altruiste, pour assurer le gîte et le manger aux siens comme Jeannette (R.& J.), ou par contrainte en cédant à la violence comme Adèle (Gr.). Sa responsabilité est toujours très relative mais elle n'aura chaque fois droit qu'à l'illusion du bonheur, celui-ci lui échappant au moment où elle est sur le point de le saisir. Voyons à présent le comment et le pourquoi de cette persistance de l'échec.

Avec Eurydice le mythe grec pénètre dans l'univers théâtral de Jean Anouilh. Celui-ci ne semble pourtant pas avoir cédé facilement au mouvement de renaissance de l'antique marquant la production littéraire après la Grande Guerre. Dans une lettre écrite entre le 17 février et le mois de juin 1937, il confiait à son ami Georges Pitoëff qui, l'année précédente, avait créé Le Voyageur: "en ce moment les deux pièces que je n'arrive pas à faire il suffirait que je les rattache à un sujet grec - comme Giraudoux - pour les faire poétiques et dénudées comme je les veux. Mais je ne le veux pas" (1). Cette confidence nous éclaire sur la génèse des pièces de l'auteur. Elle suppose la recherche après coup d'une forme adéquate pour exprimer, d'une façon poétique et dépouillée de toute surcharge, une idée préexistante. Dans cette optique le mythe est appelé à fournir l'histoire, le cadre, et, au besoin, les personnages qui permettront d'éclairer les différents aspects de celle-ci. Nous retrouvons ce même procédé, à savoir l'insertion d'une idée dans une forme préexistante, comme en une sorte de surimpression sur la trame primitive, dans une déclaration faite par l'auteur à un journaliste à la veille de la création d'Eurydice. "Pour moi" disait-il "une pièce part d'une idée abstraite (...) les personnages ne viennent qu'après" (2).

Si nous rapprochons ces deux déclarations nous pouvons conclure que dans Eurydice le mythe antique a fourni les personnages et l'histoire destinés à illustrer la pensée de l'auteur. Nous pouvons ajouter que le choix même du mythe d'Orphée et d'Eurydice risque fort d'être accidentel et qu'il a été commandé sans doute par une analogie entre l'idée que l'auteur entendait porter sur scène et celle qu'il découvrait lui-même dans le mythe: "Un homme aime une femme. Il la perd. Il la retrouve pour la perdre à nouveau dans la mort" (2).

Nous retrouvons dans Eurydice la série de moments à laquelle nous ont habitué nos analyses précédentes. Rencontre, coup de foudre, déclaration, entente, tentation du bonheur, combat pour la licitation, victoire des promis sont réunis dans le premier acte. Mais cette fois l'histoire continue. La lune de miel et la faillite du couple fournissent la matière du second acte. C'est alors qu'intervient le mythe implicite dans le prénom des protagonistes et dans la présence sur scène depuis le lever du rideau d'un personnage mystérieux: M. Henri. Le mythe se superpose à l'action en cours sans la modifier sensiblement. Il apporte surtout une note de fantastique, d'irréel poétique et non un élément religieux. C'est l'aventure humaine qui continue. Comme les Duchesses ou Mme Desmermortes, M. Henri a le pouvoir d'infléchir le cours des événements en faveur des héros. Il représente la mort et non les dieux de l'Hadès, bien qu'il dispose du même pouvoir qu'eux. Touché par la douleur d'Orphée, il lui permet de retrouver son Eurydice. Exceptionnellement celui-ci peut "tout reprendre au commencement" (3).

Le troisième acte montre l'échec de ce nouveau départ. Quittant alors le développement du mythe qu'il avait suivi depuis le début assez fidèlement (4), l'auteur renouvelle le prodige qui avait rendu Eurydice à Orphée. Celui-ci pourra retrouver une dernière fois celle qu'il aime à condition de mourir. Le couple est ainsi reformé pour l'éternité.

En fait la pièce fournit l'illustration et la solution d'un problème humain que nous pourrions énoncer sous forme de question comme nous avons déjà eu l'occasion de le faire pour d'autres intrigues. Parodiant l'auteur nous dirons: Un homme et une femme s'aiment. Ils laissent s'échapper leur bonheur. Sauront-ils le conserver quand il leur sera donné de le retrouver? Non, si ce n'est dans la mort, répond Jean Anouilh au terme de quatre actes dans lesquels il a littéralement joué avec le dénouement puisque d'acte en acte la quête du bonheur que poursuit le couple passe par des alternatives de succès et d'échec.

C'est donc par l'analyse des conditions particulières qui justifient ces alternatives, et plus particulièrement celle des échecs auxquels aboutissent les deux tentatives, que nous pouvons espérer dégager, ici également, le rôle de la pureté physique de l'héroïne dans le comportement des protagonistes.

Le troisième acte est d'un intérêt primordial à cet égard. Il constitue en fait une mise en procès systématique du comportement d'Eurydice. Elle doit répondre devant Orphée qui vient de la regarder, de sa conduite passée et de son abandon. Eurydice est donc condamnée à mourir une seconde fois. Pendant qu'elle s'éloigne pour rejoindre le royaume des morts commence un défilé des témoins de leur aventure et ceux-ci fournissent à Orphée leur version des actes et des faits sur lesquels celui-ci vient de la condamner. Au moment où elle va disparaître un dernier témoin à décharge lit la lettre d'adieu qu'Eurydice venait d'écrire à son "capitaine" quand la mort l'a emportée.

Contrairement à ce que le spectateur pouvait croire lorsqu'Eurydice, trompant Orphée, abandonne leur "chambre nuptiale" pour ne plus revenir, ce n'est ni la lettre de Dulac, ni la crainte de l'effet de ses révélations éventuelles sur le violoniste, qui la poussaient à s'enfuir. Ces raisons existaient et elle les rappelle dans sa lettre, mais ce ne sont que raisons mineures. Elles s'ajoutent à deux autres arguments, qui pratiquement n'en font qu'un: elle a fui parce qu'elle avait honte, honte de son passé, honte d'elle-même. Elle s'est décidée parce qu'elle se rendait compte qu'elle ne pourrait jamais être cette jeune fille "si forte et si pure" qu'Orphée voyait en elle. Sa lettre est un acte de capitulation. Elle met le point final, du moins Eurydice le croit-elle, à un combat qu'elle a mené, depuis qu'ils étaient parvenus au stade de l'entente, pour repousser les assauts successifs de son passé.

A l'opposé de ce qui se passe dans Le Rendez-vous, dans Ardèle ou dans L'Invitation ce n'est ni la famille, ni le milieu des promis qui entravent leur marche vers le bonheur. Eurydice et Orphée arrivent assez facilement à se débarasser de l'emprise des personnages de leur passé. Il leur suffit de laisser partir, sans eux, le train qui devait les emmener tous ensemble: Elle avec sa mère, Mathias, Dulac et sa troupe; lui avec son père. Même le retour offensif de Dulac n'est pas la cause de son départ, écrit-elle. L'obstacle véritable est ici uniquement intérieur (5) et nous verrons qu'il en est de même pour Orphée.

Ce n'est pas par hasard si, pendant qu'Eurydice "reconnaît" Orphée, la jeune fille qui passe lui rappelle l'existence de Mathias. Ces rappels à l'ordre de son passé la laissent indifférente. Par contre, le spectacle du duo d'amour ridicule et affreusement parodique de Vincent et Lucienne la révolte (6). C'est qu'il intervient au moment même où les deux jeunes gens ont scellé leur engagement et qu'Eurydice tourne ses pensées vers l'avenir. Devant cette image de l'amour les adolescents sont horrifiés. Ils y voient une projection, dans l'avenir, de ce que pourra devenir leur union. Mais, en outre, Orphée a honte d'y reconnaître le reflet des conceptions de son père sur l'amour, tandis qu'Eurydice a honte du fait qu'il s'agit de sa mère mais aussi parce qu'elle y perçoit la prostitution la plus vulgaire des valeurs sentimentales qui occupent désormais la première place dans son esprit. Il s'y ajoute certainement pour celle-ci un sentiment de mauvaise conscience, de mauvaise foi et même de culpabilité. Le simulacre de l'amour que lui présentent les adultes lui ouvre les yeux sur l'identité de sa propre conduite avec Mathias et avec Dulac. Eurydice finit par voir dans sa mère, comme une sorte de reproche vivant, la preuve du mensonge et de l'abus de confiance qu'elle est en train de perpétrer en s'introduisant, malgré son impureté physique, dans le monde merveilleusement pur, propre et clair que vient de lui révéler l'amour d'Orphée. Sa honte, et la conscience de sa souillure, augmenteront lorsque Orphée ayant chassé Vincent et la mère, ils se retrouveront seuls dans un monde de lumière et de pureté aussi beau que celui de leur enfance: "Comme tout prend sa place maintenant que nous sommes seuls, comme tout est lumineux et simple" (7).

A partir de cet instant tous les efforts d'Eurydice trahiront un besoin de purification grandissant. Sa conduite est d'ailleurs ambiguë. On sent en elle un besoin profond de sincérité à l'égard d'Orphée. Mais en même temps elle ne recule pas devant un certain opportunisme, devant les atermoiements et les calculs. Elle avoue sa liaison avec Mathias, cache celle qui l'unit à Dulac. Elle essaie de dépouiller tout mystère en révélant des imperfections physiques anodines: une tache de rougeur, une fausse maigreur qui déparent ce corps qu'elle abandonnera à Orphée à la première occasion. Elle livre à l'inconnu de l'instant précédent les clefs de son être profond: son regard et son sourire révélateurs de son état d'âme. Elle lui avoue son besoin de compagnie, de "divertissement" dirait Pascal, sa soif de paroles. Or son corps a subi des contacts indignes, ses yeux ont regardé la laideur, elle a entendu et prononcé des paroles sans se rendre compte et sans penser à leur portée. Tout ce qu'elle avoue prolixement vise, en fait, à cacher quelque chose. En effet, pour elle comme pour Barbara, il est devenu difficile, sinon impossible, de distinguer entre l'amour et les gestes de l'amour. Comment prouver la sincérité et l'authenticité d'un sentiment qui se laisse feindre avec autant de véracité et à si peu de frais? Comment convaincre Orphée, - devant qui elle se découvre soudain, comptable de tout son être comme de sa vie présente et passée - que son existence n'a vraiment commencé que sur le quai de la gare au moment de leur rencontre, qu'elle se sent devant lui aussi pure qu'un petit enfant? Dans son optique pragmatique peu importe en effet le nombre d'expériences sexuelles qu'elle a connues avant de rencontrer Orphée. Comme Manon (8) ou Marion Delorme (9), Eurydice fait une distinction entre le simple abandon de son corps et le don de son cœur. Elle ne se met à attacher de l'importance à la pureté de corps proprement dite qu'à partir du moment où les conceptions d'Orphée la valorisent. Elle comprend très bien, tout en ne partageant pas cette opinion, que celui-ci puisse être jaloux de son passé et que lui avouer sa liaison avec Dulac, quels qu'en soient les mobiles et l'importance qu'elle y accorde elle-même, c'est se donner un brevet de légèreté, d'impudicité, d'autant plus que cette aventure est contemporaine de celle qui l'attache à Mathias. Elle essaie alors de répondre au désir de purification qu'elle ressent par des palliatifs, et elles les adopte parce qu'ils ne l'obligent pas à dévoiler complètement son passé à Orphée. Elle propose d'abord à celui-ci. comme par jeu, mais en réalité avec le plus grand sérieux, d'être continuellement une autre femme et, même toutes les femmes à la fois, dont il pourrait rêver. Ce faisant elle ne se contente pas d'obéir à des impératifs de stratégie et de psychologie amoureuses éprouvés depuis longtemps. Cette image variable d'elle-même vise peut-être à combattre la lassitude que peut apporter l'habitude dans l'amour mais son évocation est ici trop prématurée. Cette précipitation trahit le souci profond de recouvrir par toute une série d'images d'elle-même, une réalité qui est loin de correspondre à l'attente du jeune homme.

Cette tentative de dépersonnalisation va plus loin que le

geste de Georges abandonnant ses anciens vêtements avant de partir avec Isabelle. Elle dépasse également sa propre réaction lorsqu'elle sortait des bras de Dulac: "Je me sauvais", (et il convient de prendre ce terme au double sens de fuir et de trouver le salut), "je me mettais toute nue dans ma chambre, je me lavais, je me changeais de tout" (10). Son caméléonisme n'entend pas se limiter à un changement d'aspect extérieur, n'intéressant à tout prendre que l'épiderme et de nature plus hygiénique que cathartique. Il s'étend également à sa personnalité. Elle ne veut pas seulement paraître, mais être autre.

Or, son compagnon fait avorter ses efforts en introduisant dans l'esprit de la jeune fille la notion de la permanence de la souillure: "je vais tâcher de ne jamais imaginer leur visage près du vôtre, leurs yeux sur vous, leurs mains sur vous" (11). Même limitée aux aspects physiques de l'impureté la remarque d'Orphée constitue une menace pour l'avenir. Aussi Eurydice trahit-elle son inquiétude en avouant pendant son sommeil: "C'est difficile" (12). Son obsession transparaît dans les questions qu'elle pose à Orphée à propos de la valeur de la confession. La restriction qu'implique la réponse de celui-ci la décide à se taire (13). Il ne fait aucun doute qu'elle est maintenant à bout de résistance et désespère de pouvoir retrouver jamais une pureté à la hauteur des exigences de son compagnon. Se remémorant leur "voyage de noces" elle voulait ne pouvoir conserver, de ces quelques heures, que le souvenir des gens affables et bienveillants tout en perdant celui des autres. En lui démontrant l'inanité de son souhait Orphée la renvoie à son passé et à sa souillure. L'un et l'autre réapparaissent bientôt. La lettre de Dulac que lui remet le garçon et l'évocation par celui-ci, sorte d'oiseau de mauvais augure, des couples qui ont passé avant eux dans cette chambre d'hôtel réveillent son angoisse et augmentent sa honte.

Jean Anouilh revient ici au procédé du contrepoint. L'actualisation par le garçon des couples qui entre ces mêmes quatre murs, dans ce même lit, ont prononcé les mêmes paroles, fait les mêmes gestes qu'Eurydice et Orphée sans pour cela croire à l'amour ou en être dignes, s'oppose à la suprême élévation des conceptions d'Orphée sur l'amour et sur le rôle de la compagne dans le couple. Blancheur et noirceur des deux tableaux se rehaussent mutuellement. La projection dans l'espace ambiant de la vulgarité, de la laideur et de l'ignominie d'un amour ramené au rang de la satisfaction d'un instinct bestial éclaire la jeune fille sur l'importance de la virginité. Quoi qu'elle fasse elle restera marquée par la trace de ses expériences passées. Vouloir demeurer dans le monde idéal d'Orphée, serait ajouter une souillure supplémentaire à celles de son passé. Elle recule devant la feinte, le mensonge et l'abus de confiance où l'entraînerait la recherche à tout prix de son seul bonheur pour ne pas salir la nouvelle Eurydice qu'elle découvre à travers le regard d'Orphée.

Comme Frantz (Her.) Orphée ne voit pas celle qu'il aime dans sa réalité présente, mais sous une forme idéale qui n'est autre que la projection puis le transfert sur Eurydice de ses propres aspirations et de ses désirs profonds.

De son côté, comme Georges (R-V.) Eurydice perçoit clairement la pluralité de sens que recouvrent des termes apparamment
simples comme amour et aimer. Et sans aller jusqu'à opérer
clairement la distinction, elle est consciente que, privé du don
du cœur et de l'esprit, l'acte d'aimer n'est plus qu'un geste vide
de sens humain, que rien ne distingue de la vie instinctive ou a-
nimale. Il lui manque surtout l'éloquence réfléchie et raisonnan-
te pour faire accepter ce distinguo par Orphée. Son sentiment
de culpabilité l'aveugle au point de lui faire considérer l'Eurydice
décrite par Orphée comme une étrangère, un être absolument différent d'elle-même, qu'elle contemple avec détachement, émotion
et non sans envie. C'est bien là une autre Eurydice, celle qu'elle aurait pu être si elle avait pensé à se garder. C'est celle-là,
pas elle, qui est la digne compagne d'Orphée (14). La certitude
qu'elle n'arrivera jamais à retrouver sa pureté perdue, à s'identifier entièrement à cette "Mademoiselle Eurydice", provoque
sa fuite. Ainsi Eurydice se rapproche dans le fond de L'Hermine.
Frantz avait imaginé de toutes pièces une Monime pure et riche
laquelle il construirait un foyer idéal. Il commet son crime pour
procurer à celle-ci l'argent qu'il considère comme la condition
indispensable de son bonheur, sans s'être suffisamment inquiété
de l'opinion de sa maîtresse. Il exige d'elle qu'elle s'intègre à
l'univers de son rêve et objective Monime avec un tranquille égoïsme malgré les plus nobles motifs. Il ne fait pas de doute que,
lorsque devant le refus de celle-ci de s'adapter à sa vision des
choses, il abandonne la lutte, il n'a toujours pas compris pourquoi Monime lui échappe (15).

Dans Roméo et Jeannette nous retrouvons de nombreux aspects d'Eurydice (16). Jeannette comme Eurydice a un passé
amoureux bien rempli (17). Elle a même été plus loin que cette
dernière puisqu'elle n'a pas reculé devant la prostitution vénale. Elle est aussi désordonnée, aussi non-conformiste que celle-ci. Comme elle, ayant découvert l'amour, elle regrettera
de n'être plus vierge. Son père ne le cède en rien au père
d'Orphée. Frédéric, trop passif et trop compréhensif, n'est
pas à la hauteur de la crise dans laquelle le précipite sa rencontre avec Jeannette. Et comme dans La Sauvage c'est autour
d'une robe de mariée que se jouera le bonheur du couple.
Une familiarité un peu prolongée avec l'œuvre de Jean Anouilh
permettra à quiconque de reconnaître dans Roméo et Jeannette
une sorte de répertoire, de compendium pourrait-on dire, des
différents thèmes et motifs exploités par l'auteur jusqu'alors
(1945).
Tigre (Rép.), était amené par l'amour à renier tout ce qu'il
avait aimé jusqu'alors à devenir moralement et intellectuellement un autre ou, plus exactement, à redevenir l'enfant since-
re, enthousiaste et candide de naguère. Frédéric, jeune notaire d'une famille de gros paysans, sera amené par amour à
renier les principes directeurs de sa vie et de son milieu: l'ordre, la tranquillité, l'honorabilité, et à accepter en échange
ce qu'il déteste foncièrement: la rêverie, le drame, l'impure-

té même (18). Julia comme Georges (R- V.) (19) a rêvé d'un foyer
modèle, d'un père et d'une mère exemplaires. Ce qui lui est ap-
paru comme une privation dans son enfance, elle se promet de le
réaliser grâce à Frédéric et d'en faire bénéficier leur enfant (20).
Jeannette est consciente de la fugacité du bonheur et l'exprime
dans des termes analogues à ceux employés par Georges (21).
Lucien se place dans la lignée des Hartman (Sau.), de M. Henri
(Eur.), du chœur d'Antigone. C'est le philosophe, le raisonneur
voire le ratiocineur de la pièce. Il n'est pas jusqu'à Dieu, "l'autre là-haut" qui ne soit embrigadé dans cette série de redites
puisqu'il se voit affublé d'un puissant odorat tout comme la Générale (Ard.). Cette singularité olfactive lui permet de dépister
partout non la sexualité universelle mais le bonheur qu'il condamne sans merci.

Pourtant Roméo et Jeannette apporte un élément nouveau au purisme anouilhien. Comme son homonyme (Inv.) devait choisir en
définitive entre Diana et Isabelle, Frédéric doit opter entre
Jeannette et Julia, entre la méchante et la bonne. Il aime la pureté, la sincérité et il a trouvé dans la jeune institutrice une fiancée qui possède apparemment toutes les qualités pour répondre à
ses aspirations et à ses désirs les plus profonds. Le couple est
déjà formé. Il n'y a aucun obstacle, ni interne, ni externe à
leur union, puisque même la différence de fortune est compensée
par des "espérances". Pourtant le stade suivant, celui du mariage, ne sera pas franchi ni même atteint par suite de l'intervention d'un tiers, la propre sœur de Julia, Jeannette. L'apparition
de cette dernière suffit à faire éclater l'union faussement solide
du couple. En ce 15 août, Fête de Marie, le conflit des deux
sœurs évoque celui des Vierges Folles et des Vierges Sages de
la Bible. Paradoxalement et au mépris de toute morale c'est
pourtant à la confusion et à la condamnation d'une Vierge Sage
que nous assistons. Cette évolution a paru invraisemblable du
point de vue psychologique à de nombreux critiques lors de la
création. Kemp, par exemple, soulignait la beauté des deux premiers actes, s'étendait surtout sur la richesse du second mais
refusait les deux autres en concluant sur un "demi chef-d'œuvre"
(22). Gabriel Marcel, de son côté, accusait la mise en situation
d'être psychologiquement incroyable. Il insistait surtout sur
"l'invraisemblance de cet attrait réciproque" naissant tout d'un
coup entre "un petit notaire de province tiré à quatre épingles,
qui n'aime que l'ordre et le travail bien fait" et "une sauvage,
une coureuse, une désordonnée" (23). En effet le choix final de
Frédéric peut paraître difficilement acceptable, ou même manquer de fondement, au terme des quelques heures qui séparent
son arrivée chez les Maurin de sa fuite avec Jeannette. Mais il y
a plus et c'est un argument supplémentaire en faveur des adversaires de cette mise en situation: la fuite des nouveaux amants
semble faire fi des exigences habituelles des héros de Jean
Anouilh sur le chapitre de la virginité de leur partenaire. A-
lors qu'un Frantz ira jusqu'au crime et même, en un certain
sens, au matricide puisqu'il a été élevé par la Duchesse, pour
permettre à Monime de retrouver sous la forme de chasteté, sa
virginité perdue; alors qu'un Julien dans Colombe réclamera
impérativement la virginité puis la chasteté de Colombe, la mal

nommée; alors qu'Orphée refuse toute purification et rachat à Eurydice, Frédéric, lui, préfère la prostituée à la vierge (24). C'est à juste titre que l'on peut se demander en raison de quels critères Julia, la pure, est rejetée par deux fois en faveur de Jeannette, la doublement impure, puisqu'elle s'est donnée à Azarias au sortir des bras de Frédéric après leur fuite commune (25). Il faut cependant se garder de conclure trop vite que cette conduite est illogique et même incompatible avec le caractère des deux héros.

Le moins que l'on puisse reprocher à Julia c'est qu'elle se veut trop parfaite fiancée, trop parfaite épouse, par un effet de compensation répondant à sa frustration. Le motif ne change rien à la chose. La conduite de Julia correspond en termes de purisme à cette prudence calculatrice que refusait énergiquement Eurydice avant d'avoir rencontré Orphée (26). Cette pureté que nous appellerons artificieuse, et qui caractérise les demi-vierges, est condamnée implicitement dès le début de la pièce par Frédéric lorsqu'il compare Julia et sa propre mère à des fourmis. Ce sobriquet qui pourrait, au premier abord, paraître affectueux marque un profond mépris comme le montre un rapprochement a- vec une fable d'Anouilh: La Fourmi et la Cigale (27) dont Lucien fournit un canevas en prose (28). Dans sa haine des ménagères trop prosaïques et trop occupées par leur lutte contre la poussiè- re, l'auteur va même jusqu'à leur dénier tout désir sexuel par a- nalogie aux ouvrières asexuées de la fourmillière. Ce besoin de propreté et d'ordre prend avec Julia l'allure d'une obsession ridi- cule et tragique comme elle l'avoue inconsciemment: "Quelquefois tu te moques de moi. Tu te dis que je suis une maniaque, une fourmi (...) Je me frotte, je me frotte quand je crois que j'ai une petite tache. C'est qu'il me semble que j'ai toujours quelque chose à mettre en ordre. Quelque chose à nettoyer pour eux" (29).

Or nous avons pu constater que les jeunes filles pures l'étaient sans arrière-pensée, sans réflexion ou parti pris d'absolu. Ain- si Isabelle (R - V.), Cécile (Céc.), Juliette (Bal.) ne se gardaient pures que dans l'attente du véritable amour, toutes prêtes dès qu'elles penseraient l'avoir rencontré à faire don de leur corps, en prenant d'un seul coup tous les risques sans rien demander d'autre en échange, et conscientes de l'erreur possible comme du danger couru. Par une conduite parallèle bien qu'au premier as- pect antithétique, les "impures" ne regrettent pas tant leur vir- ginité perdue que le fait de l'avoir sacrifiée sans amour. Si bien que, considérée dans cette perspective, Julia apparaît comme une fausse pure, une cérébrale de la famille de la femme de Tigre. Cette pureté strictement physique faite de conformisme petit-bour- geois, de calculs, de prudence, de peur, ne tient pas à l'être mê- me de la jeune fille mais la revêt comme une sorte de vernis des- tiné à en camoufler l'impureté profonde. Elle constitue en der- nier ressort une souillure plus grave que celle de la simple per- te de la virginité chez Monime, Thérèse ou Barbara parce qu'el- le n'est qu'hypocrise et maquignonnage. A la limite on pourrait dire que Julia n'aime pas Frédéric mais l'ordre, la propreté, la loyauté qu'il représente à ses yeux. Pour fuir les images souil- lées de son enfance ou de sa maison paternelle elle va jusqu'à aliéner toute personnalité et revêtir celle de Mme Larivière (30).

Ce qu'elle envisage est simplement un mariage de raison, une u-
nion dans laquelle la tendresse peut faire illusion mais où le cœur
et l'esprit sont à la merci de la volonté capricieuse mais sincère
des corps.

Frantz (Her.) craignait les conséquences d'une telle situation,
Tigre (Rép.) comme Georges (R-V.) en font l'expérience comme
nous venons de le voir. La conduite de Frédéric ne diffère pas
sensiblement de celle de Julia en la matière. Avant de rencontrer Jeannette, celui-ci se faisait également illusion. Il aimait
en Julia le reflet de sa mère, de ses propres habitudes et de son
éducation. Lorsque devant la peine de Jeannette serrant puérilement son poulet dans ses bras il demande pardon (31), il change
de bord. Il n'est plus "le fils de l'autre" mais rejoint le monde
sensible et enfantin de la "sauvage". Sa transformation est même si radicale qu'il renie d'un coup sa mère en s'excusant d'être
son fils. Cette pitié soudaine est l'amorce de l'évolution qui le
conduira à refuser l'artificieuse Julia pour la sincère Jeannette.

Ainsi dans l'optique puriste la conduite de Frédéric est pleinement justifiée et vraisemblable, du moins jusqu'à leur fuite
commune. Par ailleurs on ne peut méconnaître la présence chez
Jeannette d'une volonté de purification, d'amendement et de condamnation de sa conduite passée. A la différence d'Orphée,
Frédéric semble prêt à accepter ses tentatives de régénération.
Comme celles-ci appartiennent surtout au domaine moral (32),
nous les retrouverons dans notre seconde partie (33).

Jean Anouilh s'est offert La Grotte comme cadeau à l'occasion du trentième anniversaire de son mariage avec Thalie, tout
comme il avait déposé Cécile dans la corbeille de sa fille
Catherine. Il avoue une ressemblance avec Pirandello, se ré-
fère à Zola, cite Rostand, Rimbaud, fait allusion à Proust, à
Choderlos de Laclos, mais son grand modèle, c'est lui-même
et son œuvre passée. Nous ne pouvons nous empêcher devant
cette pièce de penser à son grand maître et modèle admiré écrivant La Critique de l'Ecole des Femmes et L'Impromptu de Versailles pour expliquer lui aussi ce qu'il faisait et dans quel
but. On a dit et répété qu'il fallait voir dans La Grotte une i-
mage de la cuisine infernale dans laquelle l'Alchimiste vieillis-
sant poursuit, avec un bonheur inégal, ses recherches sur
l'Homme. C'est simple vérité sans doute. Mais cette pièce
constitue également et surtout une explication de textes où Jean
décortique Anouilh. Il profite d'ailleurs de l'occasion pour
procéder à un règlement de comptes en bonne et due forme a-
vec sa "vieille ennemie" la Critique (34). Tout comme l'om-
brageux Cyrano qu'il cite (35), il se sert à lui-même des plaisanteries dont il ne tolérerait pas le premier mot venant d'autrui. Il n'a rien oublié des reproches qu'on lui a adressés au
cours des années, mais, si on l'en croit, il n'en est aucun qu'il
ne se soit fait d'abord lui-même de sorte que la critique est
toujours venue trop tard. Le tollé général qui accompagna la
création de La Grotte (36) prouverait au besoin que son message a été entendu sinon accepté.

Si l'on a reconnu, avec quelques grincements de dents, son habileté proverbiale, son sens du théâtre, son métier, on n'a pas suffisamment insisté, croyons-nous, sur la constance, la fidélité opiniâtre et entêtée de l'auteur à ses premiers principes, à son système dramaturgique.

Dans cette pièce, écrite une quinzaine d'années après Roméo et Jeannette, Jean Anouilh a réuni une fois de plus, comme à une cérémonie d'anniversaire, tous les éléments de son univers théâtral et une comparaison un peu poussée montrerait rapidement les liens innombrables unissant cette œuvre de la maturité à celles qui l'ont précédée depuis L'Hermine, si bien que l'on a pu parler de renouvellement impossible, de n-ième mouture. Ce sont ses personnages les plus typiques Tigre et sa femme, son sempiternel maître d'hôtel, ses freluquets: la Duchesse et Lord Edgard devenus le Baron et la Baronne Jules. La dure loi de la jungle oppose riches et pauvres comme deux mondes fermés et inconciliables possédant chacun sa loi et ses mœurs propres qu'on ne saurait enfreindre sous peine de mort. L'intrigue policière de L'Hermine avec ses policiers ridicules, son crime, inspiré ici plutôt par le respect de l'ordre établi que par son refus et l'atmosphère faussement mélodramatique auxquels nous sommes habitués depuis si longtemps sont présents à cette fête de famille de même que la pureté (37). Toutefois tout cela a pris une teinte encore plus sombre, tout cela est descendu d'un degré vers la vulgarité, le cynisme, parfois la muflerie. Mais ce qui fait de La Grotte de véritables retrouvailles c'est l'application ad absurdum du principe du Jeu dont Anouilh a fait l'ossature de sa dramaturgie depuis Le Bal (38).

Le détachement ironique avec lequel Anouilh se ridiculise lui-même se moque de ses manies et de ses préjugés nous oblige à prendre position et à choisir un point de vue avant de commencer cette analyse, même si nous nous limitons au purisme. Faut-il voir La Grotte comme une simple parodie sans autre portée réelle que celle de montrer l'incomparable maîtrise de l'artiste à succès, ou faut-il considérer cette dérision systématique de "l'homme et l'œuvre" comme un masque, un trompe-l'œil destinés à faire passer, sous un rire désabusé et grinçant les conceptions morales que l'auteur a constamment défendues. Autrement dit devons-nous prendre la charge au sérieux ou considérer la pièce comme une simple lubie de grand seigneur du théâtre torturé par un ennui chronique, allant de pair avec une misanthropie et une misogynie inguérissables, irrité par les œillères et l'incompréhension de soi-disant spécialistes? S'agit-il uniquement de s'amuser en amusant? Ces deux points de vue sont également plausibles. Pourtant le fait qu'après cet éclat Anouilh est revenu à ses vieilles habitudes comme s'il ne s'était rien passé, nous enjoint de rechercher, sous la démesure et la caricature, ce qui répond aux préoccupations constantes du dramaturge. Même si "rien n'a l'air vrai ni dans l'un ni dans l'autre décor" (39), il doit suffire de jouer le jeu auquel nous sommes invités, abstraction faite du camouflage et d'essayer de voir le comportement des personnages dans leur propre univers et avec leurs propres yeux.

Si nous adoptons la perspective de l'amour et de la virginité, nous n'aurons pas de peine à constater que <u>La Grotte</u> illustre en particulier le conflit de l'amour humain et de l'ordre social. Nous y sommes confrontés à deux histoires d'amour: celle du Comte et de Marie-Jeanne qui appartient à un passé relativement récent mais révolu et celle de leur fils, le séminariste, avec la fille de cuisine. La première histoire est évoquée seulement par bribes, surtout par la vision rétrospective que fournit le rêve de la cuisinière moribonde. Elle a été Reine de Beauté à Nice du temps de la Vieille. Elle a eu son moment de célébrité mondaine et elle a vraiment aimé le Comte, mais c'est elle qui a refusé de se "mésallier", si bien que celui-ci peut aujourd'hui la citer en exemple à sa jeune femme: "C'est elle qui m'a dit que nous n'étions pas du même monde - orgueilleusement - et que l'amour n'était qu'un accident banal" (40). Nous n'avons pas de peine à reconnaître dans le comportement de Marie-Jeanne rompant avec celui qu'elle aime et se donnant au cocher pour se couper toute possibilité de retour en arrière celui de Barbara, de Jeannette et, d'une manière plus générale, le geste de révolte de celles qui ont perdu tout espoir et qui se détruisent de la sorte aussi efficacement que par le suicide.

C'est à la lumière de cette première histoire qu'il convient d'analyser la seconde. Malgré ce que la pièce peut avoir de déroutant au premier abord du fait de sa construction faussement embryonnaire on perçoit facilement, en y regardant de plus près une sorte de logique interne qui unit les scènes l'une à l'autre. Ainsi nous pouvons marquer dans les avatars du couple Adèle - le Séminariste les moments caractéristique de toute histoire d'amour dans l'univers anouilhien tel que nous le connaissons. Le stade de la rencontre et du coup de foudre est marqué par une note de régie (41). L'entente spirituelle, prélude fréquent à la déclaration qu'elle remplace souvent, est amenée à la suite d'une série de confidences anodines qui font ressortir la présence, entre les deux jeunes gens, d'une profonde identité de goûts et de sentiments dans le domaine de leur vie journalière. Comme d'habitude c'est en demandant pardon pour une faute qu'il n'a pas commise, c'est-à-dire ici, comme dans <u>Roméo</u>, en endossant la responsabilité d'une faute imputable à sa mère, que le jeune homme manifeste sa sympathie au sens fort du terme. Par ce geste le Séminariste offre une réparation pour la dureté et l'injustice de sa mère (42); il apporte également le réconfort d'une peine partagée. Cette compassion le dépouille aux yeux de sa partenaire de son personnage apparent de juge moral qu'implique le port de la soutane dans l'esprit fruste d'Adèle, pour ne lui laisser, comme à elle-même, que le caractère de coupable-victime.

Adèle et le Séminariste sont intimement liés dès la mise en situation. La petite bonne occupe le dernier rang des servants, comme le cocher est le dernier des serviteurs si l'on excepte Alexis encore trop jeune pour intervenir dans la hiérarchie rigide de <u>La Grotte</u> (43). Le Séminariste n'est ni du monde d'en-haut, ni de celui d'en-bas. Pour être du premier, il lui manque un nom et des mains fines, pour être de l'office il est trop sensible, et trop raffiné, trop savant en théorie et trop ignorant des réalités de la vie (44). Fils de la cuisinière et du Comte il est écartelé entre ces deux mondes auxquels il appartient de naissance mais qui ne peuvent s'unir sous peine de destruction. C'est pour avoir voulu les réunir, au mépris de l'ordre social dont Marie-Jeanne s'avère l'apôtre et la gardienne, qu'il sème le malheur autour de lui (45). Pour ce qui est d'Adèle, sa révolte est provoquée par l'espèce de répulsion physique qu'elle éprouve au contact de Thibaut (46). Elle voit en cet enfant un fils de riche dont l'avenir est assuré et le bonheur certain, alors que l'enfant qu'elle porte en elle est, dès à présent, menacé et, pour ainsi dire, condamné. La protestation qu'élève la petite bonne à l'égard de l'injustice sociale est très générale et ne dépasse guère le niveau des lieux communs utilisés par Eurydice ou Jeannette. La perte de leur virginité est considérée par celles-ci comme le résultat d'une fatalité inhérante à leur pauvreté et à leur condition sociale. Au mieux, elles ont sacrifié leur virginité sans y penser pour obéir à la loi de leur milieu, ou même simplement pour ne plus se sentir seules ou pour consoler un compagnon de sa détresse morale.

Malgré l'identité des aspirations de ses membres, le couple ne pourra atteindre le stade de la licitation par suite de la présence d'obstacles internes et externes. Marie-Jeanne ne reproche pas tellement à Adèle d'être enceinte, puisque l'innocence se réduit pour elle à "un ventre plat" et qu'elle prend soin elle-même que celui de la bonne le reste, mais de ne pas appartenir au monde de son fils. Le sens de ce reproche est difficile à justifier logiquement. Elle dénie à son fils l'appartenance aux deux univers qu'elle reconnaît: celui des riches d'en-haut, celui des pauvres d'en-bas. Elle a choisi d'en faire un prêtre pour le mettre à l'abri des vicissitudes de l'existence et plus particulièrement des dangers de l'amour. Elle veut surtout que son fils évite de faire son malheur et celui d'Adèle en confondant, par ignorance et inexpérience, pitié et amour. Ou, pour mieux dire: elle ne voudrait pas que - se laissant entraîner par la sorte de tendresse que peut inspirer l'identité du malheur et de la souffrance - son fils en vienne à croire qu'il aime Adèle alors qu'il éprouve pour elle tout au plus de la pitié, et non ce sentiment violent, exclusif et prédateur qu'elle appelle amour. Vue à la lumière de son propre comportement de naguère, son opposition est logique et se justifie par la raison. Le cœur n'a rien à voir à l'affaire comme le prouve la bienveillance bougonne dont elle entoure Adèle et son fils (47).

L'impureté de corps va de pair avec la souillure de la robe d'Adèle, renversée dans l'écurie par le cocher, mais la virginité est ici ridiculisée sous la charge satirique. La pureté n'est plus un bien regretté et regrettable, puisqu'il apparaît récupérable: le tout est de garder le ventre plat. Nous sommes loin de la conception d'Eurydice ou d'Isabelle. Adèle a honte de ce qui lui arrive, mais elle manque de cette volonté qui fait endosser aux autres héroïnes les conséquences de leur accident ou de leur imprudence. C'est un être faible, sans individualité, bonne et douce sans doute, mais qui n'a rien de l'intransigeance et de la rigueur foncière des héroïnes habituelles. Aussi est-ce plutôt du côté de Marie-Jeanne qu'il faut se tourner pour re-

trouver le modèle traditionel. Elle a aimé le Comte, elle a été
sa maîtresse fidèle pendant cinq ans. Elle s'est ensuite donnée
au cocher au moment même où le Comte, passant sur tous les obstacles sociaux voulait l'épouser. Cet acte d'auto-souillure que
nous avons assimilé à un suicide métaphysique, dépasse dans sa
grandeur et dans sa portée ce que l'on pourrait espérer du comportement traditionel d'une simple domestique. Son geste est em-
preint d'autant de noblesse que sa beauté. Reine par son corps
elle l'est aussi par son cœur. Son comportement à l'égard du
Comte trahit la présence chez elle d'une intelligence perspicace
de l'importance des valeurs morales, vues à la lumière de l'ordre
social. Sa pureté, sa beauté ne lui seraient d'aucune aide en face des exigences de la société. La différence qu'elle établit entre sa liaison avec le Comte et celle qui l'unit au cocher montre
que la pureté physique n'est valable que valorisée par une dignité
morale foncière qui doit l'accompagner. Cela permet de comprendre qu'elle puisse réduire l'importance de la pureté à un aspect
extérieur, simplement formel, "un ventre plat", dès qu'il s'agit
d'êtres simples et sans personnalité (48). Purs ou impurs, leur
sort dépend alors uniquement du hasard et des circonstances de
la vie. Il n'est pas question de culpabilité mais de chance. Se
sent-elle victime de l'ordre social? A première vue on ne le
penserait pas: elle est reine de son domaine et a ses prérogati-
ves et ses privilèges, comme la véritable aristocratie qu'incarne
le Comte. La seule chose qu'elle refuse c'est la mésalliance.
Elle l'a refusée quand le Comte la lui offrait; elle la refuse à
son fils et à Adèle par respect de l'ordre. Egale du Comte dans
le domaine physique et moral, elle s'est liée physiquement à lui.
Socialement son inférieure, elle a refusé l'extension de leur u-
nion à ce domaine. Nous retrouverons ce comportement chez
Angela (Dir.) qui refusera, elle aussi, le mariage présenté comme légalisation ou réparation par Antonio de Santa Floura, tout
en excusant et en acceptant comme normal le refus de Toto de
l'épouser (49). La pureté perdue n'est pas considérée par elles
comme un bien dont la perte exige une compensation autre que
les quelques instants de bonheur qu'elles ont donnés et obtenus.
"C'est le risque des filles". De même ne pouvant faire un monsieur de son fils, mais ne voulait pas en faire un domestique par
souvenir de son père, elle lui a donné une position sociale mixte et ne saurait admettre, en toute logique, qu'il en sortît. Que
cette conception parte d'une optique masculine et bourgeoise
c'est ce dont personne ne doutera.

Formellement on peut difficilement parler de licitation ou de
couple, puisque ni le Séminariste ni Adèle ne se sont vraiment
engagés. L'habit de l'un, l'ambiguïté de sa situation à mi-che-
min entre les deux mondes, sa pusillanimité l'ont empêché d'aller au-delà de vaines paroles agissant à rebours de leur destination première. Adèle a pu rêver un moment d'un bonheur tout
simple, mais, abandonnée à ses propres ressources, elle n'a
que celle de se laisser aller à la dérive.

Eurydice, Jeannette, Adèle voudraient "vivre", être heureuses du plus simple bonheur humain: avoir un homme qu'elles aiment et qui le leur rend, quelqu'un pour qui se dévouer, se sacrifier. Elles n'ont plus l'intransigeance d'une Lucile (Rép.) ou d'une Isabelle (R-V.) quand bien même elles auraient connu ce sentiment. La pauvreté, le milieu bohème dans lequel elles ont vécu les ont déjà amenées à composition. Eurydice s'est donnée par pitié, par altruisme presque. La vénalité de Jeannette bien que plus grave, si on lui applique les critères moraux habituels, ne l'est guère puisqu'elle aussi avait un objectif louable: nourrir son frère et son père. Quant à Adèle elle est purement et simplement victime des circonstances. Leur lutte pour la licitation est perdue d'avance. L'une parce qu'il ne lui sera jamais possible d'égaler l'image idéale qu'aime son amant, l'autre parce qu'elle ne peut espérer que Frédéric rompe les nombreux liens moraux et sociaux qui le font ce qu'il est: un jeune candidat-notaire plein d'espérances. La mort est bien la seule façon qu'il ait de rejoindre Jeannette sans salir toute sa famille et son passé puisqu'il suffira de dire qu'il a tenté de sauver sa future belle-sœur pour que son geste soit plausible et même héroïque. L'amour d'Adèle aurait eu quelque chance si sa volonté avait été suffisamment forte, mais elle se sent paralysée par la honte et elle se sent pas digne du Monsieur qu'est le séminariste à ses yeux. Cette condamnation est aprioristique. Elle n'est pas uniquement le fait de leur impureté physique, elle est implicitement contenue dans les conditions mêmes de la rencontre. En effet, mêmes pures, on peut prévoir que Jeannette et Eurydice auraient difficilement pu tenir tête à la jalousie de leur partenaire. Le regard d'Eurydice la met à la merci de la jalousie de son amant puisqu'il peut la voir à tout instant dans sa nue vérité. Les mensonges par lesquels Jeannette entend, elle, protéger son être ne résistent pas aux regards inquisiteurs de Frédéric. Quant à Adèle, son insignifiance, sa faiblesse de caractère la condamnent d'avance. Aussi les pièces que nous avons étudiées sont-elles surtout intéressantes par l'image de la lutte pour le bonheur qu'elle les offrent.

Jusqu'ici nous avons suivi le comportement de nos héros depuis leur rencontre jusqu'à la licitation qui leur était accordée ou refusée sans que la durée ait eu la possibilité d'intervenir sur l'issue du combat. Dans les pièces qui vont suivre, nous étudierons les vicissitudes du couple marié, c'est-à-dire ayant passé le stade de la licitation le plus souvent depuis une dizaine d'années.

IV. LE COUPLE MARIÉ

A. Victoire du couple

Après avoir été pendant quelques semaines le plus jeune général de France, Ludovic s'en est vu, à trente-huit ans, après 180 jours de forteresse, le plus jeune limogé pour conspiration. Peu après sa libération, il a épousé Aglaé, une adolescente, de vingt ans sa cadette. Depuis ils vivent assez retirés dans un petit village de province en compagnie de leurs deux enfants - Marie-Christine, l'aînée et Toto qui aura bientôt onze ans -, de la fille du général, Sophie, et de tante Bise, sœur de ce dernier. Tout ce monde est en lutte plus ou moins ouverte avec la morale et l'amour. Marie-Christine "court précocement avec le fils du laitier" (1); Sophie qui rencontre tous les trois mois l'homme de sa vie vient de s'amouracher d'Edward un jeune noceur aux mœurs hypermodernes; tante Bise, vieille fille un peu fantasque se sent "une âme de vamp", voit la concupiscence naître partout où elle paraît et, par suite, ne rêve que viol, déshonneur et rapt; Aglaé elle-même vient d'avouer à son mari qu'elle s'ennuie et qu'une âme sœur lui a tenu la main par compassion.

Il est bien entendu que les conflits auxquels Ludovic se trouvera exposé à la fois comme père et comme frère n'ont pour seul objet que de l'éclairer sur le fond de son propre drame: le risque de perdre Aglaé. Malgré ses dix ans d'existence (2), leur union paraît encore solide. Ludovic adore sa femme, Aglaé aime son mari. Parvenue à la fleur de l'âge, elle ne regrette toujours pas d'avoir préféré Ludovic à d'autres prétendants plus jeunes que lui "un peu par réaction" parce que son père à elle était "un homme facile, veule et léger" (3), mais ne peut plus se contenter de la vie semi-végétative que lui fait son mari. Celui-ci, pointilleux et rigoriste ne reçoit que quelques personnalités villageoises: le curé, le médecin, Bélazor, un hobereau du voisinage, ami d'enfance, tous ses contemporains. Ce n'est certes pas avec eux qu'elle pourra épancher le trop-plein d'énergie qu'elle sent bouillonner en elle. Parfaitement lucide Aglaé sait très bien qu'elle est désormais à la merci d'un simple accident, du plus petit concours de circonstances. Nouvelle Princesse de Clèves elle avoue à son mari qu'elle sent leur amour menacé. Mais au lieu d'en profiter pour se faire épargner l'accomplissement de ses obligations mondaines, ce que la Princesse attend de son mari (4), elle lui demande au contraire de lui permettre de s'instruire par les exemples vivants au lieu d'être obligée de continuer à "lire la vie dans les livres" (5) comme elle l'a fait jusqu'alors. Le général se contentera-t-il comme Julien d'offrir "ses tripes" à sa jeune femme, ou saura-t-il varier le menu en l'agrémentant de dessert comme le lui conseille l'avisé et compréhensif curé?

Sans être pleinement optimiste cette histoire d'amour a pour le moins l'avantage de finir bien sans qu'on ait vraiment l'impression d'assister à une pirouette finale de l'auteur. Pour la première fois celui-ci semble vouloir donner une chance de bonheur et de vie durables à l'amour conjugal. Ludovic a trop le sens des réalités, malgré ses rêves utopistes, pour ne pas tirer la leçon des faits et événements auxquels se heurtent ses conceptions. Le général n'aura besoin que de quelques jours pour reconnaître la force de frappe de l'ennemi et comprendre que sa raideur, son catégorisme militaires sont sans valeur dans le domaine marital. En un mot il doit choisir entre le repli stratégique, toujours plus ou moins déhonorant mais non désespéré et la retraite, tous ponts coupés et en pleine débandade. Pour éviter les débâcle il acceptera de rajeunir l'âge moyen de ses hôtes; d'être moins regardant en ce qui concerne leurs antécédents politiques et plus pour ce qui est de leur entrain et de leur enthousiasme; de se départir de sa rigueur bougonne et de ses principes au bénéfice d'une légèreté souriante et d'un certain opportunisme; d'organiser une fête, un bal, ou de jouer la comédie. Au terme de la pièce nous avons affaire à un Ludovic désabusé, ayant tiré la leçon de ses expéreincès, prêt à offrir à sa jeune femme ses mets préférés pour éviter de "mourir de faim" lui-même et de perdre de la sorte sa dernière guerre. Sa dernière leçon de conduite à Toto souligne clairement cette évolution du personnage. S'il est encore réactionnaire au fond du cœur, il n'est plus atrabilaire mais philosophe. Il n'est plus question dès lors de grands principes: honneur, vérité, rigueur, mais d'un bonheur simple, fait de petites satisfactions immédiates et souvent terre-à-terre. C'est qu'en effet Ludovic est d'avis que "dans la vie, même quand cela a l'air d'être sérieux, ce n'est tout de même que du guignol et qu'on joue toujours la même pièce" (6). Cette allusion à la comédie de la vie et à la farce est à sens multiples: l'homme joue un rôle dans la comédie de la vie, il est en représentation pour lui et pour les autres. Le degré de bonheur que peuvent attendre les individus est fonction de leur capacité à s'illusionner, à jouer, mais aussi à se jouer la comédie. Lorsque le spectateur quitte la salle il est parfaitement conscient que la menace initiale subsiste. Elle est peut-être même devenue plus actuelle que jamais puisqu'Aglaé a toute latitude pour prendre goût aux plaisirs, mais tout danger immédiat est éclarté et, à condition de ne pas relâcher sa vigilance, Ludovic a quelque chance de garder sa femme.

Pour aboutir à une telle conclusion l'auteur a mis en scène deux caractères vraiment exceptionnels: Aglaé et Ludovic. Celui-ci est flanqué de deux avocats-conseils: un matérialiste, pour qui la bienfaisance est la vertu cardinale, et un idéaliste, pour qui la charité doit être avant tout humaine et actuelle. Médecin du corps et médecin de l'âme, le docteur et le curé s' "épaulent" pour sauver le général de la néfaste influence de ses rêves d'enfant. A eux trois ils équilibrent à peine la jeune Aglaé. Celle-ci dont le nom évoque la plus jeune des Grâces, la beauté, la fertilité, la joie de vivre, a juré, elle aussi, d'être fidèle à son mari et de ne pas faillir à la parole donnée.

Elle se rend très bien compte du danger que fait courir à leur u-
nion l'aveuglement et l'inconscience de son mari, sa rigueur et
sa logique vont plus loin que celles de Ludovic. Alors que celui-
ci se cramponne puérilement à une image pétrifiée, celle de l'univers aboli de ses rêves d'enfant où toutes les choses etaient:
"belles, pures, dures, éternelles" (7), Aglaé ne s'amuse ni au
paradoxe ni aux vues de l'esprit comme son mari; elle s'en tient
à la réalité du moment. En épousant Ludovic elle a juré de lui
être fidèle, d'être toujours "comme un petit morceau de cristal"
et elle tiendra parole, quitte à le prévenir s'il lui arrivait de ne
plus pouvoir tenir la foi jurée: "mais si, un jour, j'aime un autre homme, je vous le dirai avant qu'il me touche, et je partirai
avec lui le lendemain" (8).

Le général de La Valse avait peur de faire mal et par ses a-
termoiements continuels martyrisait sa femme, Mlle de Ste
Euverte et lui-même en se laissant guider par une fausse pitié
aussi inutile que néfaste. Julien parlait, lui, aussi, de débrider
immédiatement la plaie causée à leur union par Colombe tout en
se refusant à l'évidence et sans avoir le courage d'endosser ses
propres responsabilités. Aglaé, elle, n'hésite pas. Comme la
générale maniaque (Val.) ; elle manie la vérité comme un scalpel,
d'une main sûre et ferme; c'est "un cristal tout clair", mais "qui
coupe". Elle taille franchement et en pleine chair si on l'oblige
à sortir du statu quo.

Par ailleurs Aglaé est toute proche de Colombe avec cette
différence que son désir de pureté et de chasteté vient d'elle-même avant de lui avoir été imposé par ce que nous pourrions appeler un mimétisme amoureux. De ce fait elle est plus foncièrement pure que Colombe puisque, même si celle-ci avait voulu
rester la femme chaste et honnête dont rêvait Julien, elle n'aurait pu éviter d'être souillée au moins métaphysiquement par la
promiscuité qu'impose la pauvreté, voire la misère. Aglaé est
au fond un personnage singulier dans la galerie de nos héroïnes.
Elle est tout aussi éprise de rigueur et de pureté, tout aussi a-
vide d'absolu que Frantz (Her.), Julien (Col.) ou Ludovic (Y'a-
vait), mais sans perdre, pour cela, tout contact avec la réalité
et les limites humaines. Elle rejoint aussi une Isabelle (R-V.)
ou une Araminthe (Céc.) et même une Lucile (Rép.) et d'une manière plus générale les vraies pures. C'est une jeune fille qui
"a su grandir". Comme elles, elle prend en mains le soin de
son bonheur et en assume pleinement la responsabilité. Ses
aspirations n'ont rien d'utopique, bien au contraire et nous sentons clairement que son passé avec Ludovic ne pèserait pas
lourd dans la balance si elle devait cesser un jour de l'aimer.
C'est sans doute un des mérites particuliers de celui-ci, de
posséder suffisamment le sens des réalités, malgré son extravagance, son puérilisme et sa bizarre misanthropie, pour faire
volte-face au bon moment. Il a déjà montré d'ailleurs, par le
passé, qu'il était capable de réagir violemment dans les cas dé-
sespérés comme ce fut le cas avec la mère de Sophie.

Dans cette aventure qui rappelle trait pour trait celle du père de Julien (Col.), Ludovic à l'encontre de son collègue n'a
pas mis fin à ses jours au moment où la mère de Sophie l'abandonna. Lorsqu'il est mis au courant des aventures de sa fille

il commence par lancer ses lieux communs habituels: honneur à laver dans le sang, séducteur à punir, etc..., mais la leçon d'Edward Mendigalès lui suffit. Sans partager les convictions de ce dernier il accepte l'inévitable et fait la part du feu (9).

Réactionnaire "Hurluberlu", amoureux candide, idéaliste et rêveur "un peu toqué" (10) le général est sauvé in extrémis par son bon sens foncier et, rejoignant en cela les héroïnes des Pièces Roses, par sa foi en l'amour. Toutefois cette confiance dans l'idéal romanesque de l'adolescence ne l'empêche pas de percevoir et de tenir compte des arguments et des forces de l'adversaire (11).

Cette pièce peut être considérée comme une exception dans la théorie d'échecs que nous avons pu rencontrer jusqu'à présent. Il est également remarquable de constater que si Aglaé est peut-être une des héroïnes les plus naturellement pures de Jean Anouilh, l'on ne trouve, par contre dans la pièce, que peu d'allusion aux motifs habituels de purisme: la robe blanche, la métaphore du cristal et le rappel de la conduite légère du père d'Aglaé (12). Peut-être faut-il voir là un effet du renversement habituel de la situation, puisque c'est Aglaé qui a opté pour la pureté par goût et non pour obéir ou même répondre au souhait voire à l'exigence de son partenaire.

B. Faillite du couple

a) Désintégration du couple

Commencés également sous les meilleurs auspices, du moins dans la perspective de l'amour, les mariages de Bérénice (Ma.), Jézabel (J.), Médée (Mé.), Colombe (Col.), Armande (P.M.) et de Maria (C.A.), ne résisteront pas à leur grand ennemi le temps.

L'histoire d'amour dont nous avons éclairé quelques facettes dans les pages précédentes prend ici un nouvel aspect. Alors que jusqu'à présent les pièces commençaient peu avant ou immédiatement après le moment de la rencontre ou de l'entente des individus de sorte que leur lutte pour obtenir la licitation de leur couple constituait l'essentiel de l'intrigue, nous avons à faire ici à des couples ayant dépassé le stade de la licitation légale et subi l'épreuve du temps. Le plus souvent le couple a déjà une dizaine d'années d'existence (1), possède un ou deux enfants. Nous sommes arrivés à un moment de son histoire où le désir sexuel, la soif de possession, le sentiment de vivre une aventure unique, ont fait place à l'habitude, à la lassitude souvent. La jeune adolescente de naguère est devenue une femme, le plus souvent une mère de famille. Elle a perdu cet attrait de l'inconnu, elle n'est plus cette promesse de bonheur mystérieux et singulier qui attiraient invinciblement son amant.

Le couple vit généralement dans un état de statu quo. Chacun des partenaires a repris sa liberté sentimentale, quelquefois c'est le fait d'un seul avec le consentement tacite de l'autre. Le couple continue pourtant à former une unité en surface, soit pour obéir à certaines conventions sociales, soit par pitié en souvenir de leur "amour défunt". Mais cette union cache un bouillonement intérieur et elle est à la merci d'une lame de fond. C'est le contrecoup d'un tel accident qui fait l'essentiel de l'action des pièces que nous allons étudier à présent.

Mandarine est la toute première pièce de Jean Anouilh à avoir connu les feux de la rampe. Créée le 16 janvier 1933 à l'Athénée, elle connut ce qu'on pourrait appeler un succès d'estime. Il ne nous en reste malheureusement presque rien, ni texte, ni mise en scène, ni même une simple conduite d'acteur, de sorte que toute analyse du texte est pratiquement impossible. Ceci est d'autant plus regrettable pour notre propos que le texte de présentation contenu dans le programme (2), le nom des personnages (3) et la donnée de la pièce, déjà toute simple - "Une jeune bourgeoise peut-elle épouser un danseur mondain paré des vices les plus excessifs" (4), sous prétexte que celui-ci lui a appris qu'on "pouvait être un petit voyou et posséder pourtant une pureté et une droiture profondes" (5) - font présumer que la pureté physique et morale jouaient un rôle central dans cette pièce.

Dans son commentaire de <u>Mandarine</u> (6) Jean Anouilh faisait déjà état du conflit des générations, mais les documents qui nous restent ne nous permettent pas de nous faire une idée bien précise de la nature et des nuances de ce conflit. Dans <u>Jézabel</u> cette opposition revient et enveloppe la pièce d'une noirceur tragique. Bien que jamais jouée depuis la date de sa composition, du moins en France et à notre connaissance, cette œuvre de jeunesse risque fort d'être, comme le fait remarquer Gabriel Marcel: "Le foyer d'obsession centrale dont la puissance irradiante s'exerce sur toutes les pièces de l'auteur" (7).

En effet l'histoire du couple est présentée à un double niveau: à celui du couple des promis et à celui du couple marié, autrement dit au niveau des adolescents et à celui des adultes. Les adolescents s'aiment et espèrent atteindre le stade de la licitation et du mariage; les parents du garçon se haïssent sans avoir trouvé jusqu'alors dans cette haine une raison suffisante pour se séparer. Toutefois l'échec de ce couple retentit sur le sort du premier au point d'en empêcher la constitution. Non que les parents s'opposent directement au mariage de leur fils pour une raison quelconque, le contraire serait plutôt vrai, mais leur conduite est ressentie par Marc comme une souillure profonde qui rejaillit sur lui et lui interdit l'accès au monde pur et noble de la riche Jacqueline (8).

Le père de Marc est un raté qui pratique une politique de marchand de tapis à l'égard du bonheur. Depuis longtemps sa femme ne compte plus pour lui. Il se console en courant après les bonnes: c'est propre, pas cher et commode. Il prend son mal en patience, la vie n'est plus si mauvaise si l'on sait s'y prendre. Pour lui il économise en grand secret de quoi s'acheter un petit cabanon où il espère se retirer bientôt. Que cet argent il l'obtienne en lésinant sur les dépenses du ménage et sur celles de sa femme, ou en l'extorquant à son fils, ne l'empêche pas de "respecter la morale et les apparences" (9). Lui-même a toujours appliqué ces principes fort simples et peu contraignants, alors que sa femme se laissait aller au débridement le plus complet de ses passions. Que de la sorte il n'ait jamais vécu, il n'ait jamais connu qu'une vie fausse faite de petitesse, de mesquineries, d'éternels calculs, il n'en disconvient pas, mais il a eu la paix et... les apparences. Lorsque Marc lui impute la faillite de son mariage pour n'avoir pas su se faire aimer, il justifie son échec par les besoins sexuels excessifs de sa femme et son incapacité de les satisfaire (10).

La mère est mythomane par frustration. Sa nymphomanie provient de ce que nous avons appelé un traumatisme nuptial. Elle s'est mariée comme une oie blanche, sans trop peser les conséquences de son acte, sans deviner en Adrien ce mort vivant, avare et ratiocineur que lui a découvert la vie conjugale.

Elle était alors une "fille de dix-sept ans, vivante et tendre, à qui l'on pouvait tout faire croire, tout faire aimer" (11), qui cherchait un homme et n'a trouvé, à l'expérience, qu'une loque (12).

Dans la grande scène du second acte elle essaie de se justifier et fait pour son fils le bilan de sa vie de femme et de mère. Elle constate, avec une sorte de rage désespérée, que toutes ses tentatives pour recontrer l'amour ont été vaines. Avec une lucidité qui touche au détachement cynique, elle en esquisse l'histoire et en marque le déclin progressif. Elle avoue en fin de compte n'avoir pas conservé "le souvenir d'une seconde de vraie joie, d'une seconde d'amour ou même de tendresse" (13). D'échec en échec elle a toujours poursuivi à travers d'autres hommes ce bonheur que son mariage ne lui avait pas apporté. Elle a vieilli et elle sent bien que son amant actuel est sa dernière ressource. Tout son comportement est commandé par la hantise du vieillissement. Elle se teint, s'habille avec ostentation à la dernière mode, essaie de "réparer des ans l'irréparable outrage" avec les quelques francs que lui laisse la ladrerie de son mari. Elle veut rester la jeune fille de naguère pour vivre pleinement son rêve initial. Si le meurtre de la Duchesse de Granat par Frantz était le prix de la pureté de Monime, celui d'Adrien, son mari, est pour la mère de Marc le prix de sa jeunesse: "On a l'âge qu'on veut bien avoir, tu sais, l'âge de son argent, aussi" (14). L'argent d'Adrien représente pour la Mère la possibilité de continuer à sentir un regard, une main masculine, un désir sur elle; même si elle sait que ce n'est qu'un mensonge puisqu'elle paie, même si tout n'est que leurre, la chaleur et la vie à ses côtés sont vraies. Comme Tigre, comme la Comtesse, sa femme, elle cherche dans le regard d'un être jeune, le reflet de la jeune fille (du jeune homme), qu'elle (qu'il) a été.

Le symbolisme de la photographie de la jeune fille que fut Jézabel au moment de se marier et que Marc conservait précieusement parmi les portraits de ses amies avant que sa mère ne la déchirât est particulièrement éloquent dans cette perspective. En détruisant ce souvenir Jézabel se venge sur l'image de sa candeur ingénue de naguère et des mécomptes que celle-ci lui a apportés. Elle tue celle qu'elle a été et voulait rester jusqu'à ce jour, c'est-à-dire que par ce geste elle assume inconsciemment son état de "vieille".

Si le bilan de la vie de Jézabel comme femme se solde par un échec, celui de sa vie comme mère n'est pas moins négatif. Nous verrons dans La Petite Molière Armande refusant la compensation de la maternité, parce qu'elle y voit un avilissement supplémentaire de sa condition de femme, ayant pour conséquence de déformer son corps, de la rendre laide, d'aliéner sa liberté et de l'empêcher de vivre. Ce sentiment fait écho à celui de Jeannette refusant également de reconnaître une possible compensation à l'amour dans la maternité (15) et à celui de Marie-Jeanne ridiculisant le rêve inavoué d'Adèle (16). La femme déçue d'Adrien a également refusé de sublimer son sentiment de frustration en cherchant chez Marc l'affection, la chaleur et la compagnie qui lui auraient permis d'échapper à la solitude à laquelle la condamnait l'insuffisance de son mari.

Elle rend son fils responsable de cette seconde faillite de son existence, sans se rendre compte qu'en fait, c'est elle la première coupable de la désaffection de Marc. C'est au seuil de l'adolescence, à un moment où l'intransigeance et la rigueur morale sont à leur apogée qu'elle lui a fait connaître la honte et le dégoût de l'amour charnel. Elle lui a fait découvrir un jour que l'être asexué et intouchable qu'il voyait en sa mère comme tous les enfants de son âge était aussi et, peut-être, avant tout, une femme. Un être essentiellement à la merci de ses sens et donc un être impur physiquement. Ainsi lorsqu'il lui demande de devenir la mère de son rêve, "la bonne maman aux cheveux blancs" évoquée par Jacqueline, il n'exige pas uniquement qu'elle assume son âge, il lui demande en même temps de se purifier de la souillure sexuelle en réendossant cette image de son enfance corrigée à la lumière de la confidence de Jacqueline.

Ce besoin de pureté physique est d'autant plus poignant dans le cas de Marc que celui-ci est conscient, bien qu'il se refuse à l'admettre, d'être atteint de la tare de sa mère, d'être lui aussi un dévoyé sexuel. Dans sa défense elle le lui rappelle: "Tout petit déjà tu errais avec des photographies dans tes poches. Tu te touchais. Tu te rendais malade" (17). Georgette, sans faire allusion à cet onanisme, confirme son dévoiement quand elle traite Marc devant sa mère de "vicieux". Le désespoir et la faible résistance de Marc montrent que sa mère a touché juste (18).

L'adultère continuel de la mère, le sans-gêne avec lequel elle a constamment bafoué la chasteté conjugale la rendent impure physiquement. Cette impureté est doublée par celle qu'entaîne la désagrégation de son être physique sous l'influence de l'âge et de la boisson. Ainsi derrière le problème du couple marié apparaissent dans Jézabel deux conflits, l'un qui oppose la Femme à la Mère, l'autre la Femme au Temps (19). Ce dernier qui est sans doute une des motivations profondes de la conduite de Jézabel est repris et amplifié dans Médée.

Ici ce n'est pas, comme dans Jézabel, l'incompatibilité physique des deux partenaires qui est à la source de l'échec du couple. Même si Médée et Jézabel ont en commun une sensualité exigeante et ne sont capables que d'un amour captatif et parfaitement égoïste, Jason est un homme autrement viril que le "discret" Adrien. Médée n'éprouve un sentiment de frustration amoureuse qu'au bout d'une dizaine d'années de vie commune et après avoir été originellement comblée dans ce domaine.

Comme il l'a fait pour Eurydice, Anouilh fait ici aussi appel au mythe antique, mais l'adapte à ses besoins. Dans sa présentation de la pièce il résume celui-ci et ajoute: "on peut s'amuser à y retrouver l'histoire du couple usé et des abominables fureurs de la femme délaissée" (20). Lorsqu'il note en outre que cet aspect n'a été exploité ni par Euripide, ni par Sénèque, ni par Corneille, il nous prévient, ipso facto, que c'est là sa propre perspective.

Selon une construction que nous avons déjà eu l'occasion de rencontrer, la pièce, dépouillée de l'oripeau mythique, revêt la forme d'une mise en procès dans laquelle chacune des parties défend son point de vue. Une des scènes capitales dans cette perspective est constituée par la longue tirade de Jason prenant définitivement congé de son vieux compagnon de luttes (21). Selon lui leur amour est passé par quatre phases. Au début il était uniquement de caractère captatif. Le jeune héros emportait Médée comme on emporte une proie convoitée avec l'intention de la rejeter quand elle aurait cessé d'exciter le désir, du geste dont on se débarasse d'un objet auquel on a tenu énormément mais qui a perdu son attrait premier. Cette phase purement sensuelle qui réduit Médée à un objet, a fait place à l'amour oblatif. Jason s'est tout d'un coup senti responsable de sa compagne. Il n'était plus seulement lié à elle par les sens et le désir, c'est-à-dire par le corps, mais également par le cœur. Médée était devenue à ses yeux une petite fille dont il se sentait à la fois "le père et la mère" (22), en un mot le responsable et le protecteur. Cette évolution a même connu son acmé dans une sorte d'amour de communion où nous retrouvons la métaphore habituelle du capitaine et du soldat partageant fraternellement le barda et les dangers du combat, l'existence incertaine des hors-la-loi, mais se retrouvant le soir, au gîte, homme et femme, unissant leurs corps en une fusion totale et un bonheur partagé comme ils ont partagé peines et joies pendant l'étape.

Pour cette dynamique de l'évolution du sentiment amoureux nous avons emprunté sa terminologie à Jean Lacroix (23) et il convient de noter que les trois phases que nous avons soulignées après lui sont déterminées par des critères issus d'une perspective théorique plutôt que par des données de morale pratique. En effet tout amour passe alternativement et d'un instant à l'autre, par l'une ou l'autre des trois phases. Cette classification est trop uniquement basée sur la forme que revêt le lien unissant les intéressés, ce dernier étant en définitive fonction du degré de valeur absolue que l'un des partenaires reconnaît à l'autre, pour être autre chose qu'une rubrification commode. En fait-il son égal, nous aurons l'amour de communion; son inférieur, nous aurons alors l'amour captatif; si au contraire c'est lui qui se sent inférieur, il n'exigera pas mais donnera et nous aurons l'amour oblatif. Le partenaire pourra d'ailleurs lui aussi prendre une position qu'il estimera autre que celle que lui reconnaît son compagnon. En outre égal, objective ou objectivant, aliéné ou aliénant, l'individu ne conserve pas indéfiniment et dans toutes les circonstances sa position initiale dans la vie du couple. Le temps et la société interviennent et modifient l'équilibre originel soit en renforçant, soit en affaiblissant le lien initial qui unissait les individus. Or c'est bien sous l'influence du temps et de la société que nous voyons le couple passer de la troisième phase idéale, celle de l'amour de communion, basée sur un respect mutuel de la liberté de l'autre et l'égalité des partenaires, à une quatrième, mortelle, en fait, pour le couple et souvent tragique pour les individus, que nous appellerons faute de mieux: amour d'accoutumance. Le couple se survit alors pour obéir à des impératifs issus des conventions sociales. Sous l'action centripète de celles-ci il conserve aux yeux d'autrui toutes les apparences extérieures de l'union tandis que la force centrifuge du temps éloigne de plus en plus les partenaires l'un de l'autre. Si le mouvement est homologue de part et d'autre il apparaît bientôt une sorte de statu quo, un équilibre dans lequel chacun des individus a repris la libre disposition de son être. L'habitude a créé des automatismes de gestes, de mots, de pensées même qui peuvent faire illusion, mais des querelles, des mensonges et des révoltes, des lâchetés répétées trahissent la faille grandissante. C'est le cas du couple Adrien-Jézabel (24). La situation se complique dès que l'un des partenaires refuse ce statu quo et se sent lésé par le détachement de l'autre, qu'il refuse parce que lui-même n'a pas, - ou croit n'avoir pas - changé de sentiment. Souvent même le cœur et l'esprit ont repris leur indépendance, alors que les corps restent complices et réagissent sur leur lancée "dans des luttes sans tendresse". Au mieux il ne reste chez l'un et (ou) l'autre des partenaires qu'une certaine dose d'affection reconnaissante née du souvenir vivace du bonheur partagé ou reçu et des épreuves subies en commun naguère. Ce sentiment dans lequel entre une nuance de pitié, de crainte de faire souffrir, prend la place de l'amour du début. Cet état de fait s'adapte particulièrement à la situation de Jason et Médée au début de la pièce. Jason garde encore de l'affection pour Médée, mais il veut rompre entièrement et recommencer sa vie avec Créuse. Médée par contre prétend toujours aimer celui-ci et ne veut pas entendre parler de séparation.

Si nous essayons de suivre l'argumentation de Médée nous constatons que son amour n'a pas évolué comme celui de Jason. Elle est restée pratiquement au stade sensuel du début. Comme Nathalie (Ard.), elle souffre du lien physique qui l'unit malgré elle à son mari. Elle proteste contre sa condition de femme qui l'a fait naître "amputée", de sorte qu'elle ne peut retrouver la totalité de son être qu'avec une présence masculine en elle (25). Pourtant c'est elle, qui, la première, s'est lassée de cette présence de Jason, et qui s'est laissée aller à être infidèle. La vieille nourrice ne s'y est pas trompée et Jason non plus: "Tu n'as sans doute connu ou goûté que cet amour-là" (26) lui reproche-t-il en faisant allusion à leurs rapports physiques. Et sa défense à elle montre qu'elle a eu l'intuition précise de la rupture avec Jason: "Ton corps reposait près de moi chaque nuit, mais dans ta tête, dans ta sale tête d'homme fermée, tu forgeais déjà un autre bonheur sans moi" (27). Cette accusation est intéressante à deux points de vue. D'abord parce qu'elle montre chez Médée une lucidité qui aurait dû au moins lui inspirer une conduite de défensè, mais aussi parce qu'elle pose une fois de plus le problème de la communication dans les relations humaines, celui de la solitude de l'individu et celui de l'impossible communion durable (27). Médée n'a pas su tirer la leçon qui s'imposait. L'amour qui les unissait, le triomphant Jason et l'entreprenante Médée, avait vieilli. L'adolescent Jason était mort. Devenu adulte il aspirait à la paix, à la tranquillité. Il voulait quitter le chaos, le crime, la nuit qui étaient l'univers de sa complice. En fait il en vient jusqu'à lui imputer à mal tout ce qu'elle a fait pour son bien. Tous ses crimes qui étaient, pour elle, autant de preuves de son amour et se légitimaient par celui-ci, reprennent tout à coup leur valeur première. Jason ne voit plus en sa compagne "la jeune fille plus belle et plus dure que les autres" parce qu'il est désabusé et rêve d'un monde apaisé, d'un bonheur simple, journalier, terre à terre. Dans la longue scène qui les oppose comme deux champions défendant une conception opposée de la vie et du bonheur il est impossible qu'ils trouvent un terrain d'entente. Et la tentative de Médée pour repartir à zéro ne peut qu'échouer. En effet ils ne parlent plus la même langue, ils sont à des niveaux différents et un abîme les sépare; l'un accepte de s'intégrer à la société, d'y mener une vie simplement humaine, l'autre continue à rêver d'une vie d'exception, en marge des normes traditionnelles. Ce sont deux sourds qui s'opposent en poursuivant chacun pour soi un lugubre soliloque où les éléments positifs ont changé de signe comme leur amour de naguère.

Dans les deux pièces précédentes, nous avions affaire à de vieux couples, sur lesquels le temps avait eu pleine latitude pour agir. Colombe par contre traite d'un jeune couple. Ils sont mariés depuis deux ans et un bébé complète leur foyer. Cette union commencée sous les meilleurs auspices - le dernier acte nous le prouve - n'en aboutit pas moins à la faillite sans qu'on puisse accuser la lassitude physique ou le vieillissement. Pourtant Colombe se rattache à Médée en ce sens qu'il existe ici aussi une distorsion entre le comportement de chacun des deux partenaires devant la vie. Au lieu de l'homme, c'est cette fois la femme dont le processus de maturation sert de support à la pièce. L'architecture en suit fidèlement l'évolution psychologique, qui conduit Colombe d'une morale rigoureuse, théorique pour ainsi dire, à une morale pratique, relâchée ou pour le moins très tolérante. A ce dynamisme caractériel de Colombe en marche vers la mentalité des adultes s'oppose l'immobilisme de Julien figé dans ses principes d'adolescent comme un héros cornélien dans le carcan de l'honneur et du devoir. Pour avoir refusé de se faire réformer, comme il en avait la possibilité grâce à l'influence de sa mère, il va devoir quitter sa jeune femme et leur enfant en les laissant absolument sans ressources. Il envisage l'avenir avec anxiété, autant du point de vue matériel pour les siens, que du point de vue conjugal pour lui-même. Il a pourtant foi en ses principes. Dans une scène qui n'est pas sans rappeler celle d'Arnolphe faisant répéter par Agnès le décalogue de la parfaite épouse, Julien-Arnolphe demande à Colombe-Agnès de rester fidèle à ses principes de vertu, de ne pas se laisser aller à imiter les mœurs relâchées du monde. Mais ce moliérisme n'est que de surface et le thème a été réinterprété de façon toute personnelle par Anouilh.

A cette conception de l'amour et de la vie faite de rigueur et d'abstraction le second acte apporte un démenti varié, par la peinture de la passion selon Madame Alexandra et le monde du théâtre. Là tout n'est que facilité, trompe-l'œil, artifice. Colombe, introduite par nécessité dans un nouvel univers, en subit l'influence et lorsque, trois mois après, Julien, rappelé par une dénonciation de la Surette, revient avec une permission exceptionnelle, ce sera pour constater avec effarement les progrès accomplis à cette école par Colombe. Le troisième acte développe le thème de la jalousie et de l'incompréhension devant le cocuage que fait subir Colombe à Julien. Le dernier acte se partage en deux mouvements. C'est d'une part la conclusion de l'action en cours depuis le premier, c'est-à-dire la consommation de la destruction du couple, dans une scène de ménage qui offre à la "pure" Colombe l'occasion de justifier sa conduite et de proclamer ses nouvelles normes applicables au bien et au mal. Dans le second mouvement Anouilh, reprenant le procédé du retour en arrière utilisé dans Eurydice, fait revivre à Julien les premiers instants de sa rencontre avec sa femme, le coup de foudre, l'entente et la licitation du couple. Il clôt ainsi cette nouvelle mise en procès systématique de l'institution du mariage par une pirouette puisque la dernière impression du spectateur est celle d'un optimisme démesuré. En renversant la situation à qulques minutes de la fin, l'auteur semble reculer devant le dénouement tragique appelé par le déroulement de l'action. Est-ce par fidélité à soi-même et aux théories qu'il a défendues dans les pièces précédentes comme on l'a avancé plusieurs fois au moment de la création de la pièce (28)? Ne serait-ce pas plutôt qu'en montrant le point de départ de toute cette aventure après avoir dépeint les avatars du couple, l'auteur fait ressortir avec plus de vigueur l'aspect aléatoire de toute union, même de celles qui paraissent offrir le plus de garanties et être destinées incontestablement à durer. Les deux parties de la pièce, l'une très longue par rapport à l'autre s'opposent comme le noir au rose, pour rester dans la terminologie anouilhienne. La première est d'un réalisme poussé à l'extrême; dans l'autre tout n'est que légèreté, irréel, poésie, rêverie, si bien qu'elles se rehaussent mutuellement.

Cette construction par contraste se retrouve dans la répartition de forces, la mise ensituation. Bien que la distribution des personnages soit ordonnée par rapport à Mme Alexandra, depuis ses fils jusqu'aux utilités, on peut facilement reconnaître deux groupes de forces. D'une part nous avons les gens de théâtre et de l'autre le trio Julien-Colombe-Armand. Ce dernier, demi-frère de Julien, est son image inversée. On retrouve également une opposition du même genre parmi les gens du théâtre. Ils se repartissent en pauvres: Georges, l'habilleuse sensible et bonne, un peu radoteuse et La Surette, le régisseur, amer et cocu, suintant l'envie et la méchanceté, et les riches: Mme Alexandra, Poète-chéri, Desfournettes, Du Bartas.

Cette répartition mathématique des forces permet à l'auteur de présenter à Colombe un éventail des différentes conceptions courantes de l'amour, de la vie, du bonheur. Elles viendront corriger ce qu'elle a connu en compagnie de Julien et lui permettront de choisir selon ses propres affinités.

Madame Alexandra et ses trois séides sont continuellement en représentation. Chez eux tout est rigoureusement faux, sauf leur amour de l'argent et du clinquant. Elle-même les domine de très haut, surtout en ce qu'elle exprime avec un tranquille cynisme sa vision désabusée du monde, tout en jouant avec maîtrise le rôle que son public attend d'elle: celui d'un monstre du théâtre, la spécialiste des rôles de Grande Amoureuse aux excentricités notoires, dont le non-conformisme apparent fait se pâmer d'envie cousettes et autres lectrices du courrier du cœur. Toute la scène sur le thème de l'amour, qui ouvre le seconde acte, est conduite comme une série de sketches où le comique est tellement grossier que les quelques remarques sensées de la vieille actrice s'en détachent avec une force inattendue (29). C'est elle qui commence l'iniation de Colombe. Mme Georges la continue. Elle lui expose son rêve de bonheur pantouflard: "une bonne soirée tranquille passée" à repriser une chaussette avec son petit et son homme" (30). En refusant violemment cette image de bonheur, Colombe condamne d'un seul coup tout son passé avec Julien car celui-ci ne lui proposait rien d'autre. Quant à Poète-Chéri, Desfournettes et Du Bartas leur bonheur tient entre les quatre murs d'une garçonnière où l'on repose étendu sur le divan directorial après "un doigt de porto et deux biscuits", sous prétexte de conseils et de leçons à donner à l'actrice débutante (31). Comme l'avocat de la Fable, Armand n'aura pas de peine à emporter l'huître sous le nez des plaideurs en donnant d'ailleurs le même prétexte que ses adversaires: il s'agit de parfaire l'éducation de Colombe dans le domaine artistique. Chez lui tout est facile, simple, rien que plaisir et joie de vivre. L'opposition avec Julien est flagrante.

Au moment de se séparer de sa femme celui-ci a refusé de faire confiance à l'amour physique, à la tendresse ou à la raison comme garantie de la fidélité de Colombe. Ces répondants lui semblent trop aléatoires, trop éphémères, ils sont trop directement dépendants du "plaisir" : "Se plaire ce n'est rien, on se plaît souvent" (32). Il ne veut comme base de leur union que l'obligation morale qui découle pour eux du serment qu'ils ont échangé dans la petite chapelle "dont Dieu était absent", complété par le crachat rituel des serments d'enfants et que nous connaissons déjà par Eurydice. Ce serment renouvelle celui qu'il a exigé d'elle lors de leur première rencontre - il ne s'agissait alors que d'une courte absence - et l'étend, maintenant, à la durée de son service militaire. Colombe jure et crache mais proteste. Elle ne veut pas de cet amour idéaliste et métaphysique. Elle veut être aimée pour son corps, pour son cœur, pour tout son être vivant et non uniquement pour ses vertus: "Et si j'en avais d'autres ⌈scil.: des défauts⌉, tu ne m'aimerais plus? C'est trop facile mon bonhomme. Et tu crois que c'est cela l'amour?" (33). Elle ne veut plus être l'adolescente confiante et aveugle, humblement obéissante qui ânonne une leçon apprise dont elle n'approuve pas les termes. Sa révolte est matérialisée par la robe de Mme Alexandra qu'elle revêt et par laquelle elle endosse son nouvel état de comédienne au sens large du terme. Comme pour Jeannette, Isabelle ou Thérèse cette robe qu'elle enfile marque son passage à une vie nouvelle. Elle re-naît. A la différence de ses compagnes elle ne rejettera pas ce symbole de son nouvel état. C'est qu'à ses yeux il manque non un asservissement mais une libération. Lorsqu'elle se contemple dans le miroir et murmure pour la seconde fois à la fin du premier acte: "C'est moi. C'est moi..." elle ne questionne plus son mari comme la première fois, mais affirme sa propre personnalité et s'y reconnaît. Ce n'est plus la petite fleuriste qui croyait être "arrivée à destination" en se blottissant dans les bras de Julien, mais une femme adulte qui se prépare à entrer dans la Vie réelle et qui a renié d'un coup les serments et projets d'avenir de l'enfance. Elle seule compte désormais. On lui a promis, pour la première fois depuis son mariage, un bonheur immédiat: "Et ce n'est pas pour dans longtemps. C'est pour tout de suite" (34). Elle le saisit à pleines mains et s'apprête à le dévorer à belles dents, d'un seul coup et sans attendre. Ce n'est plus la douce Colombe hypnotisée comme un petit serpent par les paroles de Julien. Elle n'a plus besoin de se faire violence pour ressembler, par une sorte de mimétisme amoureux, à la femme dont rêve son mari, celle qu'il aime qu'elle soit. Elle est convaincue qu'elle est depuis toujours cette nouvelle femme qui resplendit de toute sa beauté dans sa belle robe, même si c'est une robe de théâtre.

A partir de cet instant la philosophie hédonistique qu'elle essayait faiblement de défendre au début en face de la misanthropie et de l'ascétisme pratiqués et prônés par Julien prend le dessus et ira s'affirmant jusqu'au dernier acte où elle éclatera dans sa défense pour consacrer la rupture entre leurs deux visions du monde et, par suite, celle de leur couple, avant l'évocation rétrospective de leur rencontre.

Elle est parvenue à une nouvelle valorisation du Bien et du Mal. Tout ce qui est naturel est bon et bien, ce qui est contre nature, c'est-à-dire artificiel, est mauvais et mal. Que ces concepts de naturel et d'artificiel puissent avoir un autre sens pour Julien ne l'effleure pas un instant. Sa nouvelle éthique est illustrée par le récit de ses activités à son réveil. Elle est possédée par une immense joie de vivre qui lui fait saluer le jour, le soleil, la nature, les gens avec exubérance et sans fausse retenue. Sa vitalité et son enthousiasme dyonisiaques rayonnent autour d'elle. Fière de son corps, de sa jeunesse, de son optimisme elle les prodigue largement dans son entourage sans se préoccuper autrement de savoir si elle agit bien ou mal aux yeux d'autrui. Si le facteur ou le monsieur d'en face en profitent "pour se rincer l'œil", elle n'en fait pas un drame. Elle est heureuse de se sentir vivre et surtout désirée. "C'est un plaisir que le bon Dieu nous donne à tous les deux, voilà tout, ce n'est pas pour cela que je suis une fille damnée" (35). Ce point demande à être précisé. Il ne s'agit pas, comme on pourrait le croire, de perversité, du besoin de sentir le désir, la sexualité autour de soi et sur soi. Danielle Delorme qui créa Colombe à l'Atelier, déclarait dans une avant-première: "Dans l'esprit d'Anouilh Colombe doit se conduire comme une garce tout en convainquant le spectateur de son innocence, de sa pureté, de sa sincérité" (36). L'apparent laxisme et la pureté foncière de l'héroïne sont confirmés par la présentation de la pièce et répondent donc aux intentions profondes de l'auteur. Desfournettes, Poète-Chéri et Du Bartas ont fait l'expérience, à leur dépens, de son sens des nuances. Les vieux beaux qui se sont précipités sur ce morceau de chair fraîche qui leur tombait du ciel, comme des bourdons sur une goutte de miel, n'ont pas obtenu "grand chose... la monnaie des petites filles" (37) en échange de leurs conseils, de leurs cadeaux, de leur influence intéressés.

Si l'on en croit la critique contemporaine de la création,les spécialistes n'ont pas été convaincus outre mesure de la candeur innocente de Colombe. Cela vient sans doute de la "révoltante" ingénuité avec laquelle celle-ci affiche "la preuve" de ses faveurs: le tailleur noisette offert par Desfournettes, les détails intimes de la vie de Du Bartas ou du costume de Poète-Chéri. Dans une optique strictement théorique, on ne saurait que la blâmer. Mais pratiquement on peut difficilement lui dénier la liberté de "s'arranger". Son corps, sa jeunesse, sont sa seule fortune. Elle en tire parti au maximum mais sans se départir de sa lucidité, de sa prudence et de son bon sens natifs. Les hommes dont elle exploite la crédulité ou l'immoralité ne méritent pas un traitement différent de celui qu'elle leur impose. Quant à Armand, en se laissant aller avec lui elle ne fait que répéter le geste d'Isabelle (Inv.) et de Frédéric (R.& J.) trouvant dans le frère ou la sœur de leur partenaire ce qui manquait à celui-ci pour les satisfaire pleinement. A y regarder de près c'était à Julien de faire en sorte qu'elle n'eût pas à agir ainsi, comme l'affirme Mme Alexandra.

De toute évidence sa liaison avec Armand est une faute grave. Ce n'est rien moins qu'un adultère en bonne et due forme et, qui plus est, avec le demi-frère de son mari. Elle n'en disconvient pas. Mais ce qu'elle refuse,c'est toute comparaison entre l'amour qu'elle éprouve pour Julien et ce qu'elle ressent à l'égard d'Armand. C'est "l'occasion, l'herbe tendre" de la fable. Elle n'a pas su résister à la tentation qu'éveillait chez elle comme chez Armand la scène d'amour qu'ils répétaient. Ils ont aboli les limites entre le théâtre et la réalité et se sont identifiés à leurs personnages comme Tigre et Lucile dans La Répétition, ou le Comte et Isabelle dans L'Invitation. Comme toutes les héroïnes pures d'Anouilh elle a accepté Armand parce qu'il représentait à ses yeux la forme d'amour à laquelle son âge la destinait et dont Julien l'avait trop longtemps sevrée sans raison et sans autre compensation que la promesse d'un bonheur futur dont la venue lui semblait de plus en plus improbable. Elle sait très bien que son mari est moralement supérieur à son amant, qu'il est un "vrai homme" alors que ce dernier est un être veule et un coquin. "Il ne t'aime pas" affirme, sans doute avec raison, Julien. Cela lui importe peu. Elle ne veut pas le savoir: "Je sais qu'il m'aime comme je veux qu'on m'aime et cela me suffit" (38). Sa conception n'est pas sans ressemblance avec l'amour-goût dont fait état Crébillon (39). L'amour n'est plus qu'un prétexte pour se faire réciproquement plaisir, et surtout c'est une compensation qu'elle offre à Armand pour sa gentillesse et pour savoir si bien lui donner ce dont Julien la privait, même si ce n'est que jeu, mensonge et tromperie. Ici encore le grand coupable ce n'est pas elle, mais Julien. Il n'a pas su créer autour d'elle un rempart suffisamment puissant pour la protéger d'elle-même et d'autrui pendant les deux ans de leur mariage. Il n'a pas sacrifié la moindre de ses idées aberrantes aux souhaits de sa femme. Quoi qu'il en dise ou pense et malgré ses bonnes intentions évidentes, son amour pour elle n'a pas dépassé l'étiage du possessif. En fait ce n'est pas Colombe, un être vivant fait de chair et d'os que parcourt un sang chaud qu'il aimait, mais un fantôme, une image qu'il portait dans son cœur d'ours (40), "une Colombe en sucre d'orge... une Ste Nitouche" aussi irréelle que son rêve. Il refait la faute de Frantz et d'Orphée. Monime, Eurydice et Colombe ont été émues, elles se sont apitoyées, elles ont admiré la force et l'intransigeance du jeune "Romain" dont la mâle rigueur les a séduites par contraste avec les hommes auxquels elles étaient habituées. À l'amour de caractère captatif de leur partenaire elles opposent un besoin d'oblation. Il s'agit de consoler, de protéger le grand enfant qu'elles devinent sous "le Turc" qu'elles admirent. Mais cette négation de leur propre moi ne saurait être éternelle ou, pour le moins, de longue durée, sans qu'une sérieuse compensation lui soit offerte. Le moment viendra toujours où elles reprendront conscience de la réalité et auront le sentiment aussi de leur aliénation et de l'égoïsme prédatif de leur partenaire. Pour Monime c'est l'arrivée du télégramme de Bentz et le refus de Frantz d'accepter la proposition qu'il contenait; pour Eurydice la lettre de Dulac qui la rend à elle-même. Pour Colombe le signal est donné par le départ de Julien au service militaire et son "abandon" du foyer conjugal, alors qu'il lui suffisait d'abdiquer un instant son orgueil pour que tout rentrât dans l'ordre. Ce départ de Julien, pour noble qu'il soit dans l'optique masculine et civique, est ressenti par Colombe comme une trahison, une désertion et un parjure. Dès cet instant elle se sent sacrifiée avec son fils à des principes auxquels elle ne croit pas parce qu'ils sont exclusivement affaire d'hommes. Elle refuse d'être plus longtemps un objet dans l'esprit de son mari. Jusqu'à présent celui-ci s'est contenté de prendre sans qu'elle proteste. Il devra désormais donner ou, pour le moins, partager.

C'est Madame Alexandra qui juge le plus lucidement "son imbécile de fils". Julien n'a que ce qu'il mérite. Il ne sert à rien dans son cas de se plaindre après coup. "Les femmes, mon petit, ça se garde quand on a quelque chose pour les garder, sinon cela se perd" (41). Argent, passion, excentricité, tendresse, raison, folie, haine, tout est bon pourvu que cela trouve un écho chez elles, pourvu que cela réponde à une attente de leur part et surtout prouve l'intérêt exclusif qu'on leur porte. Julien comme son père et le Pélican de Musset n'ont été capable que "d'offrir des tripes" c'est-à-dire d'obliger leur partenaire d'accepter un sacrifice qu'elle ne leur demandait pas au prix d'une liberté, d'une facilité de vivre qu'elles désiraient (42). Julien est un empêcheur de tourner rond, un superégoïste parce que son égoïsme se camoufle sous un faux altruïsme.

Il est évident que Madame Alexandra considère le comportement de son fils comme étant tout aussi absurde et dépourvu du sens pratique de la réalité que celui du père de Julien. Ici apparaît le refus par la femme d'expérience, même si c'est un "monstre du théâtre", d'un type d'homme que nous étudierons dans notre seconde partie: le Romain et le Pélican. Leur sincérité totale, leur moralité irréprochable, la rigueur de leurs conceptions peuvent attirer des adolescentes éprises d'absolu et faire illusion. Leurs exigences incessantes, leur rigorisme tâtillon ont cependant tôt fait de les décevoir et de les ennuyer parce qu'ils les empêchent de dépenser leur excès d'ardeur et d'enthousiasme et confondent morale théorique et pratique.

Dans cette analyse nous avons plusieurs fois fait allusion à Eurydice en parlant de Colombe. Nous y retrouvons certains procédés scéniques identiques: le retour en arrière, le climat poétique de la rencontre, l'amour qui se découvre et s'avoue avant même que les héros se soient nommés l'un à l'autre, le même serment enfantin. Orphée et Julien font le même rêve et n'arrivent ni l'un ni l'autre à "comprendre". Quant à Colombe son expérience de la vie ne le cède en rien, comme fleuriste, à celle de la comédienne. Colombe nous paraît l'illustration de la remarque de M. Henri affirmant à Orphée au moment de lui rendre son Eurydice: "Ton bonheur était de toute façon fini (...) Aujourd'hui tu ne pleurerais peut-être pas Eurydice morte, mais tu serais en train de pleurer Eurydice échappée" (43).

Ainsi on n'a pas de peine à reconnaître dans Colombe , comme nous le disions au début de cette analyse, la persistance des conceptions de l'auteur. Contrairement à ce que l'on a tendance à affirmer un peu trop vite (44), la pureté, l'intransigeance, la rigueur ne sont ici ni plus ni moins bafouées ou honorées que dans les autres pièces que nous avons étudiées. Ce qui est condamné c'est l'importance exagérée accordée à ces valeurs. Il ne nous paraît pas que la condamnation, pour autant que condamnation il y ait, soit prononcée contre Julien pour n'avoir pas su conserver Colombe. Evidemment l'adultère est la punition la plus terrible qui pouvait lui arriver. Mais a-t-on pensé à la complémentarité d'Armand et de Julien? C'est en un certain sens l'histoire d'Horace et de Frédéric (Inv.). On ne peut toujours flotter au dessus des contingences humaines et exiger de l'homme plus qu'il ne peut donner. Anouilh préconise une morale du juste milieu.

Ce qui est nouveau dans cette pièce, ce n'est pas tant que l'auteur dise son fait à la pureté elle-même "en nous la montrant sous le visage de la médiocrité la moins supportable et de l'égoïsme le plus obtus" (45), mais qu'il condamne Julien sans retour. Orphée avait au moins la ressource de mourir pour rejoindre l'Eurydice de ses rêves. Julien reste seul, rigoureusement seul avec son rêve, et nous savons que la solitude est la punition la plus grave dont puisse être frappé l'individu dans l'univers d'Anouilh.

La virginité originelle de Colombe ne fait aucun doute, mais le dernier tableau montre que si celle-ci a été préservée, c'est bien plutôt par hasard que pour répondre à une véritable nécessité intérieure. Malgré sa virginité elle apparaît à la lumière de sa défense et du dernier tableau comme une de ces demi-vierges, dont Prévost (46) a illustré l'odyssée. En outre la chasteté conjugale bafouée n'est pas ressentie par elle comme un manque et n'appelle aucun besoin de purification.

Nous avons déjà eu l'occasion de constater que traitant une donnée mythique, Anouilh s'intéressait surtout à la "situation humaine" par excellence que contenait celui-ci. Ce qui était vrai pour Eurydice et pour Médée l'est également pour un personnage historique comme Molière, dont la vie sert de support à La Petite Molière. La biographie du dramaturge classique

sert en fait de prétexte à une variation sur l'histoire du couple,
et l'aspect historique, s'il conditionne la mise en scène et l'esprit de la pièce, n'en est qu'un aspect secondaire. C'est pourquoi on aurait tort, croyons-nous, de reprocher au dramaturge,
comme on n'a pas manqué de le faire à l'époque (47) les nombreuses inexactitudes historiques dont l'œuvre est criblée. Ceci
nous paraît d'autant plus inopportun que l'auteur lui-même affirme
qu'il n'aurait jamais osé écrire une pièce dont Molière serait le
héros; qu'il ne voyait dans son interprétation de la biographie de
celui-ci qu'une "histoire racontée où le texte proprement dit compte à peine" (48), puisqu'il s'agissait au départ d'un scénario de
film. La dernière partie de cette citation demande quelques pré-
cisions. Il ne s'agit pas de minimiser l'importance du texte en
soi mais de ne le voir que pour ce qu'il est vraiment: une brève
illustration, principalement informative, destinée à éclairer et
à illustrer une série d'images photographiques ayant pour objet
final de montrer, derrière la vie de Molière, les périls qui menacent la vie du couple. Cette perspective permet d'apercevoir un
lien rattachant cette pièce à toutes celles dans lesquelles nous a-
vons vu le couple licite se désagréger sous l'influence du Temps
(49). Ici comme dans La Répétition la crise éclate comme un
coup de tonnerre dans un ciel serein. Au moment où apparaît
Armande, Madeleine et Jean-Baptiste constituent un couple relativement uni, bien que vieux déjà d'une quinzaine d'années. Elle
lui passe ses maîtresses, comme la Comtesse passe les siennes
à Tigre. Dans les deux cas "cela fait partie des conventions"
du couple (50). Toutefois il y a une profonde différence entre le
comportement de Madeleine et celui de la Comtesse. Cette dernière se refuse à se laisser évincer par Lucile même si elle fait
ainsi le malheur de son mari. Lorsque Madeleine rentre de
Paris où elle vient d'assurer l'avenir de la troupe et la carrière
de Molière en faisant intervenir un ancien amant auprès du Roi,
elle se découvre une rivale inattendue et autrement dangereuse
que les comédiennes qui entraient jusqu'alors en tiers dans son
ménage. Elle proteste mais ne tente pas de supprimer coûte que
coûte cet obstacle à son bonheur. Elle se contente de plaider
sa cause raisonnablement avec Molière d'abord, puis avec
Armande.

Lorsqu'il s'explique avec elle pendant leur promenade au sortir de la représentation qu'ils viennent de donner devant le Roi,
Molière se comporte comme pourrait le faire un enfant gâté à
qui l'on n'a jamais rien refusé parce qu'il sait être si calin qu'on
lui passe tous ses caprices. Il sait qu'il demande littéralement
la lune et qu'on ne la lui refusera pas. Il ne nie pas ce qu'il
doit à Madeleine: "Tu m'as tout donné. Tu m'as tout appris"
(51). C'est elle qui a fait du petit tapissier du roi, Jean-
Baptiste Poquelin, l'acteur et directeur de troupe Molière qui
vient de recevoir la consécration royale de son talent. Pourtant cela ne suffit plus au comédien, parce qu'il est lassé de la
facilité qu'il rencontre dans le milieu corrompu du théâtre et la
promiscuité des tournées, parce qu'il est arrivé à l'âge où,
comme Jason "il faut, dans la vie d'un homme, qu'un petit être
neuf lui apporte... je ne sais pas moi" (52). Ce qu'il n'ose exprimer pour ne pas peiner outre mesure sa vieille compagne de

lutte, Armande le lui dira sans ménagements. Il s'agit pour lui comme pour tous les héros de Jean Anouilh de retrouver le monde clair et pur des rêves d'enfant et d'échapper à la sanie et à la "corruption de tous les jours". Il s'adresse intuitivement à Madeleine comme à une mère: il veut changer de vie, rentrer dans la légalité, mériter dans sa vie privée la considération et le respect de la société.

Même si elle le voulait, Madeleine ne pourrait lutter avec Armande dans ce domaine. Pour grands que soient son dévouement, son amour et son esprit de sacrifice, ils ne sauraient effacer la tache qui macule sa personne aux yeux de la société et de Molière, le petit bourgeois, fils de tapissier. Comédienne elle est par définition une femme de mœurs faciles et Molière n'était pas son premier amant. Armande au contraire est encore propre comme un sou neuf, du moins aux yeux du monde. Elle est jeune, elle est belle, elle est pieuse, bigote presque et vient de sortir du couvent, ce qui aux yeux de la société est une garantie de bonnes mœurs; elle est vierge. Elle offre à Molière tout ce que Madeleine n'a pu et ne pourra jamais lui donner: un vrai mariage en blanc, un corps, des paroles, des gestes purs qui n'ont jamais été profanés même pas à travers la convention théâtrale (53). C'est en somme la réalisation de l'idéal bourgeois et en particulier l'idée d'un vrai foyer dont Armande agite l'image comme un miroir à alouettes sous les yeux de Molière. Il s'agit, malgré les apparences, d'un véritable appât auquel ce dernier doit se laisser et se laisse prendre. Anouilh a soin de prévenir le spectateur à deux reprises afin que celui-ci ne s'y laisse pas prendre à son tour. Au plus profond de son indignation après la scène du pauvre, au milieu de ses larmes ensuite sur le parapet du pont, Armande regarde entre ses doigts pour juger l'effet de sa conduite sur Molière (54). Celui-ci ne se rend compte de rien. Il est "transformé, bouleversé" à la pensée de pouvoir vivre enfin son rêve, lequel le poussait à se détacher progressivement de Madeleine.

L'esprit de décision, l'habileté consommée, la volonté dont fait preuve Armande pour atteindre son objectif sont le propre de nombreuses jeunes filles chez Anouilh: Amanda (Léoc.), Isabelle (Inv. et R - V.), Araminthe (Céc.) n'agissent pas différemment. Leur pureté, leur rigueur enfantine, leur foi en leur jeunesse et en leur puissance de séduction leur tiennent lieu de science et d'expérience. Contre de telles armes les adultes peuvent difficilement tenir et Madeleine moins que tout autre. En effet tranchant dans le problème historique, Anouilh fait de Menou non la fille de Molière ou la sœur de Madeleine mais la fille d'un premier lit de celle-ci (55). Madeleine laisse d'abord pressentir à Molière qu'un secret plane sur l'existence de la petite Menou (55). On a également l'impression, à la lecture, que c'est ce secret que Madeleine se prépare à révéler à Armande lorsqu'elle va la voir dans son lit à son retour de Paris. Le "Bonsoir, mère" de l'adolescente est ambigu. Il pourrait fort bein n'être autre chose qu'une simple méchanceté, une réflexion ironique de la jeune fille envers une femme qui n'est plus pour elle, qu'une rivale âgée. De la frayeur de cette dernière on peut déduire qu'elle a reculé au dernier moment devant l'aveu, qui ne pouvait empêcher les choses de suivre leur cours (56). Enfin la réaction de Molière apprenant que Madeleine a légué tous ses biens à Menou au dépens de ses autres frères et sœurs - "Pardon tu as dû avoir encore plus mal que je ne le pensais" - tend, pensons-nous, à cette interprétation anouilhienne de l'énigme historique.

De la sorte le sacrifice de Madeleine cesse d'être uniquement celui d'une amante qui accepte de se retirer parce qu'elle sent qu'elle a vieilli, pour devenir celui d'une mère qui se sacrifice et s'efface pour faire le bonheur de ses "deux" enfants. Son geste rejoint et dépasse celui de Barbara (Inv.). Celle-ci se salit sciemment pour ôter tout remords à Georges (58); Madeleine refuse de trahir le secret de la naissance de sa fille. Elle refuse ainsi en un sens de salir Armande, de soulever le fantôme du semblant d'inceste, lequel constituerait un argument suffisamment puissant, sans doute, pour détruire le couple à sa naissance. En outre elle continue à protéger et à consoler Molière marié comme une vraie mère compréhensive et expérimentée.

Si la pièce s'était arrêtée en une sorte d'apothéose sur le mariage d'Armande et de Molière, nous aurions eu une pièce brillante ou grinçante, mais elle continue et il nous reste à voir le rôle de la pureté dans la faillite du nouveau couple.

A première vue on pourrait imputer cet échec à l'ennui, comme c'était le cas dans Colombe et menaçait de l'être dans L'Hurluberlu, la rigueur maladive de Julien étant remplacée ici par la disproportion d'âge. Au fond, ce qui fait que Mademoiselle Molière et son mari ne voient pas la Vie et le Bonheur du même œil vient de leur âge respectif. Molière a déjà vécu, il aspire au calme, à la tranquillité, à la tiède quiétude d'un foyer où il fait bon oublier le monde. Armande au contraire ne sait encore pratiquement rien de la vie, sinon ce que lui révèle son intuition. Elle a hâte de jouir de l'existence, de vérifier tout ce qu'elle a pressenti depuis sa sortie du couvent, et peut-être avant. Molière a pensé qu'il lui suffirait de construire une belle cage dorée pour que son petit oiseau accepte, de bon cœur, de rester captif et de se contenter de l'amour en fait de liberté. Il n'a pas compris que la petite Menou n'accepterait les avantages d'un nid douillet et chaud qu'à la condition de pouvoir en sortir à son gré pour mener la vie de fête, de plaisir et de divertissement que réclament ses vingt ans. Tout comme Colombe elle veut briller, être admirée, cajolée, elle veut se sentir pleinement femme en non pas enfant. Colombe avait au moins le mérite d'avoir essayé honnêtement d'incarner pendant deux ans l'image que Julien s'était faite d'elle et de leur bonheur, et sa cage était loin d'être dorée! Armande n'attend pas si longtemps: elle réclame le droit de faire du théâtre dès le soir de ses noces après avoir affiché le plus profond mépris de la scène du moins vis-à-vis de Molière et de Madeleine. C'est alors qu'apparaît la véritable valeur des clins d'œil que nous avons signalés ci-dessus. On pourrait ajouter à ceux-ci la tirade d'Armande. sortant de sa cachette dans la loge de Molière, pour lui déclarer son amour et lui dépeindre l'avenir qu'elle pourrait lui assurer. Mensonges, manœuvre politique, voire même hypocrisie native ou corruption au contact du monde du théâtre? Les deux, sans doute. Colombe a accepté par un effet de mimétisme qu'envisageait déjà Eurydice (59), de s'identifier à l'idéal voulu par Julien. Armande s'est contentée de l'évoquer et de le promettre implicitement à Molière. En lui déclarant son admiration à l'égard de sa force et de sa beauté, elle a flatté sa vanité masculine; en faisant le portrait d'un foyer exemplaire et d'une femme idéale, elle a caressé ses ambitions profondes et en définitive tout cela s'avère relever d'une sorte d'escroquerie morale. Nous retrouvons dans cette image l'éternelle Dalila et le Serpent de la Bible.

La virginité de la jeune fille n'a donc pas comme dans les Pièces Roses pour corollaire la pureté et la grandeur morales. Armande comme Agnès de L'Ecole des Femmes a été élevée loin du monde et de ses dangers puisqu'elle a vécu dans un couvent, mais il ne lui a fallu, comme à l'ingénue de Molière, que quelques instants pour se mettre au diapason du siècle. La pureté physique d'Armande est de nature accidentelle. Elle ne vient pas du plus profond d'elle-même mais n'a été préservée que par un hasard, par des circonstances indépendantes de sa volonté: le fait qu'elle a vécu jusqu'alors entre les murs d'un couvent. Son comportement dans le monde du théâtre manifeste une certaine affinité avec cet univers, dans la mesure même où elle le refuse avec violence tout en enviant le succès des actrices. On pourrait parler d'un attrait héréditaire qui viendrait confirmer la mise en situation adoptée par Anouilh. Dans l'optique d'Anouilh, Armande n'est pas la seule responsable de la faillite du couple. Molière y a sa part. Il ne s'est pas suffisamment inquiété de ce que pouvaient être les désirs et les besoins de sa jeune femme. Il a cru que l'idéal de vie qu'Armande avait fait miroiter à ses yeux et qui le remplissait de bonheur la satisfaisait elle aussi, sans se rendre compte qu'elle était fascinée par le théâtre, son luxe et sa facilité, même si tout cela n'est que trompe-l'œil. Après la mort du petit Jean, Armande "sincère pour la seule fois de sa vie sans doute" (60), accuse son mari de ne pas la protéger contre ses mauvais penchants, de lui céder trop facilement. En fait pourtant elle nous est présentée comme un véritable petit monstre débordant d'égoïsme aussi bien dans ses rapports avec Madeleine que dans ceux qu'elle établit avec Molière.

Antoine de Saint Flour a fait en sorte qu'après sa mort les principaux témoins et acteurs de son passé soient réunis chez lui pour écouter lecture de son testament et entendre un dernier message avec l'intention de leur faire jouer autour de son souvenir, tout naturellement et sans qu'ils en soient conscients une pièce autobiographique dont il avait eu l'idée pour ses cinquante ans mais qu'il n'avait alors réussi ni à écrire, ni à faire jouer ou improviser à l'italienne.

Sur les quinze personnages que compte la distribution seuls les Allemands, Frida et le notaire, sont des nouveaux venus, semble-t-il, dans l'univers de Jean Anouilh. Dans tous les autres nous retrouvons à une nuance, un accent près un type de personnage auquel nous ont déjà habitué les pièces précédentes.

D'abord les deux types d'amis: l'un sincère et loyal mais trop complaisant, trop bon enfant; l'autre envieux, jaloux jusqu'à la haine. Au premier type appartiennent Marcellin et Piedelièvre, venus respectivement de Y'avait un Prisonnier et d'Ornifle. Au second Cravatar qui ne le cède en rien à la Furette premier nom de La Surette qui depuis l'Episode de la vie d'un auteur qualifie le traître "ami d'enfance". Les enfants Alexandre et Anémone, l'un et l'autre dignes descendants de leur "père inconnu", ne sont pas sans évoquer Totor et Marie-Christine (Hurl.) dans leur comportement. Constatons en outre, pour terminer cette comparaison, que les femmes qui gravitent autour de la mémoire de leur "Cher Antoine": Carlotta, Estelle, Valérie, Gabrielle et même Maria, sont des personnages qui, pour avoir changé de patronyme, sont loin d'être des nouveaux.venus dans cet univers théâtral. Carlotta, le monstre du théâtre, sa première femme, qu'il n'a d'ailleurs jamais épousée, nous la connaissons sous le nom de Mme Alexandra (Col.). A peine plus rhumatisante et réaliste, elle n'a rien perdu de son acidité ni de sa dureté égoïste, qui ne sont à tout prendre que le franc-parler d'une misanthrope essayant d'arrêter le temps en s'immobilisant dans la représentation d'un personnage: le sien propre, la tragédienne à l'apogée de la gloire (61). Estelle, c'est la comtesse de Tigre (Rép.), un peu plus amère peut-être mais elle aussi, chaste par parti pris de fidélité à soi-même et non à son mari ou à leur amour (62). Valérie est, elle aussi, sortie de l'Amour puni et le présent portrait n'apporte rien de nouveau à ce que nous savons déjà d'Hortense. Elle flatte le plaisir esthétique, et la perfection de son savoir-vivre lui tient lieu de cœur. Au troisième acte elle est à peine nommée ce qui réduit la portée de son rôle dans la vie d'Antoine. Gabrielle est mise en situation comme Rosanette à la fin de l'Education Sentimentale pour souligner combien la beauté, les grands sentiments sont choses temporaires. Mais par ailleurs elle donne une sorte d'image anticipé de ce que pourra être Maria dans vingt ans. A noter que cette rencontre d'un ancien amour nous l'avons vue exploitée déjà dans La Grotte avec la cuisinière (63) par exemple. Pour Maria, elle n'est pas une inconnue non plus. Son rôle de jeune fille pure appelée à remplir, momentanément la solitude de l'éternel enfant rêveur que sont les héros de Jean Anouilh, a été accepté avant elle par Amanda (Léoc.) pour le Prince Troubetzkoi, mais les ressemblances sont plus sensibles encore avec Lucile de La Répétition, pièce dont le sous-titre ou l'Amour puni conviendrait d'ailleurs également à Cher Antoine. C'est avec le même jeu de scène, - la confusion du théâtre et de la réalité, à propos du texte que dit la jeune comédienne, - que se produit l'entente d'Antoine avec la jeune fille jouant le rôle de Maria. La description de celle-ci est d'ailleurs, sinon textuellement du moins dans les termes mêmes, celle que donne Tigre ce rôle de Sylvia à la fin du premier acte de La Répétition (64). Maria est "un cœur pur". On comprend, en analysant la scène entre Antoine et la jeune comédienne (65) qu'à l'instar de Lucile ou d'Aglaé (Hurl.) Maria est un diamant dur et coupant. Elle a accepté d'être le rêve de l'éternel enfant Antoine pendant trois ans, mais elle s'est lassée de ce rôle de rêve vivant (66). Amanda détruisait le spectre de Léocadia en pactisant avec la réalité de la nature, de la lumière et de l'aube prometteuse. Maria qui est l'amour, le vrai, celui qui donne et ne dit presque rien (67), ne veut plus être cette fillette de onze à treize ans qu'évoquaient avec regret Eurydice (Eur.) ou Jeannette (R.& J.). Elle est grande et elle se réclame désormais de la réalité la plus concrète, une maison, un enfant avec un mari qu'elle n'aime pas d'amour mais qu'elle traitera honnêtement.

La construction de la pièce est aussi baroque que le château qui lui sert de décor. Le premier acte nous présente les personnages et engage l'action dans la bonne tradition classique. Au second nous nous trouvons encore en Bavière en 1913 à l'ouverture du testament. Les témoins commencent à évoquer le défunt et cela permet à l'auteur de faire un bond de trois ans en arrière et de nous présenter la fête du cinquantième anniversaire comme ils l'ont vécue à Paris juste avant qu'Antoine ne disparaisse en Bavière. Au troisième acte c'est une parodie de La Critique de l'Ecole des Femmes Anouilh-Molière instruisant ses acteurs (68) et analysant la pièce. L'action et les personnages qu'ils jouent reprend des fragments entiers du texte du premier acte (69). Pour compléter la confusion nous rappelerons que le second tableau du 4ème acte n'est autre que la fin de la Cerisaie (70).

La mise en situation et les personnages adoptés par Anouilh pour cette pièce font qu'on n'y trouve pas, à proprement parler, de nouveaux documents à verser au dossier du purisme ou de la vie du couple sinon en ce qui concerne le couple Antoine-Maria.

Pendant leur séjour forcé dans le burg d'Antoine les témoins de son passé font un portrait du défunt et évoquent les moments caractéristique de son existence aussi bien que les particularités de son caractère. L'un des points abondamment développé est constitué, on s'en doute, par la faillite de ses unions successives. Avec Carlotta il a connu le sort du père de Julien (Col.) avec le suicide en moins. Il a vécu quelques instants de folle passion suivis bien vite d'une longue survie. Après dix ans de tiraillements et de déchirements, Antoine a rompu avec l'artiste parce qu'il avait "envie d'une jeune fille de bonne famille, de l'eau lisse du mariage" (71). Avec Estelle, trop racée, trop raisonnable pour se laisser dominer par la passion, la colère ou la jalousie, il a refait l'expérience de Tigre et de sa Comtesse (Rép.), Valérie remplaçant Hortense dans ce couple bancal. Tigre ne réussissait pas à trouver le bonheur avec Lucile parce que des facteurs externes empêchaient la licitation de leur couple. Antoine a rompu peu après son cinquantième anniversaire avec sa femme et sa maîtresse sans qu'une troisième femme ait été en jeu, du moins au moment de son départ, Maria n'étant intervenue que plus tard, lorsqu'il était déjà en Bavière. Leur séparation, suivie de la mort d'Antoine, est pourtant à rapprocher de La Répétition. Ils semblent bien avoir vécu ensemble quelque deux ans de bonheur. Leur séparation n'est pas la conséquence de la lassitude ou d'un nouvel amour mais vient d'un choix et d'une réflexion où la tête l'emporte sur le cœur. Maria a le sentiment d'avoir commencé le banquet de la vie par le dessert. Elle est parfaitement consciente que son exceptionnel bonheur ne saurait être éternel pas plus que leur couple.

Elle a la force de rompre avant la désintégration progressive de leur amour sous l'action du Temps, ou le retour en vainqueur des "vraies choses, un peu ternes, mais vraies" (72), et Antoine a eu, celle de "donner", comme le voulait Tigre au moment de l'entente avec Lucile (73).

L'amour a pour principale ennemie la Vie, c'est une chose qu'Anouilh a répété à longueur de pièces depuis L'Hermine jusqu'au Directeur de l'Opéra. Or, nous l'avons vu, la vie, l'existence impliquent, quelle que soit la perspective adoptée pour l'analyse, la durée. Ce n'est pas la première fois que le combat du temps et de l'amour fait l'objet d'une peinture. Dans les pièces que nous venons de voir une chose nous frappe, c'est qu'à chaque fois elles présentent une issue tragique. Médée meurt infanticide après avoir tué sa rivale, bien innocente en somme; Julien risque fort de "finir comme (s)on père" par un suicide. Tout laisse entendre que c'est là l'issue qu'a empruntée Antoine. Pour Molière, il meurt de maladie mais sa fin n'en est pas moins violente (74). Pourtant si l'on essaie de préciser le lien qui joignait chacun des couples et les causes de sa rupture on aboutit, malgré une apparente unité, à trois types de faillite.

Dans La Petite Molière et Colombe la compagne, après avoir été amoureuse de la sincérité et de la rigueur d'Alceste, reprend la liberté en reprochant justement à son partenaire son excès de rigorisme, ses principes, qui ont pu lui faire illusion un instant, mais qui ont fondu, comme neige au soleil, sous l'influence déliquescente du théâtre, de son clinquant et de son trompe-l'œil. Dans les deux cas, l'homme a été séduit au sens fort du terme par l'image d'un idéal de pureté, de bonheur simple dont il était sevré dans son milieu et qu'il a pensé pouvoir réaliser avec sa nouvelle rencontre. Lorsque celle-ci redevient elle-même et remplace l'image idéale qui vit dans l'esprit et le cœur de son mari par sa véritable personnalité, le lien est violemment rompu. On peut ajouter à ces caractères communs le fait que dans les deux cas nous avons affaire à une fausse pure ou pure artificieuse comme nous l'avons appelée.

Maria, elle aussi, abandonne Antoine, non pas par soif de plaisir, d'artificiel et de clinquant, mais bien au contraire pour revenir à la simple réalité, au simple bonheur humain en sacrifiant toute aspiration à l'idéal, dont elle sait qu'il l'oblige à évoluer à une altitude telle qu'elle finirait par manquer d'oxygène.

Jason n'envisage pas d'autre bonheur avec la fille de Créon. Ce qui distingue les deux pièces c'est le caractère oblatif du lien joignant Antoine à Maria et le caractère prédatif de celui unissant Médée à Jason. On peut dire enfin que Maria et Antoine ont "grandi" en même temps, alors qu'au mûrissement de Jason, Médée oppose une jalousie meurtrière et une "déraison", ou, si l'on préfère, un puéril refus de se conduire raisonnablement, c'est-à-dire en adulte.

Dans les pièces que nous allons analyser maintenant l'influence du temps sur la vie du couple sera plus forte et plus profonde; pourtant le respect du code de civilité tout autant que la paresse ou la lâcheté, voire même des circonstances forfuites (comme la mort de Clytemnestre et d'Egisthe) empêcheront la désintégration totale de ces couples. ;

b) Survie du couple

Le Général, "très Dourakine", grand pourfendeur d'Arabes (nous sommes à la fin du siècle dernier), grand trousseur de jupons, et sa femme, chanteuse de piètre talent, mais qui rêve de la gloire qu'elle aurait pu connaître si elle n'avait pas épousé son imbécile de mari, et lui fait payer ce sacrifice par un esclavage de tous les instants, pénétraient avec Ardèle dans l'univers anouilhien.
    Ce couple réapparaît dans La Valse des Toréadors. Le Général est toujours aussi esclave de sa femme Amélie, toujours aussi coureur "à la sauvette". Sa femme est toujours aussi obsédée par la sexualité universelle, toujours aussi tyrannique. Or le général a soudain la possibilité de reconquérir sa liberté, de gagner enfin le hâvre auquel il aspire depuis dix-sept ans. Mademoiselle de Ste Euverte, une jeune fille de bonne famille rencontrée naguère au bal de Saumur, aimée au premier regard par le jeune lieutenant qu'il était et qui s'est gardée pure, pour lui, depuis cette mémorable Valse des Toréadors qui les a réunis, lui apporte sa liberté. Elle possède deux lettres d'amour adressées par la Générale à son médecin traitant. Le Général aura-t-il enfin la force et le courage de rompre sa servitude et de repartir à zéro après cette longue patience, comme Georges du Rendez-vous? Echouera-t-il comme le Comte (Ard.) et Tigre (Rép.)? Devra-t-il payer aussi cher que Jason, (Mé.), sa liberté?
    Ainsi présentée la pièce n'a rien de bien étrange et la mise en situation est des plus traditionnelles dans le monde du théâtre et.. dans la vie. Pourtant lors de la création, ce fut un beau tollé de la critique. On reprochait à l'auteur d'être vulgaire, de mélanger inutilement la farce et le vaudeville au tragique, de piétiner la morale, de se donner des airs de philosophe alors qu'il n'était qu'un songe-creux, un atrabilaire avide d'épancher sa bile infecte. Celui-ci s'est rebiffé. Dans un article mémorable il a repris à son compte l'argument de son maître préféré, Molière: les critiques professionnels sont incompétents, le public est seul juge, le succès est le seul garant de la réussite au baccalauréat que passe tout dramaturge créant une nouvelle pièce (1).
    Le mélange des genres est voulu. Cette "déformation caricaturale" doit être rapprochée, selon l'auteur, de ce qui se passait en peinture à l'époque. Ce qui revient à dire, croyons-nous, que tout n'est qu'une question de point de vue et que l'artiste entend rester libre dans le choix des moyens qu'il emprunte pour exprimer ses idées. Le parti pris nous semble confirmé

par un détail qui n'a pas été remarqué à notre connaissance: la construction classique de cette pièce. Nous y retrouvons les sempiternelles trois unités: l'action dure du début de la matinée au début de la soirée, tout se passe dans la chambre du Général contiguë à celle de sa femme; l'action est unique et cette rigueur dans la construction souligne encore une fois la liberté prise dans le ton et les caractères. L'auteur qualifie lui-même sa pièce de "Jeu de l'esprit" dans lequel rien n'est sérieux et tout l'est parce que les sentiments sont "vrais, parfois tragiques, mais rendus inoffensifs" (1) par le camouflage que lui fournissent l'allure générale de farce, l'énormité des ficelles et des poncifs mis en œuvre.

Gabriel Marcel terminait son compte rendu de la générale: "il me semble que j'en ai dit assez pour montrer que tout cela ne peut absolument pas être pris au sérieux. Comment pourrait-on croire à cet amour platonique qui a duré dix-sept ans" (2). Et nombreux étaient ceux qui partageaient cette opinion. A vrai dire puisqu'il s'agit d'un jeu de l'esprit, peu nous importe si cet amour a vraiment été platonique ou non, et si l'on peut y croire. Est-il bien sûr d'ailleurs que nous devions y croire. Un enfant jouant sur le parquet sait très bien que ce n'est pas la surface de l'Océan, que les tapis ne sont pas des îles, ni les chaises des navires, pourtant dans l'enthousiasme du jeu il pourra vivre dans cet univers artificiel de façon si intense qu'il houspillera son petit frère qui risque de se noyer en voulant quitter le hâvre du tapis et préviendra ses parents du danger qu'ils courent s'ils ne sautent pas d'un îlot à l'autre comme lui. C'est dans cette perspective qu'il faut prendre le terme de "croire" et accepter les données de la pièce. Par ailleurs la situation du Général St Pé et de Ghislaine n'est pas nouvelle: elle reprend celle de Marie-Anne et de son marin (Her.). Ce qui compte c'est de savoir ce que cette passion a représenté pour eux durant toutes ces années, et pourquoi elle s'éteindra d'un seul coup. Que le platonisme de cette liaison joue in extremis un vilain tour au Général et qu'elle augmente son ridicule, ne prouve absolument pas que le même avatar lui aurait été épargné s'il avait fait sa maîtresse de la jeune fille (3). On peut même ajouter que la virginité de celle-ci se justifie d'un point de vue dramaturgique, car elle sert de pendant à celle de Gaston.

Le Général souffre de la maladie de nombre de maris et de femmes. Au bout d'un certain temps ils ont l'impression d'avoir raté le coche, d'avoir misé sur un mauvais cheval. C'est un problème bien connu de toute psychologie du mariage et le plus souvent la crise se résoud d'elle-même à la réflexion. L'auteur a beau jeu de rappeler dans sa défense: "quel homme n'a pas louché vers une jolie femme de chambre, n'a pas cédé un peu honteusement à sa pitié pour sa femme acariâtre, rêvé d'un amour pur toujours remis par suite des difficultés et des contingences journalières"? (4) La grande ennemie du général est sa crainte de la solitude. De terme d'angoisse existentielle serait sans doute plus exact. En effet cette peur le talonne depuis son enfance et c'est pour parer à celle-ci qu'il cherche et poursuit autour de lui non la fraternité des hommes comme les héros de St Exupéry ou de Malraux, mais la chaleur vivante qui ir-

radie d'un jeune corps féminin. Il reconnaissait déjà qu'Ada é-
tait pour lui un symbole: "Chaude et vivante, bien ferme sur tes
deux colonnes jointes. Le monde existe donc ce matin encore.
Tout va bien. On n'est pas seul" (5). Ce motif d'Ardèle nous
est répété à satiété ici. La femme du Général en joue pour l'hu-
milier (6), il l'avoue franchement à son confident, le médecin (7)
et ses derniers mots le redisent à la fin de la pièce: il veut sentir la chaleur humaine d'un jeune corps pour ne plus se sentir
seul (8).

L'homme peut se perdre corps et âme dans la femme aimée,
retrouver pour un instant la douce sécurité de la vie foetale dans
son sein, avoir l'impression que l'amour comme les eaux amnio-
tiques, l'environne d'une barrière chaudement protectrice l'abri-
tant du froid et des atteintes de l'univers hostile dans lequel il se
débat depuis sa naissance. Pourtant ce bien-être n'est qu'illu-
soire parce que momentané. La fusion des corps comme celle
des âmes est un palliatif dont le principal effet risque bien de
n'être, après coup, qu'une perception accrue de la solitude. En
poussant le raisonnement à l'extrême on arrive à la conviction
que tout cela n'est qu'illusion. M. Henri le rappelle à Orphée:
"On n'est jamais seul. On est toujours avec soi" (9). Tout bien
considéré le héros d'Anouilh ne cherche pas tant à éviter la solitude que les pensées et la prise de conscience qu'elles favorisent. Il s'agit avant tout de faire taire la "folle du logis" et tous
les moyens sont bons: divertissement, distraction, sublimation
qui, offrant un objectif élevé à la réflexion de la conscience, la
détourne de ses autres problèmes, inhibition qui, l'empêchant de
réfléchir, crée une espèce de vide, de no Man's land, que ne
peut traverser la pensée critique.

Dans La Valse l'ennemie de la conscience réflexive a pris un
nom. Elle est devenue l'âme : une sorte de conscience morale
qui commande nos actes en vertu de nos expériences, de notre
caractère, de nos désirs et de leurs conflits. L'âme du Général est la grande responsable de sa conduite avec sa femme.
Quand il la voit dans son fauteuil ou dans son lit, le fait qu'il
n'ignore pas qu'elle simule la maladie, ne l'empêche aucunement
de se sentir envahi par la pitié au souvenir de l'amour qu'il a
éprouvé pour elle, à celui de l'espoir qu'ils avaient mis en leur
couple (10). Ce sentiment le torture d'autant plus qu'il ne pourra jamais savoir avec certitude si la maladie de sa femme est
véritable, si elle est feinte, et s'il en est responsable. Nous savons depuis Freud qu'un choc nerveux, une trop violente émotion peut très bien provoquer un pareil traumatisme. S'il l'i-
gnorait le spécialiste en la matière le lui dévoile. La pitié qui,
dans cette optique, n'est que valorisation exagérée du restant
de tendresse, est une conséquence du vieillissement. En devenant adulte on comprend, or comprendre c'est pardonner parce que toute conduite se justifie. Il ne reste pas grand'chose
de l'égoïsme primitif de l'adolescence et c'est encore au docteur qu'il faut revenir pour avoir la morale de l'histoire: "Il
ne faut jamais comprendre son ennemi, ni sa femme, il ne faut
jamais comprendre personne, d'ailleurs, ou on en meurt" (11).
En effet comprendre ce n'est pas comme pourrait le faire supposer une étymologie grossièrement trompeuse, s'emparer de

l'autre, se saisir de lui, mais au contraire être saisi par lui, lui aliéner sa propre volonté parce que l'on se prive, par raison, du droit de refus ou de rebellion. Comprendre n'est pas un signe de force, de bon sens et d'expérience de la vie, mais un signe d'affaiblissement, d'amollissement, de sénescence (12). Nous saisissons mieux dans cette perspective pourquoi, chez Anouilh, les adolescents pratiquent la politique du tout ou rien. C'est elle, elle seule, leur jeunesse, qui leur donne la force de mourir pour rien, pour une futilité érigée soudain en principe vital, pour un simple "non" à l'ordre!

Le Général est doublement prisonnier. Il l'est comme nous venons de le voir du souvenir du passé, source de cette ignoble tendresse qui l'enchaîne à sa femme plus étroitement que n'importe quel serment; mais il l'est également de sa peur de l'avenir. En effet il idéalise le sentiment qu'il éprouve pour la proustienne Ste Euverte et fait de celle-ci une déesse intouchable et inaccessible dans la mesure même où il se sent indigne de sa pureté: "J'ai peur de rompre le charme en faisant les mêmes gestes avec elle. Ah! Si j'avais été un jeune homme pur comme elle... la question ne se serait pas posée. Mais l'hôtel meublé, l'après-midi, les bruits d'eau à côté" (13). Nous reconnaissons l'argumentation de Frantz (Her.), celle de Georges (R - V.) et de Marc (J.). Tous obéissent à une sorte de conformisme bourgeois, à une espèce de superstition. Malgré leurs airs de révolte ils entendent d'abord régulariser leur situation et recevoir leur femme des mains de son père ou de l'Officier d'Etat Civil dans la plus belle tradition conformiste. On pourrait même voir dans ce besoin d'une sanction officielle et... morale, une tentative de purification de tout l'être par la néantisation de son passé, confirmée par et appuyée sur un acte authentique. D'ailleurs pourquoi le Général aurait-il vraiment cherché la possession de Ghislaine puisque sa présence, le son de sa voix, le simple contact de ses mains, suffisaient à faire taire son "âme" et à combattre efficacement sa solitude. C'est ce charme bénéfique également qu'il entend protéger en respectant, instinctivement sans doute, le pouvoir mystérieux qui semble s'attacher à la virginité de la femme dans les traditions primitives et dont on trouve un des derniers reflets dans la mascotte porte-bonheur (14).

Jusqu'à présent nous avons essayé de voir le comportement du Général par ses propres yeux. Mais puisqu'il s'agit d'un couple, il convient de répéter l'opération et d'écouter les arguments de la femme. L'auteur revient au procédé de "la scène de ménage", aussi éculé que celui du dépit amoureux des classiques, mais qui répond à un souci d'économie théâtrale aussi bien que de véracité, si l'on en croit le théâtre de Boulevard qui en abuse, lui aussi. "L'explication " du ménage Jézabel-Adrien, celle de Médée et Jason ou de Colombe et Julien aboutissent toutes à une même constatation: celle de la mort du couple. Ici la scène de ménage occupe tout le quatrième acte. Elle a été soigneusement préparée et coiffe pour ainsi dire toute l'action antérieure où c'est surtout le Général qui est le centre d'intérêt.

Au moment où ce dernier entre dans la chambre de sa femme, il a en poche les preuves "de sa trahison", les lettres adressées par elle au médecin. Il ne croit plus guère à la culpabilité du docteur, mais entend ne pas laisser échapper un si beau prétexte pour "finir en beauté". La fuite spectaculaire de sa femme et de Ghislaine, leurs tentatives de suicide respective, l'ont conduit dans un impasse. Il est pour ainsi dire acculé à une décision. D'autant plus que Gaston, le secrétaire, semble devenir une nouvelle source de complications. Il est aimé des filles du Général et surtout il semble prendre goût à la méprise de Mlle de Ste Euverte qui, le prenant pour Léon, s'est fait caresser par lui. Ce nouvel aspect du problème nous vaut une belle tirade sur l'honneur dans la meilleure tradition du Cours de Morale bien connu dans l'enseignement en France. Même le sacro-saint exemple du Renard et du Jeune spartiate est appelé à la rescousse. Après cette belle leçon de morale théorique dans laquelle le bonheur est comparé à une bouée vers laquelle on peut toujours nager selon les règles admises mais qu'il ne faut pas essayer d'atteindre sous peine de se noyer en route, Gaston tire sa propre conclusion, éminemment pratique, elle: il préfère la noyade. Le Général reconnaît sans peine que cette solution aussi a du charme, à condition toutefois de "ne pas faire mal aux autres" (15), et de se noyer immédiatement après avoir atteint la bouée. Quoi qu'il dise à Gaston, c'est bien dans cette double disposition d'esprit que le Général entre dans l'antre au lion: il ne faut pas que sa noyade éventuelle fasse souffrir quelqu'un. Ne pas faire mal à l'Autre (16).

Si Amélie n'a pas l'éducation ni l'instruction de son mari elle ne l'en bat pas moins, et de loin, en fait de stratégie et de psychologie. C'est une seconde Madame Alexandra. Elle ne joue pas, comme celle-ci, devant une salle comble en essayant de dégeler le public mais pour elle-même et pour son spectateur attitré, critique et rétif par la force de l'habitude, son mari. Les premières passes sont assez innocentes. Elle a tôt fait de dégager après l'attaque de son adversaire. On a même l'impression qu'elle veut éviter à tout prix cette explication qu'il cherche à provoquer. Elle y va de sa traditionnelle syncope, mais cette fois c'est la grande scène, celle de l'agonie qu'elle joue. Le pauvre Général qui ne sait plus où est la vérité et où commence la feinte perd cette première manche. C'est alors seulement, devant ce fléchissement qu'elle passe vraiment à l'attaque.

Elle lui reproche de ne plus l'aimer comme autrefois, de ne plus l'emporter dans ses bras en la mordant comme une proie désirée. Allègue-t-il l'âge, le manque de convoitise et de dents? Elle se déchaîne: il n'est qu'un Tartuffe, un hâbleur. Il court peut-être le guilledou et se figure un Don Juan sur la foi de ses multiples et aussi éphémères succès, mais il est un incapable, un impuissant. Il n'a jamais su la satisfaire, elle, sa femme. Elle a souffert à la fois de cette frustration et de son inconstance jusqu'à cette soirée de bal, à Saumur, où le voyant faire, une fois de plus, le jeune cœur, elle n'a pu résister plus longtemps et a quitté la salle. Un jeune officier l'a reconduite et lui a offert une compensation et... une vengeance. Elle a résisté à la tentation... trois jours! Chacune des réparties de sa femme augmente le ridicule et le tragique du Général. Depuis ce bal, mémorable pour elle aussi, ses amants se sont succédés au gré des garnisons de son mari et de son plaisir à elle jusqu'au jour où, trop vieille, elle est redevenue son épouse fidèle, parce que plus personne ne voulait d'elle.

Cependant à travers toutes ces expériences elle n'a cessé de se considérer comme sa femme, seule et unique, et de l'aimer. Elle précise bien la nature de cet amour: il ne s'agit pas du tout de tendresse, ni d'assouvir un besoin physique ou intellectuel, ils n'ont jamais eu rien de commun dans ces domaines, il ne s'agit pas non plus d'intérêt ou des avantages matériels et sociaux réservés à la femme du général. Elle l'aime parce qu'il lui appartient depuis qu'ils ont passé contrat devant le maire et le curé. Il est sa chose au même titre que n'importe quel ustensile de ménage ou meuble de leur maison: "Je t'aime parce que si piteux que tu sois, tu es à moi, mon objet, mon fourre tout, ma boîte à ordure" (17). Nous reconnaissons dans cette fonction du contrat légal, l'argument de Julien mais débarassé de toute obligation morale. Il ne reste plus que la lettre. L'acte de mariage n'est qu'un acte de vente, et bien souvent est vendu qui croyait acheter, comme le démontre le docteur dans sa subtile définition de l'égoïsme féminin: Le malheureux est envahi par l'intérieur, la carapace reste intacte, mais il a cessé d'exister, dès qu'une femme s'intéresse à lui. Il porte encore sa raison sociale mais n'est plus qu'un pantin dont la femme tire les ficelles, un vulgaire gode-miché, c'est-à-dire une machine à faire l'amour sur commande (18). Ainsi pendant dix-sept ans le couple n'a gardé son apparente unité que par suite du bon vouloir égoïste de l'un et de la faiblesse altruiste de l'autre. A la fin de ce réquisitoire le Général sans peur, mais non sans reproches est acculé dans ses derniers retranchements. Dans un dernier sursaut d'énergie il tente d'étrangler l'affreuse mégère qui le nargue.

La pièce pourrait s'arrêter là et le spectateur en sortant du théâtre pourrait débattre à perte de vue pour savoir si le Général est coupable ou non, s'il a droit aux circonstances atténuantes ou non. Le cinquième acte dont personne, pas même l'auteur, n'est dupe puisqu'il le présente comme "un dénouement arrangé, pas trop triste en apparence" (19), met tout en place. C'est-à-dire que nous revenons au statu quo du début. Le Général ne partira pas. Gaston et Ghislaine se sont découvert leur amour, les deux filles du Général pourront continuer à aimer Gaston, puisqu'il est leur demi-frère et le Général va pouvoir essayer ses talents sur Paméla, la nouvelle bonne.

En réalité tout cela n'est que faux-semblant et le Général est le grand perdant. Non seulement il n'a pas atteint la bouée, mais celle-ci a définitivement disparu de son champ visuel. Le lieutenant de naguère est mort et bien mort. Ghislaine perdue cela signifie avant tout la perte de l'espoir, la perte de la jeunesse. Il ne reste plus qu'un vieillard qui se prépare à grignoter assis sur un banc au soleil sa ration, journalière et chichement mesurée, de petit bonheur. En ces quelques heures, il a grandi et dit adieu définitivement à l'enfance et au rêve, il est devenu vieux et, partant, rentré dans le rang. Il est seul.

On peut se demander la raison de ce lourd châtiment. Sans doute est-ce parce qu'il se conduit comme le paon dont le cri rappelle son prénom: Léon, se contentant de faire la roue et se cachant derrière elle chaque fois qu'il aurait dû prendre ses risques. Même lorsque les contingences sociales, l'éternel motif des atermoiements, ont cessé d'exister il a continué à tergiverser. Aimait-il vraiment Ghislaine? On peut en douter et penser qu'il aimait surtout cette possibilité qu'elle lui offrait de se sentir éternellement jeune et libre, parce qu'elle lui donnait la certitude d'un évasion prochaine et d'un bonheur futur. Il aurait dû effectivement faire sa cantine et partir sans un mot d'explication en emportant, sans plus, cette proie qui l'attendait. Mais il avait peur, et pas seulement de faire mal à sa femme comme il l'affirme avec une complaisance pour le moins suspecte. Il avait peur aussi de se faire mal à lui-même. Tenter l'épreuve c'était introduire le réel dans leur aventure, c'était soumettre l'idéal à la vie de tous les jours et lui faire courir un bien grand risque. D'autant plus qu'il pouvait voir dans le miracle renouvelé qu'apportait la présence de Ghislaine lors de leur rencontre la reproduction de celui qui avait précédé à son mariage. Autrement dit: épouser Ghislaine n'était-ce pas s'engager dans le sens d'une nouvelle faillite?

Dans la perspective puriste chère à l'auteur il n'est pas impossible que nous touchions là du doigt le motif profond de la conduite du Général. Nous serions ainsi ramenés à la valeur magique de la pureté physique dont l'influence cesse après quelques mois de mariage. Ghislaine ne serait alors rien d'autre que sa mascotte, son porte-bonheur.

La pureté physique joue dans la pièce à deux niveaux. D'une part elle est publiquement ridiculisée par les adultes. De l'autre elle est secrètement regrettée ou enviée par eux. En fait elle détermine toute l'action puisque la virginité de Ghislaine poursuivie comme un bien convoité mais en même temps respectée comme une possession maléfique ou au moins dangereuse, motive le comportement du Général, l'ironie de sa femme et autorise l'intérêt de Gaston.

Un providentiel reste de bon sens, suffisant pour ordonner à l'Hurluberlu une volte-face tactique avant que l'irrémédiable ne soit accompli, permettait à Ludovic de colmater, au dernier moment et temporairement sans doute, la brèche causée dans leur union par l'insatisfaction de sa femme Aglaé. Le couple était ainsi sauvé de la désagrégation.

Dans Le Boulanger nous assistons une fois de plus au processus de désintégration d'un couple - Elodie et Adolphe, mariés depuis une dizaine d'années déjà - et à son sauvetage in-extremis, au moins dans l'esprit de Toto. Celui-ci, qui parle également au nom de sa sœur Marie-Christine, permet à l'auteur de mettre l'accent sur les incidences de la mésentente du couple sur la vie et le bonheur des enfants. De la sorte c'est surtout, au delà de la vie du couple, "la vie de famille" (20) qui est ici mise en question et, pour la première fois, de façon systématique. Néanmoins c'est au couple et à ses avatars que nous nous intéresserons en premier lieu. En effet c'est des conditions d'existence du couple que dépend le bonheur ou le malheur des enfants.

La longue scène de ménage qui occupe le plateau après l'entr'acte (21) atteint son apogée au moment où, en chemise de nuit tous les deux, Adolphe et Élodie, à genoux sur la descente de lit, affichent leur égoïsme foncier et, aboyant comme deux roquets fantasmagoriques, crient leur désillusion et leur soif de bonheur (22). Comme chez Molière la bonne survient alors et ramène les revendications de ses maîtres à de plus justes proportions. A ses yeux ils ont ce qu'il faut pour être heureux aussi bien du point de vue matériel que du point de vue sentimental (23). Pourtant leurs disputes incessantes, les plaintes des enfants (24) ont tôt fait de nous convaincre qu'Elodie et Adolphe sont en pleine crise et qu'ils ne sont pas heureux en ménage malgré leur aspiration profonde vers l'idéal de bonheur humain qu'offre un couple uni. Pour montrer la quasi-impossibilité de ce bonheur l'auteur nous confronte à diverses images de la vie du couple. Celles-ci appartiennent tantôt à la réalité et tantôt elles sont la personnification des rêves des partenaires. Ces vingt-quatre heures de la vie d'un couple se terminent en apothéose grâce au rêve de Toto qui fait de ses parents des héros et des parents modèles, mais l'émotion que ce dernier tableau provoque chez le spectateur ne peut effacer ce qu'il a d'éminemment irréel et fallacieux.

Nous pouvons noter qu'Elodie et Adolphe n'ont pas été victimes d'un coup de foudre malgré l'orage qui a présidé à leur union. Il est plutôt question ici d'un concours de circonstances imprévu lequel s'est avéré suffisamment puissant pour motiver la conduite des conjoints pendant des années. Ils sont d'accord pour reconnaître qu'ils ne se sont mariés qu'après qu'Elodie se fut donnée à Adolphe par un après-midi d'orage, mais lorsqu'on cherche les raisons de ce comportement leurs explications cessent de concorder. Pour Adolphe, Elodie lui a cédé parce qu'elle "a été amoureuse" de lui comme il "a été amoureux" d'elle (25). Il ne fait aucun doute que c'est l'amour qui a commandé leur conduite. Ce qu'il entend exactement par amour sera expliqué vers la fin de la pièce au moment où il découvre sa femme sous le voile de la jeune fille qu'il vient d'épouser en rêve: ce n'est rien d'autre qu'une bouffée de désir, la soif de prendre et de posséder, qui aurait facilement pu tourner au flirt si les mains d'Adolphe n'avaient découvert qu'Elodie avait "la peau des cuisses très douce" (26). Mariés depuis douze ans le désir a disparu depuis une dizaine d'années déjà pour faire place à la tendresse que "la connaissance, la familiarité quotidienne (...) fortifient" (27). C'est en définitive la tendresse qui permet à l'union de durer et à Adolphe de supporter les jérémiades continues de sa femme.

A cette motivation purement physique d'Adolphe s'oppose une négation totale du lien physique par Elodie. Si elle a cédé à Adolphe c'est avant tout par abdication, par renoncement. Elle a cru un instant dans l'enthousiasme de l'adolescence qu'elle pourrait épouser son prince charmant, Norbert de la Prébende, et s'est longuement nourrie de ce rêve. Elle se trouvait alors, à peu de chose près, dans la situation de Nathalie amoureuse de Nicolas et essayant de se garder pour lui (28). Comme celle-ci, elle s'est laissé aller à la dérive "le jour où les filles qui sont toujours au plus haut de la plus haute branche, sentent qu'elles ne résisteront pas plus longtemps" (29). En réalité elle ne s'est ni offerte, ni encore moins donnée, elle s'est tout au plus abandonné au moment où elle a compris que son idéal était irréalisable, que le vicomte Norbert n'épouserait jamais "la fille du receveur de l'enregistrement". Elle a laissé Adolphe prendre possession de son corps tandis qu'elle-même était "autre part, très calme" (30). Elle mettait ainsi fin à son incertitude et s'empêchait tout retour en arrière. Le sacrifice de sa virginité est pour Elodie une preuve d'amour non à l'égard d'Adolphe mais à l'égard de Norbert. Elle refait de la sorte le geste de Thérèse ou celui de Jeannette se souillant par esprit de sacrifice et par fidélité à un idéal. Adolphe est moins farfelu qu'il n'y paraît. Il ne demande qu'à croire à l'amour de sa femme, cela flatte sa vanité, mais il sent bien qu'il risque fort de n'avoir été qu'un pis aller pour la jeune fille du yachting club (31), comme elle n'a été elle-même pour lui qu'une compensation pour Gabrielle Renégat et ses millions. De sorte qu'en y regardant bien on peut parler pour Adolphe aussi bien que pour Elodie d'opportunisme et, dans un certain sens, de mariage de raison. Ce qui fait leur malheur ce n'est pas tellement de s'être aimés (32) ou de ne plus s'aimer, c'est qu'ils ne peuvent oublier le rêve de leur adolescence et que bien qu'ils en aient rendu eux-mêmes la réalisation impossible, ils ne cessent de le caresser au fond d'eux-mêmes (33).

Adolphe est un incapable, un velléitaire qui rêve de puissance et de grandeur. Il se voudrait le destin d'un Rockefeller, d'un Vanderbilt, d'un Pierpont-Morgan et autres magnats de l'industrie et de la finance internationales. Il se voit traitant d'égal à égal avec les gouvernements, reçu dans les ambassades, semant la panique en bourse, régentant d'une main de fer son personnel, et en particulier Fessard-Lebonze son actuel Président-Directeur-Général. Il rêve de lui enlever sa secrétaire, la blonde Josyane que ce dernier terrorise. Pour compenser la douceur, la "naïveté tendre" de la jeune fille, il appelle à la rescousse une vamp, Elvira, "une étrange créature faite de luxe et de sensibilité". Ces deux personnages sont présentés et animés par l'auteur en appliquant les procédés les plus grossiers et les plus galvaudés du théâtre de boulevard et du roman populaire, mais l'excès même du ridicule et les grosses ficelles confèrent à Adolphe une sorte de grandeur dans la nullité. L'invraisemblance de la situation et des sentiments lui donne une espèce de vérité épique.

Josyane est la maîtresse de Fessard-Lebonze. Tout le bureau est témoin de son avilissement par le tyran: la lampe rouge condamnant la porte matelassée, le divan vert de Desfournettes, etc... sont autant de preuves de cette ignomie, du prix que Josyane a dû payer pour "devenir secrétaire de direction". Adolphe comme Marc (J.) refuse de faire de la jeune fille seulement sa maîtresse. Il veut vivre avec elle, l'épouser (34), oublier qu'elle a appartenu à un autre. Ceci lui sera d'autant plus facile que, subtilement, il fait intervenir une différence entre la jeune fille qui se donne de son plein gré par amour et celle qui, comme Josyane, se laisse prendre, qui abandonne un corps dont elle se désintéresse (35). Cette dernière est victime des circonstances, du milieu, de la société et ne saurait être rendue responsable de la perte de sa virginité. Ce qui nous frappe dans cette pièce c'est que nous retrouvons le même raisonnement dans la bouche d'Elodie. Lorsque pour la première fois depuis son propre mariage Elodie rencontre Norbert au Bon Marché elle a soin de préciser les circonstances dans lesquelles elle a accepté d'épouser Adolphe et de faire ressortir combien elle est restée fidèle à son idéal d'adolescente. En fait, même si à proprement parler, elle n'a jamais trompé son mari, elle n'a cessé de lui être infidèle depuis le premier jour. Mariée, c'est encore à Norbert qu'elle appartient, même de corps puisqu'elle n'a "jamais été pleinement femme" (36) avec Adolphe. Quelques heures après, quand son mari s'étonne de lui voir chercher ses fleurs d'oranger, sa robe blanche et son voile de mariée, tous objets symbolisant une virginité à laquelle Elodie ne saurait plus prétendre après douze ans de mariage et deux enfants, elle reprend le même argument: "avec la vie que j'ai menée, je me considère comme vierge" (37). Josyane et Elodie font leur la conclusion d'Eurydice considérant Mathias et Dulac comme n'étant "personne" dès l'instant qu'elle aime Orphée, ou, inversement, le geste de Nathalie se refusant à Nicolas qu'elle n'a jamais cessé d'aimer, à cause de la sujétion que lui fait subir son corps. Dans cette optique l'expérience sexuelle n'est plus le critère unique permettant de postuler la perte de la virginité de la jeune fille, il s'y ajoute un élément de liberté et d'intentionnalité de la part de celle-ci. L'on ne pourra désormais parler de souillure que si la jeune fille était physiquement et moralement libre de refuser le don de son corps et si le motif du don est condamnable.

Nous avons déjà eu l'occasion à plusieurs reprises de constater que les gestes, les paroles, les regards ou les contacts dont les jeunes filles étaient l'objet étaient valorisés par le sentiment qui les inspirait. Purs s'ils étaient commandés par l'amour, ils devenaient impurs et souillants dès que celui-ci était absent (38). Ce qui était valable pour les liaisons amoureuses est transporté par Adolphe dans le domaine du mariage. Il attaque la chasteté conjugale, taxe de souillure et d'impureté une fidélité et une sujétion physique qui ne seraient le fruit que d'une certaine conception des obligations des conjoints. L'application de la règle dite "du devoir conjugal" n'est à ses yeux qu'une forme de prostitution légale de la femme et un abus de pouvoir tyrannique de l'homme (39).

Sans doute Josyane est-elle vraiment une collègue de bureau d'Adolphe mais nous ne la connaissons que l'image que par celui-ci nous en donne dans son rêve et, probablement, les paroles que prononce la jeune fille ne sont-elles que le reflet des propres opinions d'Adolphe mélangées à des bribes de réalité transformées par sa fantaisie. S'il en est ainsi, nous pouvons dire qu'Adolphe et Elodie sont d'accord sur le chapitre de la virginité: la perte de celle-ci ne devient une souillure ou une faute que si elle n'est pas motivée par l'amour, ou pour parler comme Adolphe, par le désir. Mais cette diminution n'est pas définitive, elle peut être effacée le jour où la femme rencontre l'amour qui satisfait son esprit, son cœur et son corps et lui rend l'harmonie de sa personne. La femme peut donc recommencer sa vie et trouver le bonheur. Une possibilité qui lui était systématiquement déniée jusqu'alors par Anouilh.

Lorsqu'Adolphe fulmine à l'idée de la sanie qu'implique la chasteté conjugale, ou le trop fameux "devoir", il raisonne de manière analogue. Il atténue, par l'adjonction d'une intentionnalité finaliste, ce que la fidélité conjugale peut avoir de trop étroit et de trop simpliste lorsqu'elle se réduit, comme le veut Elodie, à ne pas faire cocu son mari et à se tenir à sa disposition. Cette conduite "d'honnête femme" est à ses yeux aussi condamnable que la plus vulgaire tromperie et n'est en fait comme le disait fort pertinemment Aglaé, qu'une "fidélité à soi-même" (40), à l'image que l'on se fait de soi et de son comportement ou à celle que l'on entend donner à autrui.

Devons-nous conclure de cette pièce que le bonheur des individus est incompatible avec la durée de l'union, que l'amour n'apporte aux humains qu'un bonheur fatalement temporaire, le mariage et la vie de famille détruisant sa source première? (41) Ce que la pièce risquerait d'avoir d'irrévocablement nihiliste est nuancé par les deux rêves de bonheur familial de Toto. Ceux-ci traduisent avec la chanson des enfants leur espoir et un optimisme fondamental reposant sur la confiance en l'homme.

Jusqu'à présent, lorsque nous avons parlé de couple, nous avons été amenés à éclairer les rapports s'établissant entre un homme et une femme unis par l'amour, la tendresse ou, au pis aller, les convenances et qui se heurtent à l'hostilité du monde extérieur et parfois même à celle de leur propre monde intérieur Dans Le Boulanger apparaissent derrière cette notion de couple celle de parents et derrière l'homme et la femme le père et la mère de famille (42), comme en font foi les premiers vers de la chanson que chantent les enfants après la dispute du dîner et que reprend Toto seul après la leçon d'histoire (43). Ces vers révèlent le désarroi des enfants, leur étonnement, l'impossibilité dans laquelle ils se trouvent de comprendre ce qui dresse continuellement l'un contre l'autre leurs père et mère. Toto est d'autant plus désorienté qu'il a pu comparer l'ambiance régnant chez lui à celle existant chez son camarade Perper: "Chez Perper, ils ne se disputent plus jamais depuis que la petite sœur est morte" (44). Il en vient à établir une relation de cause à effet entre la mort de la petite sœur et l'entente qui règne entre les parents de sorte que. lorsqu'il imagine un tableau du bonheur familial, il lui donne un grand malheur pour assise. C'est dans la prison du Temple, le tranchant du couperet reposant pratiquement sur sa nuque et dépourvu de tout ce qui était sa raison d'être, que Louis XVI et Marie-Antoinette reconnaissant leurs torts réciproques acquièrent la certitude qu'ils seront "heureux, dans ce petit appartement tranquille, bien au chaud avec nos enfants" (45).

De même, dans la scène finale, Adolphe et Elodie ont tout perdu et sont à la merci de leur ennemi mortel Fessard-Lebonze qui entend régler ses comptes avec eux. C'est quand leur malheur paraît certain, au moment où leur vie même est menacée qu'Adolphe et Elodie se réconcilient et offrent au regard de leur fils le spectacle d'un fin édifiante (46) et du bonheur parfait.

Toutefois avant de nous arrêter un peu plus longuement sur

le rôle de la pureté physique dans ce rêve, nous voudrions attirer l'attention sur l'invraisemblance de sa construction. Notons
tout de suite qu'il fait suite à une seconde version de la chanson
des enfants. Ceux-ci sont entrés dans la chambre à coucher de
leurs parents qui viennent de sortir chacun de son côté pour aller se marier. Ils ont entendu les éclats de voix, perçu les paroles peut-être, et "ils regardent en silence le carnage comprenant tout" (47). Pourtant même cette prise de conscience ne saurait faire admettre qu'un enfant de onze ans exprime de la sorte
ni l'histoire de son père à Memphis, ni l'aveu de celui-ci et le
pardon de sa faute par Elodie. Il y a, croyons-nous, contamination de deux rêves: celui de Toto consécutif à sa lecture d'une
histoire d'Indiens et à l'émotion provoquée par la vue du carnage
régnant dans la chambre de ses parents, et continuation des rêves
d'Adolphe commencés à la suite des questions de son fils, aussi
bien que de ceux d'Elodie (48).

De toute façon la réconciliation d'Adolphe et d'Elodie contient
une morale. Elodie lui pardonne son infidélité des sens, qui n'a
pas atteint leur tendresse, et qu'elle excuse dans la perspective
même d'Adolphe par l'immoralité de la chasteté conjugale. Lorsqu'elle énumère ses raisons d'être heureuse elle cite de petits
détails insignifiants qui se chargent de sens dans l'optique de
l'amour: la sécurité matérielle, quelque superflu et une bonne
confiance réciproque faite de bon sens, de compréhension tolérante et de respect mutuel. Nous rejoignons ici la leçon de savoir-vivre que donne la bonne au couple. Les aspirations de
cette dernière sont de nature plus modeste. Elle ne rêve pas
mais se tient dans le cadre restreint d'une réalité terre-à-terre.
Comme la plupart des petites gens chez Anouilh, elle voit dans
l'amour physique quelque chose de naturel dont il faut évidemment tenir compte mais dont il ne faut surtout pas exagérer l'importance. Elle accepte de coucher avec Adolphe par respect de
l'ordre social et par la force de l'habitude: "ça été comme ça
dans toutes mes places". Elle s'estime heureuse de ne pas être
plus mal tombée! Mais son laitier n'est pas son patron, il n'a
pas le droit de la toucher avant leur mariage. Toutefois lorsqu'ils seront mariés il disposera d'elle en maître absolu (49).
Elle ne s'estime donc ni diminuée, ni souillée par la perte de sa
virginité. En se refusant à celui qu'elle a choisi elle se crée
une sorte de pureté morale qui lui permettra, le moment venu,
de mettre la perte de sa virginité sur le compte d'un accident,
de la vie, sans que son explication soit invraisemblable (50)
sans même qu'elle soit, peut-être,un mensonge.

Si nous en croyons le texte de présentation faisant partie du
programme des Poissons Rouges, la pièce pourrait tout aussi
bien s'appeler "les misérables", et, croyons-nous au double
sens actif et passif du terme: inspirant de la pitié parce que
malheureux ou du mépris et de la haine parce que source de
malheur.

Si nous appliquons cette définition aux personnages de la
pièce nous constatons que ceux-ci sont à leurs propres yeux

misérables au sens premier alors qu'aux yeux de leurs protagonistes ils sont misérables au sens second. Ajoutons à cela
qu'Antoine est doublement misérable dans chacun des domaines de
l'existence dans lesquels nous le voyons: dans sa vie familiale,
dans sa vie amoureuse, dans sa vie civique. En un mot c'est l'é-
ternel lampiste, le pharmakon de la fable.

Nous nous arrêterons pour l'instant uniquement à l'image de
la vie conjugale et familiale que nous offre l'auteur. Le problème
d'Elodie et d'Adolphe (Bou.) était posé et éclairé au moyen d'une
effarante scène de ménage où se faisaient jour les enthousiasmes
et les déceptions, les rancœurs et les espoirs, la grandeur et la
mesquinerie du couple. Dans Les Poissons Rouges nous avons le
même procédé de mise en situation. Antoine et Charlotte s'opposent en une scène de ménage qui se poursuit du début à la fin de
la pièce et sur laquelle viennent se greffer les actions adventices
avec la Surette et avec le médecin.

Le procès du couple est illustré par sept versions successives de ce que l'individu attend de la vie familiale et de ce qu'il
entend par bonheur conjugal. L'alternance des réparties des
deux dames, la veuve parlant des infidélités de feu son époux et
Mme Pédouze se lamentant sur la perte de son parapluie en des
termes suggérant une relation amoureuse entre cet objet et elle,
fait une impression de farce. Les papotages de ce thé, qui ont
pour raison initiale le "scandale de Camomille" préparent en fait
l'apparition d'Antoine revenant de chez sa maîtresse. La morale
du dialogue est celle d'un égoïsme bien assis: "un mari, c'est un
mari. Si mal qu'on soit arrivé à s'entendre et même si on ne s'a-
dresse plus un mot, que voulez-vous, c'est tout de même à vous"
(51). Nous retrouvons ici la philosophie de la générale (Val.),
celle de Charlotte (Bou.), et celle de Carlotta (C.A.): le refus
du partage, l'objectivation du partenaire.

La deuxième évocation nous est fournie un peu après par les
trois monologues intérieurs où Anouilh, utilisant le procédé romanesque de la sous-conversation, nous fait entendre les pensées d'Antoine, de sa femme et de sa belle-mère. Celle-ci évoque sa vie de femme: elle garde un souvenir ému et reconnaissant à Louis-Ferdinand, son premier mari, qui l'abandonna en
emportant "toutes (ses) économies et une voisine divorcée" (52),
mais qui, pendant cinq ans, lui a procuré une satisfaction sexuelle et érotique telles qu'elle avait presque honte de son bonheur.
Cette confidence nous incite à penser qu'elle serait prête à ex-
cuser Antoine.

Bien qu'elle ne se l'avoue pas Charlotte est lasse de son mari. Elle lui reproche un certain manque de naturel, un excès
de raffinement: il sent le propre (53) et elle rêve d'un jeune
homme sentant la transpiration avec lequel elle voudrait "parler'
c'est-à-dire connaître une intimité intellectuelle autant que char-
nelle (54). Pourtant elle aussi reste fidèle non à Antoine mais
à elle-même (55). Quant à Antoine, il reproche surtout à sa
femme de n'avoir rien de nouveau à lui offrir et rêve des satisfactions érotiques que lui procure Edwiga sans qu'il en soit esclave au point de ne pouvoir s'en passer. Comme la plupart des
héros que nous avons déjà rencontrés il ne craint au fond qu'une
chose: la solitude que seule la fusion de deux êtres qui s'aiment

(56) peut abolir temporairement et pendant l'instant très court de la matérialité de celle-ci. Et, outre l'appétence physique, il n'est lié à Edwiga que par une sorte de tendresse reconnaissante. Celle-ci est au fond une espèce de Nathalie, voire de Thérèse qui se laisserait aller au découragement devant l'inéluctabilité du malheur. Antoine a la conviction, du moins il essaie de s'en convaincre, de ne rien faire pour elle qui puisse abaisser sa partenaire au rang de femme vénale ou la prostituer. Pourtant, lorsque après sa fausse tentative de suicide, "elle commence soudain étrangement d'une autre voix" (57) sa confidence de fille entretenue, nous quittons le domaine de la comédie boulevardière que nous avons exploré jusqu'alors pour monter rapidement au niveau des revendications d'une Antigone ou d'une Thérèse, et son abdication finale (58) n'est pas dépourvue de vrai pathétique. Comme les révoltées des Pièces Noires Edwiga reproche à Antoine sa facilité, son ignorance des véritables difficultés de l'existence, elle lui en veut d'ériger en rigueur, en probité intellectuelle de faux principes qui ne lui coûtent rien, en un mot son simulacre de moralité, de désintéressement et d'amour et sa pitié outrageante de riche qui n'a jamais souffert et s'amuse à partager les sentiments des pauvres (59), comme il monterait au Bois ou ferait une partie de golf.

Camomille met le point final à cette revue de l'amour et de la vie du couple. Alors que le début de la pièce pouvait laisser supposer que l'adolescente avait agi par ignorance et était victime d'un "accident", le dialogue qu'elle poursuit avec son père pendant qu'on lui ajuste sa robe de mariée montre qu'il n'en est rien. Il n'est pas question d'ignorance ou d'imprudence mais de calcul. Il s'agit, ni plus ni moins, d'une décision qui, si elle est discutable dans son effet et ses conséquences, ne l'est certainement pas par défaut de réflexion. Camomille lassée de la vie pleine de disputes et de la tension continuelle régnant à la maison paternelle a décidé d'en sortir et a choisi pour cela Gérard Courtepointe dont les parents ne se disputent jamais (60). Elle rejoint de la sorte l'idéal de Toto dans Le Boulanger (61).

Devant ces attaques successives on pourrait s'attendre à voir la pièce se terminer dans une atmosphère de noir pessimisme. Le contraire est vrai. Toto nous est présenté comme le digne descendant de son père. Il a "arrosé" la robe de la veuve venue prendre le thé, du même élan que son père arrosant les cyprins de sa grand'mère. L'histoire se répète. Toto doit apprendre à "se laisser un peu rouler. Jusqu'à l'honneur de l'homme mais pas plus loin" (62), et quant au mariage, au bonheur du couple, la couturière ramène le problème à de plus saines proportions. Elle confie à la cousette qu'elle ne s'est pas mariée parce que son dragon l'a abandonnée en chargeant de garnison et avoue: "ce n'est pas sur ma virginité que j'ai pleuré, c'est sur ma robe! Le mariage, ma petite, c'est la robe. Après, évidemment, on a le mari" (63). Bien que bancal le couple d'Antoine et de Charlotte continuera de se survivre tant qu'un reste de tendresse causé par le souvenir du bonheur passé et un peu d'eau fraîche et de rêve éclairciront de temps en temps l'atmosphère.

Les Poissons Rouges n'apportent au fond rien de nouveau ni

au dossier du purisme ni à celui de la vie du couple marié. Ce qui fait la valeur de cette pièce dans cette optique c'est la composition, le jeu continuel auquel se livre l'auteur en faisant passer ses personnages, sans cesse et sans nous prévenir, du monde réel au monde onirique, un procédé qui rattache également cette pièce à la précédente (64).

Ne Réveillez pas Madame présente une série de flashes qui, considérés dans l'ordre chronologique donnent grosso modo une vue rétrospective de l'existence et des problèmes professionnels et affectifs du célèbre metteur en scène Julien Paluche. Cette similitude de construction avec Les Poissons Rouges est encore accentuée par le fait que nous sommes également confrontés à différents âges de Julien que nous voyons enfant avec son père, puis jeune homme et adulte comme nous avons pu voir Antoine (P.R.) enfant, bachelier, soldat, puis père de famille.

La pièce présente également de nombreux points communs avec Colombe. Identité du prénom de Julien et du caractère de "Romain" de celui-ci, hérité de son père, officier d'artillerie valeureux, homme à mourir pour ses principes, capable de dévouement, d'abnégation même, par amour et par sentiment du devoir. Bref "Romain" et "Pélican" à la fois, offrant plus de tripes que de dessert! - comme dirait Madame Alexandra. Cette dernière a servi avec Jézabel (J.) à fabriquer la mère de Julien, Sidonie Paluche. C'est un "vieux monstre de théâtre" et une "bête d'amour" sur le retour (65).

L'atmosphère et le cadre de la pièce nous les connaissons également. Ce sont ceux de Colombe surtout dans une scène comme celle de Bachman et Rosa (66), ou de Julien essayant de comprendre pourquoi Rosa le trompe et avec son meilleur ami encore (67). Ce sont également ceux de La Petite Molière. Cette pièce a fourni la situation de Julien adulte séparé de Rosa pour épouser Aglaé. Celle-ci d'ailleurs le trompe tout autant que sa première femme et fait, elle aussi, du théâtre après lui avoir promis de matérialiser enfin son rêve d' "enfant du divorce", c'est-à-dire d'être pour lui une femme dont l'ambition ne serait pas de faire du théâtre mais de faire le bonheur de son mari et de ses enfants en restant sagement au foyer.

Si l'auteur a adopté une fois de plus le milieu théâtral comme cadre de sa pièce c'est sans doute parce qu'il le connaît bien, dans sa réalité journalière comme dans ses mythes éternels. Mais il y a sans doute une raison supplémentaire à ce choix et nous la connaissons depuis que nous avons entendu les instructions que distribuait Georges (R- V.) aux comédiens chargés de figurer sa famille aux yeux d'Isabelle. Il leur demandait alors d'être naturels, d'être vrais non pas de la vérité du répertoire, de la convention de la Commedia dell'Arte, mais de la vérité de la vie. Ici l'optique est renversée. Ce n'est plus la vie qui fournit le naturel servant d'étalon à la vérité, mais au contraire le théâtre. Le vrai, c'est ce que les spectateurs sentent comme tel, lorsque le texte les saisit: "le théâtre c'est la vie comme elle est. Les décors des autres, sous leurs apparences ne sont pas plus valables que les nôtres " (68).

Si nous considérons la mise en situation adoptée pour Julien nous constatons qu'il nous est présenté sous deux aspects: comme enfant, en qualité de fils, d'un officier et d'une comédienne; comme adulte en qualité de mari, de fils et de directeur de troupe.

Avec son père il se trouve dans la situation de Toto (dans Hurluberlu ou dans Les Poissons Rouges). Malgré la bonne volonté du père, l'enfant, confié le plus souvent à la garde de domestiques ou de la concierge grandit dans la frustration de l'amour maternel. Il porte en secret la honte de l'inconduite de sa mère surprise en conversation galante (69). Ici le traumatisme de Julien est poussé au noir puisque l'acteur, l'étranger qui lui vole sa mère le bat et bat également celle-ci (70). Le simple processus de compensation que connaissait déjà la psychologie traditionnelle et qui incite le sujet à exiger de son partenaire, du monde ... et de soi-même précisément ce dont il a ressenti la privation surtout durant son enfance, expliquait le choix d'Aglaé (Hurl.) amoureuse de Ludovic-Alceste, parce qu'elle désapprouve la veulerie et l'inconstance de son père; le geste de Molière remplaçant Madeleine par Armande parce que celle-ci fait miroiter sous ses yeux l'image d'un foyer, d'un hâvre. C'est aussi par obéissance inconsciente à ce besoin de compensation que Julien, témoin de la souillure maternelle, préfère la rigueur, les "Romains" et Alceste. Le suicide du père, même raté, revêt une valeur symbolique aux yeux de l'enfant et plus tard de l'adolescent. C'est aussi pourquoi Julien, comme la plupart des adolescents et de certains adultes désireux de satisfaire ce besoin, inavoué, de compensation que nous avons déjà rencontré, recherchera une jeune fille pure, vierge qu'il aura tendance à déféminiser, en en faisant un compagnon, un soldat. Il lui demandera d'avoir une imagination et une fantaisie d'enfant, d'être un camarade avant d'être une femme et de se vouloir plus mère que femme ou maîtresse, c'est-à-dire d'être avant tout une bonne ménagère, d'élever leur(s) enfant(s) en bonne mère de famille (71). Que cette compagne idéale aura tôt fait de lasse notre moraliste, il suffit au couple de quelques années pour s'en convaincre.

Julien adulte est "emmerdant". Il est son père tout craché (72), il a des principes, de la rigueur, une morale. Comme Alceste il aime sincèrement sa Célimène, mais Rosa, si elle a accepté, elle, de le suivre dans son désert, ce n'est pas comme il le voudrait pour toujours. Comme Colombe elle a tenu deux ans avant de se libérer de sa tutelle et de le tromper avec son ami d'enfance parce qu'elle s'ennuyait (73).

Julien Paluche veut comprendre, lui aussi. Il ne peut s'imaginer que Rosa puisse le tromper et lui conserver néanmoins sa tendresse et son affection; qu'elle puisse se contenter de la distraction, du semblant d'affection que lui offre un Bachman sans cesser d'aimer et d'estimer Julien. Nous avons là une scène qui se déroule dans les termes mêmes de "l'explication" entre Armand et son frère à la fin du 3ème acte dans Colombe.

L'histoire se répète avec Aglaé et se répétera sans doute avec toutes les femmes que rencontrera Julien. Bachman nous donne peut-être la raison de cette constance dans l'échec, lorsqu'il reproche à Julien: "pourquoi veux-tu absolument toujours qu'elles soient une autre, tes femmes" (74)? Cela revient à dire que Julien pourrait trouver le bonheur à condition d'accepter les êtres comme ils sont, avec leurs petitesses, leurs exigences injustes, leurs mensonges et leurs compromis, en un mot en cessant de se poser en censeur de la société et, surtout, en cessant de rêver d'idéal. Les scènes montrant les relations de Julien adulte avec sa mère semblent un emprunt quasi textuel lui aussi, mais cette fois à Jézabel. Comme Jézabel à Marc, Rita réclame à son fils argent et protection pour son amant, un jeune garçon-boucher. Le chiffre a changé mais l'argumentation reste le même: demain je serai vieille et c'est le dernier homme que j'aurai (75). Le motif de l'inconduite maternelle, de la souillure de l'amour et du mariage par l'adultère, semblent littéralement obséder Julien puisqu'il y revient encore une troisième fois grâce au procédé du théâtre au théâtre. A cet effet, il emprunte à Hamlet de Shakespeare, les deux célèbres dialogues du protagoniste avec sa fiancée Ophélie d'abord, puis avec sa mère, dans lesquels Hamlet exprime son peu de foi dans la pureté des sentiments de la femme, qu'il s'agisse de la constance et de la virginité d'une fiancée, ou de l'attachement et de la chasteté d'une épouse (76).

La scène avec Ophélie, qui n'est autre qu'un violent requisitoire contre l'amour dont il souligne l'impossibilité autant que la versalité, est reprise textuellement et dans son entier. Ce n'est sans doute pas hasard pur si Julien rêvant, depuis toujours, de monter Hamlet c'est justement sa vision au sujet de ces deux fragments qui nous est offerte. C'est qu'en réalité ils présentent des sentiments et des caractères ainsi que des situations semblables à ceux qu'il connaît lui-même. Cette analogie est encore soulignée par le fait que Julien est Hamlet, Bachman Polonius et Aglaé Ophélie. Pour cette dernière l'identification semble boîter à première vue. Aglaé n'est ni la fille de Bachman, ni sa maîtresse. Pourtant quand, dans la seconde partie de la répétition d'Hamlet, nous voyons Bachman jouer le roi, nous comprenons qu'il puisse y avoir sur-impression et transfert dans l'esprit de Julien. Bachman est l'ami perfide par excellence, amant successivement de la mère puis de la première femme de Julien, comme Aglaé est le symbole de la femme éternellement perfide et adultère réunissant en elle les défauts de Rita et ceux de Rosa. Ajoutons à ces ressemblances le fait que Julien, comme Hamlet, utilise le masque de la fiction théâtrale pour exprimer ses sentiments les plus profonds et les plus cachés, si bien que, jouant, il ne sait plus s'il joue ou s'il est Hamlet (77).

Malgré la pirouette finale, ou même à cause de celle-ci, on peut dire que Ne Réveillez pas Madame constitue, dans l'œuvre de Jean Anouilh, un des requisitoires les plus violents contre l'amour et la vie du couple. C'est que l'auteur ne se contente pas d'y souligner l'impossibilité de trouver le bonheur par l'amour si ce n'est pour un instant très bref: la pièce marque également la fatalité qui poursuit l'être humain et fait avorter successivement toutes ses tentatives pour vivre selon une éthique rigoureuse au mépris de tout compromis et de toute faiblesse, même celles apparemment vouées au succès. Dans chacune des fonctions de Julien: mari, fils et metteur en scène, celui-ci échoue dans la réalisation de son idéal. Il ne peut conserver ni Rosa, ni Aglaé qu'il étouffe et écrase littéralement sous le poids de ses principes. Comme Marc la bonne, il se laisse également aller à prostituer la jeune figurante et à prostituer ainsi son propre désir de rigueur, c'est-à-dire de pureté physique et morale. Il ne peut pas plus ramener sa mère à une meilleure conception du respect de soi-même qu'il n'arrive à réaliser son rêve de monter Hamlet, puisqu'il se voit contraint d'abandonner une entreprise de pur théâtre au profit d'un théâtre commercial. Ce pessimisme total est encore accentué par les paroles de Tonton qui prononce les derniers mots de la pièce comme il en a dit les premiers. On dirait que l'auteur a voulu envelopper et recouvrir ce que l'argumentation et les sentiments de Julien pouvaient avoir de trop raffiné, de trop intellectuel et de trop particulier par les idées, les arguments et les histoires exemplaires de caractère populaire, simpliste et plus terre-à-terre d'un Tonton qui radote comme la nourrice de <u>Médée</u> ou les soldats d'<u>Antigone</u> et de <u>L'Alouette</u>. La philosophie populiste de Tonton - "on passe sa vie à meubler avec nos inepties, sans jamais dire le vrai texte(...) et pour finir, un jour ou l'autre: rideau"(78) - rejoint ici le desespoir d'Hamlet doutant de l'Homme comme de l'Amour humain, et le scepticisme désillusionné de Montaigne philosophant pour apprendre à mourir et doutant pourtant d'y arriver jamais, puisqu'il prévoit que la maladie pourra le faire changer d'avis et qu'il admet que "les opinions de la philosophie, élevées et exquises se trouvent ineptes à l'exercice" (79).

Il y aurait sans doute intérêt à se demander quels motifs ont pu amener Anouilh à ne terminer son <u>Oreste</u> (80) que près d'un quart de siècle après en avoir publié des fragments substantiels. Nous en retrouvons l'esprit et même des reprises textuelles dans <u>Tu étais si gentil quand tu étais petit</u> sans pouvoir toutefois préjuger si cette pièce-ci est bien de la même encre que celle qu'il entendait donner naguère. Toutefois nous nous limiterons ici aussi à l'étude de la pureté et de son incidence dans le drame.

Dans cette pièce Anouilh ne se contente pas de démythifier le mythe par des anachronismes incidentels et en insistant sur son exemplarité au niveau de l'humain comme il l'a déjà fait à plusieurs reprises. Il le détruit dans la mesure où il ne lui permet jamais de quitter son niveau de récit ou d'histoire. En effet chaque fois que le spectateur emporté par l'action du mythe risquerait de le prendre au sérieux et de se laisser captiver par son déroulement, l'intervention d'un des membres de l'Orchestre ramène l'esprit à la trivialité d'une réalité terre-à-terre.

L'amour et la vie du couple aussi bien que la pureté se trouvent éclairés à trois niveaux différents: celui du couple qui survit à sa faillite - Clytemnestre et Egisthe - celui des adolescents avides de pureté et d'idéal - Electre et Oreste - et celui des membres de l'Orchestre, chacun d'eux éclairant une nuance différente de ces problèmes. Le violoncelliste en fournit une image aristocratique, si l'on peut dire, qui rappelle directement l'atmosphère de l'amour courtois. Par l'exagération des exigences qu'elle entraîne cette conception est condamnée au ridicule. La contrebassiste, elle, nous montre la vulgarité d'une grossière réalité. Seul le pianiste défend une conception que l'on pourrait appeler celle du juste milieu, celle de l'individu conscient de la valeur de son idéal, mais aussi de la toute puissance de la réalité et habitué à composer. Tous sont évidemment à la poursuite du bonheur, qu'ils veulent sans exception, immédiat et éternel. Mais l'inanité de leurs efforts est soulignée par ce que l'on pourrait appeler la forme circulaire de la pièce: en effet quand le rideau se lève Electre attend son frère Oreste. Lorsqu'il tombe à la fin de la pièce c'est comme s'il ne s'était rien passé, comme si tout n'avait été que du vent. Rien n'est fini. Tout recommence et Electre attend Oreste (81). Ce procédé qui fait du déroulement de l'action une sorte de ruban sans fin souligne également l'artificialité de cet univers, son caractère spectaculaire et théâtral, son irréalité.

Clytemnestre et Egisthe se sont souillés par le parricide en assassinant Agamemnon. La reine estime que l'amour qu'elle éprouvait pour Egisthe, la joie et le bonheur qu'ils connaissaient ensemble et sa longue patience de dix ans qui lui a fait supporter un homme pour lequel elle n'éprouvait aucun amour (82), qui l'humiliait en ramenant toujours de nouvelles maîtresses de ses entreprises guerrières (83), qui avait sacrifié leur fille Iphigénie "pour du vent" (84), comme l'avouera Egisthe dans un louable souci d'objectivité, ont justifié d'avance et ont lavé Clytemnestre pour ainsi dire par anticipation, de la souillure du crime. Même si, dans sa discussion avec Oreste, Egisthe évoquant la jeune fille pleine de rêve et d'idéal qu'a dû être Clytemnestre avant de devenir la proie d'un soudard, montre ainsi qu'il est capable de comprendre et de partager les sentiments de sa femme, il est loin de la suivre dès qu'il s'agit de déterminer leur responabilité. Il refuse les circonstances atténuantes et entend payer le juste prix de ses actes.

Alors qu'Oreste apparaît dans toute la pièce comme un être borné, irrationnel, une espèce d'automate, de robot programmé pour accomplir un crime sans qu'il soit question de justifier ou même de comprendre son acte, Egisthe, lui, est le véritable héros de la pièce. Malgré le titre c'est lui qui est l'élément principal de cet affrontement entre adolescents et adultes. Bien que n'étant lié à Oreste par aucun lien de parenté sinon par sa qualité de mari de Clytemnestre, on pourrait dire qu'il a joué à son égard (85) le rôle d'un oncle protecteur, un substitut du père, donc.

Comme Jason, Egisthe a connu, adolescent, l'intransigeance et la rigueur des jeunes, mais il a "su grandir". Pour lui la corruption ou, si l'on préfère, la souillure a commencé ce jour où il n'a plus eu à lutter pour satisfaire et ses désirs et ses besoins (86), c'est-à-dire du jour où il a pu se considérer comme "arrivé".

Depuis l'enlèvement d'Oreste qu'il aimait pour sa rigueur mais qu'il aurait, sans doute alors aisément sacrifié à ses

ambitions, il l'attend, non pour le combattre mais pour retrouver
son bonheur en mourant "en beauté" (87). L'amour qui l'a uni à
Clytemnestre est passé. Il n'en renie ni la violence ni la profondeur mais le réduit à ce qu'il est actuellement: une certaine
tendresse issue d'une longue communion d'esprit et de corps. Sa
femme au contraire ne veut se souvenir que du dernier élément et
la confusion qu'elle établit entre érotisme ou sexualité et amour
est la source de leurs incessants conflits. Egisthe conscient,
lui aussi, de l'impossible purification (88), voudrait pouvoir refuser la souillure. Il en rejette la responsabilité sur sa femme
à qui il reproche de l'avoir souillé, de l'avoir avili (89). Si son
corps n'a plus la maigreur et la dureté de naguère, son âme est
restée celle de ses vingt ans malgré le simulacre dont elle est
revêtue. Par ce passage du physique au métaphysique Egisthe
rejette également une seconde cause de souillure: le vieillissement qui désagrège l'individu physique et porte atteinte à son intégrité.

La faillite du couple est donc totale. Ils n'ont plus rien de
commun que leurs souvenirs d'un passé lointain, mais différemment valorisé par chacun d'eux. La fidélité posthume de
Clytemnestre à l'image qu'elle s'est faite de son union avec
Egisthe ne doit pas faire illusion, puisqu'elle n'est le fait que
d'un consentement unilatéral et non d'un accord mutuel. Mais
cette image du couple qui a fait faillite parce qu'il a perdu ses
raisons d'être: la jeunesse et le désir qui purifient tout, même
le crime, serait encore trop pâle si l'auteur en restait là. Pa-
rallèlement à cet échec au niveau princier, dans le monde de
l'extraordinaire et du merveilleux, l'orchestre donne également
sa vision et sa philosophie du bonheur dans le cadre d'une réalité presque scatologique.

L'histoire des Atrides n'a rien de bien spectaculaire ni de
bien unique si on la débarasse des oripeaux antiques et de sa
fausse majesté. C'est du moins l'avis de la contrebassiste,
héroïne elle-même d'une histoire pour le moins aussi tragique
(90)! Par ailleurs la violoniste, qui a connu l'Assistance Publique puis les place de fille de ferme dès treize ans, réduit les
malheurs d'Electre à de simples anicroches (91). Ces deux tirades créent ce que l'on est convenu d'appeler le phénomène de
distanciation et détruisent la convention tragique dont elles soulignent l'artificialité tout en la remplaçant par celle du mélodrame (92). On peut même, en considérant la confession de la violoncelliste, voir détruite la notion de pureté, de virginité et
d'amour (93) qui commanderont tout à l'heure la conduite d'Oreste,
le vengeur exorciste et celle d'Egisthe, heureux d'être enfin
"arrivé".

En appliquant le procédé du retour en arrière que nous lui
avons déjà vu utiliser avec brio dans Colombe (94) et, plus
récemment, dans le tableau du bonheur familial enfin reconquis
de Louis XVI dans sa prison de la Conciergerie - un foyer uni,
un père et une mère unis à leurs enfants et les aimant dans un
monde clair et en ordre" (95) - l'auteur met la dernière touche
à son évocation du bonheur humain. Cette fois encore le spectateur est placé en face du spectacle idyllique d'une famille u-
nie, ce qui est, bien entendu, du domaine du rêve. Après le

matricide, Oreste réapparaît. Seul le tic de "la main sale" trahit son désarroi et Electre, maternelle, essaie de le consoler
comme du temps de leur enfance en le berçant sur ses genoux en
lui chantant "Colas mon petit frère", puis en évoquant pour lui,
et pour elle, un souvenir de vacances au bord de la mer. Quand
elle essaie de s'identifier à la Mère qu'elle s'est donnée comme
idéal, elle fait éclater le monde onirique auquel son frère s'était
laissé prendre, lui aussi. Nous comprenons alors que le motif
de la conduite d'Electre est peut-être moins la piété filiale, le
besoin de pureté et d'amour, que la déception qu'a entraînée la
mort de son rêve d'enfant: elle voudrait ne pas "grandir".

Antoine de St. Flour, cet aristocrate gratifié par la manne
céleste des dons de dramaturge, ni bon, ni méchant, toujours à
la poursuite du bonheur humain mais continuellement victime de
sa tendresse, mieux, de sa tendreté (96), s'est italianisé en
Santa Floura et, bien entendu, d'auteur dramatique, il est devenu Directeur de l'Opéra. Toutefois comme ses homonymes de
Cher Antoine et des Poissons Rouges il est considéré par les
siens comme un égoïste, un coureur invétéré, un incapable qui
ne peut que s'estimer heureux qu'on lui donne l'occasion de dépenser son argent autrement que pour son seul plaisir.
La pièce est longue, complexe et compliquée avec ses nombreux personnages et la pluralité de ses intrigues, mais le thème central est fourni par le conseil de famille réuni, en apparence, pour statuer sur le sort de Toto coupable d'avoir fait un enfant à une ouvrière, mais en réalité pour instruire le procès de
Santa Floura comme mari et comme père de famille, c'est-à-dire le procès d'un de ces "metteurs en scène omnipotents et inopérants, la plupart du temps, d'un opéra intime: "notre vie"
(97). Les acteurs de cet opéra, Anouilh a tôt fait de nous les
présenter. Il suffit à Impossibile d'énumérer les factures et
reconnaissances de dettes qu'il a en portefeuille et qui conver-
gent sur le bureau et la trésorerie du Directeur pour que le
spectateur sache à quoi s'en tenir. Nous avons au total quatre
couples plus ou moins "réguliers": ceux d'Antonio et d'Anna,
de leur fille Emilia et Frédérico, de Maria Josépha, la fille a-
dultérine d'Antonio, et du comte Pipi et enfin d'Angéla et de
Toto. Chacun des couples fournit ici aussi image de l'amour
humain, du mariage et de ses vicissitudes. Pour Donna Anna
son respect de l'honneur conjugal est tout relatif. Elle reste
fidèle à Antonio bien qu'il ait déserté la villa familiale, mais
sa chasteté n'est que corporelle. Elle n'a pas d'amant non pas
parce qu'elle n'en désire pas mais parce qu'elle se priverait
de la sorte du droit de remontrance. Pour le reste elle profite
au maximum (98), de la vie et de la bonne compagnie. Pourtant
ils se sont aimés Antonio et elle. Elle a vraiment souffert malgré ses apparences de créature futile, de tête de linotte, lorsqu'Antoine, excédé par le climat de tension continuelle et de
criailleries qui y régnait a quitté le foyer familial (99).
Avec Emilia et Frédérico nous avons un ménage un peu farfelu, qui évidemment sert de repoussoir à la fois aux concep-

tions d'Antonio et de celles de Toto concernant le mariage. Emilia est l'incarnation même de la chasteté et sa pureté est, si l'on peut dire, augmentée par sa maternité prochaine. Pourtant la valeur intrinsèque de cette chasteté n'est que pur accident si l'on en croit Maria-Thérésa (100). Et l'on sent bien que son freluquet de mari n'a qu'à bien se tenir: passé l'enthousiasme de sa première grossesse elle risque fort de devenir une seconde Donna Anna, sinon une seconde Colombe.

Avec Maria Josépha et son comte Pipi nous sommes à la limite du rocambolesque et du tragique. Pour elle l'amour est une question physique et la seule raison qui l'attache à son comte, c'est leur accord dans ce domaine (101), mais les grandiloquentes menaces ne l'empêchent pas, à peine réchappée de sa n-ième tentative de suicide - sérieuse cette fois - de repartir à la pour-suite de son rêve dont on sent bien qu'elle ne le réalisera jamais.

Le couple Toto et Angéla est plus sérieux. Dans la construction dramaturgique et la mise en situation il s'oppose systématiquement aux autres dont il fait apparaître plus clairement les failles et la fausseté. Bien qu'illégitime au même titre que celui de Maria Josépha il semble plus solide parce que les deux partenaires rêvent moins et que leur comportement obéit plus au simple bon sens qu'au sentiment. Angéla n'est pas une révoltée; des anciennes héroïnes d'Anouilh elle a conservé la notion du risque que courent les filles, tel que le voyait Isabelle (Inv.) ou Lucile (Rép.), et elle en accepte les conséquences en toute simplicité. Si on devait la comparer à quelqu'un ce serait aux bonnes de La Grotte ou du Boulanger qui trouvent leur modèle dans Dorine de Molère. Bien qu'elle soit sans doute une des rares héroïnes dont la pureté, comme le veut Antonio, vient du cœur (102), celle-ci ne lui servira plus de rien et elle est condamnée désormais à accepter la promiscuité et les souillures du milieu dont elle avait tenté de s'évader. Elle-même est consciente de cette défaite puisqu'elle refuse l'aide que, par lubie ou pour l'amour du panache, Antonio serait bien capable de lui offrir, en rappelant au Directeur qu'elle n'est pas "blanche", autrement dit qu'elle est impure. Pourtant lorsque, son baluchon à la main, son enfant sur le bras, elle cède la scène au brillant Opéra-Bouffe, on sent qu'elle conserve encore un petit espoir au fond d'elle-même (103). En effet elle a le sentiment, au moins pour elle-même, d'être innocente, de n'avoir pas failli, de ne s'être pas compromise puisque ce qu'elle a fait, elle l'a fait par amour, alors que nombre de ses semblables, respectées parce que mariées, se sont en fait prostituées: "Tout le monde est putain quand on n'aime pas" (104). Que cette philosophie lui soit propre et ne soit pas reconnue par la société, les figurants qui sont des ouvriers comme elle, le prouvent au spectateur en se faisant l'écho des conceptions petites-bourgeoises de l'honnêteté (105) et en ramenant la pureté d'Angéla à sa vraie valeur: "Elle en a déjà trop entendu, la petite" (106).

Angéla occupe donc une place particulière dans la galerie des héroïnes d'Anouilh. On dirait qu'elle a entendu le conseil que donnait naguère la Duchesse à ses protégées et qu'ayant vu le bonheur passer à sa portée elle s'en est saisi spontanément sans se préoccuper des conséquences, puis l'a dévoré à pleines dents, en une seule fois et tout d'un coup, toute prête, le cas échéant, à payer l'addition, si élevée soit-elle, le jour où on la lui présentera.

Cette conception n'est donc pas nouvelle. Elle est même revenue encore à deux reprises au moins. En effet Isabelle (<u>Inv</u>.) et Lucile (<u>Rép</u>.) envisageaient le risque d'une telle erreur qui les laisserait dépouvues et diminuées si elles commettaient une faute d'appréciation, si elle se trompaient sur les sentiments du partenaire. Elles assumaient toutefois pleinement "le risque des filles". Si Lucile échoue ce n'est pas pour avoir sous-estimé Tigre, mais son milieu, un milieu dont elle est prisonnière et qui l'entoure de toutes parts, alors qu'Isabelle est en terrain neutre pour recevoir les attaques de ses ennemis.

Et Antonio, comment sort-il de ce conseil de famille? Comme mari il n'a réussi à convaincre sa femme ni de sa bonne foi, ni de son dévouement. Comme père il ne peut empêcher la zizanie, l'égoïsme et la jalousie parmi ses enfants, malgré son comportement de pélican et même sans doute à cause de lui (107). Quant à jouer au professeur de morale ou au redresseur de torts, il n'en a pas le droit, pas plus que la possibilité, puisque lui-même n'a, au fond, agi jusqu'à présent que comme ceux qu'il voudrait juger et condamner. Ayant encaissé la leçon de Toto puis celle d'Angéla et enfin celle de ses employés, en particulier de son fidèle Impossibile, il se sent moins en forme que d'habitude, un peu plus fatigué, un peu plus vieilli mais ayant pourtant suffisamment de confiance en l'homme pour être prêt, tous les matins, à reconstruire le monde quitte à le voir s'effondrer le soir. Sa vie personnelle continue à être incohérente mais il lui reste une certitude: son métier (108), la seule chose qui ne mente pas comme déclarait déjà Anouilh à la veille de <u>La Valse des Toréadors</u> en parlant des ciseaux de son père (109).

S'il est vrai, comme nous venons de le voir, que dans ces six pièces le couple marié ne se défait pas avant que le rideau tombe, il faut bien reconnaître que cette unité est purement de surface et le fruit d'un colmatage incessant. La faillite du couple ne fait de doute pour personne et encore moins pour les partenaires qui ne sont pas dupes de leurs artifices: Léon (<u>Val</u>.) n'a cessé, pendant dix-sept ans, de composer; Adolphe et Elodie (<u>Bou</u>.) transportent leur idéal dans un univers onirique, compensent par ce transfert les petitesses et l'insatisfaction de leur existence journalière; Charlotte et Antoine (<u>P.R</u>.), aussi bien que Julien et Aglaé (<u>Rév</u>.), ou Egisthe et Clytemnestre (<u>Gent</u>.) se contentent, comme Antonio et Donna Anna (<u>Dir</u>.) d'une union de façade dont ils ne sont dupes ni l'un ni l'autre, ni personne dans leur entourage, même pas leurs enfants, si bien qu'ils n'essaient même pas de camoufler ou de colmater les nombreuses lézardes du fragile édifice qu'est devenu leur mariage.

S'il est un fait également, qu'avec les multiples versions de la Duchesse "ange tutélaire" (110); du maître d'hôtel "butler" (111), Jean Anouilh utilisait dès le début de sa carrière le procédé balzacien du retour des personnages ayant un passé, un comportement et un caractère fossilisés au point d'en devenir exemplaires et typiques, c'est surtout avec le personnages du général (Val. et Hurl.) que cette tendance apparaît clairement. Pourtant il ne l'a appliquée systématiquement qu'après Le Boulanger, la Boulangère et le petit Mitron avec l'apparition d'Antoine, puis la réapparition de Julien et de la Surette. Ce dernier en particulier est si bien fixé dans son personnage qu'il n'est pas sans évoquer "le traître" de la Commedia dell'Arte. C'est l'ami félon, le ganelon de la geste anouilhesque.

Ces six dernières pièces présentent encore une particularité. En effet par le retour du héros elles permettent à partir d'un problème unique - la vie du couple marié et le bonheur - d'en étudier systématiquement les alternatives d'une pièce à l'autre mais aussi, ce que nous n'avions pas encore rencontré, à l'intérieur d'une même pièce et d'une même famille (112). En reprenant toujours les mêmes situations de base, en créant certains types dont le caractère se nuance d'une pièce à l'autre, sans perdre sa dominante, l'auteur est amené, presqu'automatiquement, à pousser plus avant son analyse des mises en situation adoptées. Une fois reconnu ce point de vue, l'on peut dire que le comportement de l'aristocrate Antoine de St Flour permet d'aborder une variante du problème posé et traité dans La Répétition. Lucile n'a pas réussi à tirer Tigre des griffes de son milieu malgré la brèche qu'ils avaient ouverte et par laquelle ils espéraient fuir. Pour Maria les circonstances, au départ, ont été plus favorables; Antoine s'était déjà libéré des siens et de son milieu. Ils ont donc pu vivre heureux tous les deux pendant une éternité si nous comparons la durée de leur bonheur aux quelques minutes de plénitude qu'ont connu Lucile et Tigre. Cependant cette éternité est devenue momentanée par la force de l'existence et Antoine a été amené à faire pour Maria le même type de sacrifice qu'envisageait Tigre à l'égard de la jeune institutrice: lui assurer un bonheur simple, plus à la mesure des contingences du monde et de la vie d'une jeune femme.

Le rigorisme moral de Julien (Col.) avait pour principal adversaire le monde du théâtre incarné plus particulièrement par sa mère. Son rêve d'un foyer solidement uni en une vie de famille exemplaire était détruit par le clinquant et le faux-semblant de la comédie. Molière échangeait la confiance et la fidélité compréhensive de sa vieille compagne de luttes, pour l'égoïsme et la dureté de cœur d'un petit oiseau sans cervelle qui, après avoir éveillé en lui sa vieille passion de respectabilité, se jouait de tous ses rêves de bonheur familial. Dans Ne Réveillez pas Madame... nous retrouvons cette image conventionnelle de la vie facile du milieu théâtral et des conflits qu'elle peut engendrer chez un "Romain" assoiffé de conservatisme moral comme de respectabilité et d'immobilisme bourgeois. La seule chose qui distingue Julien Paluche du fils de Mme Alexandra ou encore de Molière, c'est qu'en fait les problèmes individuels de ces derniers: conflit avec la mère et conflit avec la femme, l'assaillent simultanément et permettent une peinture plus poussée et plus condensée des difficultés que peut rencontrer un Alceste.

Dans un même ordre d'idées il est facile de voir en Electre (Gent.) une jeune fille comparable, fondamentalement, à Antigone dans la mesure où ni l'une ni l'autre ne veut grandir, par fidélité à la conception puérile qu'elle se fait de l'honneur familial et de son devoir. Electre permet à l'auteur d'aller plus loin dans la voie ouverte à propos d'Antigone, puisque ce n'est pas un adversaire qui lui démontre le mal fondé de son enfantillage, mais son propre frère, celui qu'elle n'a jamais cessé de considérer comme son plus sûr et plus compréhensif allié.

L'histoire d'Angéla, enfin, peut être considérée comme une variante permettant un approfondissement de l'étude des conséquences possibles d'une expérience comme celles que tentent Isabelle (R-V.) ou Amanda (Léoc.). Angéla, elle aussi, a pris "le risque des filles". Lorsqu'elle quitte le bureau directorial elle ne manifeste ni révolte, ni résignation devant ce que l'on pourrait considérer comme une injustice sociale. Au contraire son comportement marque une sorte d'acceptation tranquille de ce qu'elle voit comme la conséquence très naturelle du jeu qu'elle a accepté de jouer.

On a ainsi l'impression que l'auteur entend faire une synthèse de ses conceptions autour de certains personnages caractéristiques de son univers. Par ailleurs il nous paraît évident que dans le comportement du couple marié, la pureté physique n'a plus qu'un rôle secondaire sous la forme de chasteté ou de fidélité et que l'accent portera plutôt sur l'aspect moral de la pureté, autrement dit sur ce que nous avons appelé la pureté de cœur.

C'est cet aspect moral de la pureté que nous allons examiner maintenant, ainsi que ses incidences sur le bonheur de l'homme dans son milieu social. La pureté morale ou pureté de cœur deviendra alors la composante essentielle de ce que les héros baptiseront du nom d'Honneur. Celui-ci sera le moteur de nombreuses conduites sociales au niveau de la Religion, de l'Eglise et de l'Etat.

PURETE DE CŒUR
ET
HONNEUR DE L'HOMME

ANTIGONE (<u>Antigone</u>). Projet de costume par J.-D. Malclès
Vignette ornant la couverture du volume des
<u>Nouvelles pièces noires</u> (La Table Ronde 1958)

I. INTRODUCTION

Traitant de la fonction de la pureté physique et de la virginité dans les relations amoureuses, nous avons été amenés tout naturellement à construire nos études en faisant des héroïnes le pivot de notre raisonnement. Nous avons donc essayé de montrer comment la jeune fille réagissait à l'égard de sa propre virginité et comment celle-ci agissait sur le comportement de ses protagonistes. Nous avons pu constater que la présence ou l'absence de virginité, sa conservation ou son sacrifice au nom de l'amour étaient la condition du bonheur immédiat du couple, elle déterminait pour ainsi dire sa force de frappe aussi bien que sa résistance à l'assaillant interne ou externe.

Toutefois au cours de nos analyses nous avons pu établir que le comportement des intéressés était, au fond, subordonné non à l'existence de la pureté physique mais à la valeur qui lui était reconnue par chacun des partenaires et par autrui. Autrement dit, ce qui fait qu'un acte est considéré comme bon ou comme mauvais, comme exemplaire ou non, ce n'est pas seulement sa valeur propre, c'est surtout et avant tout la valeur que lui accordent d'une part ceux qui en sont le sujet ou l'objet et de l'autre la société dans laquelle ledit acte s'insère. Jamais un fonctionnaire ou un employé de bureau utilisant à des fins personnelles un crayon ou un trombone n'aura le sentiment de voler l'Administration ou son patron. Le fait même de se demander si cet emploi est abusif et condamnable suffirait à le faire passer pour un poseur. Mais toutes ces considérations ne pourront empêcher qu'en morale théorique un tel acte n'est autre qu'un vol pur et simple, quelle que soit l'importance du larcin ou de son objet. Or dès qu'il s'agit de valoriser un acte, une parole ou une pensée, on ne saurait s'arrêter aux conséquences de ceux-ci sans les éclairer et les corriger en faisant intervenir dans l'appréciation le facteur intentionnel. Mais ce faisant nous avons introduit dans notre raisonnement un élément étranger à la pureté physique proprement dite. L'intention est un élément moral, l'élément moral par excellence dans le cadre du comportement puisque c'est lui qui permet de placer les conduites dans leur véritable perspective. C'est ainsi que nous avons pu reconnaître que, dans le microcosme anouilhien, il ne suffisait pas d'avoir conservé sa virginité pour avoir droit au bonheur par l'amour. Il fallait encore que cette virginité soit, pour ainsi dire, involontaire et accidentelle, ne réponde ni à une volonté expresse, ni à une volition calculatrice mais qu'elle soit, en un mot, le fruit d'une conscience innocente, sous peine de se voir changée en souillure.

Dans le domaine moral la souillure, l'impureté, devient défaut, vice, perversion. La pureté morale, telle que nous la concevons ici, nous l'avons déjà rencontrée à propos de plusieurs héroïnes qui rachetaient leur impureté physique par une rigueur profonde et un sens étonnant de la dignité humaine. Une des définitions les plus complètes de la pureté de cœur (1) est sans doute celle qu'offre le Psalmiste à notre méditation en nous proposant comme modèle: "celui qui marche dans la perfection et pratique la justice, qui dit la vérité selon son cœur, qui ne calomnie pas avec sa langue, qui ne fait pas de mal à son prochain et qui ne profère pas d'insultes contre ses proches" et qui "s'il jure à son détriment ne se parjure pas" (2). Cette vertu des vertus offrira à l'être ainsi privilégié l'accès à la maison de Dieu et à Sa présence.

Faisons abstraction, un instant, du contexte religieux qui commande la conduite de ce "parfait". Nous n'aurons pas de peine alors à reconnaître en lui un "Homme honnête" respectueux des obligations que prescrivent la dignité humaine aussi bien que le respect de soi-même et celui d'autrui. Ce besoin d'honnêteté, de moralité, de sincérité (3) dans le comportement humain nous semble être à l'origine et, même, coïncider assez étroitement avec ce que Jean Anouilh a coutume d'appeler "Honneur de l'Homme"(4). Pour que l'identié soit complète il suffit, pensons-nous, d'y ajouter un élément de conduite fréquemment présent chez les héros de notre dramaturge: le respect du métier, de l'ouvrage bien fait - fierté de tout artisan - que le produit de son art soit un objet utile, un objet d'art ou, plus généralement parlant, la vie et le bonheur. Le maintien de cet honneur, la défense de son intégrité dans certains cas de conscience difficiles justifie la conduite des personnages que nous allons étudier maintenant. Cela nous permettra de préciser en même temps les différents aspects et les implications de cet élément du purisme.

Ici aussi nous avons dû, pour les commodités de l'analyse, adopter une classification des pièces basée, à chaque fois, sur une perspective nouvelle. Celle-ci nous sera fournie par l'une des multiples implications de cette notion d' "Honneur de l'homme" sur le comportement des hommes. Cet "honneur de l'homme" est source de conflits mais il contient également la solution de ces derniers pour peu que l'individu ait le courage de souscrire aux prescriptions formant son code. La pureté morale n'est pas un problème qui intéresse le héros à titre individuel ou, uniquement les deux partenaires du couple en voie de formation ou visant à subsister comme c'était le cas pour la virginité. La pureté de cœur ne joue pas seulement dans les rapports à Soi ou à l'Autre mais également dans les rapports à Autrui (5). Dans les pages qui suivent nous étudierons donc la fonction de la pureté de cœur considérée dans une perspective de plus en plus vaste en la focalisant successivement sur la Famille, l'Eglise et l'Etat à travers les trois groupes de pièces suivants:

I. <u>Jézabel</u>; <u>La Sauvage</u>; <u>Le Voyageur sans bagage</u>; <u>Le Rendez-Vous de Senlis</u>; <u>Eurydice</u>; <u>Roméo et Jeannette</u>; <u>L'Hurluberlu ou le réactionnaire amoureux</u>; <u>Le Boulanger, la Boulangère et le petit Mitron</u>, <u>Les Poissons Rouges ou "Mon Père ce Héros"</u>; <u>Ne Réveilles pas Madame...</u>; <u>Tu étais si gentil quand tu étais petit</u>; <u>Le Directeur de l'Opéra</u>.

Sur ces pièces on notera que les cinq dernières sont postérieures à 1968 et procèdent de la dernière manière d'écrire de Jean Anouilh.

II. L'Alouette, Becket ou l'honneur de Dieu (6) où la pureté de cœur se trouvera placée également dans une perspective religieuse, ce qui revient à dire que la souillure trouvera alors sa source dans le Mal, le péché.

III. Antigone; Ornifle; L'Hurluberlu, ou le réactionnaire amoureux; Le Pauvre Bitos ou le dîner de têtes; La Foire d'Empoigne; Les Poissons Rouges ou "Mon Père ce héros"; Tu étais si gentil quand tu étais petit.

Dans ce groupe la pureté de cœur se trouve confrontée tout particulièrement aux impératifs civiques voire à la Raison d'Etat.

II. L'HONNEUR DE L'HOMME ET LA FAMILLE

Si, réfléchissant au concept de pureté de cœur, l'on cherche dans les dictionnaires courants une première définition de cette notion de sincérité (1) qui forme l'essentiel de la conception du Psalmiste, on retrouve à peu près partout celle que fournit la Rochefoucauld dans la cinquième de ses Réflexions diverses (2). Voulant marquer ce qui distingue la confiance de la sincérité, il montre que cette dernière se caractérise surtout par l'ouverture du cœur et le désir de perfection à tout prix, quitte à avouer ses défauts. Que cet aveu puisse lui-même, dans certains cas, n'être pas dépourvu d'intérêt personnel aux yeux du moraliste et, de nos jours, du psychanalyste, c'est ce que tout lecteur de La Rochefoucauld ou de Freud ne manquera pas d'avancer, ôtant par là toute valeur exemplaire à la définition que nous venons de citer. Il n'en reste pas moins que la sincérité "est une ouverture de cœur qui nous montre tel que nous sommes"(2). C'est dire que l'être sincère recherche avant tout à éviter le mensonge, la tromperie et la fausseté qui souilleraient son cœur et en cacheraient la limpidité et la transparence aux yeux d'autrui. Le cœur était considéré ici, avec Pascal, comme le siège de la conscience (3).

Pourtant cette définition de la sincérité est loin de rendre compte de toutes les incidences de celle-ci. En effet, si, en morale théorique, il ne saurait être question de ternir de la moindre scorie la pureté du cœur que constitue la sincérité, la morale pratique, elle, a dû composer devant les nécessités de l'existence.

Dans son Traité des Vertus Vladimir Jankelevitch arrive à distinguer en combinant réalité, sincérité et intention, cinq formes de vérité et cinq de mensonge selon que l'individu pense quelque chose de vrai ou de faux, dit ce qu'il pense ou autre chose que ce qu'il pense, de bonne foi ou de mauvaise foi (4).

L'analyse des différentes alternatives et des composantes de la sincérité montre que la vérité n'est, en soi, pas tellement importante. Ce qui compte, ce qui fait le prix de la vérité c'est le rapport entre ce qui est exprimé et la conviction qui préside à l'expression. Or celle-ci est fonction de l'intention qui à son tour est la véritable déterminante de la valeur morale. Ainsi il importe peu que Jacqueline avoue n'être "même plus une fille intacte" (5); ce qui compte c'est l'idée que se fait Marc de cette diminution. Il lui répond par l'éloge de la respectabilité et de la dignité. Il rêve de "l'avoir en blanc après une longue attente, les fiançailles" (6), de la recevoir officiellement à l'issue de la cérémonie de mariage. En fait il réagit comme si Jacqueline était une jeune vierge sans expérience de l'amour physique. Marc remplace la hantise de la pureté physique habituelle aux héros d'Anouilh par une mystique de la respectabilité. C'est-à-dire que le non plus ultra, la condition nécessaire et suffisante à l'accession au bonheur est pour lui la reconnaissance par autrui de la dignité, de la grandeur morale de la jeune fille.

Notons que Jacqueline n'apparaît que deux fois dans la pièce: dans la première et la dernière scène, au début et à la fin des trois actes. La première fois elle vient chercher Marc qui la fuit sans qu'elle sache pourquoi. Sa présence subite dans le monde de Marc, où elle n'aurait jamais dû entrer, oblige ce dernier à décrire, pour se justifier, sa conception du bonheur. Cette image de la respectabilité semble à première vue puérile et tirée en droite ligne des contes de fée ou de récits utopistes.

Lorsque Jacqueline réapparaît, nous savons que le rêve de Marc était peut-être l'expression d'un désir enfantin, mais qu'il est aussi la traduction d'un besoin profond de compensation. La jeune fille vient renouveler son offre et faire miroiter une seconde fois la possibilité de bonheur aux yeux de Marc. Celui-ci refuse et chasse définitivement la Jacqueline de ses rêves (7), sans cesser un instant de l'aimer à sa façon. Pour se libérer de son amour il se prétend volontairement complice du meurtre. Ce faux-aveu arrive d'ailleurs après deux vaines tentatives pour s'avilir aux yeux de Jacqueline, d'abord en avouant les frasques et l'ivrognerie de sa mère, puis sa propre sujétion au corps de Georgette, que confirment l'argent ou les cadeaux qu'il lui offre et qui créent entre eux un commerce de vénalité et de prostitution.

Pourquoi Marc refuse-t-il de profiter de sa chance et de sortir du monde infernal de son enfance avec l'aide de Jacqueline? Pourquoi faut-il que non content de chasser la jeune fille il fasse en sorte que ni lui ni elle ne puissent revenir sur leurs pas? La mise en situation nous livre la clef de ce problème. En effet Marc est pris entre deux jeunes filles: Jacqueline, fille de riche, capricieuse, à qui il suffit de taper du pied pour voir un désir satisfait et Georgette, la petite bonne de sa mère, d'un cynisme vulgaire, qui essaie de tirer le maximum de son corps. L'une est la clef qui ouvre l'accès au monde de rêve, à l'idéal que caresse Marc depuis toujours, un mariage dans les règles, un foyer heureux, une vie paisible conduisant à une douce vieillesse qui ne connaîtra aucune impureté parce que Jacqueline est "simple et pure" et qu'elle aura "gardé son sourire d'enfant" (8). L'autre représente la réalité journalière. Si Jacqueline en appelle au cœur et à l'esprit de Marc, Georgette, elle, s'adresse au corps de celui-ci. Les deux jeunes filles s'opposent entre elles comme le Bien et le Mal ou le blanc au noir. Georgette a l'habitude de se voir désirée et comme elle ne peut (ni ne veut?) résister elle préfère en tirer le meilleur parti possible. Elle est prête à toutes les compromissions pour un peu d'argent. Quand elle parle de la liaison vénale qu'elle entretient avec Marc nous comprenons pourquoi celui-ci refuse de faire de Jacqueline sa maîtresse. Sans doute parce qu'il rêve d'elle comme de la pure et chaste fiancée, mais surtout parce qu'il est violemment dominé par sa sexualité. Sans pouvoir parler franchement de perversion, la description que donne

Georgette de son comportement sexuel fait ressortir la violente exigence de son désir amoureux (9). Son idéal de pureté et de respectabilité morales est issu à la fois de la conscience de sa propre tare physique, et de la sanie qui règne dans son milieu familial du fait de l'inconduite de sa mère et de la veulerie de son père. On peut même parler alors, croyons-nous, d'un certain masochisme. Pour punir ce désir qu'il a peine à refréner il refuse Jacqueline comme maîtresse. De la même façon il punira son esprit après avoir puni son corps en refusant la vie édénique dont Jacqueline veut le gratifier. Les raisons de son mensonge final sont d'ailleurs plus complexes. D'une part il se sent coupable d'avoir accusé injustement sa mère; il a maintenant la certitude que la mère n'est ni plus ni moins coupable pour avoir trompé le père avec de multiples amants que lui-même ne l'est en trompant Jacqueline, qu'il pense aimer sincèrement, avec Georgette qu'il désire physiquement tout en la détestant profondément parce que sa possession implique à chaque fois une capitulation et une humiliation. Il sait maintenant qu'il est atteint de la même tare que sa mère (10) et que, comme elle, il aime l'amour avant son objet même, et ce depuis son enfance comme le prouverait sa tendance à l'onanisme (11).

D'autre part son refus de Jacqueline exprime également une sorte de rancune, une sorte de haine, de celui à qui rien ne réussit, quelque effort, quelque sacrifice qu'il fasse, quelque peine qu'il prenne envers celui à qui tout réussit sans effort comme par jeu. Comme Frantz il voit dans la pauvreté la source de tous ses malheurs. Plus Jacqueline fera état de sa fortune pour aplanir les obstacles à leur union plus Marc se sentira abaissé et réagira paradoxalement en s'humiliant encore plus, ce qui est également une façon de marquer son mépris. Si, lorsqu'il espérait encore pouvoir être heureux il vantait la grande compréhension de sa "fiancée", dans cette dernière entrevue il lui reproche précisément de tout comprendre (12) et de lui passer sa maîtresse, de se débarasser avec une chiquenaude de la mère et, en fait, de manquer de sympathie, d'être trop sûre d'elle, de vouloir, avec quelques billets de mille, effacer toutes les turpitudes qu'il vient d'évoquer. En se faisant le complice de sa mère, Marc obéit au mouvement profond de son être, mais en même temps creuse un fossé infranchissable entre lui et son aimée.

Dans les dernières repliques qu'échangent les promis après que Marc a rappelé Jacqueline sur le point de sortir (13) nous voyons comme en un raccourci magistral la sombre réalité envahir progressivement la transparence du monde de Jacqueline et en obscurcir la clarté (14).

Reste à nous demander quelle est la valeur de ce mensonge. S'agit-il d'une souillure supplémentaire ou au contraire d'un sacrifice purificateur? Agit-il par haine seulement ou est-il dominé en dernier ressort par un excès d'amour? On pourrait accepter chacune de ces alternatives. Contrairement à Georges (R- V.) ou, comme nous le verrons bientôt, Eurydice (Eur.) ou même Gaston (Voy.), Marc n'arrive pas à se libérer de l'influence de sa famille et plus précisément de cette de sa mère parce que cette allégeance n'est pas de nature affective ou intellectuelle mais de nature physique.

Dans <u>Jézabel</u> le bonheur est constitué par la découverte d'un amour qui fasse taire "ces sales voix qui nous crient dans le ventre" (15). C'est une soif d'absolu dans l'amour qui possède Marc et sa mère. A l'encontre d'Orphée (<u>Eur.</u>), Marc ne cherche pas à connaître le passé de la jeune fille, sans doute parce qu'il ne saurait être pire que le sien. Aime-t-il vraiment Jacqueline? On peut en douter puisqu'il est capable de maîtriser ses pulsions sexuelles en sa compagnie alors qu'il leur cède après un simple essai de résistance, devant Georgette (16). L'obstacle réel au bonheur de Marc est d'ordre psycho-pathologique. Il vient de la faille séparant son rêve de la vie, de sa double impureté et de la conscience qu'il a de cette dernière. Comme Frantz (<u>Her.</u>), il aime avant tout la jeune fille idéale de son rêve et mal <u>la</u> Jacqueline de chair et de sang de la réalité.

Au contraire de ce qui se produit dans la plupart des pièces traitant d'amour nous avons pu constater que dans <u>Jézabel</u> la virginité est considérée d'un bout à l'autre comme quantité négligeable par les deux promis. Marc n'hésite pas, dans son rêve, à revêtir Jacqueline de la robe blanche des vierges au mépris de toute vérité. C'est que pour lui, avons-nous dit, la pureté du corps ne compte pas en soi. Ce qu'il demande c'est celle du cœur. Cette conception, nous la retrouvons dans <u>La Sauvage</u> (17) chez Florent. Comme Jacqueline l'a fait pour <u>Marc</u>, celui-ci va tenter de libérer Thérèse de son milieu et de la faire entrer dans son monde idéal. Tout comme Jacqueline et pour des raisons similaires il échoue. Thérèse ne pourra se libérer ni de sa pauvreté ni de sa famille, et encore moins d'elle-même.

Peu de pièces de Jean Anouilh ont atteint le degré de célébrité littéraire de <u>La Sauvage</u>. On en est même venu par une sorte de déterminisme, aussi fréquent que discutable, à identifier l'auteur à son personnage, "Jean Anouilh <u>le</u> Sauvage", ou à vouloir enfermer son style dans une formule inspirée par le comportement de Thérèse. Le "dramaturge du refus" (18), "de la révolte" (19). Nous avons déjà noté la prépondérance accordée par P.H. Simon aux <u>Pièces Noires</u> : <u>La Sauvage</u> vient en bonne place dans ses analyses de la pureté. Ces quelques exemples, que nous pourrions facilement multiplier, doivent nous inciter à la circonspection et nous mettre en garde contre tout préjugé en abordant ce texte.

Remarquons tout d'abord que cette fois-ci, au contraire de ce qui se passait dans <u>L'Hermine</u> les obstacles qui empêchent le couple d'arriver au stade licite évoluent du niveau externe au niveau interne. Si nous prenons en considération la mise en situation et la distribution des forces telles qu'elles se présentent dans <u>La Sauvage</u> nous constatons la présence de deux protagonistes: Thérèse et Florent. Celui-ci incarne ce que nous pourrions appeler la somme des possibilités qu'offre la vie à un individu pour lui permettre d'atteindre à une existence de rêve, presqu'irréelle dans son excès d'édénisme. Tout ce dont la nature et le milieu ont gratifié Florent, semble manquer à Thérèse. Celle-ci appartient au monde de la bohème artiste, celle des comédiens ambulants comme Eurydice (Eur.), ou des musiciens comme tous les personnages de L'Orchestre. Violoniste elle joue, mal, dans les brasseries avec son père, sa mère et l'amant de cette dernière, Gosta. La vie aventureuse, la pauvreté, la mesquinerie, l'opportunisme matérialiste sont les principaux responsables de son éducation. Pourtant, tout en se sentant liée à ce monde, elle s'en sent différente: Florent puis Hartman s'accordent pour la trouver pure, claire, évidente. Miraculeusement elle a su transformer, par une alchimie subtile, tout ce que son milieu et la vie lui apportaient de sale, de laid, et de crapuleux, en force, en franchise et en "une sorte de virilité". "De sa liberté, des amants qu'elle a eus avant moi, elle a fait cette pureté sans masque ni retenue", confie Florent à Hartman, au moment de la lui présenter. Florent, Hartman et Gosta constituent, malgré leurs bonnes intentions, la première ligne des ennemis de la Sauvage et de son bonheur. Florent l'aime vraiment et souhaite pouvoir faire son propre bonheur et celui de la jeune fille en l'épousant et en l'emmenant loin de tout ce qu'elle a connu jusqu'alors. Thérèse est sa maîtresse et ce mariage c'est lui qui le veut, et non elle qui l'exige. Florent, comme Jacqueline (J.) est un personnage trop parfait, trop compréhensif. Il en devient même un peu falot, mais, peut-être, est-ce justement pour rendre plausible son choix que l'auteur l'a dessiné ainsi. Florent est un pianiste de génie, riche, sensible mais qui ne connaît pas la "vraie" vie: sa musique, une enfance heureuse et protégée, une facilité qui ne s'est jamais démentie l'ont gardé dans le monde du bonheur et, malgré une bonne volonté évidente, un effort réel, il ne saura pas, par inconscience, par ignorance des aspirations profondes de Thérèse, lui apporter le bonheur. Au contraire, involontairement et en croyant bien faire, il la fera souffrir et sera la cause de son malheur (20).

De part et d'autre de cet être trop modèle pour être réel, deux types de ratés, Hartman et Gosta. L'un, riche, ami de Florent et son commensal, a accepté de n'être pas un grand musicien et s'est mis au service du génie avec une sorte de sagesse tranquille et désabusée. L'autre espère toujours l'étincelle qui produit les artistes. C'est un violent, un révolté. Ils se ressemblent beaucoup. Hartman est un ancien Sauvage que Florent a apprivoisé, sinon domestiqué; Gosta est un Sauvage, comme Thérèse, mais à qui il manque le ressort moral, l'intransigeance et la rigueur. Il est plus âgé qu'elle et il l'aime, attiré, tout comme Florent, par l'idéal qu'elle représente. Sans doute voit-il en elle la rédemptrice, celle pour qui il voudrait et avec l'aide de qui il pourrait "se refaire". Il est donc doublement le rival de Florent: sur le plan artistique et sur le plan affectif, même s'il est, en même temps, l'amant de la mère de Thérèse.

La seconde ligne des adversaires de Thérèse est constituée par la famille: la sienne et celle de Florent. Enfin le personnel de la maison de couture et les domestiques de Florent contribueront eux aussi activement à sa défaite: l'arpète et la petite bonne avec lesquelles elle se sent liée et en qui elle voit une espèce de reproche vivant. Elle oppose leur sort à celui que lui font la facilité et la richesse qui lui tombent du ciel. Les jeunes filles lui font honte par là-même qu'elles sont attirées par cette image du bonheur comme de petits papillons par la lumière. La vendeuse et la femme de charge redoublent sa peine par leur inconscience et leur acceptation passive de l'ordre établi, aussi bien que par leur volonté aveugle d'en assurer la permanence et la hiérarchie.

Sauf Florent, évidemment, mais avec Gosta et Hartman, tous les témoins de cette aventure merveilleuse la considèrent soit comme un prodige, une chance inespérée dont il faut se hâter de tirer le maximum avant qu'elle ne s'évanouisse, soit comme un événement normal, soit même comme l'exception qui confirme la règle. Cette dernière perspective leur permet de rêver qu'un jour, peut-être, le sort se montrera également prodigue envers eux. Aussi tous sont-ils animés des meilleures intentions du monde à l'égard de Thérèse et ne veulent-ils que son bonheur ou plus exactement ce que chacun d'eux considère comme tel. Tous pourtant, par leurs paroles, par leurs gestes qu'ils croient innocents, affectueux ou amicaux, la blessent, la meurtrissent et l'éloignent de plus en plus de ce hâvre qu'elle avait découvert. Elle finira par y renoncer définitivement et abandonner la lutte. Cette lutte qu'elle mène en apparence contre son passé et celui de Florent l'oppose en réalité à son moi et à l'envahissement de celui-ci par le bonheur inhumain dans lequel baigne Florent. Elle combat afin de se conserver digne d'elle-même et de son propre idéal, de conserver cette candeur enfantine que lui avait conférée tout d'un coup l'amour. Son combat est la conséquence immédiate d'une prise de conscience, d'un dessillement consécutif à l'interprétation que donnent les siens de son aventure. Revenue, grâce à l'amour, au stade de l'ignorance du mal, de l'innocence première, elle repart progressivement dans la voie de la connaissance et du malheur (21), parce qu'elle a sous-estimé ses adversaires (22) et les liens secrets et solides qui l'unissent à eux. Elle finira par abandonner sa belle robe blanche après une caresse de regret témoignant plus d'un renoncement douloureux mais nécessaire, que d'un refus pur et simple.

L'architecture dramatique de la pièce est pour ainsi dire mathématique. Deux clairières lumineuses jalonnent l'avance de Thérèse vers les ténèbres, vers son engloutissement dans la nuit et le malheur. Elles sont constituées par des percées subites du rêve à travers l'enveloppe hermétique que tisse progressivement la réalité de la vie autour de l'héroïne. La première ouvre la pièce et nous donne l'image du bonheur présent de Thérèse, de sa joie confiante, de sa régénération par l'amour. On y perçoit pourtant une certaine angoisse, quelque chose comme un: "c'est trop beau! Ai-je le droit de demander plus?" Et nous la sentons résignée et prête non à la perte de son amour mais à l'abandon définitif et sans un regret de cette consécration officielle du bonheur issu de l'amour que constitue, traditionnellement, et parfois à contresens, le mariage. Le second intermède lumineux se place à la fin du second acte. C'est celui de la réconciliation de la Sauvage avec la famille, le milieu, l'être intime de Florent grâce à une larme providentielle de celui-ci. Le renvoi subséquent de Tarde, dernier vestige de son passé, symbole de sa race au sens génétique mais aussi au sens éthique et social du terme, montre qu'elle a cédé une seconde fois à la tentation du bonheur. Ces moments de paix ne sont que des accalmies passagères pendant lesquelles l'ennemi se retire pour regrouper ses forces et fourbir de nouvelles armes.

Au premier acte nous assistons à la prise de conscience progressive de Thérèse de ce qu'elle est et de ce qu'est Florent, de tout ce qui les oppose et, en particulier, du rôle que le monde attribue à la richesse de celui-ci. Tous y voient la motivation profonde de l'amour de Thérèse et chacun à sa manière le lui reproche: Jeannette en lui conseillant de se faire acheter des diamants et de hâter son mariage; sa mère et son père en essayant par l'intermédiaire de leur fille de mettre sur pied quelque combinaison lucrative; Gosta en l'accusant de se vendre. Florent lui-même par son mépris de l'argent, par le détachement réel qu'il manifeste à l'égard de celui-ci lui porte le coup de grâce en croyant la libérer de sa hantise.

Le second acte est celui de la révolte contre l'univers de Florent. Thérèse s'y considère constamment comme une intruse, le voit comme un ennemi. Avec l'aide de son père qu'elle a amené avec elle, puis de Jeannette qu'elle y fait pénétrer, elle essaie de détruire ce qu'il y a de beau, de clair, de noble, de chaud et de pur. Elle insulte les portraits, les livres, les fauteuils. Elle voit en eux comme autant d'ennemis et, pour finir, s'humilie et s'avilit elle-même dans une dernière tentative pour échapper à l'atmosphère amollissante de "la maison du bonheur", à l'excès de richesse (23) de Florent et à son ignorance de la misère et du malheur humains. Elle voudrait pouvoir le consoler, le soutenir; elle voudrait, à cet effet, qu'il souffre, qu'il connaisse l'échec, le doute, afin de pouvoir l'aider. Au fond elle voudrait être pour Florent ce que Gosta souhaiterait faire de Thérèse pour lui. Elle désirerait que la pureté du monde de Florent ne soit pas aussi parfaite, plus aussi claire, plus aussi sûre, qu'elle se rapprochât de la pureté qu'elle a su se conserver, qu'elle fût le résultat d'une lutte difficile et incertaine et non d'un excès de facilité. Elle essaie en définitive de ramener Florent à de plus justes proportions, à une plus grande réalité humaine. Aussi quand elle croira à la possibilité de réussite elle acceptera d'abdiquer sa fierté, à se laisser entraîner par Florent dans son monde à lui.

C'est ainsi que le dernier acte la trouve, résignée et tentant honnêtement de s'adapter à l'univers de Florent, au grand complet maintenant. Nous la voyons en effet devant la tante et la sœur de son fiancé, en train d'essayer sa belle robe blanche. Cependant après avoir été, jusqu'à présent, elle-même le principal artisan de son malheur comme de son bonheur initial, Thérèse cesse d'être l'arbitre de son sort. Il lui faut désormais subir, en outre, le retour offensif du monde de Florent et du sien propre dans un mouvement inverse à celui du premier acte. Dans la première phase elle résiste, de justesse, à la cruelle inconscience de Mme Bazin, de Marie, c'est-à-dire des riches qui prétendent aider les pauvres et même connaître leur vie; et à celle de la vendeuse et de la femme de chambre autrement dit de pauvres qui ont accepté de se conformer à l'i-

mage que se font les riches de leur condition et de leur travail
comme de leurs peines, Thérèse répond à ces attaques par personne interposée, en s'excusant auprès de la petite arpète, en
lui avouant, sans que celle-ci y comprenne rien d'ailleurs, ses
scrupules, sa honte, devant la platitude des uns, la dureté des
autres et ce qu'elle continue à considérer comme sa propre trahison à son milieu.

Hartman, sorte de sage omniscient, à la fois du parti de
Florent et de celui de Thérèse, explique, comme le coryphée de
la tragédie antique les sentiments de l'héroïne et essaie de l'encourager à poursuivre dans la voie qu'elle a enfin choisie, tout
en regrettant au fond de lui-même que la Sauvage se civilise.
Thérèse entrevoit la solution de son dilemme dans l'identification
totale de son être et de ses pensées à l'univers de Florent, dans
la maîtrise de son orgueil, dans la mort de son véritable moi,
dans l'oubli de son passé, pour devenir non une autre Mme Bazin
ou une autre Marie, non une autre vendeuse ou femme de charge,
mais en définitive une sorte de second Hartman (24). Et nul doute qu'elle est prête à ce sacrifice.

Pourtant, pendant qu'elle se sent, se veut si proche du bonheur et du renoncement, une dernière attaque se prépare. Tout
son monde, son passé, représenté par le Père et Gosta, est en
route pour la reprendre (25) et il y réussira. Aux deux clairières de bonheur qui formaient comme une oasis dans l'Odyssée de
Thérèse et que rappelle symboliquement une dernière fois "la robe de mariée, blancheur éblouissante dans l'ombre" (26),
vage se reprenant en préférera une troisième, celle de Barbara,
celle de Marc - celle de Gosta également - celle où l'on perd
l'être aimé et, par voie de conséquence, le bonheur et où l'on
est "presque heureux" "d'une façon irrémédiable". C'est cette
clairière qu'elle voulait atteindre elle-même en montrant à
Florent l'étendue de sa propre souillure physique, son corps
maculé par les croûtes, les poux, la gourme, les maladies hon-
teuses des pauvres, son être souillé par le sang d'une parturi-
tion toute animale, cette blanche clairière "qui, pour faire une
tache de lumière, n'en est pas moins" "au bout du désespoir"
(27), elle, et non à la source du bonheur. Elle est arrivée
dans un royaume bien à elle, où Florent ne pourra jamais la rejoindre, ni même l'approcher parce qu'à lui tout est donné avec
facilité, sans lutte, sans peine, sans qu'il ait eu besoin auparavant "de se noyer, de se salir, de se vautrer" (28), parce
qu'il ignore tout de l'homme (29), parce qu'il est trop pur.

La pureté joue un grand rôle dans La Sauvage comme on l'a
maintes fois constaté mais encore faut-il en préciser la nature
et le jeu.

Pour Thérèse la virginité perdue, la souillure corporelle
qu'elle a subie enfant sur et dans son corps ne constitue pas
en soi le véritable obstacle à son bonheur. Florent ne tente à
aucun moment de la lui faire retrouver ou ne la rêve pure, comme Frantz ou Marc le font pour Monime et Jacqueline. Il accepte celle qu'il aime telle qu'elle est, en se contentant de l'intégrer, en dépit de tout sens du réel, à l'image qu'il s'est faite
d'elle. Tout au plus pourrait-on dire qu'en l'épousant il lui
offre la possibilité d'une purification sociale et de l'oubli de

ces expériences néfastes. Tous trois cependant trichent - dans l'optique traditionnelle - soit dans leur rêve, soit dans la réalité en revêtant leurs partenaires respectives de la "robe d'innocence". A cet égard Thérèse est sans doute la plus "coupable" des trois. Nous avons vu que Florent reconnaissait à sa maîtresse une "pureté sans masque ni retenue " et qu'Hartman confirmait ce jugement. Il ne peut s'agir que d'une pureté de sentiments aussi éloignée de la fausse pudeur et de la pudibonderie que du sans-gêne et de la liberté issues de l'expérience. Cette pureté de cœur ne suffit pourtant pas à assurer son bonheur parce qu'elle porte en elle également une exigence et une rigueur soupçonneuses. La mère de Marc parlait de "voix qui viennent du ventre" en faisant allusion à l'obsession sexuelle. Pour Thérèse ce sont également des pulsions instinctives qui l'empêchent d'accepter le bonheur et la clarté des riches. Anouilh les désigne par deux métaphores: selon la première ce sont de "mauvaises herbes" (30), des parasites qui se nourrissent de la jeune fille et lui instillent un venin de honte aboutissant à la révolte et au refus d'un bonheur égoïste qu'elle serait seule de son monde à connaître. La seconde métaphore évoque plus clairement l'idée de révolte, c'est celle du "cheval qui se cabrait", une "mauvaise bête" faite d'orgueil, de liberté, d'indépendance, image que corrige Hartman en en prenant le contrepied: "c'était un bon cheval, fier et noir, magnifique...". Il fallait cependant le laisser se sauver puisque cette séparation, ce reniement d'une partie de soi était le prix du bonheur (31).

Le bonheur de Thérèse comprend deux éléments fondamentaux: l'un affectif: l'amour de Florent; l'autre matériel et spirituel: le bien-être, la vie facile, la quiétude que procure la richesse. Nous retrouvons dans ces composantes de l'élément matériel et spirituel du bonheur les avantages que Frantz voulait conserver à Monime et pour lesquels il commettait et justifiait son crime. La barrière d'argent dont il rêvait d'entourer son amour a fait ici son effet. Thérèse n'aurait qu'à se laisser enfermer pour être heureuse, même si, en contrepartie, elle devait accepter une perte de pureté, de dureté, c'est-à-dire d'exigence morale, mais aussi de vulnérabilité, c'est-à-dire de bonté réelle, de sympathie devant la souffrance d'autrui. Paradoxalement ce n'est pas la différence de niveau social - pourtant accentuée à l'extrême et volontairement n'en doutons pas - qui est la cause de l'échec du couple. Les Pièces Roses nous ont montré que cette différence pouvait être annulée grâce à l'intervention bénéfique d'un génie tutélaire, rôle que tient Hartman à la fois pour Florent et pour Thérèse en les éclairant sur leur comportement individuel et réciproque. Ce n'est pas non plus la disparité qui peut exister entre l'image rêvée du partenaire et sa réalité. Celle-ci, acceptée dans Le Rendez-vous, est rejetée dans L'Hermine et dans Jézabel soit parce que le partenaire ne veut pas endosser cette image de lui, soit parce que l'auteur du rêve ne peut plus s'intégrer à sa propre vision. Ce n'est pas non plus la virginité perdue de Thérèse qui met obstacle à son bonheur (32). Ni elle ni Florent ne souffrent de cette absence d'intégrité physique et ce dernier semble même se féliciter que Thérèse ne soit pas une oie blanche. Ce n'est pas non plus

parce que "les deux personnages n'avaient rien à se dire" (33).
L'importance reconnue à l'accord sexuel dans les pièces dont
nous avons parlé jusqu'ici nous certifie que le bonheur de Florent
au moment où Thérèse tente de le quitter et même lorsqu'elle le
quitte, est complet et sans inquiétude puisqu'il a recommencé à
composer, ce qu'il ne faisait plus au début de sa liaison. Ce
n'est pas cela et c'est en même temps tout cela ou plus précisément les conséquences psychologiques de cet ensemble de données
initiales sur l'esprit de Thérèse. C'est à travers les yeux des
siens, Jeannette, sa mère, son père, Gosta que Thérèse prend
conscience de la richesse de Florent, puis, conditionnée par eux
de la véritable supériorité de Florent, l'artiste miraculeusement
doué qui transforme, recrée, purifie et illumine tout ce qu'il touche, en un mot de leur écart social mais aussi individuel.

Cette faille qu'elle perçoit alors, elle tente non de la combler
mais de l'agrandir, d'en faire un goufre où périra son amour ou
du moins celui de Florent pour elle. En réalité Florent, inconsciemment, comble ce gouffre en la présentant à son monde: ses
arbres, sa maison, ses portraits, ses fauteuils, dans une sorte
de démythification, de désacralisation, d'humanisation de cet u-
nivers. Lui-même rejoint alors Thérèse en s'humanisant par la
douleur, par les larmes. Cependant, à peine cicatricée, cette
blessure est rouverte non par Florent ou Gosta mais par des
femmes, des jeunes filles semblables à elle, en qui elle aperçoit
soudain la Thérèse qu'elle aurait pu devenir si elle était restée
pauvre, ou devra devenir en acceptant d'être riche. Les jeunes
filles: Marie, l'arpète; les femmes: la vendeuse, Mme Bazin
n'ont pas dit une mauvaise parole, elles n'ont pas parlé une seule fois de leur intérêt ou de leurs privilèges et pourtant ce qu'elles ont dit avec la conscience que c'était juste et bon, a été in-
terprété par Thérèse, à la suite du changement d'optique, comme "impitoyable" (34), c'est-à-dire au sens étymologique : dépourvu de pitié.

Tout le problème de Thérèse réside donc dans une valorisation éthique des paroles, des actes, des sentiments de ce monde qui lui a entr'ouvert sa porte et qui transforme tout, qui remet tout dans l'ordre, un ordre supérieur d'où sont exclues la
pitié, la souffrance, la compassion, où les actes les plus nobles, les plus désintéressés sont trop nets, trop élégants, trop
faciles pour ne pas se situer hors du sentiment et émaner de
l'esprit et non du cœur (35).

Dans un mouvement analogue elle replacera dans son vrai
jour, en empruntant cette fois l'optique des riches, la démarche de Gosta dans laquelle elle verra uniquement la haine d'un
raté envieux et non un geste purificateur de justicier.

Ainsi son expérience de la vie des pauvres empêche Thérèse
d'accepter la vision des choses que la vie protégée, l'ignorance
de la douleur donnent aux riches, mais son contact récent et
pourtant profond avec le monde des riches lui fait parler le langage de la raison et non celui du cœur à Gosta. Une révolte
en sens contraire l'amène à se séparer une seconde fois de
son monde venu la reprendre et à se perdre dans la solitude.

Jean Anouilh craignait, pendant la générale, que l'on ne vît
dans sa pièce: "une histoire de brigands, (...) une opposition

de classes " (36). Passant outre à cet avertissement, le niant même comme R. Kemp (37), les premiers commentateurs de La Sauvage n'ont pas manqué de confirmer sa crainte. Il nous semble évident que Thérèse refuse à la fois un certain monde de riches et un certain monde de pauvres: celui de la dureté, de l'insensibilité, en un mot celui de la facilité. La confrontation de Thérèse et du petit souillon qui la poursuit de son admiration béate, est caractéristique de cette prise de position toute psychologique. Notons en passant que c'est à Hartman que revient le privilège de nous expliquer le comportement de l'enfant. Hartman, l'homme de cœur, le raté riche par opposition au raté pauvre, Gosta, a abdiqué devant la supériorité artistique de son ami; il s'est volontairement objectivé et s'est intégré à l'univers de Florent. Il est devenu une de ses joies et une de ses certitudes. Il lui est ainsi facile d'expliquer à Thérèse pourquoi le souillon admire la jeune fille en robe de mariée, puisque ce comportement reproduit, au décalage social près, son propre rapport à Florent. Nous avons en fait une gradation descendante d'admiration relatives et de subordinations: Florent est admiré par Hartman qui pourrait être son égal; Thérèse est admirée par le souillon de cuisine en qui elle voit son égale, tandis que la petite fille, tout en bas de l'échelle sociale, trouve encore un chien pour l'admirer. Au lieu de lui ouvrir les yeux sur la relativité de sa propre valorisation de l'univers des êtres et des choses, l'admiration que lui porte l'enfant irrite Thérèse. Elle ne veut en voir que la conséquence: toute à cette image du bonheur, la petite fille en oublie son chien et fait ainsi montre, elle aussi, de cette dureté de cœur que Thérèse reproche aux heureux. Cette absence de pitié par inadvertance, par divertissement frappe Thérèse qui y lit une sorte de présage, d'avertissement concernant le sort qui l'attend elle-même.

Frantz et Marc voyaient dans le monde idéal créé par leur imagination à partir des éléments que leur fournissait l'univers de leur partenaire une sorte de Paradis. Ils s'efforçaient d'y entrer par leur propre moyen en supprimant l'obstacle présumé qui leur en interdisait l'accès. Thérèse, elle, ne s'est originellement pas rendu compte du monde idéal dans lequel par la grâce de l'amour de Florent, elle était amenée à pénétrer. On a l'impression qu'elle ne l'a jamais rêvé, n'en a jamais éprouvé le manque, l'absence. Sa prise de conscience se fait au vu de quatre images que lui en fournissent les siens, Florent, Hartman et la famille France, et enfin les pauvres: la vendeuse et le souillon de cuisine. La Sauvage prend la fuite, elle fuit à la fois l'avenir trop clair que lui offre l'univers de Florent et le sombre passé de son univers à elle. Elle est victime, en définitive, non de la société à proprement parler ou de l'opposition de classes, mais de l'image qu'elle se fait des rapports entre riches et pauvres; elle est à la merci de sa lucidité qui l'empêche de tricher, de fermer les yeux sur les malheurs de la condition humaine. Elle reconnaît, au terme de son initiation que le bonheur, qu'elle avait accepté sans penser aux conséquences d'un tel marché, risque fort d'entraîner un durcissement du cœur en effaçant toute inquiétude, en faisant taire toute angoisse. En définitive c'est donc pour défendre son hon-

neur que, refusant la légèreté du bonheur des riches comme le
poids du malheur des pauvres, elle s'en va, toute seule, disponible, prête à aider n'importe quel chien déshérité.

Gaston, Le Voyageur sans Bagage (38), est à la recherche de
son passé, des traces et preuves de l'existence qu'il a vécue a-
vant d'être atteint d'amnésie à la suite d'une blessure de guerre
(39). Son avenir dépend de la nature de ce passé qu'il ignore,
puisqu'en reconnaissant ce dernier il se donnera une famille, un
état-civil, une personnalité; il cessera d'être un amnésique, un
malade, un mineur sans droits légaux, pour devenir un être normal. L'auteur usant de son droit régalien de maître du destin a-
doptera une solution mixte. Gaston refusera son passé et sa famille. Il se choisira un foyer, des souvenirs qui, s'ils ne lui appartiennent pas, lui conviennent mieux et sont, pour lui, promesse de bonheur.
   Comment peut-on expliquer que l'auteur ait voulu asseoir le
bonheur de Gaston sur un mensonge, alors que nous l'avons toujours vu défendre jusqu'alors la sincérité de ses héros?
   Dans la démarche de Gaston on peut distinguer un double mouvement en sens contraire. C'est d'abord un désir de plus en plus
violent découvrir qui était Jacques Renaud et de rechercher dans
sa vie les indices qui lui permettraient d'affirmer que le passé
de Jacques est le sien propre. Cependant, au fur et à mesure
que les indices tendant à prouver que Jacques et Gaston ne sont
qu'une seule et même personne s'accumulent, nous voyons Gaston
entreprendre un mouvement rétrograde et refuser successivement toutes les évidences. La construction de la pièce est assez rigide. La montée va jusqu'à la confrontation avec Juliette.
La confidence de Georges, revendiquant, malgré tout, la responsabilité des fautes de son frère entraîne le revirement de
Gaston. Il refuse successivement Mme Renaud, puis Valentine,
et enfin Jacques. Ceci est d'autant plus paradoxal qu'au fur et
à mesure que le portrait de Jacques s'assombrit on sent sa responsabilité se nuancer et s'alléger de sorte que ses actes les
plus noirs finissent par sembler tous excusables. Cela va si
loin qu'au moment où le rideau tombe le spectateur et Gaston sont
pris de pitié pour Jacques malgré ce que son sadisme et sa violence peuvent avoir de répréhensibles.
   Le problème qui se pose à Gaston en entrant dans la maison
des Renaud n'est pas tant de savoir s'il est lui-même Jacques
Renaud, mais plutôt: qui est Jacques Renaud, quel est cet être,
dont il va, peut-être, avoir à endosser la personnalité (40).
Le spectateur n'aura pas longtemps à attendre la réponse. Les
réflexions, dépourvues d'ambiguïté, des domestiques auront tôt
fait de le renseigner (41). Jacques était une belle crapule malgré ses dix-huit ans, si bien que sa mort au front a été considérée, par eux, comme un sort mérité. C'était un noceur ivrogne,
un brutal despotique "qui a levé la main sur Madame", un "salaud" aux multiples histoires peu reluisantes. "L'histoire a-
vec le fils Grandchamp, l'histoire de Valentine, l'histoire des
cinq cent mille balles et toutes celles" (42) que les domestiques

eux-mêmes ignorent.

Et le troisième tableau apporte confirmation. Quelques détails: la station devant la Diane chasseresse du jardin, l'arrêt imperceptible devant Valentine lors de la présentation des Renaud nous semblent des indices du déclenchement de sa mémoire. A partir de cet instant Gaston se pique au jeu. Dans cette maison chacun des habitants qui a été témoin de l'enfance de Jacques, va lui présenter un jeune homme dont la personnalité correspond bien dans les grandes lignes à l'esquisse qu'en ont donnée les domestiques, mais dont chaque geste et chaque acte replacé dans son contexte historique et social perd de sa virulence et se teinte d'irresponsabilité.

- Il a bien levé la main sur sa mère, mais celle-ci ne mérite guère un autre traitement. Imbue de ses droits, farouchement attachée à ses privilèges de mère elle manifeste une intransigeance et une rigueur qui sont plutôt le signe de la dureté de cœur que de l'amour maternel.

- Il a violé assez brutalement la bonne, Juliette, mais celle-ci a conservé un tel souvenir de sa liaison avec lui que, dix-huit ans après, elle l'évoque avec attendrissement, fierté et regret.

- Il a été l'amant de Valentine, la femme de son frère Georges, mais celle-ci démontre à Gaston que le vrai voleur n'était pas Jacques qu'elle aimait avant que Georges ne lui fût imposé par sa famille, mais son mari.

- Il était brutal, mais il faut voir dans ce comportement le fruit d'une éducation défectueuse: le père mort, le frère au front, rien ne pouvait corriger la violence du jeune homme avide de vivre et de jouir avec devant lui, à brève échéance, le front, c'est-à-dire, presque sûrement, la mort.

- Il a dépouillé une vieille tante de toutes ses économies, mais il faut reconnaître que celle-ci était bien candide ou bien sotte pour confier une pareille somme à un enfant de dix-huit ans.

Le seul geste qui ne sont pas excusé c'est "l'accident", et encore! Pour Juliette, la principale intéressée qui, semble-t-il, a été l'enjeu de ce combat de jeunes coqs, ce geste mérite l'admiration et prouve que "c'était quelqu'un Monsieur Jacques" et que "l'amour c'est plus fort que tout" (43).

Arrivé à ce point de son enquête Gaston pourrait envisager d'accepter la personnalité de Jacques. L'héritage n'est pas des plus intéressants mais nombre des fautes de Jacques sont excusables de l'aveu même de ses victimes. En outre le sort qui l'attendait au sortir de son enfance, ses dix-huit ans d'hospice, doivent être une compensation suffisante pour ses erreurs et fautes. Il est maintenant lavé de celles-ci, voire de son crime. Toutefois Gaston va rejeter de plus en plus violemment toute possibilité d'identification avec Jacques; il ira jusqu'à nier, délibérément, l'évidence, mentir et abuser de la confiance autant que de la situation de Valentine pour fuir la famille Renaud.

Pour comprendre ce revirement et l'apprécier à sa juste valeur nous nous arrêterons à deux manifestations de l'état d'âme de Gaston qui nous semblent capitales: les pleurs qu'il verse en découvrant, comme le lui avait annoncé Valentine, la preuve (venue tout droit du mélodrame) qu'il est vraiment Jacques; son exclamation de découragement en recevant l'ultime confidence de

Georges - "Vous avez gagné" - qui aura pour conséquence l'assassinat métaphysique de Jacques Renaud. Quelle valeur faut-il accorder à ses larmes? Pleure-t-il de joie ou de douleur? Est-il heureux de voir enfin se dissiper l'équivoque au sujet de son état-civil, ou bien regrette-t-il cette liberté, cette indépendance que lui conférait son anonymat? En effet, jusqu'à présent, il était encore libre de douter; depuis qu'il a vu, dans la glace, la preuve de son identité il ne peut plus se leurrer. Il se doutait bien qu'il risquait fort d'être Jacques. Désormais il sait. Cette certitude entraîne la mort de Gaston et surtout de l'être bon, honnête et libre (44) qu'il pensait être. A ce moment-là, et comme à regret, il s'accepte. Il ne fait aucun doute que c'est avec l'intention de réparer autant que possible le mal qu'il a pu causer, enfant et adolescent. Il l'a laissé entendre à Juliette et ses avertissements à Valentine le prouvent: "Si j'y suis obligé par quelque preuve, il faudra bien que je m'accepte, mais je ne vous accepterai pas" (45) son projet d'aller "jeter des noisettes et des morceaux de pain à d'autres écureuils", tout en regrettant de ne rien pouvoir faire pour ceux qui, avant de mourir, ont "eu peur et mal sans comprendre" (46). Madame Renaud et Valentine qui sont loin de bénéficier de la sympathie de Gaston, l'emportent alors.

Au contraire, quand il déclare avec lassitude à Georges "vous avez gagné" (47), la situation est totalement renversée. On peut se demander la raison de ce revirement qui entraînera le refus en bloc de la famille Renaud, le meurtre métaphysique de Jacques et même l'imposture finale par laquelle Gaston adoptera l'état-civil du neveu Madensale.

E.O. Marsh arrivant au terme de sa pertinente analyse de la pièce regrette que Gaston refuse son passé et, en outre, ait la possibilité d'endosser une troisième personnalité, celle du neveu Madensale, d'autant plus que "ce dénouement est entièrement conforme au caractère rebelle et égotiste de Jacques Renaud" (48). C'est faire bon marché, pensons-nous, du motif profond qui pousse Gaston à sacrifier la possibilité qui lui est offerte d'avoir désormais une vie facile, une belle indépendance matérielle, un état-civil, en un mot, à refuser le bonheur sous sa forme la plus courante et la plus simplement humaine. Lorsque Gaston démissionne ce n'est pas seulement parce que le passé de Jacques est trop lourd pour ses épaules, c'est surtout parce que l'esprit d'abnégation de Georges, son amour quasi-maternel pour son frère l'ont profondément ému. Lorsque Georges présente en outre Jacques comme l'ami idéal, un enfant à qui il a appris à lire, à monter à bicyclette, à nager, Gaston voit en son frère cet ami imaginaire dont il rêvait lui-même en entrant chez les Renaud et dont il espérait recevoir en cadeau sa mémoire, c'est-à-dire son passé (49). C'est à ce moment-là qu'il décide définitivement et de ne pas ressusciter Jacques et de rendre son retour impossible afin que Georges n'ait plus à craindre qu'il lui reprenne Valentine et le fasse à nouveau souffrir de quelque façon. Il n'est donc pas question d'un geste rappelant le caractère rebelle et égotiste de Jacques Renaud mais, au contraire, comme le signale Paul Ginestier, de son antithèse: Gaston fait exactement ce que Jacques n'aurait pas fait (50). Reste évidemment à expliquer la supercherie du neveu Madensale. Celle-ci intervient, on s'en souvient, au moment où Valentine a démontré mathématiquement pour ainsi dire à Gaston que celui-ci se trompe lourdement en pensant qu'il peut échapper à son passé. Avec une crudité et une violence inouïes elle lui rappelle que refuser d'être Jacques c'est s'exposer à retourner à l'asile, à être rudoyé par les infirmiers, contraint aux besognes les plus humbles voire les plus humiliantes. Gaston se sent comme une souris dans une souricière: "il ne lui reste pas le plus petit espoir" (51). Le bris du miroir souligne de façon doublement symbolique son désarroi: il entraîne dans la croyance populaire sept ans de malheur, mais ici il signifie, également, la destruction de Gaston tel qu'il s'était vu un instant dans le monde. Il n'est plus qu'un misérable inconnu à la recherche d'une personnalité qui lui convienne. Au début de la pièce il était en état de disponibilité, prêt à endosser un passé convenable; après son refus de sa famille, il en est au même point, mais avec cette possibilité en moins. Or le jeune garçon lui offre la possibilité de faire sien un état-civil absolument sans attaches avec le passé, sans aucun témoin, autrement dit qui lui permette de rester l'être absolument neuf (52) qu'il est devenu après la purification apportée par les souffrances de la guerre et le long oubli, en un mot de correspondre à l'être qu'il avait imaginé être soi-même (53). En outre ce garçonnet de 10 ans qui est son oncle ne peut-il pas devenir, lui aussi, cet ami idéal dont il rêvait et pour lequel se sacrifiait Georges en un premier temps. Il lui permettra de rembourser sa dette à ce dernier, de devenir le grand frère dont rêveront plus tard les pères de famille du type "Pélican".

Que cette fin postiche constitue, en dernier ressort, une pirouette de l'auteur, on ne saurait le nier, mais on sent chez celui-ci une volonté bien arrêtée de faire le bonheur de Gaston en lui permettant de repartir à zéro comme un bel adolescent qui aura sa provision de "taches, de ratures et aussi de joies", mais qui, au moins, ne traîne aucun boulet avec soi. Considéré dans la perspective de la nature du bonheur poursuivi par les héros et du rôle des liens familiaux et de la famille dans le succès ou l'échec final de leur quête, le mensonge de Gaston a un effet inhabituel sur le résultat de cette dernière. En mentant, l'amnésique de naguère se libère de l'emprise de la famille Renaud et trouve enfin le bonheur longtemps souhaité. Marc (J.) mentait autant par masochisme que par sadisme haineux, par égoïsme aveugle que par altruisme profond. Il essayait de sauver Jacqueline tout en la condamnant. Il refusait aussi la lutte qui aurait pu le libérer de sa déviation et s'enfonçait lui-même dans le malheur qu'il s'était créé de ses propres mains sans que l'on sache bien, en définitive, si son geste final portait l'empreinte d'un véritable amour. Barbara (R- V.) nous fournit un nouvel exemple de mensonge mais, cette fois, de nature uniquement altruiste.

Nous n'avons pu éviter de citer, à plusieurs reprises, dans

notre première partie le nom de Barbara (R-V.). C'est que ce
personnage nous paraissait témoigner d'une véritable pureté et
grandeur morales. En mentant, en se bafouant et en se meurtris-
sant au plus profond d'elle-même et dans ce qu'elle a de plus cher;
en acceptant de dégrader son amour, de le nier même, elle rache-
tait, en une seule fois et tout d'un coup, sa conduite passée. Dans
son dernier dialogue avec Robert elle retrouvait ce dergré de pureté de cœur que confèrent l'amour et la charité. En effet pour impure et méprisable dans son corps qu'elle puisse sembler, pour coupable que puisse apparaître sa conduite, son mensonge, qui n'est rien
d'autre qu'un véritable sacrifice, fait d'elle, en définitive, une des
rares héroïnes véritablement pures du théâtre de Jean Anouilh. Elle est pure de cette pureté instantanée et accidentelle reconquise
par le sacrifice ou la confession sincère. Mais cette pureté ne lui
apporte pas le bonheur parce qu'elle est la seule à connaître la vérité. Son pieux mensonge a pour pendant la mauvaise bonne foi in-
juste de Robert et l'incompréhension de Georges aveuglé par son
nouvel amour quand il s'agit de Barbara, mais parfaitement conscient d'avoir été le complice (et la victime) du proxénétisme de ses
parents et de son ami, unis dans l'exploi de la riche et trop crédule Henriette.

Avec Eurydice, le problème de la sincérité, de la vérité et du
mensonge apparaît encore avec plus de netteté que dans La Sauvage,
en particulier grâce au défilé des témoins qui, pendant qu'elle dis-
paraît, sans rémission cette fois, viennent préciser le sens de chacune des paroles de la jeune fille et confirmer sa véridicité essentielle et sa bonne foi. L'argent, la richesse, le milieu bourgeois
de Florent, opposés à la pauvreté, à la misère du milieu populaire
de Thérèse risquaient, nous l'avons déjà constaté, de fausser le
jugement des spectateurs lorsqu'il y va de l'appréciation des causes de l'échec des deux promis. On pouvait donc s'attendre à ce
que, reprenant une donnée identique, l'auteur corrigeât sa mise en
situation dans le sens d'un plus grand parallélisme de niveau social
des futurs promis, de façon à ce qu'aucun élément extérieur aux
deux individus ne vienne troubler le jugement. C'est pourquoi les
deux promis appartiennent maintenant à un milieu social.identique
et se situent à un niveau analogue: celui des artistes ambulants de
second rang. Pourtant c'est encore chez la jeune fille que le sincérité, toute partielle qu'elle est, sera la plus profonde.
    Un des problèmes majeurs d'Eurydice c'est celui de l'abîme qui
sépare signifiant et signifié dans tout message, même le plus anodin
ou le mieux défini. Comme toutes les natures frustes elle éprouve
une espèce de frayeur instinctive devant "sa majesté le mot". Par
une sorte d'intuition elle en perçoit la polyvalence aussi bien que
la limitation sémantique. Elle se sent incapable de préciser toutes
les nuances qu'elle devine confusément au moment de raconter ses
actes et d'expliquer sa conduite. Tout dire et tout raconter reste
du verbiage tant qu'il n'y a pas l'intention préalable de sincérité,
de bonne foi. Il est très difficile et très long d'expliquer ou de
faire ressortir les multiples connotations qu'apportent aux paroles
une intonation, une situation, une volonté spécifiques. "On a vite

fait de dire des choses, de mettre tout sous le même mot" (54), re-
connait-elle avec désespoir. Et nous ajouterons: surtout si ce mot
est le verbe aimer. Cette conscience aiguë que possède Eurydice
du danger que crée la parole apparaît clairement lorsqu'il s'agit
d'interpréter la valeur de sa liaison avec Mathias. Elle se rend
parfaitement compte que, pour tous, il est son amant; que, pour
tout le monde, il l'aime et qu'il faut bien qu'elle l'ait aimé pour en
faire son amant. Or, il ne fait aucun doute, ni pour elle, ni pour
le spectateur, que lorsqu'elle affirme: "je ne l'aime pas, je ne l'ai
jamais aimé", Eurydice est foncièrement sincère et loyale, que le
sentiment qu'elle éprouve pour Orphée n'est, à ses yeux, en rien
comparable à celui qui l'unissait à Mathias. Ce n'est que de maintenant qu'elle aime vraiment et ni cet amour, ni le besoin de purification qu'elle éprouve au contact d'Orphée (55), ne sont feints.
D'ailleurs si elle pouvait ressentir quelques doutes à l'égard de
l'opportunité de taire son passé, la jalousie dont fait montre
Orphée lors de son aveu partiel, la violence de son désir d'absolu,
son incompréhension totale des subtilités psychologiques dans ce
domaine, sa soif de pureté, sont autant de raisons valables de ne
pas aller jusqu'à une confession totale. Elle a reconnu depuis sa
première enfance que toute vérité n'est pas bonne à dire et qu'il y
a autant de vérités, toutes également vraies, que d'interprétations.
"Il y a tant de nuances dans la sincérité la plus loyale; il y a tant
de manières de dire la vérité sans la dire toute entière" consta-
tait déjà Dominique (56). Elle hésite donc à tout dire. Elle a
peur de faire souffrir inutilement Orphée (57). En effet qu'importe après tout le nombre d'amants qu'elle a connus avant Orphée.
Leurs traces se confondent en et sur elle. Seul l'amour d'Orphée,
ses exigences, sa jalousie viennent de leur donner une certaine
réalité et il ne tient qu'à lui qu'ils disparaissent à jamais.

Acte d'abdication, la lettre d'Eurydice est également son ultime justification. Elle amène un renversement complet de la situation. Ce que le défilé des témoins avait amorcé, la lettre le
termine parce qu'elle dévoile le véritable motif de son départ de
l'hôtel et de sa tentative de fuite. Par ce retour en arrière la
tension dramatique est portée à son apogée, puisque la lettre explique le double échec du couple, mais en outre fait de l'accusa-
teur un accusé et de la coupable une victime innocente. Il ne
s'agit pas, dans cette dernière pensée adressée à l'aimé, de
sauver, coûte que coûte, le bonheur qu'elle avait entrevu mais
de se montrer digne du "fidèle soldat", du "petit frère" qu'avait
fait naître le regard d'Orphée. En définitive ce n'est pas,
nous l'avons vu, devant la jalousie d'Orphée qu'elle a fui mais
devant cette autre Eurydice "si forte et si pure".

Au moment où par la grâce de M. Henri les deux amants se
retrouvent, ils ont à tenir compte dans leurs conduites non seulement des obstacles que peut susciter leur passé individuel
mais également de ceux de leur passé commun. Orphée doit
bien se mettre dans la tête que son Eurydice, c'est-à-dire celle dont son imagination a doublé la petite comédienne, est, elle,
bien morte et qu'il ne la retrouvera jamais. Elle a été tuée par
les révélations de Dulac autant que par l'accident dont elle est
la cause involontaire. Orphée pourra encore trouver le bonheur avec l'autre Eurydice à condition d'oublier le passé de cel-

le-ci, de ne pas regarder en arrière, mais de se contenter du présent et de l'avenir. Il est de bonne foi lorsqu'il promet à M. Henri d'accepter Eurydice quelle qu'elle soit (58), mais il suffira de quelques répliques pour que chacun des deux partenaires retombe dans sa propre ornière: lui dans sa jalousie, elle dans ses pieux mensonges pour ne pas faire souffrir Orphée, et... ils s'y embourberont!

On a souvent épilogué sur les rapports du mythe et de la pièce et Mme Eva Kushner, en particulier, a montré, dans sa belle analyse des raisons profondes du respectus chez les antiques et chez Anouilh, que chez ce dernier "l'échec n'est pas une conséquence du regard en arrière, il en est la cause". Autrement dit: "ce n'est pas parce qu'il est trop impatient de contempler la bien aimée qu'Orphée transgresse l'interdiction de M. Henri. C'est parce qu'il sait que son amour n'est pas viable et qu'il vaut mieux en finir", c'est-à-dire parce qu'il sait qu'il n'arrivera jamais à percer l'être intime d'Eurydice, à connaître la vraie Eurydice (59).

Pourtant si l'on s'est souvent demandé quelle était la cause de la transgression du respectus on n'a pas encore suffisament mis en lumière, pensons-nous, les conditions du respectus lui-même.

Le regard d'Eurydice est doué dès la mise en situation d'une faculté révélatrice. Cette particularité constitue un apport original de l'auteur au personnage mythique et coupe en fait tous les liens qui pouvaient unir du point de vue formel cette version à celles des Anciens. En effet la notion du respectus s'en trouve complètement transformée. Le regard en arrière n'est pas meurtrier en soi parce qu'il est doué d'un pouvoir fatal apparaissant au moment de la transgression de l'ordre divin, ou d'un manque de confiance dans la parole divine, comme chez les Anciens. Chez Anouilh la force magique ne réside pas dans le regard d'Orphée mais dans celui d'Eurydice et celle-ci est entièrement à la merci de quiconque la regarde. En effet il n'appartient pas exclusivement à Orphée de connaître les pensées d'Eurydice, d'autres ont noté avant lui que la couleur de ses yeux reflétait son état d'âme (60).

Sans doute est-il exact de dire que cette particularité du regard de la jeune fille a pour conséquence une démythification du thème et s'inspire d'une volonté de désacralisation. Pourtant il nous semble que, pour une juste compréhension de la position d'Eurydice, il convient surtout de noter qu'il s'agit ici en fait d'une aliénation pure et simple de l'héroïne. Elle est privée de toute liberté, de toute intimité. Elle n'a aucune possibilité de ne pas être sincère dès que son protagoniste connaît le code qui organise les changements de son regard. Mieux, Eurydice est profondément sincère avec Orphée, puisqu'elle lui donne immédiatement la clef de son être profond. C'est parce que, depuis leur rencontre jusqu'à la fuite de sa compagne, Orphée, au lieu de la regarder elle-même, n'a cessé de regarder en arrière et de fouiller son passé que le couple est détruit. Une fois encore dans la rencontre de deux individus la jeune fille n'a pas su s'identifier à l'image idéale que son partenaire se faisait d'elle. Mais le sort de celle-ci est d'autant plus tragique qu'elle est consciente de la nécessité d'adhérer point par point à cette image d'elle-même sous peine de mort. Ainsi Orphée détruit leur lien parce qu'il n'a pas deviné la sincérité profonde d'Eurydice, parce qu'il n'a pas accepté de vivre sur la seule foi de cette pureté morale en respectant le quant à soi de sa partenaire, en l'acceptant dans l'instant sans exiger d'elle une fidélité préalable à leur rencontre. Il lui aurait suffi, pour cela, de se contenter de "connaître" et l'Eurydice dont il avait rêvée et celle qu'il avait rencontrée, sans essayer de "reconnaître" celle d'avant leur rencontre. Peu importe alors le niveau social ou la nature sordide de sa famille comme de son monde d'adoption, la troupe dramatique de Dulac. "C'est personne" que tous ces gens-là parce qu'effectivement ils ne peuvent exister que si la jalousie d'Orphée leur prête vie. Ce n'est donc qu'indirectement, en définitive, que la présence de la mère d'Eurydice et sa conduit importent pour le bonheur de celle-ci. La honte que la jeune fille éprouve devant le spectacle de la parodie de l'amour que lui offre sa mère est une sorte de signal marquant le refus d'une certaine conception de l'amour et du bonheur humains où règnent le mensonge et les compromis.

Dans Roméo et Jeannette, ce sont deux conceptions opposées de la famille, de ses raisons d'être et de ses possibilités que nous voyons s'affronter. A la fantaisie farfelue, bohème et, en un mot, misérablement grotesque des Maurin s'opposent le conformisme rigoureux stable et richement étriqué des Larivière. Cette pièce vue par rapport au thème de la famille n'est rien de plus qu'une sorte de chassé-croisé dans lequel Julia essaie de sortir du milieu des Maurin pour pénétrer, grâce à Frédéric, dans celui des Larivière, mais en vient à perdre son amant attiré de son côté dans le monde des Maurin par l'envoûtante et... maléfique (?) Jeannette. Ici les familles sont les représentants de certaines conceptions opposées de la vie et du bonheur (61).

Avant que le rideau ne tombe sur le dernier acte, Lucien, qui vient de recevoir de la Côte d'Ivoire, la lettre tant attendue, répond au facteur qui lui demande quelques informations sur le contenu de la missive qu'il vient de lui délivrer: "Il n'y a plus d'enfants. Adieu facteur!" (62) A première vue on pourrait prendre cette réplique pour une de ces boutades et de ces fameux mots d'auteur dont le théâtre de boulevard n'est, traditionnellement, point avare et Anouilh prodigue. Lucien semble répondre à l'exclamation du facteur "Les enfants!" Mais un simple effort de mémoire nous permet de constater que le facteur s'annonce en ces termes les trois fois qu'il paraît en scène (63). Son rôle est ambigu. Il interrompt d'abord les confidences de Jeannette en apportant le télégramme d'Azarias, puis détruit l'entente des fuyards en annonçant l'empoisonnement de Julia et, enfin, apporte la lettre libératrice à Lucien. La première fois son intervention ravive la jalousie de Frédéric; la seconde elle cause le drame et fait perdre Jeannette à son amant; la troisième il tire la morale des événements. Il est une espèce d'oiseau de mauvais augure qui transmet aux jeunes gens les messages du monde extérieur. Il fait aussi penser à la jeune fille qui, dans Eurydice, passe régulièrement sur le quai de la gare et rappelle à Eurydice que Mathias, c'est-à-dire son passé, la cherche. Ses apparitions sont donc maléfiques alors que les quelques mots qu'il prononce font plutôt penser à la sage bonhommie d'un Hartman, ou d'un Monsieur Henri. Au sens habituel du proverbe dire: "Il n'y a plus d'enfants", c'est reconnaître comme le fait Argan à la fin de l'interrogatoire de Lison, devant l'habileté consommée avec laquelle celle-ci se joue de lui et de son autorité, qu'un enfant est devenu adulte dans sa façon d'agir, qu'il a perdu, sans qu'on s'en rende compte, cette innocence et cette spontanéité originelles propres à l'enfance (64). Il y a dans cette exclamation à la fois une sorte d'étonnement, d'incrédulité, de refus de se rendre à l'évidence, mais également une espèce de colère, d'accusation; pour un peu on crierait au scandale à l'idée que l'on ne sera plus le tout-puissant adulte, qu'il faudra partager le savoir et l'autorité. Les paroles finales de Lucien sont à double sens: elles répondent évidemment à l'exclamation par laquelle le facteur mais en même temps et surtout elles font allusion aux enfants de la pièce: Jeannette, Frédéric et Lucien lui-même et constatent, quand le rideau tombe, que tous trois sont, définitivement, morts à l'enfance.

L'aspect enfantin du comportement de Jeannette est fréquemment souligné au cours de la pièce. Avant même qu'elle n'entre en scène, le portrait que nous en fait Julia, même tendancieux, est éloquent sous ce respect. Il nous présente une gamine, capable de rêver, de laisser libre cours à sa fantaisie, vivant dans son monde à elle, n'attachant aucune importance aux choses et aux gens une fois qu'ils ont cessé d'exciter son désir ou qu'ils l'ont satisfait. La valeur intrinsèque de l'objet n'en fait nullement le prix à ses yeux, seule celle que lui confère sa fantaisie ou son imagination (65). C'est justement l'influence de l'imagination créatrice qui permet de comprendre et d'estimer à sa juste valeur la distinction qu'elle fait intervenir dans ses mensonges. Comme tous les enfants elle est capable de s'intégrer à ce point dans ses rêves qu'elle ne sait plus les distinguer de la réalité. Seul un témoin des événements ou des faits que raconte le rêveur peut faire le départ entre le vrai et le faux, le réel et l'imaginaire, entre ce qui est et ce qui n'est pas et faire profiter le rêveur de son pouvoir discriminatoire. Encore faut-il que ce témoin jouisse de la confiance du rêveur, que ce dernier voie en lui un ami et non un ennemi susceptible de lui mentir. C'est à Frédéric que Jeannette donne pouvoir de déchiffrement. C'est à lui qu'incombe de décider si ce qu'elle raconte, ce qu'elle pense appartient au rêve ou à la réalité, au possible ou à l'impossible, au mensonge ou à la vérité. Qu'il ait foi en elle et tout sera vrai; qu'il doute, et tout ne sera que mensonge. C'est le risque qu'elle prend, la petite chance qu'elle implore: "Oui, je mens toujours, mais il faut me croire tout de même. Ce ne sont pas de vrais mensonges que je fais. Tout aurait pu être vrai avec un peu de chance. Tout deviendrait vrai, si vous vouliez" (66).

Cette casuistique repose essentiellement sur la confiance que donne l'amour. Nous retrouvons le dilemme d'Eurydice.

Que faire? Tout avouer ou tout nier, ou encore n'avouer que le moins grave. C'est à cette alternative que les deux jeunes filles s'arrêtent, mais les questions de leur partenaire les font se couper et bientôt elles sont acculées par ce dernier au mensonge, par légitime défense pour ainsi dire (67). Jeannette aussi aurait voulu connaître Frédéric tout enfant, vers leurs dix, douze ans. Ils auraient, peut-être, fait partie de bandes rivales, s'attendant le soir à la sortie de l'école. Dans cet instant d'une tendre mélancolie on sent que l'imagination de Jeannette vagabonde, si bien que, mélangeant rêve et réalité, présent et passé, elle accuse Frédéric de l'avoir blessée avec une pierre (68).

Comme dans le cas de Nerval on peut parler ici "d'épanchement du songe dans la vie réelle" (69) et la réalité rêvée est celle qui répond aux aspirations profondes de son être. Rien n'était encore irrémédiable, tous les espoirs étaient permis s'ils s'étaient rencontrés enfants, mais il est hélas trop tard. Au fond Frédéric ne demande pas mieux que de faire confiance à Jeannette, du moins son cœur et son corps ont-ils opté pour elle. Seul son esprit résiste encore. Tout comme Orphée ne peut accepter la pensée de Dulac posant ses grosses mains sur le corps d'Eurydice, lui ne peut se défaire de l'idée d'Azarias possédant Jeannette comme un objet qu'il a payé et dont il use à son gré. Même la lettre de Jeannette rompant, de sa propre initiative, avec le châtelain: "Pour rien! Pour être libre" au moment de l'adieu qui la séparera irrémédiablement de l'aimé, ne réussit pas à convaincre Frédéric. Pourtant cette lettre est la première des trois tentatives que fera Jeannette pour se rendre digne de lui. La gratuité de cette rupture dont elle ne peut rien espérer est le signe d'une volonté profonde de clarté et de limpidité dans les rapports qui l'unissent à Frédéric. Son geste précède le grand duo d'amour et la sincérité de Jeannette écrivant la lettre ne fait aucun doute. Ceci dit, on est encore en droit de se demander pourquoi elle revient par la suite sur son aveu, pourquoi elle nie qu'Azarias ait été son amant, ce qu'elle entend par "gagner du temps". Ici encore la comparaison avec Eurydice s'impose. Comme elle, elle redoute l'épreuve physique et voudrait faire dépendre l'étendue de ses confidences de la réussite ou de l'échec de celle-ci. Si leurs corps s'entendent elle osera aller plus avant dans la voie de la franchise. Pourtant devant la jalousie et surtout le manque de confiance que trahissent les question de Frédéric lui refusant l'aumône "de deux sous de silence", elle confirme sa liaison avec Azarias et manifeste son regret de n'être plus intacte. Frédéric a le choix: il peut la refuser à cause de cela, mais il peut accepter ici et à l'instant même cette "fiancée toute noire" de sa honte bue, cette "jeune fille sans bouquets, sans voiles clairs, sans innocence et sans petits enfants pour lui tenir la traîne" (70) et qui promet même d'être fidèle. En la prenant dans ses bras et en l'embrassant Frédéric signe le pacte qu'elle lui propose.

Les problèmes de Jeannette ne sont pas résolus pour autant. Il ne lui suffit pas de se faire accepter de Frédéric, il lui faut aussi être sûre qu'il ne regrette pas Julia, que la "fiancée toute noire" a effacé la "tache blanche" que faisait Julia au fond du cœur de son fiancé. Toute la conduite de Jeannette sera désormais commandée par ce duel qui doit prouver, à Frédéric et aux autres, que Jeannette est maintenant aussi propre et aussi digne que sa sœur et, à Jeannette, que c'est vraiment elle qui règne, absolument seule, sur le cœur de Frédéric. Pour ce faire elle se soumettra par deux fois au jugement de Dieu. Elle pratique d'abord l'ordalie du feu. Le fer chaud est ici remplacé par la lumière qui doit attirer son amant: elle est prête à montrer celui-ci à Frédéric (71). La confrontation des deux Jeannette, celle d'Azarias et celle de Frédéric, peut lui être fatale. Mais si elle gagne: "elle aura donné autant que les vraies fiancées" et reconquis sa pureté en se libérant de la part d'elle-même qu'elle a laissée se gangrener par ignorance et par imprévoyance. La confrontation n'a pas lieu. Azarias n'entre pas et, sous l'impression de sa victoire, Jeannette se sent si bien l'égale de toutes les femmes honnêtes qui "montent la garde devant (le) cœur de Frédéric", qu'elle refuse de se donner à lui.

Les conditions du procès, le verdict, tout cela relève de l'enfantillage. Le jugement d'ordalie ne saurait prouver autre chose qu'une victoire momentanée sans garantir Jeannette contre un retour offensif du doute et de la jalousie de Frédéric. Cependant il manifeste chez la jeune fille la présence d'un grand désir de clarté et de sincérité.

La confrontation que souhaitait la jeune fille avec Azarias aura lieu. Lucien sera son champion. Après avoir dévoilé l'origine de la robe blanche que Jeannette avait emportée et offert, de la part de son mandant, le voile manquant, il se portera parti civile et, plaideur expérimenté et pour cause, fera le procès de l'amour.

Pour Frédéric le fait que Jeannette a emporté la robe et caché sa provenance est un manque de sincérité. Il ne comprend pas qu'en revêtant cette robe blanche - ce qu'elle a de plus précieux (72) - Jeannette entendait le récompenser en se faisait belle pour lui, mais aussi lui confirmer sa foi promise. En effet ainsi vêtue elle correspondait exactement au portrait de la "fiancée toute noire" qu'elle esquissait naguère et qu'il avait acceptée (73). Elle faisait en outre une "tache blanche" comme Julia.

La célèbre anecdote d'Arria femme de Paetus se poignardant pour encourager son mari, condamné par Néron, en lui donnant l'exemple (74), inspire à Jeannette l'idée d'une seconde épreuve destinée à montrer sa pureté de cœur et sa sincérité foncières. En montrant son sang Jeannette prouve qu'elle est courageuse, qu'elle est aussi capable de sacrifice que n'importe quelle dame romaine et à travers celle-ci que n'importe quelle femme respectable et respectée. Mais, en outre, son geste fait apparaître, dans un symbolisme simpliste, que son cœur "est propre et rouge dedans", c'est-à-dire pur. Ici encore le geste relève de l'enfantillage et constitue en fait une variante du serment enfantin d'Eurydice exigeant qu'Orphée crachât à terre. La réconciliation qui suit, l'entente conquise sera de peu de durée puisqu'au même instant, Julia fait, en la personne du facteur, un retour offensif. Celui-ci annonce l'empoisonnement de Julia. Se précipitant immédiatement au chevet de la malade au sujet de laquelle il a mauvaise conscience, Frédéric rompt, aux yeux de Jeannette, le pacte qu'ils avaient conclu. La jeune fille, impulsive et puérile dans son dépit et ses réactions, détruira immédaitement l'édifice de pureté reconquise si péniblement construit.

Au début de leur entente elle essayait d'imaginer l'impression qu'allait éprouver sa sœur lorsqu'elle "n'aurait plus rien dans les bras", Frédéric ayant passé dans les siens. Cette métaphore n'est pas seulement intéressante du point de vue de la thématique de la pureté physique, ni non plus comme preuve de l'objectivation de Frédéric par l'amour captatif de Jeannette, ou encore comme symbole psychoanalytique de l'abri protecteur, du nid douillet dont rêve le faible enfant. Elle prend un sens plus complexe encore du fait que c'est sur ce sentiment d'avoir perdu Frédéric, de ne plus rien tenir entre ses bras, au sens littéral comme au figuré, que Jeannette fera entrer Azarias (75). Elle brûlera ainsi tous les ponts derrière elle et se rendra tout retour vers Frédéric impossible. L'explication finale entre les deux amants souligne encore une fois le caractère enfantin, puéril presque de la conduite de Jeannette. Elle se marie le jour même du départ de Frédéric et de sa sœur, elle s'arrange pour que les échos de la noce leur parviennent, elle vient même prendre congé de Frédéric, un peu comme Eurydice avant de retomber dans les ténèbres. Elle reste jusqu'au bout une enfant qui joue, mais son jeu est tragique puisqu'il s'agit de sa vie et de son bonheur. Elle n'a pas accepté Azarias comme tout le monde peut le croire et croit, elle a refusé Frédéric. Ici encore apparaît l'ambiguïté des faits et de sa notion de la sincérité. En appliquant cette restriction morale dont Pascal faisait des gorges chaudes sous le nom de direction de l'intention, elle se montre habile casuiste et fait d'un geste apparemment condamnable une sorte de sacrifice.

Le caractère enfantin de Frédéric est moins directement visible. Son comportement rappelle essentiellement celui du pendule oscillant entre deux pôles de signes contraires dont il subit successivement la force d'attraction: l'âge adulte que représentent Julia et la famille Larivière, et l'enfance qu'incarnent Jeannette et la famille des Maurin. Au début il ne sort pas de son monde et va d'abord à Julia, puis, rejetant son passé et les siens, il pénètre dans l'univers puérilement poétique des Maurin et se dirige vers Jeannette; alors, après la tentative d'empoisonnement de Julia, à celle-ci encore, pour revenir, enfin, choix ultime, à Jeannette. La discussion qui l'oppose à cette dernière au moment où il se prépare à quitter définitivement l'île le confirme. Il a joué le jeu de l'enfance avec Jeannette, mais pour celle-ci Frédéric s'est repris au moment où il est parti retrouver Julia. Maintenant que Jeannette est mariée, qu'il ne peut plus la rejoindre il essaie lui aussi de couper les ponts avec elle: il se retranche dans le monde des adultes, celui des Larivière. Il prétend être sorti définitivement "de son monde d'enfant", d'avoir accepté une fois pour toutes "que tout ne soit pas aussi beau que lorsqu'on était petit" (76).

Le suicide de Jeannette sera son ultime purification, son refus de vieillir et de sortir du règne de l'enfance. Celui de Frédéric au contraire sera une dernière preuve de confiance et d'amour, une justification de son départ de naguère et la preuve de son choix final: le retour dans le monde de la sincérité, du rêve propre à la fantaisie de Jeannette et à l'enfance.

Pour Lucien le mouvement est inverse. Il s'est conduit en adulte jusqu'à ce que l'infidélité de Denise lui ait fait douter non seulement des femmes, mais encore de l'amour. Il s'est alors réfugié, par vengeance, chez son père, dans le monde de l'ivresse, du cynisme puéril et de la méchanceté apparente comme un petit enfant déçu à qui on a ôté son jouet. La mort de sa sœur et de Frédéric lui prouve que l'amour existe, que rien n'est perdu. Elle lui rend, peut-être, l'espoir et, certainement, le courage de vivre, d'être de nouveau un adulte. Il abandonne alors la maison paternelle et la famille pour l'Afrique appelé par la lettre providentielle.

Dans les six pièces que nous venons d'analyser dans la perspective de la pureté de cœur, la famille était une sorte de boulet que le héros ou l'héroïne traînait à son pied. Elle servait également, parfois, de toile de fond et de symbole pour une certaine conception de la vie et du bonheur. Si Georges (R-V.) n'avait aucune peine à se libérer de l'influence de ses parents, la famille ne contribuait pas peu à l'échec de la tentative faite par les autres héros et héroïnes pour trouver ou conserver un bonheur dont ils avaient entrevu l'éclat comme une clairière lumineuse dans leur sombre existence. Il est vrai que les parents de Marc, de Georges, de Thérèse, d'Eurydice ou de Jeannette sont peu reluisants: des raté et des nymphomanes, opportunistes, proxénètes, parasites, de moralité douteuse et dont la fibre paternelle ou maternelle ne vibre que pour se mettre à l'unisson de leur propre intérêt et de leur égoïsme. Quant à la mère de Jacques Renaud ou de Frédéric son appartenance au milieu bourgeois lui donne une apparence de respectabilité qui est en fait sa seule qualité morale. Elle n'en est au fond que plus coupable de sécheresse de cœur et elle est, peut-être, encore plus endurcie et moins mère qu'une Jézabel ou que la mère d'Eurydice puisqu'elle n'a pas l'excuse de la pauvreté, d'une vie difficile et d'une situation instable.

Pour tous ces personnages l'honneur de l'homme est plus ou moins un vain mot, la notion de famille, évidemment, lettre morte. Seuls les héros et héroïnes se laissent guider par ces concepts dans la mesure où ils refusent tout comportement qui ne correspondrait pas à l'idée qu'ils se font de l'homme, de sa fonction dans le monde et du bonheur humain. Toutefois à partir de Colombe on trouve dans le théâtre de Jean Anouilh un personnage pour lequel l'honneur de l'homme joue un rôle prédominant et commande directement sa conduite: le Romain (77). Qu'il soit officier de carrière amoureux d'une théâtreuse et imbu de principes au point de répondre à l'infidélité par le suicide - comme le père de Julien - ou adolescent redresseur de tort comme Fabrice, le fils d'Ornifle, il attire, par sa rigueur bourrue, les jeunes filles comme Aglaé (78), Colombe ou Marguerite (79) voire Alexandra jeune, à qui il offre une gravité et un sérieux qui les charment. Mais ce qui faisait le prix de leur présence et de leur amour (leurs principes, leur rigueur morale) ne tarde pas à les rendre ennuyeux et fatigants. C'est qu'ils demandent la lune et voudraient que tout soit éternellement clair et pur comme dans leurs rêves d'enfants: "...ce sont vos histoires de Romains. Vous y avez trop cru à ce qu'il y avait dans vos bouquins, tous les deux. Cela vous a empêché d'apprendre à vivre" (80), rétorque sa mère à Julien venu se plaindre de la perte de Colombe. Le caractère moral et... moralisateur de ce type de personnage trouve son apogée lorsque, quittant son rôle d'amant ou d'époux, il endosse celui de père. Les pères font avec leurs enfants, un garçon, Toto, et une ou plusieurs filles, une unité que l'on retrouve régulièrement après L'Hurluberlu. Ces pères sont ces Catons qui, naguère, ont séduit leur femme par leur rigueur et qui, maintenant, s'essaient à transmettre leurs convictions et conceptions à leurs enfants mais plus particulièrement à l'héritier du nom, le garçon.

Anouilh utilise, pour qualifier le besoin immodéré de sacrifice, de dévouement de ces personnages et leur amour oblatif le symbole mythique du Pélican, lequel - faute d'autre aliment - nourrit ses enfants de ses propres entrailles. Non contents de se dévouer pour leurs enfants, les Pélicans offrent leurs tripes aussi à celle qu'ils aiment et ils estiment que celle-ci, par voie de conséquence, doit accepter non seulement leur amour mais leur conception de celui-ci et surtout sa valeur éternelle. Ils voudraient que l'objet de leur passion les aimât par reconnaissance, à défaut de passion, ou qu'elle se contentât de céder devant la profondeur et l'authenticité du sentiment qu'ils leur offrent. Evidemment ils sont chaque fois durement désabusés. Pour Madame Alexandra le dévouement de son colonel n'est que faux altruïsme et il est, en réalité, comme ses semblables, un grand égoïste. Ils offrent leurs tripes mais c'est pour vous donner mauvaise conscience, pour éveiller votre pitié et vous amener à faire ce qu'ils veulent, pense-t-elle. Reprenant l'image du Pélican, Madame Alexandra vitupère: "Et plus cela leur fait mal, plus cela leur fait plaisir, ils en reprennent à poignée, avec d'horribles souffrances pour nous les offrir /leurs tripes_/ qu'on le veuille ou non" (80).

L'emploi de la métaphore du Pélican dans Colombe est relativement abusif. En effet elle s'applique aussi bien à l'amour conjugal qu'à l'amour paternel. Dans certaines des pièces qui suivront comme L'Hurluberlu ou le Réactionnaire amoureux, Les Poissons Rouges, ou "Mon Père ce Héros", Ne Réveillez pas Madame... et Le Directeur de l'Opéra, Anouilh utilise le caractère Pélican d'une façon plus conforme à la tradition biblique. Dans Le Boulanger, la Boulangère et le Petit Mitron, par contre les notions de Romain et de Pélican ne sont pas expressément apparentes, mais elles forment en fait le contrepoint de la conduite d'Adolphe, elles représentent le but à atteindre, elles fondent l'homme qu'il voudrait être, l'Adolphe de ses rêves.

Le rapport des enfants aux parents apparaît encore dans Tu étais si gentil quand tu étais petit et Cher Antoine, mais avec moins de force. L'honneur de l'homme comme celui de la famille exigent qu'Oreste venge la mort de son père. Paradoxalement il apparaît qu'Egisthe est au fond le seul être qui aimait Oreste et qu'il jouait auprès de lui le rôle de père. Dans Cher Antoine enfin les rapports parents-enfants ne sont pratiquement pas exploités et la famille est vue ici dans l'optique des adultes comme une simple conséquence de la durée du couple.

Le Général Ludovic (Hurl.) est un père exemplaire. Ne va-t-il pas jusqu'à vouloir, présentement, apprendre le latin pour être à même, plus tard, d'aider son fils Toto qui a l'âge du lycée. En vieux militaire, il attache une importance exagérée à la notion d'honneur héritée du XVIIe siècle duelleur, une valeur qu'il ne faut sans doute pas rejeter entièrement, mais qu'il faut, comme beaucoup d'autres, adapter sur les traces de Montesquieu, aux mœurs et à la latitude comme à l'époque. Il s'en apercevra à ses dépens. Sa propension à ne voir que des situations nettes et tranchées; à ne reconnaître que l'opposition entre noir et blanc en oubliant la multitude de gris; à passer outre à toute casuistique du Bien et du Mal; son refus de s'arrêter aux mille et une nuances d'une vérité et d'une sincérité capricieuses, font de lui un réactionnaire. Il arrive encore à maintenir son personnage à peu près intact vis-à-vis de son fils. Celui-ci n'a pas dépassé l'âge des Indiens et des long-rifles ou des chevaliers sans peur et sans reproche et, à ses yeux son père est à la fois Buffalo Bill et Bayard. Aussi Toto ne doute-t-il aucunement de la parole de Ludovic. Il est prêt à croire, contre toute évidence, que celui-ci finira par l'emporter sur le laitier (81). Pour ce qui est de Sidonie et d'Aglaé, celles-ci ont percé ses rodomontades et son ridicule. Ce qui leur reste c'est le respect, cette admiration mêlée de désapprobation et d'envie, qu'éveille la vue du don-quichotisme poussé jusqu'au sacrifice de soi, qui caractérise la conduite de leur père.

C'est encore à un adolescent du nom de Toto que le spectateur est confronté dans le descendant de l'incapable Adolphe (Bou.). Malgré son jeune âge, l'enfant est plus ou moins conscient de l'incapacité de son père. Il en souffre comme d'une obsession et échappe à sa hantise par l'onirisme que n'importe quel récit suffit à déclencher. Qu'il s'agisse de l'Histoire de France ou d'un simple récit d'Indiens, tout alimente son imagination et sa soif d'évasion. Adolphe, le père, n'est au fond pas mauvais bougre mais, petit teneur de livres, il se rêve baron d'industrie. Que le téléphone fasse entendre sa grêle sonnerie et, avant même de décrocher, la pensée que ce pourrait être son directeur Fessard-le-Bonze courbe ses épaules et brise ses jambes. Revenant à la réalité il redevient le subordonné mielleux, couard, prêt à avaler toutes les couleuvres, qu'il est en réalité. Ce n'est pas cette admiration que l'on voue aux hommes forts que lui prodigue alors Toto mais une douloureuse pitié (82). Le rêve de l'enfant: le foyer uni de Louis XVI

dans la prison du Temple (83), ou l'apothéose finale d'Adolphe -
Adolphus: un "père fort et courageux" qui n'a pas cédé aux menaces du criminel Fessard-le-Bonze et se tient encore tout droit
attaché aux côtés de sa femme, couple fidèle et uni jusque dans
la mort (84) est pour l'enfant l'image du bonheur souhaité. Ces
images d'Epinal répondent à sa conception enfantine de l'honneur
de l'homme et de la conduite de vrais parents. Toto rejoint ainsi, toute proportion gardée, le comportement de Marc (L.) rêvant
de parents respectables.

Pour Antoine de Saint-Flour, le héros de Poissons Rouges,
on peut dire qu'il fait de louables efforts pour "être simplement
un homme" (85) et, ce qui ne gâche rien,un père acceptable.
Condamné à avoir toujours tort et à se sentir, dans toutes les
situations et vis-à-vis de tout le monde, constamment coupable
pour avoir dans sa prime enfance dûment compissé les cyprins
de sa grand-mère, Antoine apprendra à son fils à se conduire
en gentilhomme c'est-à-dire à "toujours se laisser un peu rouler. Jusqu'à l'honneur de l'homme, mais pas plus loin" (86).
Qu'entend-il exactement par là? Qu'est pour lui cet honneur de
l'homme qu'il offre à son fils comme étant une de ces valeurs
fondamentales telles que la liberté ou la patrie pour lesquelles
l'homme peut vivre et mourir.
Anouilh cette fois a bien fait les choses puisque nous voyons
Antoine s'essayant à vivre selon sa propre éthique comme bache
lier en 1925, comme soldat de l'armée en déroute pendant le débâcle durant la "drôle de guerre", comme père à la poursuite
d'une fantômatique retraite aux flambeaux le soir du 14 juillet
1960, enfin comme citoyen à la Libération en 1944. Autrement
dit nous voyons Antoine dans sa vie d'homme pendant une quarantaine d'années et assistons à sa lutte pour rester fidèle à ses
principes et à son honneur d'homme (86), malgré les attaques de
la vie et du temps. Son partenaire dans ces mises en situation
successives sort de Colombe: c'est La Surette, dont le nom annonce déjà le faux ami aigri, jaloux, envieux, celui que nous
avons rencontré à maintes reprises par ailleurs. Il s'appelle
Robert, Bachman, Cravatar (87). Cette fois, en application du
procédé de polyvalence du personnage adopté pour Le Boulanger
il sera à la fois l'ami d'enfance-lycéen, le pioupiou-frère d'armes, le trafiquant-délateur à l'occupation et enfin le Greffier
du Tribunal devant lequel Antoine aura à rendre compte non seulement de son comportement politique mais plus généralement de
son comportement humain.
La philosophie d'Antoine est simple, il la résume pour sa
belle-mère: il a d'abord été bourrelé de scrupules et de remord
depuis sa plus tendre enfance, en fait depuis l'affaire des cyprins de sa grand-mère. Puis un jour, il s'est aperçu que ce
que les autres lui reprochaient "ce qui était mal, c'est ce qui
les gênait eux" (88). De ce jour-là date sa libération, sa naissance en tant qu'individu libre et indépendant puisque chassant
tout remords ou repentir "il s'est accepté en bloc".
Deux poèmes, La Conscience et Après la bataille, emprun-

tés à Victor Hugo, et le terme de "misérables", employé au sens hugolien, illustrent cette nouvelle prise de position. Les deux poèmes ne manquent pas de rappeler au spectateur français le titre du recueil dont ils sont tirés: La Légende des Siècles et d'évoquer immédiatement une notion de pérennité et d'évolution. Ils fournissent, en outre, deux symboles: celui de l'œil mystique poursuivant le coupable dans ses derniers retranchements et celui d'un père noble, altruiste et Pélican par excellence, puisque son amour nourrit même ses ennemis. En effet le père ne va-t-il pas, chez Hugo, jusqu'à offrir à boire à l'ennemi qui vient d'essayer de le tuer par traîtrise? Ces deux poésies, que tout Français a ânonnées à la communale, sont également une sorte d'exposant pour les rôles de juge et de partie, de l'Autre et de l'Homme (89), de La Surette et d'Antoine.

Dans le troisième tableau du premier acte nous voyons Antoine et La Surette, l'année de leur "Bac", pédalant sur les bords de la Loire vers Blois; ils profitent des vacances de Pâques pour visiter les châteaux de la Loire. La Surette reproche à son camarade d'être fils de riche, d'exploiter par une sorte d'atavisme de classe le pauvre qu'il est. Il ne lui est pas reconnaissant non plus de s'être jeté à l'eau pour lui sauver la vie à la baignade. La Surette refuse avec une mauvaise foi évidente toute forme de reconnaissance à l'égard du richard. Mieux, lorsque cédant à ses prières, Antoine aura donné à La Surette les cents francs que celui-ci lui réclame s'offrir une poule de luxe "qui sent bon", son camarade lui imputera à mal cette générosité. Il ne voudra voir dans le sacrifice d'Antoine qu'une occasion supplémentaire pour celui-ci, de marquer sa supériorité en abaissant son camarade dont il souligne la dépendance et l'impécuniosité. Pourtant le spectateur voit clairement que la mauvaise foi dont s'arme La Surette n'a d'égale que sa mauvaise conscience.

Au début du second acte nous retrouvons nos deux compères. C'est la Débâcle et ils roulent, en vélo encore, au bord de la Loire, mais cette fois en se dirigeant sur les Pyrénées et fuyant devant l'envahisseur. Le ton de la conversation n'a guère changé. C'est la même mauvaise foi hargneuse de La Surette opposée à la trop candide logique d'Antoine. Outre que cette confrontation permet une satire de la "drôle de guerre", elle offre aussi l'occasion de compléter la notion d'honneur de l'homme par deux histoires exemplaires. C'est d'abord celle du capitaine de Granpié et de ses douze Bretons, mourant pour l'honneur du panache (90),pour rien. La Surette n'y voit encore qu'une conséquence "des histoires de Romains à l'école". C'est ensuite Antoine fourrant son Shakespeare dans la poche de sa capote au lieu de boîtes de conserves, préférant ainsi la nourriture intellectuelle à la matérielle. L'honneur de l'homme s'identifie ici à la préservation des valeurs culturelles et de l'intelligence.

L'Epuration et la Libération fournissent l'atmosphère des deux dernières mises en situation du pauvre Antoine. La première montre un La Surette, soi-disant trafiquant au marché noir et risquant le poteau d'exécution en dépit de la chronologie et du plus simple bon sens. En fait il s'agit, sous prétexte d'invraisemblables menaces de poursuites pour marché noir, d'extorquer à Antoine quatre cent mille francs, cet argent devant per mettre à la Surette de sauver son existence en s'enfuyant. Bien qu'il n'ignore pas que La Surette l'a naguère dénoncé à la Gestapo, Antoine n'hésitera qu'à peine; il lui donnera la somme demandée renouvelant ainsi littéralement le geste du père dans le poème hugolien (91). Au moment de s'endormir dans la chambre d'hôtel où ils s'étaient réfugiés, La Surette, à bout de sujets de haine et de rancœur regrettait: "Il y a des fois où j'aurais voulu être nègre ou bossu. Pour pouvoir faire honte encore plus ..." (92). Il préparait ainsi leur dernière rencontre. On est en droit de penser que, s'il avait pu, le metteur en scène aurait fait jouer le rôle du bossu et du greffier par le même acteur, c'est-à-dire La Surette, renouvelant le jeu de scène utilisé dans Le Boulanger. La construction d'une telle scène du type: les frères jumeaux ou ménechmes, était pratiquement impossible et cette impossibilité nous a sans doute gratifié du médecin bossu, qui deviendra le juge du Tribunal de la Résistance et que sa bosse fait proche parent du coxalgique La Surette.

Cette confrontation de la bêtise, de l'envie et de la haine d'une part et de l'intelligence, de la générosité et de l'amour du prochain de l'autre est une des plus belles illustrations et défenses de l'honneur de l'homme, de l'homme absolument libre, dont l'insolence, la légèreté cache une immense pitié et que les "misérables" empêchent de dormir (93), comme le chien malheureux faisait fuir Thérèse. Cet homme-là est immortel et la salve qui devrait le réduire au silence et à l'immobilité passe sur lui sans l'abattre symbolisant ainsi la pérennité de l'individu.

La morale de cette leçon est fournie par l'apothéose finale d'Antoine dans son rôle de père éducateur. Si l'homme est responsable du Traité de Versailles, de Munich, de Waterloo ou du péché originel, on lui doit également l'invention de l'électricité, la cathédrale de Chartes, les Pensées de Pascal, le théâtre de Molière et de Shakespeare (94), enseigne-t-il au jeune Toto, se déclarant ainsi le champion d'un humanisme éternel. Antoine a résisté à toutes les attaques; il a failli devenir bossu et tordu, à son tour, en s'abandonnant, dans un moment de désespoir au conformisme mais, finalement, il a tenu tête à tous les assauts et il a pleinement assumé sa condition humaine. Il conserve une confiance indéfectible en la valeur de l'homme. Même si l'Homme et véritable est rare, il s'en trouve toujours quelques-uns pour transmettre le flambeau d'une génération à l'autre et chacun de nous est héritier et légataire de l'humaine condition. Cette absurde confiance en l'Homme pourrait bien au fond constituer, à elle seule, le profond héroïsme du père de Toto et expliquer sa défense d'une élite intellectuelle et culturelle réactionnaire allant à l'encontre de toute tentative de nivellement social, ou de relèvement des masses.

Comme nous l'avons déjà constaté, Ne Réveillez pas Madame... met en scène trois générations de "Julien Paluche". L'ancien officier Julien Paluche, mari de Rosa; son fils Julien,

directeur de troupe, mari d'Aglaé, et, ne paraissant pas sur
scène, les enfants de ces derniers. Par ailleurs nous assistons
à certains moments de l'enfance du directeur de troupe qui éclairent par l'analogie qu'on y sent le comportement et le sort des
enfants d'Aglaé.

A travers le temps et les générations ces trois fils de deux
pères sont constamment identiques à eux-mêmes. Il sont des "em-
merdants" parce qu'ils ont une conception de l'honneur et de la
morale, sociale ou professionnelle, qui en fait des êtres particuliers peu adaptés à notre société. Si l'amoncellement de mises
en situation peut faire illusion elle n'apporte rien que nous ne
sachions déjà au sujet de ces Romains. L'histoire du père de
Julien (95) est, à quelques variantes près, celle du père de Julien
dans Colombe à la différence que, s'étant raté au suicide, il se
consacre à élever son fils et ferme les yeux sur la conduite de
sa femme ou plutôt essaie de les fermer comme semble signifier
son tic (96). Julien fils est bien le descendant du brave de Verdun
et de la théâtreuse Sidonie. De l'un il a la rigueur morale, de
l'autre la passion du théâtre. Son côté romain lui attire les jeunes filles éprises de vérité et de droiture, mais son manque de
souplesse, les privant de joie et de lumière, les fait se révolter
au bout de quelque temps, quelque puissantes qu'aient été leurs
résolutions (97). Il refuse de vivre, de faire semblant "d'adhé-
re à un système de conventions". C'est parce que Julien se fait
une idée si haute de l'homme que Bachman, qui le connaît bien,
lui démontre que sa conception est irréalisable dans la vie courante et que, seule, la vérité du théâtre, après celle du Livre
d'Histoire peut faire illusion, pour quelques heures, le temps
d'une représentation: "On fait n'importe quoi et on le laisse
faire aux autres, parce qu'on sait que cela n'a pas d'importance
... La vraie rigueur c'est pour le soir; dans Coriolan" (98).

Pourtant, quoi qu'il en dise, Julien est à son tour, contraint,
comme l'était son père, de finasser avec sa rigueur, de se laisser aller à faire des concessions à la vie pour échapper à la solitude du cœur. Celle-ci est pire que l'isolement puisqu'on est
seul au milieu des autres fût-on en compagnie d'autrui. Il accompagnera Aglaé au bal, acceptera de se leurrer lui-même a-
vec Maureen, et, plus grossièrement encore, de s'encanailler
avec la jeune figurante. Entretemps il affiche continuellement
"ses principes, sa grande âme astiquée..." (99), mais sa conduite est aussi puérile que celle de Jeannette (R.& J.). Bachman,
le faux ami qui est, peut-être, celui qui l'aime le mieux, a raison de reprocher à Julien son absence du sens des réalités.
Julien doit cesser de poursuivre un impossible idéal, de vouloir
la lune et devenir enfin un adulte à tous points de vue et non en
surface seulement. Il ne doit pas se contenter de répéter, comme il le disait naguère à sa mère, qu'il est grand à présent
(100) mais agir en adulte, s'ouvrir aux réalités de l'existence,
se contenter du semblant quand on ne peut avoir l'authentique,
ne pas poursuivre inutilement la réalisation d'un rêve impossible, mais accepter les petites joies de l'existence avant que le
rideau tombe. Le côté Pélican est à peine évoqué pour Julien.
C'est plutôt le refus des obligations maternelles par Aglaé qui
est souligné dans des termes qui rappellent La Petite Molière.

Le Pélicanisme de Julien n'apparaît que dans la mesure où il cherche à apporter un peu de bien-être et de régularité dans l'existence de ses enfants négligés par leur mère.

Julien (Rév.) arborait sa rigueur, sa "grande âme astiquée" à bout de bras comme un étendard. Egisthe (Gent.) au contraire s'accepte tel qu'il est - "ses deux mains sales au bout de ses bras devant sa glace" avec un "masque de carnaval - et aussi innocent que lorsqu'on était petit" (101). Ici le modèle n'est plus ni Alceste ou Caton, ni le Pélican mais Sysiphe. Egisthe ne refuse ni l'intransigeance, ni la rigueur, ni la pureté de cœur, mais il les réserve pour l'adolescence: "Etre un homme" (sc. pratiquer l'honneur de l'homme) "c'est d'essayer et de rater, bien sûr, puisqu'on rate toujours". Accepter de grandir, nous le savons, c'est accepter, au sens large du mot, c'est aussi s'accepter comme nous l'ont montré Ludovic (Hurl.), Antoine (P.R.) et avec moins de persévérance Frédéric (R.& J.). Pour l'adolescent qui veut garder intact son monde de rêve, son idéal de pureté et de sincérité, il n'existe qu'une solution - refuser de grandir, refuser de devenir un homme, refuser la Vie. Comme il n'arrive pas à susprendre le temps, l'adolescent est condamné à mourir. Nous retrouvons ici la quintessence du comportement des premiers héros de Jean Anouilh et la raison de leur refus de vivre. Pourtant Egisthe, s'il a accepté, c'est néanmoins dans les limites, tout de même relativement étroites, de l'honneur de l'homme, un honneur qui laisse libre mais oblige à payer le jour venu. C'est ce qui explique, outre l'obéissance à la tradition mythique, qu'Egisthe ne cherche pas à échapper à son meurtrier. En effet la mort, comme pour Eurydice, lui permettra de retrouver sa beauté et sa paix premières (102).

Si, toutefois, nous envisageons à présent la valorisation morale de l'acte matricide du côté des adolescents, nous aurons à adopter une double optique pour rendre compte du rôle de la pureté de cœur dans cette situation. Ce sera d'abord la façon dont les adolescents considèrent le couple ennemi, ensuite la façon sont ils estiment la valeur de leur acte en soi et se jugent eux-mêmes.

Anouilh a tenu à resserrer intimement les liens unissant Electre et Oreste. Ils ne sont pas seulement frère et sœur comme le veut la tradition, mais ils sont jumeaux, c'est-à-dire qu'issus d'un même ovule ils ne peuvent trouver leur intégrité que réunis. Personne, à notre connaissance, n'avait pensé, avant Anouilh, à faire d'Electre et d'Oreste des jumeaux (103). Cette conception permet d'ajouter la notion de complémentarité congénitale au motif de l'inceste que l'on rencontre dans certaines versions du mythe à partir du XIXe siècle. Electre ne peut agir seule, elle ne peut même pas exister seule puisque son nom évoque immédiatement celui d'Oreste. La relation est d'ailleurs double et reversible et témoigne de la force du lien qui les unit. Oreste est son complément dans l'accomplissement de la vengeance. Séparée de lui elle est amputée, privée de moyens et ne peut qu'attendre; avec Oreste, elle pense retrouver son unité mais le meurtre même les sépare, puisque, si elle y a contribué, elle n'y a pas vraiment participé. Le destin d'Electre est donc d'attendre Oreste, d'espérer retrouver enfin son unité mais d'échouer dans sa tentative de fusion totale. C'est ce que souligne, du point de vue formel, la fin de la pièce et sa forme circulaire qui fait de cette fin un éternel recommencement et, du point de vue psychologique, la différence qui sépare la conception de chacun des deux adolescents devant la vie et le devoir.

On comprend mieux, dans la perspective des jumeaux, que la façon dont Electre aborde son frère ressemble plus à celle d'une maîtresse accueillant son amant, c'est-à-dire son complément, qu'à celle d'une sœur recevant un frère perdu de vue depuis de nombreuses années. Point n'est besoin dans ce cas de faire intervenir un coup de foudre reposant sur la méprise que cause l'ignorance de l'identité d'Oreste. Electre a pris la relève d'Oreste quand celui-ci enlevé par le Pédagogue n'a plus été là pour épier le couple "comme une musaraigne", à chaque détour du couloir. Elle est devenue l'œil, la conscience regardant sa mère et Egisthe. Pour atteindre son but Electre n'a pas hésité à se souiller, à s'abaisser à des besognes indignes de son rang de princesse par un sens profond de masochisme sans doute, mais, surtout, afin de maintenir en pleine activité la mauvaise conscience du couple meurtrier de son père. Elle est aussi devenue, pour ainsi dire, la personnification, le rappel constant de la faute des assassins. Elle ne leur accorde pas un seul instant de répit ou la possibilité d'exprimer soit un remords, soit un repentir. Ses mains rouges, ses robes trouées, la promiscuité de l'écurie et des valets, son rang de servante esclave, en un mot tout l'abaissement systématique de sa personne et de son rang de princesse, elle en rend Egisthe et Clytemnestre responsables. Ses souillures sont l'exposant permanent, le reproche vivant que rencontrent à tout instant les regards du couple parricide et adultère. Electre agit comme si cette impureté qu'elle s'inflige devait s'ajouter pour la Reine, à la tache indélébile causée par le sang de l'époux sacré. Le chœur lui-même ne présente pas les choses différemment. Il voit Clytemnestre, comme en son amant, un être impie qu'aucune eau lustrale ne saurait laver de son crime.

Tant qu'elle a été seule, Electre a pu se faire illusion, se créer un Oreste à la mesure de ses désirs et de sa haine. La venue de son frère montre que les jumeaux sont profondément différents de caractère et que la motivation de leur acte est tout autre. Les tentatives d'Electre pour recréer leur couple embryonnaire originel ne sauraient donc qu'échouer. En effet la haine guide Electre, une haine de fille condamnant en sa mère celle qui lui a volé son père. Le devoir à accomplir semble bien être le seul motif du geste d'Oreste. Il tue sa mère et l'amant de celle-ci parce que c'est son rôle. Il est Oreste, celui qui doit tuer Egisthe et Clytemnestre. Il a été entraîné, préparé pour cet acte, le Pédagogue a cultivé la haine dans son cœur, il a fait de la vengeance d'Agamemnon la mission de son fils. Cette mission Oreste l'a accomplie proprement, correctement: "ce qui devait être fait a été fait" (104), mais, sa mission acomplie, il se sent libre et il entend recommencer une

vie normale. Il est devenu grand, son enfance est terminée a-
lors que sa sœur joue encore, comme lorsqu'ils étaient petits.
L'adieu qu'il adresse à sa mère et à Egisthe montre qu'il n'a
plus ni haine ni passion et qu'il va essayer d'oublier son passé.
Cette prise de position c'est celle de Jason se séparant de Médée,
de Créon retroussant ses manches, de Becket coiffant la mitre
ou de Louis XVIII remontant sur le Trône, c'est celle des réa-
listes, de ceux qui ont su grandir et qui, comme Antoine, acceptent et s'acceptent, jusqu'à l'honneur de l'homme inclus et pas
plus loin pourtant. C'est, nous l'avons vu, un héroïsme aussi
exigeant que n'importe quel refus ou révolte.

Egisthe, le meurtrier d'Agamemnon, l'usurpateur du Trône,
le valet d'écurie devenu roi, illustre, lui aussi, une des multiples facettes de cet honneur que nous présente Anouilh d'une
création à l'autre. Malgré ses crimes Egisthe atteint dans cette pièce une sorte de grandeur épique justement dans la mesure
où il assume ses actes et son destin. Au moment de sa rencontre
avec Oreste, dont il sait qu'il est venu le tuer, et contre le geste fatal de qui il ne fera rien, Egisthe n'a qu'un objectif: apprendre à ce jeune homme, qui est aujourd'hui ce que lui-même était
hier, "le sens de la vie". Cela lui permettra de mourir moins
seul (105). La défense d'Egisthe n'ajoute rien de plus à ce que
nous savons déjà au sujet de l'honneur de l'homme et de ses rapports avec la vie de famille, sinon qu'esclave, il était l'ami et
le compagnon préféré du petit Oreste et qu'il n'aurait tenu qu'à
ce dernier qu'il lui tienne lieu de père après le meurtre
d'Agamemnon. On a même l'impression que l'enfant ne s'en serait pas trouvé plus mal (106). Egisthe reprend en fait et développe les arguments que nous trouverons dans la bouche de
Créon (Ant.), sur la nécessité de retrousser ses manches et
d'accepter: "c'est ça l'honneur de l'homme d'avoir tout de même
accepté et d'en payer le prix à la fin".

Qu'il soit Romain, Pélican, Alceste ou Sisyphe, le héros
croit en sa propre conception de l'honneur, qui n'est autre que
le jugement réflexif de sa conscience sur son comportement.
Poète ou homo faber, il réagira en accord avec sa mentalité
fondamentale et son option sera plus commandée par ses convictions, par certaines idées arrêtées que par le raisonnement, le
calcul ou la discussion. Même lorsque, Pélican, il veut faire
le bonheur des siens, il leur impose son sacrifice quitte à les
rendre ainsi malheureux. Il est ainsi à la fois son propre juge
et sa partie (107).

Dans Le Directeur de l'Opéra, Anouilh semble avoir voulu
réutiliser tous ces motifs en leur ôtant tout air de sérieux,
toute réalité dirait-on. Pour cela il les a enveloppés d'une
moquerie implacable et a fait éclater sous l'aiguillon de l'ironie, la bulle irrisée mais fragile qu'est la réalité de l'homme
et de son univers, enrichissant ainsi des mille éclats scintil-
lants la réalité multicolore de son théâtre. Bien qu'Antonio de
Santa Floura soit le "Pélican" par excellence et que le sous-
titre de la pièce puisse être "La vie de Famille" cette œuvre

177

dont on pourrait attendre beaucoup dans ce domaine n'apporte pratiquement aucune nouvelle pièce à ajouter au dossier de l'honneur de l'homme et de la famille tel que nous venons de le parcourir. La sauce tomate qui enrobe le tout, les chansons, l'Opera Buffo final, ne nous empêchent pas de reconnaître des situations et comportements que nous connaissons déjà tous. La morale qui nous semble devoir en être tirée c'est "l'impossibilité pour chacun de sortir de lui-même" (de son égoïsme et de son égotisme) "et de donner" (108) et non de prendre. Le commandant de Santa Pellegrini comme son collègue français, le capitaine Grandpié, est mort pour rien, pour faire quelque chose lorsque personne ne faisait rien, pour l'honneur de ses gants blancs et de son monocle. Antonio y voit un exemple à suivre. Mais la balle qui le "frappe" vient justement de celle-là même qu'il voulait défendre : Angéla! C'est un peu comme si le commandant avait été tué par les Italiens au lieu des Français (109). Comme à Julien de Ne Réveillez pas, il restera à Antonio son métier, son théâtre où point n'est besoin de "remettre le monde en ordre" parce que "le livret de cet opéra est en ordre, lui" (110).

Nous allons maintenant quitter le domaine exclusivement humain qui a fait l'objet de notre enquête jusqu'à présent. Avec Jeanne d'Arc et Thomas Becket nous serons amené à définir les rapports pouvant exister entre l'Honneur de l'homme et celui de Dieu. Nous étudierons à cette fin le comportement de ces deux personnages historiques à l'égard de l'Eglise et de la Religion dans la version que nous en a fournie l'auteur.

III. L'HONNEUR DE L'HOMME ET L'EGLISE

Jean Anouilh raconte lui-même comment il a été amené à écrire
L'Alouette sur la suggestion du R.P. Paul Doncœur; comment
il avait d'abord refusé sous prétexte qu'il avait déjà une Antigone
sur la conscience et comment, finalement, il avait cédé à la séduction émanant du paysage spirituel de la Bergère: le ciel bleu
de l'Ile-de-France dans lequel ondoie le son des cloches messa-
gères (1). Vraie ou non, cette anecdote montre d'abord que,
pour l'auteur, il n'existe pratiquement pas de différence entre le
destin d'Antigone et celui de Jeanne. Mais, en outre, que si malgré ses objections premières, Anouilh est revenu sur son refus,
c'est certainement à cause de la richesse et de la malléabilité du
thème.

L'histoire de Jeanne d'Arc telle qu'elle nous est transmise
par la tradition populaire ou par les comptes-rendus savants
comme ceux du Père Doncœur (2) ou de Régine Pernoud (3) est
faite pour enthousiasmer Anouilh. Si elle n'était pas le bien
commun de tous les petits Français dès leur tendre enfance, l'a-
venture merveilleuse et tragique de cette pure jeune fille à peine adolescente, luttant, pour défendre sa vérité, sans aucune
expérience et sans autre appui que sa conviction, contre une véritable conjuration d'adultes puissants, détenteurs des pouvoirs
temporel, militaire et religieux, aurait pu sortir de la plume
d'Anouilh. Cette histoire de Jeanne présente toutes les caractéristiques qui la désignent comme origine d'un mythe littéraire
au même titre que l'aventure d'Inès de Castro, de Napoléon ou
de Thomas Becket (4). De ce point de vue déjà elle méritait
d'attirer le dramaturge. Mais, en outre, sa structure formelle
offre quelques aspects particulièrement adaptés au système dramatique de notre auteur.

Nous avons déjà eu l'occasion de souligner à plusieurs reprises, la présence constante dans les intrigues d'une scène que
l'on pourrait intituler: la tentation et le refus du bonheur. Que
cette phase de l'histoire des héros chez Anouilh est de toute
première importance, nous n'en voulons pour preuve que sa
fréquence. A cela s'ajoute le fait que l'auteur n'a pas hésité à
modifier profondément dans ce sens la version de Sophocle en
écrivant son Antigone. Notons enfin, dans cette perspective,
que ce sont surtout les considérants et attendus du refus qui é-
clairent le lecteur et le spectateur sur le comportement des
héros. Or, avec Jeanne, point n'est besoin d'innover: l'abjuration des Voix suivie de la reprise des habits masculins fait
partie intrinsèque de son histoire. La Pucelle apparaît avec
son instant de faiblesse suivi d'un redressement définitif comme une Sauvage avant la lettre et la digne sœur chrétienne
d'Antigone.

179

Si l'on fait abstraction des contingences religieuses, spatiales et temporelles, c'est-à-dire si l'on accepte de considérer l'histoire des deux jeunes filles uniquement dans le cadre de leur retentissement humain en dehors de toute transcendence, l'identité profonde de leur destin apparaît clairement. Toutes deux sont des jeunes filles au sortir de l'enfance ou, si l'on préfère, au seuil de l'adolescence. Elles ont à résoudre un cas de conscience qui dépasse, de loin, leurs connaissances casuistiques et leurs possibilités intellectuelles. Toutes deux ont à opter entre le respect de la loi humaine ou sa transgression au profit de la loi divine; entre la possibilité d'avoir une existence tranquille et relativement heureuse ou une mort infamante. Toutes deux paient de leur vie leur rébellion contre l'ordre social. Toutes deux sont considérées comme impures, susceptibles de souiller quiconque entre en contact avec elles et isolées de la société l'une dans un trou et l'autre sur un bûcher au feu purificateur et expiatoire. Il reste évidemment que l'Antigone de Sophocle ne renie pas son acte (5), ce que font l'Alouette aussi bien que son modèle historique, Jeanne, dans un processus pratiquement identique.

Le moment de l'abjuration et la condamnation en relapse constituent le sommet dramatique de l'histoire de Jeanne de France et la phase où apparaît avec le plus de force sa grandeur d'âme aussi bien que le tragique de sa destinée (6). Aussi est-ce le plus souvent en modifiant les conditions, les circonstances de l'abjuration et celles du retour à l'hérésie que les différents auteurs qui ont repris l'histoire de Jeanne de France ont mis leur griffe personnelle sur leur version et créé leur propre Jeanne. Aujourd'hui que les documents des trois procès en condamnation et du procès en réhabilitation sont connus, il est plus facile de mesurer l'apport personnel de chaque auteur.

La version de Jean Anouilh n'a pas toujours été reçue avec assentiment. Le reproche le plus fréquent que les critiques dramatiques ont adressé à l'auteur lors de la Première c'est en fait d'avoir attiré Jeanne trop à lui, d'en avoir trop fait une héroïne de la famille des Colombe, des Sauvage, des Jeannette. Pour les partisans de L'Alouette c'est là justement son titre de gloire. Les uns et les autres oublient ce qui, dans l'histoire de Jeanne, est déjà en résonnance avec l'univers dramatique d'Anouilh. Un tel débat ne saurait mener à une meilleure compréhension de l'œuvre. Ce qui nous paraît plus intéressant, dans cette optique, c'est justement d'examiner les circonstances alléguées par Anouilh pour la conduite de l'Alouette.

Déjà le titre doit nous arrêter. Il y a certainement un rapport direct entre cette inexplicable joie et la métaphore de l'alouette. Bachelard consacre tout un chapitre à la poétique des ailes pour démontrer que dans le monde de l'imagination l'alouette est symbole de joie et d'espérance, et nous donne des exemples empruntés à la littérature allemande, anglaise, italienne et française (7). Il faut croire que cette montée du chant vers le ciel dans la clarté de l'aube est d'un symbolisme universel (8). Jean Anouilh, lui, l'identifie à l'idée de mascotte, elle est le signe de "l'impondérable capable d'inspirer l'homme et de l'amener à des actes inattendus". Il en fait après les

Gaulois le symbole de la France, de la Patrie, si bien que les Français défendront leur sol natal pour avoir la possibilité d'y entendre les deux notes claires et joyeuses de l'alouette. Mais un peu après il transporte la métaphore sur Jeanne elle-même: "ces deux notes claires, ce chant joyeux et absurde d'une petite alouette immobile dans le soleil pendant qu'on lui tire dessus, c'est tout elle" (9). Voilà, pensons-nous, l'explication de Jeanne d'Arc - Alouette. Elle apparaît dans le ciel de France pour que le peuple, dont elle est, reprenne confiance et espoir et peu importe si le chasseur lui tire dessus.

Oiseau populaire, rustique même, l'Alouette a le franc parler et le simple bon sens un peu rude du peuple. Le sans-gêne apparent avec lequel elle parle de ses Voix, de Dieu, des Grands de ce monde et de l'autre, ne sont pas tellement preuve d'orgueil, pensons-nous, que de sa foi simple et pure comme celle d'un petit enfant. Pour elle il n'y a pas de miracles, il n'y a pas de préséances, ni de privilèges. Le divin est du domaine du journalier et du familier. Si elle refuse tout intermédiaire dans ses relations avec le Divin ce n'est pas comme le voulait Shaw par protestantisme avant la lettre (10), ni par mépris de l'Eglise Romaine. Lorsqu'il fait dire à Jeanne au début de la pièce qu'elle fera elle-même les Voix, Anouilh opte pour la perspective de Michelet: l'alouette devient cette "enfant de douze ans, une toute jeune fille, confondant la voix de son cœur avec la voix du ciel" (11), et son mystère reprend dimension humaine. Au procès Jeanne a refusé jusqu'à la dernière minute de reconnaître la compétence des juges commis à son jugement. Lorsqu'on lui demande, puis l'admoneste de se rétracter, sa réponse distingue entre ses "actes" et ses "faits et dires". Pour les premiers elle s'en rapporte à Dieu et au Saint Père le Pape. Pour les autres (ses lettres et paroles) elle en exige la pleine responsabilité. Lorsqu'enfin elle se rétracte, c'est quand le Président prononce la sentence, la condamnation au bûcher. Elle cesse dès lors toute résistance et signe la cédule d'abjuration qui lui vaut la prison perpétuelle. Soit qu'elle y ait été contrainte de propos délibéré à la suite de pressions exercées par les Anglais, soit que le Président Cauchon ait ordonné de la priver de ses vêtements de femme durant la nuit suivant son abjuration; soit qu'elle ait agi de la sorte à l'instigation de ses Voix, soit qu'elle l'ait fait de son propre chef pour défendre sa virginité menacée, elle a repris son costume d'homme qui lui "était plus convenable que celui de femme". Ce faisant elle désobéit à l'Eglise et encourt l'accusation de relapse. C'est comme telle qu'elle montera sur le bûcher.

Dans sa version Anouilh conserve les grandes lignes que lui offre la tradition, mais les infléchit effectivement dans la perspective qui lui est habituelle. La seconde partie de sa pièce, après l'entr'acte, est comme une seconde mouture de l'affrontement entre Créon et Antigone, avec cette différence toutefois que l'Alouette utilise les arguments de l'un comme de l'autre. Comme celle-ci elle est fière de ce qu'elle a fait, elle en réclame l'entière responsabilité pour elle seule (12). Ni la persuasion, ni la torture n'emporteront son reniement (13). Elle distingue soigneusement ce qui est du domaine de la foi et ce qui est du ressort de l'humain. Comme Créon elle reconnaît qu'elle a peut-être eu tort d'accepter sa mission, mais celle-ci acceptée, elle l'a accomplie avec amour au mieux de ses forces humaines (14). Car c'est de l'Homme qu'il s'agit et de sa conscience opposée à l'Idée. Alors qu'Antigone n'avait à se défendre que de Créon, l'Alouette a trois adversaires: le Promoteur, Cauchon et l'Inquisiteur. Le Promoteur dans lequel nous voudrions voir un "Bitos" est un de ces hommes vertueux (15) mais impuissants comme Robespierre ou Napoléon. Le président Cauchon n'est pas sans rappeler le "Créon" de Médée et celui d'Antigone. C'est un vieil homme qui a déjà beaucoup vu périr d'enthousiasmes et disparaître de vérités. Pour lui compte seule la relativité des choses. Il n'est pas franchement contre l'Homme. Du moins, dans sa confidence à Warwick avant de recommencer la scène du procès, reconnaît-il que la condamnation de Jeanne a pu être la conséquence d'une psychose de crainte apparue dans l'Eglise se croyant menacée par la grandeur de l'homme seul (16).

Intervenant rarement, s'effaçant le plus souvent derrière Cauchon, nous avons l'Inquisiteur. Ce personnage n'est pas une invention d'Anouilh, puisqu'il était de règle dans les procès touchant la foi. Ce qui est nouveau, c'est le rôle qui lui est imparti. Il apparaît ici comme étant le champion de l'Idée et l'ennemi de l'Homme. Le concept d'Idée qu'introduit ici Anouilh est peu clair. L'inquisiteur n'agit ni par patriotisme, ni par collaborationnisme, la politique ne l'intéresse pas (17). Il n'agit pas non plus pour maintenir la discipline au sein de l'Eglise ou "défendre la vieille maison" (18). Ce qui le pousse soudain à intervenir avec violence c'est le besoin de combattre la confusion qu'ont tendance à établir les hommes, même les mieux intentionnés, entre la charité, vertu théologale, et la générosité et la tendresse humaine, car celui "qui aime l'homme, n'aime pas Dieu" (19).

Lorsqu'il prend l'interrogatoire en main, Cauchon vient d'ôter à Jeanne toutes les illusions qu'elle pouvait conserver au sujet de sa mission. Comme Gaston ou Antigone, il ne lui reste plus d'espoir et rien de ce qu'elle croyait vrai jusqu'alors (20). Pourtant elle persiste malgré tout à croire à la grandeur de l'homme seul. L'homme qui met son intelligence et son courage au service d'une cause qu'il estime juste n'est comptable de ses faits et dires qu'envers lui-même. La valorisation de sa conduite n'est plus commandée que par le sentiment de sa propre dignité. Ce point de vue explique le retournement de Jeanne. Elle est prête à souffrir et à mourir pour l'idée qu'elle se fait d'elle-même, vraie ou fausse. Lorsque Warwick lui a montré la conception du bonheur qui vaut pour lui et qu'elle se rend compte de ce que peut être sa vie à elle désormais, elle s'inquiète. "Qu'est-ce qui va me rester à moi quand je ne serai plus Jeanne" (21), c'est-à-dire "Jeanne à Reims dans toute sa gloire". Prenant conscience que le bûcher détruisant le corps de Jeanne lui assurera en même temps une survie éternelle comme Jeanne d'Arc, la jeune fille opte pour le martyre.

Nous n'avons guère de peine à reconnaître dans cette apologie de l'homme le reflet d'un profond humanisme. Dans cette

optique "l'Idée" à laquelle fait allusion l'Inquisiteur pourrait
bien être ce parangon de perfection, cet idéal que chaque individu porte en soi, qu'il n'atteindra jamais et poursuivra toujours,
dont parle Alain: "Mon cher vous qui aimez à bien décrire,
quand vous décrivez l'animal humain n'oubliez pas l'Idée. Voilà
la griffe de l'homme et son rugissement" (22). Il faut ajouter
pour être complet qu'il y a autant de rugissements et de griffes
que de lions, ou plus simplement d'Idées que d'Hommes. Même
si deux individus utilisent un terme unique pour la désigner, il
n'arrivera pour ainsi dire jamais que pour chacun d'eux le terme ou la notion ait un contenu identique. C'est pourquoi le conflit d'idées de L'Alouette et tout autre conflit d'idées n'est le
plus souvent qu'un dialogue de sourds. C'est ce qui expliquerait
à la fois le débat qui oppose l'Inquisiteur à Jeanne et l'impossibilité de le résoudre autrement que par la mort.

Le combat qu'engage l'Inquisiteur illustre en fait le conflit de
deux conceptions des rapports de l'individu à l'Idée. Pour
l'Inquisiteur il n'existe qu'une Idée à laquelle l'individu doit se
soumettre sans restriction aucune. C'est la loi du plus grand
nombre ou de l'autorité. Il s'agit de religion, mais cette Idée
pourrait aussi bien concerner la politique ou la société. Selon
lui le collectif prime le singulier et l'Idée qu'il se fait de la religion s'étend au domaine de la foi comme à celui de l'existence
proprement dite de l'individu dans le monde (23). Jeanne distingue soigneusement ce qui est du ressort de la religion de ce qui
ressort à l'humain. Elle avoue son incompétence et sa sujétion
dans le premier domaine, mais entend juger librement du second.
Renier ses "actes et dires" c'est renier en même temps la Jeanne
qu'elle est ou imagine être. C'est aussi être infidèle à elle-même et encourir, de ce fait, son propre mépris, devenir indigne
de sa propre estime. C'est pour retrouver sa dignité, qu'elle
sent avoir perdue par son abjuration, aussi bien que par fidélité à la Jeanne de Reims, de Chinon et de Vaucouleurs qu'elle se
reprend.

Le concept de l'Idée tel que nous venons de le dégager permet aussi de rendre compte du tableau final et de la notion de
rôle à jouer.

Qu'Anouilh rompant avec tout chronologie finisse sur l'apothéose de Jeanne à Reims, répond sans doute au désir de faire
finir la pièce en beauté, sur une image d'Epinal ou de livres
de prix (24). On peut y voir aussi une fin postiche qui, par
l'excès de mythisation qu'elle suppose, fait de la pièce le "jeu
de l'esprit" dont se réclame l'auteur. Mais ce tour de passe-
passe nous semble également répondre à une nécessité interne.
En retrouvant sa dignité première l'Alouette est redevenue la
Jeanne qu'elle a toujours voulu être: celle qui ferait sacrer le
roi à Reims.

Non seulement au théâtre mais dans la vie également tout individu joue un rôle: le rôle qui correspond à l'idée qu'il se
fait de ce qu'il est ou veut être pour lui et pour les autres. Au
théâtre le texte détermine son rôle et il lui appartient de le
jouer honnêtement et objectivement. Dans la vie son rôle est
déterminé, lui aussi, par son appartenance au monde autant
que par sa propre existence, c'est-à-dire par l'idée de ce que

l'on voit ou veut voir en lui. Le tout n'est pas de jouer un rôle, mais de bien le jouer.

Si "Antigone c'est la Sauvage dix ans après" (25), c'est-à-dire la confrontation du jeune Anouilh à celui qu'il est devenu après dix ans de lutte et de mûrissement, l'Alouette est une Antigone qui a compris Créon vingt ans après la Sauvage. Elle n'a perdu ni l'enthousiasme ni la foi de la jeunesse. Elle continue à dire non, mais, cette fois, ce n'est pas pour elle ou "pour rien" mais en vue d'assurer le bonheur des hommes dans leur "œuvre la plus strictement humaine, la possession du sol où ils sont nés". Antigone se révoltait pour sauver un individu mort. L'Alouette lie son sort à celui d'un peuple. Nous passons de la simple fraternité à la fraternité nationale. Son choix final est dépourvu d'humilité et de confiance dans l'Eglise des hommes. Il suffirait, si besoin était, à éclairer l'orthodoxie toute relative du sentiment religieux de cette nouvelle Jeanne. En fait le procès qui se déroule sur la scène est double: celui que fait l'Eglise à l'Homme à travers Jeanne et celui que fait l'Homme à l'Eglise. Cette dernière y apparaît, sans doute à cause de la science de ses représentants, obtuse et aveugle de la cécité qu'entraîne l'égoïsme aussi bien que la vénalité de ses dignitaires, plus attachés - Frère Ladvenu excepté - aux Biens de ce monde qu'aux Délices de l'autre. L'Eglise devient ainsi un organisme puissant aux multiples rouages dont la seule mission semble être d'écraser l'être humain, de le priver de sa liberté, de son libre-arbitre, en un mot: de son Honneur.

Jeanne acceptant le simple bonheur humain: l'amour, le maraige, la maternité, la famille, ou même la vie pure et simple de conventuelle, fait de sa virginité un bien suprême qu'elle conserve mesquinement et égoïstement dans l'attente de jours meilleurs. Sa pureté physique péniblement défendue au prix de la vie joue le rôle d'une dot. C'est un véritable capital qu'elle offrira à un homme ou, à défaut, à Dieu, en échange d'un peu d'amour et de bien-être matériel. En reprenant ses vêtements d'homme, Jeanne renonce à tout bonheur sur cette terre. En effet elle se prive ainsi de la possibilité d'un renversement de la situation, d'un bouleversement des valeurs politiques et morales, qui pourrait lui rendre la liberté et ses chances de vivre une simple destinée humaine dans un avenir plus ou moins proche. Vivante, elle peut toujours espérer qu'un changement politique transforme son sort. Habillée en homme, c'est la Jeanne de Reims qui réapparaît. Ce geste va lui coûter la vie. Elle le sait tout comme elle sent très bien que son sacrifice correspond à une vie de l'esprit. Mais qu'importe puisque ce faisant elle redevient elle-même: elle coïncide à nouveau avec son image de Jeanne.

Ce qui commande son comportement c'est une idée d'elle-même que l'Alouette ne peut avoir que parce qu'elle fait partie d'un monde artifiel où tout n'est que jeu. Jouant le rôle de Jeanne, l'Alouette ne fournit pas au spectateur l'histoire de Jeanne d'Arc en lutte contre ses juges, mais plutôt celle d'une simple jeune fille qui, sans instruction, sans philosophie, sans autre appui et lumière que sa foi en un Dieu bon et juste et sa confiance en l'Homme n'hésite pas à entamer le combat pour sauver son univers menacé par des forces hostiles mille fois supérieures en nombre et en force, pour défendre l'Honneur de l'Homme.

Il existe sans doute, comme l'a affirmé Pol Vandromme, un lien psychologique entre La Sauvage et Antigone. Il existe de même un rapport entre Antigone et L'Alouette, ne serait-ce que dans sa volonté de dire non et de ne savoir rien d'autre que "dire non". Si l'on compare les trois pièces dans une perspective unique, c'est-à-dire dans le sens de la ressemblance, on peut dire que chaque fois il s'agit d'une adolescente qui fuit le bonheur humain dans ce qu'il a de plus simple: l'amour, le mariage, un foyer, après en avoir subi la tentation; que chaque fois elles refusent d'y céder parce que cela reviendrait à manquer de fidélité à leur être profond; à se soumettre aux exigences de la vie et de son allié le Temps; à accepter le compromis; à préférer le Relatif à l'Absolu, en un mot à faillir à leur honneur, un honneur qu'elles mettent toujours au service des déshérités de l'existence.

Comme Antigone et Jeanne, Becket devient le lieu d'un conflit entre la liberté de l'individu et la Raison d'Etat par le biais de l'Eglise. Il s'agit, ici encore, d'une figure historique dont la vie atteint le retentissement du mythe dans la mesure où elle est généralement connue, où ses éléments structuraux sont polyvalents et où elle possède une valeur exemplaire, ce qui permet des interprétations toujours nouvelles du thème. Le sous-titre nous invite même à un rapprochement avec l'Alouette, puisque celle-ci défend à travers l'homme, son premier souci, une certaine conception de Dieu et du respect qui lui est dû, tout comme le fera Becket.

La première conception du caractère de Becket comme celle de Jeanne (26) appartient à l'histoire et Augustin Thierry mentionne à plusieurs reprises le terme "honneur de Dieu", dans son récit de la lutte de l'Archevêque (27). L'on peut même dire qu'à l'exception du rôle imparti au petit moine, et à Gwendoline, Anouilh est relativement fidèle à sa source allant même jusqu'à conserver à Becket la nationalité saxonne que Thierry lui avait donnée en première instance (28).

En dépit de ces données historiques nous n'avons pas de peine à reconnaître dans l'intrigue et les caractères deux des thèmes habituels de l'auteur: l'honneur et l'amitié.

A première vue on aurait tendance à distinguer trois honneurs dans la pièce: celui du roi, celui de Becket et celui de Dieu. En y regardant de plus près on constate que cette répartition est insuffisante et que l'honneur de Becket évolue tout le long de la pièce pour se fixer à l'échelon le plus élevé qui le fait coïncider avec l'honneur de Dieu. L'honneur de Becket c'est en première instance, lorsqu'il n'est encore que l'ami du roi, le fait de jouir de certains privilèges ordinairement réservés à l'envahisseur: la chasse, la vie de seigneur et aussi le droit de défendre la virginité de ses sœurs. S'il y a une pointe de fierté nationaliste elle prend plus l'aspect de snobisme que d'un sentiment véritablement ressenti, mais le ton léger et le

sourire qui accompagnent tous les aveux de Becket nous font présumer que sa "collaboration" est une conduite soigneusement déterminée et méticuleusement calculée, comme celle de son père
(29). Il est prêt à faire loyalement tout ce qu'on peut attendre
de lui pourvu que, dans ses actes et ses dires, rien ne porte atteinte à sa dignité. Dans cette scène d'exposition Becket apparaît
comme un être léger en apparence, cachant, sous le sourire et
la légèreté, une perception aiguë et un sentiment profond de sa
propre ambiguïté et de l'ironie de sa conduite. Dans cette première phase son honneur "c'est tout simplement de l'esthétique"
(30), une application réfléchie du: "ça se fait", ou du: "ça ne se
fait pas", non en vertu de principes de morale, mais en vertu de
la beauté du geste et surtout de sa gratuité.

Lorsque Gwendoline lui reproche d'avoir perdu le sens de
l'honneur "à trop goûter le miel de la vie", il renchérit et l'en-
voie rejoindre le roi: "l'honneur est une lacune chez moi". Cette réponse ne doit pas être prise à la lettre. Si l'on considère
que Becket est le protégé du roi qui le traite comme le plus aimé
de ses vassaux, le Saxon, obéissant au roi, ne fait que respecter
le contrat d'allégeance qui le lie à son suzerain. On peut penser
qu'il a déjà souffert en essayant de conserver Gwendoline par un
appel à l'amitié et que sa réponse à celle-ci est une simple fin
de non-recevoir parce qu'il ne veut pas s'abaisser à discuter,
avec elle, les motifs profonds d'un geste que, Galloise, elle ne
pourrait comprendre.

C'est cette même conception de l'étendue du serment féodal
qui explique la facilité avec laquelle Becket n'hésite pas à se
faire le valet du roi pour des besognes qui, destinées à tout autre qu'à son suzerain, le rebuteraient. C'est en féal qu'il protège le roi, le rassure et le réchauffe de sa présence et de son
corps au moment même où il devrait le haïr. Il a lutté contre le
Saxon dans la cabane pour conserver la vie du roi; il lutte contre
les évêques pour lui conserver les privilèges attachés à ses membres, c'est-à-dire à ses terres, pour que sa dignité de roi soit
respectée et que son honneur de soldat et de chef de guerre ne
soit pas à la merci d'un refus d'argent venant de l'Eglise (32).

Toutefois il est parfaitement conscient de la fausseté de sa
position. Cet honneur dont il se proclame le champion, il l'a
usurpé. La trahison ne commence pas, comme le pensent les
évêques, par la révolte d'un de leurs clercs qui oublie soudain
qu'il est d'Eglise et doit obéissance aveugle au Primat. Le
mensonge réside dans le fait que "doublement bâtard", par le
sang et par le rang comme fils d'une Sarrazine et d'un marchand
saxon, Becket usurpe cette place de confiance qui devrait être
l'apanage d'un noble et d'un Normand. Appartenant à une race
étrangère il regrette de devoir non pas feindre des sentiments
qu'il n'a pas mais de devoir improviser sans cesse une conduite qui respecte son honneur et celui du Roi, alors que tout serait clair et irait de soi s'il était né Normand ou si le roi était
un Saxon comme lui. En effet celui-ci pourrait alors l'anoblir
(33). Il n'a pas tout à fait oublié qu'il est Saxon et même s'il
méprise la stupidité des charbonniers, il n'essaie pas moins de
prévenir les fautes de ses compatriotes et de leur en épargner
les conséquences en refusant de dénoncer le fils et d'emmener

la fille.

Tout bien considéré l'esthétisme de Becket est une distanciation qui lui permet d'objectiver son propre comportement et de
le considérer de l'extérieur comme le moyen de faire coïncider
deux entités étrangères: son honneur de Saxon et le service
normand. Il pratique pour cela la règle que nous avons vu défendre par Créon et par Jeanne: "Bien faire ce qu' (il a) à faire"
(34) et laisser dire. Ce sentiment de l'ouvrage bien fait, cet
honneur d'artisan lui tient lieu de code et de pierre de touche.

Dans la seconde partie, lorsque Becket sera devenu Primat
pour obéir au Roi, sa conduite sera encore une fois et claire et
ambiguë si l'on peut dire. Il ne luttera plus pour des privilèges
personnels, pour la dignité du Roi ou pour la grandeur du royaume d'Angleterre, mais pour "l'honneur de Dieu". Il y appli-
quera la même rigueur, la même ténacité que naguère, mais vi-
sera désormais à la défense de l'intégrité du royaume de "Dieu
sur la terre" sans hésiter à s'opposer à ce qu'il défendait l'instant d'avant. Ce n'est pas versatilité mais logique formelle.

Il s'agit, ici encore, d'un choix inspiré par la raison et non
par quelque vocation mystique. Becket est plus proche du:
"Albe vous a nommé, je ne vous connais plus" d'Horace, des
choix successifs de Goetz dans Le Diable et le Bon Dieu que de
l'option de Polyeucte ou de Clérambard. Lorsque dans l'entrevue de la Ferté-Bernard il doit se justifier vis-à-vis du Roi, il
refuse l'argument de la Grâce ou même de l'amour envers Dieu.
Il précise bien que seul l'honneur de Dieu est l'objet de ses
soins, qu'il s'est "senti chargé de quelque chose pour la première fois dans cette cathédrale vide, quelque part en France".
Pourtant il faut faire une différence entre la situation du début
du 3ème acte et celle du début du quatrième. Dans le premier
cas il ne se sent pas encore pleinement le serviteur de Dieu,
parce qu'il sait très bien que l'élection a été une "cuisine", que
la décision de Clarendon est loin d'avoir été régulière. Il reconnaît avoir manqué de sagesse en acceptant la mitre, avoir
éprouvé une sorte de joie malsaine, une satisfaction de parvenu,
à dépouiller le vieil homme, à se débarrasser du passé profane.
Le terme de parvenu est ici équivoque, il peut aussi bien caractériser le comportement du nouveau riche qui en fait trop, comme
tout néophyte, aussi bien que la joie de celui qui est enfin arrivé à son but, qui a atteint son objectif. Tout cela pourtant
n'est encore que jeu: "J'ai été à vous comme un dilettante, surpris d'y trouver mon plaisir" (35).

Dans la longue prière qui termine le 3ème acte la situation
est différente. Il est un exilé, vit chez les cisterciens de
Pontigny depuis plusieurs mois. La vie conventuelle lui a été
une sorte de purification. Venant après la confirmation par le
Pape de sa nomination comme Primat d'Angleterre, elle nous
permet de voir "un nouvel homme" dans l'archevêque qui se
prépare à rentrer parmi ses ouailles. Jusqu'à la confirmation
papale, Becket pouvait se considérer comme un usurpateur
et l'était, en un certain sens. Désormais il se soumet humblement à la volonté divine, il prie Dieu de le guider et, pour la
première fois, se plaint que l'honneur de Dieu soit si lourd et
si difficile à porter. Jusqu'à présent il jouait à l'archevêque

comme il avait joué au parfait courtisan, ou au parfait Primat.
Désormais son honneur personnel et celui de sa fonction ne font
plus qu'un. Cela ne signifie pas, cependant, comme on pourrait
le croire, qu'il soit devenu plus croyant. Le seul objectif que
poursuit Becket c'est la défense de l'honneur, c'est-à-dire de
l'ensemble des intérêts et privilèges de Dieu sur la terre (36).
En fait il ne s'inquiète même pas de savoir si Dieu existe ou non.
Lorsque le Roi lui reproche de s'être "mis à aimer Dieu" il précise bien: "Je me suis mis à aimer l'honneur de Dieu" (37), ce
fardeau qui lui est tombé sur les épaules en France dans la cathédrale vide. Le Roi de France a très bien vu la nuance, Becket
"n'aime au monde que l'idée qu'il s'est forgée de son honneur"
(38). C'est pourquoi la rencontre de la Ferté-Bernard est condamnée à un échec. Cette scène est une réplique du débat de
Créon et d'Antigone et aussi, à un moindre degré, de celui de
Jeanne et de Cauchon. Les protagonistes sont chacun sur leurs
positions et n'en peuvent sortir sans faillir à leur rôle. Leur
comportement n'a même pas besoin d'être logique. Le Roi doit
"agir comme un roi" et Becket, comme Antigone ou Jeanne doit
"dire non", sans avoir à donner de raison, uniquement pour "faire, absurdement, ce dont on a été chargé - jusqu'au bout" (39).
Cependant Becket agit sincèrement dans ce conflit et ses intentions
sont pures et loyales. Il a prévenu le Roi qu'il ne pourrait le
servir et servir Dieu en même temps. Il lui a renvoyé le sceau
de chancelier, mais n'a pas cessé de le considérer comme son
Roi dans tout ce qui n'est pas du domaine de l'honneur de Dieu.
L'erreur des antagonistes de Becket, c'est de vouloir rattacher
sa conduite du moment présent à celle du moment passé. Les é-
vêques voudraient que le chancelier soit encore le diacre qu'ils
ont formé; le Roi voudrait que le Primat soit encore le libertin
ou le chancelier de naguère, mais Becket ne peut les suivre car
ce ne serait alors plus être pleinement ce qu'il paraît. Le but
suprême de Becket c'est de jouer à chaque fois son rôle avec une
telle perfection, que rien ne sépare l'idée qu'il se fait de la conduite de son personnage de celle du personnage lui-même. De la
sorte rien de ce qu'il fait ne le touche, tout reste extérieur à
lui: il reste continuellement pur et disponible moralement. Il
peut affirmer qu'il n'aimait pas Gwendoline, puisqu'il aimait la
beauté de Gwendoline, qu'il ne regrette pas sa vie passée, parce
que celle qu'il a choisie lui donne autant sinon plus de plaisir et
de joies: ses pieds nus sont une coquetterie au même titre que
ses poulaines. Il aime le Roi mais surtout l'idée qu'il se fait du
Roi, c'est-à-dire "la royauté du roi". En bon vassal il éprouve
un sentiment de tendresse protectrice pour son souverain parce
qu'il se sent intellectuellement et moralement supérieur à lui et
lié par son serment d'inféodation. Le Roi par contre est un incapable, un impuissant, un raté manquant de virilité (40).. Il
a quelque chose de Héro (Rép.) . Il aime casser comme le montre la scène avec Gwendoline. L'amour qu'il éprouve pour
Thomas a quelque chose de malsain qui le fait ressembler à une
perversion ou à un amour d'enfant entrant dans l'adolescence.
La Reine-mère a bien vu la nature trouble de ce sentiment et
son manque de maturité: "Thomas Becket serait une femme qui
vous aurait trahi et que vous aimeriez encore, que vous n'agi-

riez pas autrement" (41). Ce côté enfantin et anormal de l'amour du Roi explique également qu'il puisse vouloir la mort de Thomas avec violence et pleure avec désespoir le mal qu'il lui fait, ou encore, qu'il sacrifie à sa passion ses devoirs de monarque.

La première réplique du second acte pose la question: "qui c'est, ce Becket?" et le quatrième Baron propose à ses collègues, et aux spectateurs, d'attendre qu'il se montre. Il compare le nouveau chancelier à une bête que l'on peut suivre à la trace et à l'odeur mais que l'on ne connaîtra vraiment dans toute sa réalité qu'au moment où elle débusque, où elle sort du bois où elle s'était cachée. C'est en route pour la mort que Becket se montre vraiment tel qu'il est.

Nous avons déjà souligné l'importance de la prière qui termine le 3ème acte pour justifier le comportement de Becket. Cette prière est le premier abandon à la volonté divine, la première véritable marque de confiance de Becket envers Dieu et en même temps son premier acte d'humilité. Toutes les épreuves qu'il a subies pendant sa vie conventuelle, Becket y voit des tentations, des précautions cachant la véritable nature de Dieu et Son véritable service.

Mais, en outre, cette prière marque exactement l'instant où le gibier Becket débusque. Sa fuite en France, son séjour à Pontigny correspondent à cette fausse solution, à cette tentation de facilité que constitue l'acceptation de la vie pour Antigone ou pour l'Alouette et d'une manière générale pour tous les héros d'Anouilh. Cet abandon indigne d'eux et de l'idée qu'ils se font d'eux-mêmes est d'ordinaire de courte durée et précède immédiatement l'affirmation de l'être profond du héros. C'est ici (encore) le cas, et la prière ouvre l'hallali qui aboutira à la curée.

Le vrai Becket apparaît surtout dans la scène du meurtre et en particulier dans le dialogue avec le petit moine. Celui-ci joue vis-à-vis de l'archevêque le rôle de l'adolescent intransigeant qui se sent chargé de toute la honte des siècles. Il est à Becket ce que la petite Antigone est à Créon et sa mort sera aussi absurde et décevante que celle d'Antigone. Il est le jeune homme pâle devant lequel Becket, comme Créon ou Egisthe, éprouve le besoin de se justifier et qu'il est prêt à envelopper de sa tendresse. Il représente également une dernière option qu'aurait pu embrasser Becket et qu'il semble regretter au moment de la mort: l'amour des hommes (42), ce qu'il a refusé jusqu'alors. Cette dernière touche humanise, pour ainsi dire, Becket et la prière de l'archevêque, au moment de prendre la route pour la dernière étape, montre une véritable intimité avec Dieu. Elle n'est pas sans évoquer celle qui unissait Thomas à Henri mais on voit bien que si dans ses rapports avec le Roi Becket n'était le subordonné que parce qu'il le voulait bien et pour jouer le jeu, dans ceux qu'il entretient avec Dieu l'archevêque n'est plus libre, ne joue plus mais est le serviteur. En supprimant les majuscules qu'il avait utilisées précédemment quand Becket parle de Dieu ou s'adresse à Lui, Anouilh semble avoir voulu souligner ce rapprochement de Becket et de Dieu (43). Ce n'est plus l'esthète sûr de soi pour qui tout était clair et simple, ce n'est plus le libertin passant dans l'existence léger et souriant, mais un homme grave et sérieux, conscient de sa faiblesse et de son imperfection qui pardonne à la bêtise et a pitié de son meurtrier.

A la grandeur toute humaine de cette fin édifiante de Becket Anouilh oppose la sournoise méchanceté du Roi décidant la mort de son ami puis utilisant la réputation du mort pour des fins de politique personnelle par la mascarade de la pénitence.

Peut-être pouvons-nous répondre maintenant à la question du 1er Baron et dire que Becket c'est Créon armé de la rigueur formaliste d'Antigone. Comme lui, il retrousse ses manches et accomplit "sa longue et lourde tâche"; comme elle, il dit non à ce qui ne répond pas à sa vision du monde. Becket est sincère de cette sincérité gidienne, totale, mais différente à chaque fois, c'est-à-dire non tenue au passé et sans cesse nouvelle dans la mesure où elle coïncide avec la situation du moment et avec le maître ou les intérêts qu'il sert. Comme ceux-ci évoluent selon une ligne ascendante: l'Individu, le Roi, le Royaume, l'Eglise, Dieu, la sincérité de Becket évolue également d'une façon parallèle et tend vers le sublime. Son esthétisme, son souci d'élégance du début est une forme de résistance et de nationalisme: la vaisselle d'or, les fourchettes, le raffinement qui l'entourent le distinguent de la vulgarité et de la grossièreté normandes. Sa bâtardise le prive de toute attache patriotique ou de classe et son esthétisme trahit également cette absolue disponibilité. Celle-ci explique à son tour qu'il puisse éprouver le besoin de se chercher un honneur et un maître, mais qu'il puisse toujours garder ses distances avec eux et ne cesse de se comporter comme si son existence n'était que jeu, que représentation, que théâtre.

C'est seulement lorsque le vicaire de Dieu sur la terre l'a confirmé dans ses fonctions d'archevêque-primat et que la retraite à Pontigny lui a permis un mûrissement spirituel, qu'il cesse de jouer un personnage. C'est à ce moment-là seulement qu'il prie Dieu et se soumet à Sa volonté, qu'il confesse être nommé par Lui.

Le dernier palier de cette ascèse est atteint au moment où Thomas s'humanise et regrette de ne pas avoir aimé les hommes. Lorsqu'il s'adresse alors à Dieu pour une dernière faveur: celle de mourir en service commandé il n'est plus qu'un croyant-confiant, un fidèle aussi convaincu que l'Alouette. Cette faveur lui sera accordée et scellera son pacte d'allégeance avec Dieu. Plus rien ne ternira la pureté de son cœur (44). Au moment de mourir il témoignera de la faiblesse de l'homme devant son destin et la pitié qu'il manifeste à l'égard de son meurtrier est la plus grande preuve d'amour qu'il pouvait donner aux hommes. Becket mort est enfin lui-même: l'honneur de Dieu et l'honneur du royaume, mais aussi l'honneur de l'Homme sont saufs.

Ainsi Jeanne et Becket meurent, tous les deux, à l'issue d'une lutte opposant une conception individuelle du Divin à celle de l'Autorité ecclésiastique. Considérés comme fauteurs de désordre, il sont détruits par l'Ordre. Pourtant leur mort ne signifie pas, pour autant, une défaite. Au contraire elle affirme, par le choix qui la précède et la motive, la prépondérance de l'individu sur le groupe, du libre-arbitre sur la contrainte, du cœur sur l'esprit.

Dans les pièces que nous allons analyser maintenant, l'individu n'aura plus à lutter pour affirmer la suprématie de la foi individuelle sur les lois d'une Eglise confondant spirituel et temporel, mais pour défendre la libre volonté de l'individu en face de la main-mise de la société, de l'Homme en face des Hommes.

IV. L'HONNEUR DE L'HOMME ET L'ETAT

Contrairement à ce que nous avons fait jusqu'à présent nous ne nous placerons pas, ici, uniquement dans le cadre étroit de l'œuvre et nous cesserons de la considérer comme un univers fermé sur lui-même. En effet l'étude du rôle de la pureté de cœur ou mieux de l'honneur de l'homme dans ses rapports avec la politique ne saurait être séparée de son contexte temporel et spatial. Si les implications psychologiques et morales partent de valeurs et de concepts dont la validité est relativement stable dans une société donnée, il n'en va pas de même des concepts politiques. Ceux-ci ne vivent, pratiquement, que par la grâce de l'actualité qui leur donne leur résonnance et leur portée.

Dans les analyses qui suivent nous essaierons, autant que possible, de considérer les paroles des différents personnages dans l'actualité de la création, c'est-à-dire que nous chercherons à déterminer les faits et événements qui pouvaient venir à l'esprit des spectateurs de l'époque en entendant telle ou telle répartie, en voyant tel ou tel effet de scène, en considérant telle ou telle mise en situation. Autrement dit alors que dans nos analyses précédentes nous adoptions une optique de metteur en scène, nous adopterons pour celles qui suivent la perspective du spectateur contemporain des événements et circonstances politiques: la guerre de 1940, la Défaite, l'Occupation, la Résistance, la Libération, l'Epuration.

Pour ce faire nous utiliserons autant que possible la presse quotidienne ou hebdomadaire. Il est évident que nous nous exposons de la sorte à employer un matériel grossier, peu réfléchi, mal décanté, peu digne de confiance même, si on le compare aux synthèses publiées depuis à tête reposée par de nombreux chercheurs spécialistes. Cependant seules les relations immédiates peuvent rendre l'atmosphère dans laquelle telle ou telle repartie a été reçue et, partant, de quelle façon elle a été sentie.

Bien que la carrière de Jean Anouilh ait commencé et se soit poursuivie à un époque féconde en problèmes et conflits politiques on ne peut pas dire que ceux-ci aient laissé beaucoup de traces dans son œuvre avant <u>Antigone</u>, écrite (1942) et jouée (1944) après la "drôle de guerre" pendant le dernier hiver de l'Occupation. En effet les quelques allusions à la politique contemporaine que l'on peut relever dans les pièces d'avant la guerre ne vont pas plus loin qu'une boutade, au mieux que des généralités destinées à déclencher le rire des spectateurs et à créer une sorte de connivence entre auteur et spectateur sur le dos du personnage. Si l'on peut y découvrir aujourd'hui une prise de position idéologique c'est surtout par rétrospective en se basant sur des pièces comme <u>L'Hurluberlu</u>, <u>Le Pauvre</u>

Bitos ou La Foire d'Empoigne.

La Sauvage nous offre, pensons-nous, un bon exemple de ce type de mot d'auteur. Au début du second acte Thérèse, que le sans-gêne de son père remplit de honte même si elle en est l'origine et le favorise, interdit à son père d'ouvrir le placard où se trouvent les liqueurs. Le père Tarde proteste et avec sa grandiloquence habituelle s'exclame: "on n'a jamais rien obtenu par l'arbitraire en France" (1). Il est vrai que nous sommes à l'époque (1934 - 38) en plein marasme politique. Les gouvernements s'abattent comme au jeu de quilles mais, comme au jeu de quilles également, se relèvent intacts immédiatement après. Seule change la place de la quille. De nombreux groupements et ligues - Croix de Feu de la Rocque, Francistes de Marcel Bucard, Cagoulards - réclament à "coups" et à cris de l'Ordre, de la rigueur, rêvent d'un gouvernement à poigne et d'une France "propre et saine" à l'image de l'Allemagne d'Hitler, ou de l'Italie de Mussolini! L'affaire Stavisky témoigne des collusions et concussions gouvernementales et le 6 février 1934 est encore tout frais à l'esprit. Pourtant la réflexion du père Tarde n'a rien d'explosif parce qu'elle est mise dans la bouche d'un incapable et ne correspond pas du tout à la situation. C'est une boutade qui prête à rire, non à réfléchir, ni même simplement à penser.

Dans Le Voyageur, la Duchesse qui pratique la justice de classe, pour le bien de son protégé s'entend, a mauvaise conscience. Elle craint que, découverte, sa protection d'aristocrate n'ait des conséquences catastrophiques pour son cher neveu: "ces gens-là /la presse de gauche/ vont bondir sur cette calomnie comme des molosses sur une charogne" (2). Ici aussi la réflexion est désamorcée. Placée dans la bouche du personnage le plus farfelu de la pièce, habillée d'une métaphore absurdement ridicule, la confidence de la Duchesse est anodine et hors de proportion avec les problèmes dans lesquels se débattait la France du Front Populaire.

Avec Antigone la situation est différente. Certains détails de mise en scène comme le ciré noir des gardes, rendu tristement célèbre par les policiers de la Gestapo, telle réplique évoquant la mort pour un idéal, ou la tirade de Créon sur le rôle du chef trouvaient un écho instantané dans l'esprit des spectateurs. Immédiatement la pièce est devenue l'objet d'un débat sur le thème: Antigone est-elle une pièce fasciste ou simplement nationaliste? On trouve dans la presse trois tendances: pour ou contre l'accusation de fascisme et une interprétation apolitique qui entend s'arrêter au problème humain.

Deux articles dans Je suis partout, un dans Le Petit Parisien, tous trois dithyrambiques et issus de la même plume, celle d'Alain Laubreaux (3) - un compte-rendu plus posé et également élogieux de Robert Brasillach dans La Chronique de Paris où l'auteur loue le personnage de Créon - "Pour la première fois (...) il dresse la figure assez noble d'un homme qui se rend compte de la difficulté qu'il y a à gouverner, et qui, même s'il emploie des moyens bas, n'est pas méprisable" (4) - donnent le ton de la presse de la Collaboration et agissent à l'égard de la pièce comme l'ours de la fable à l'égard de son ami. La réponse ne tarde guère. Le numéro 14 des Lettres

Françaises publiait un article virulent sous le titre: Notre Antigone et la leur (5). Tout en reconnaissant que l'œuvre était "remarquable quant aux vertus dramatiques et littéraires" l'auteur de l'article reproche à Antigone de s'entendre trop bien avec Créon: "Entre Créon et Antigone s'établit une trouble connivence" au moment où l'oncle avoue à sa nièce qu'à son âge il aurait agi comme elle, en révolté. L'auteur, anonyme alors, refuse d'accepter l'argumentation de la jeune fille. Il lui dénie le droit de mourir "sans raison, par une espèce d'égoïsme stupide". Citant la réplique d'Antigone mourant: "Pour personne, pour moi" il conclut: "cette parole sonne lugubrement dans le même temps où sur tout le continent, dans le monde entier, des hommes et des femmes meurent qui pourraient à la question de Créon répondre: "Pour nous! ... Pour les hommes".

Cependant dès septembre, Paris étant libéré, et Antigone au programme de l'Atelier, Pierre Benard (qui dans le numéro déjà cité des Lettres Françaises avait publié une liste des principaux journaux parisiens de la collaboration et de leurs directeurs) prenait la défense de la pièce et de Jean Anouilh: "Doit-on reprocher à un auteur dramatique d'être trop habile? Une pièce de théâtre n'est pas une profession de foi. Le cri d'Antigone: c'est le cri même de tout résistant (...) Je continue à ne pas suspecter l'esprit de l'auteur" (6).

Cette justification de la part d'un résistant notoire n'a pas empêché que les esprits restent partagés et que le doute persiste sur les intentions ou pour le moins l'état d'esprit de l'auteur au moment où il écrivait la scène centrale confrontant les thèses d'Antigone et de Créon sur l'art du gouvernement.

On pourrait en toute conscience se demander s'il est vraiment utile pour la compréhension de la pièce et pour l'étude de la littérature de s'inquiéter de savoir si la pièce est d'inspiration fasciste ou non; si ce n'est pas remuer à plaisir après vingt ans le fameux bâton du père Ubu au risque de polluer encore plus une atmosphère qui l'est déjà suffisamment.

Pourtant deux raisons paraissent nous inviter à ne pas passer outre, à ne pas fermer les yeux sur cet aspect politique de la pièce mais au contraire à essayer d'y voir clair. L'une tient à l'auteur lui-même et à son œuvre. Il est indéniable que depuis Antigone jusqu'à aujourd'hui (1975), les allusions à la situation politique des années de guerre aussi bien qu'à celle des années ayant précédé et suivi immédiatement la guerre proprement dite n'ont cessé de croître en importance et en virulence. Avec une sorte d'obstination maniaque Anouilh ressasse ses griefs et surtout il rappelle cette accusation de fascisme dont il a eu à répondre à la Libération à la suite de la dénonciation d'un confrère. On la retrouve jusque dans Les Poissons Rouges, (écrite en 1968) créée le 21 janvier 1970 au Théâtre de l'Œuvre. Le "fachisme" devient la conduite caractéristique du fâcheux, une espèce d'Alceste et de bouc émissaire à la fois, éternel rouspéteur atrabilaire et éternel responsable des malheurs de la Création. La seconde raison nous est fournie par la récente actualité. Il suffit de comparer d'une part le "non" que les jeunes d'aujourd'hui adressent, souvent en dépit de tout bon sens et le plus souvent, avec une inconséquence désespérante, à la société de consommation, à l'ordre établi et à la tradition dans lesquels ils voient autant de formes de dictature et de l'autre les arguments que leur servent les éléments conservateurs, pour retrouver l'essence du conflit Créon-Antigone. Se demander si c'est Créon ou si c'est son adversaire qui est le porte-parole de l'auteur et qui exprime sa pensée profonde est absolument vain. Anouilh s'exprime, pour autant qu'il veuille transmettre un message, aussi bien par l'un que par l'autre. Les deux monologues, car c'est à cela que revient ce dialogue de sourds entre Antigone et Créon, sont le fruit de ses réflexions et seule l'issue du débat pourrait, et encore, nous fournir une indication sur les intentions de l'auteur. Mais même dans l'interprétation de la fin de la pièce la prudence s'impose et il ne faudrait pas ériger en preuve ce qui n'est, tout au plus, qu'indice, voire intuition.

Ce qui pourrait être intéressant dans notre perspective ce serait de rechercher des mises en situation comparables, dans le fond, à celle d'Antigone et de Créon et d'analyser le comportement des protagonistes pour en dégager, si possible, les constantes. Trois noms nous viennent immédiatement à l'esprit: Frantz dans L'Hermine, Thérèse dans La Sauvage et Gaston dans Le Voyageur. Tout trois se sentent prisonniers de l'ordre social qui fait leur malheur.

Frantz est né pauvre et intelligent. Il a souffert de la discrimination et de l'aliénation qu'entraîne la pauvreté. Il a rêvé, par compensation, d'un monde où tout serait clair et pur grâce à l'argent qui lui permettrait de créer un monde édénique où enfermer Monime. L'assassinat de la duchesse avec son caractère sacré n'est pas si loin que l'on pourrait le croire du geste d'Antigone: il est le prix du bonheur du couple pour Frantz, mais surtout il lui permet de se regarder, enfin sans honte, dans un miroir, c'est-à-dire de retrouver son honneur sali et perdu dans les souillures de la pauvreté. La voix de la raison, la défense de l'ordre établi, le besoin de pactiser sont assurés par le couple bancal des Bentz et par Philippe. Anne-Marie est victime de sa faiblesse dans un univers de violence et de dureté. C'est l'éternelle perdante.

Avec La Sauvage les ressemblances sont encore plus frappants et Pol Vandromme peut écrire dans son essai à propos d'Antigone: "Ce n'est pas un débat de conscience, c'est un débat de sensibilité (...) Anouilh dialogue avec lui-même" et il faut y voir une mise au point "non de Sophocle par rapport à nous, mais du Anouilh de 1942 par rapport au Anouilh de 1932. Antigone c'est La Sauvage dix ans après" (7). Il ne nous paraît pas nécessaire de revenir ici sur sa démonstration, car nous aurons à nous occuper de ce point de vue à propos de Pauvre Bitos. Notons seulement que cette ressemblance pourrait bien répondre implicitement au reproche de "connivence" que faisait Claude Roy à Créon et à Antigone. Créon défend le point de vue d'une Thérèse de dix ans plus âgée et, toutes proportions gardées, d'une Antigone qui accepterait de vivre et surtout de vieillir.

Gaston (Voy.) a cru un moment qu'il pouvait rejeter le contrat social, il a refusé un état-civil, une fortune, une famille, c'est-à-dire une personnalité, une dignité humaine par fidélité, non à soi-même mais à une image qu'il se faisait de soi-même.

Son suicide métaphysique est absurde autant qu'inutile et
Valentine - Créon le lui démontre clairement. Il refuse Jacques
parce que comme tel il serait la proie du remords causé par son
passé. La solution Madensale n'est qu'un artifice qui ne saurait
empêcher qu'il ne se souvienne d'avoir été le Jacques Renaud
meurtrier des oiseaux et cause du malheur de son ami.

Tous trois fuient la réalité profonde de leur être et de leur
existence au profit d'une image idéale, mais vaine parce qu'irréalisable, du bonheur. En effet la société bourgeoise refuse
Frantz,parce que pauvre,alors qu'il ne demanderait qu'à pouvoir
s'intégrer à elle et profiter de ses privilèges, au contraire elle
accepte Thérèse,bien que pauvre, et c'est cette dernière qui refuse le passe-droit que tout son entourage s'entend pour lui imposer. Pour Gaston c'est la solution moyenne qui prévaut: il
est libre de choisir, en dernier ressort, le milieu qui lui convient. Dans les trois cas la société bourgeoise qui détient aux
yeux de chacun des héros la clef de son bonheur, dispose de l'individu sans son consentement. Se sentant contrariés, voire bri-
més par cet arbitraire qui défigure leur conception du bonheur
humain tous trois se révoltent contre la société à qui ils reprochent d'empêcher la réalisation de leur idéal.

La conduite d'Antigone et celle de Créon ne diffèrent pas essentiellement de celle des autres protagonistes. Antigone se
dresse contre l'Etat, que personnifie Créon, en vertu d'une i-
mage idéale de l'équité, qui n'est aucunement circonstantielle
ou contingentielle mais, au contraire, éternelle et universelle.
Antigone n'est pas le symbole de la Résistance: il lui manque
pour cela la foi en son geste et surtout la foi en l'homme et en
l'avenir. Le problème qu'elle pose, le conflit de l'individu et
de l'ordre social ne prend une teinte politique que par suite des
circonstances mêmes qui ont présidé à la création de la pièce
et qui constituent le contexte émotionnel, le cadre de référence
éclairant d'un jour particulier le sens des paroles dites sur
scène. La guerre, l'occupation, la crainte de la Milice et de
la Gestapo, le couvre-feu, le black-out, déterminaient l'état
d'esprit des spectateurs et le sens qu'ils donnaient à ce qu'ils
voyaient et entendaient. Que la mise en scène ait exploité au
maximum ces circonstances extérieures, voilà qui ne fait aucun
doute. Les Allemands montant la pièce en août 1946 pouvaient
y voir une œuvre "surréaliste" sans changer un mot au texte.

En vérité le conflit qui met aux prises Antigone et Créon
est de tous les temps et de tous les mondes. C'est celui de
l'individu pris entre ses aspirations profondes vers l'idéal et
les contingences mesquines de la réalité matérielle, entre la
soif de liberté totale et l'obligation d'accepter le lien du consensus social, en un mot obligé de subordonner l'unité au plu-
riel.

Lorsqu'on accuse l'auteur de faire, à travers Créon, l'apologie du fascisme il convient de préciser ce que l'on entend par
là. S'il s'agit de l'idéologie politique il est évident que l'éloge de la mission du chef, de sa noblesse et de sa nécessité ne
sont pas étrangères au Movimento. Brasillach, orfèvre en la
matière, ne s'y est pas trompé. Si l'on entend par fascisme
la purge, les exactions et violences des chemises noires ou

brunes, il est plus difficile, croyons-nous, d'en accuser Créon. En effet que fait ce dernier durant tout son dialogue avec Antigone sinon essayer de la sauver d'elle-même.

La pièce a été écrite en 1942 et le visa de la censure semble avoir été accordé assez rapidement mais elle n'a été jouée qu'en 1944, c'est-à-dire à un moment où les esprits avaient grandement évolué. La tirade sur la barque du gouvernement rappelle plutôt les premières allocutions de Pétain, à une époque où il se croyait sincèrement appelé à sauver une seconde fois la patrie en danger. Ce n'est pas encore le fantoche pratiquant la politique scellée par la poignée de mains de Montoire. Mais surtout, et Cauchon dans L'Alouette reprendra ce distinguo: Créon n'a pas à tenir compte de l'occupation de son pays mais tout au plus de la sédition et de la révolte.

Si l'on regarde l'apologie du pouvoir dictatorial d'un peu plus près, on constate qu'elle réduit le rôle du chef à un métier et n'en fait pas une vocation mais un simple rôle à jouer. Elle s'inscrit ainsi dans la lignée de la duchesse du Bal (1932) vitupérant sa nièce Eva: "Tu n'as pas de bons yeux. Je joue un rôle, je le joue bien comme tout ce que je fais, voilà tout"; ou d'Amanda retorquant au prince qui l'imagine fraudant leur contrat hors de sa présence: "Quand je fais un métier, j'aime le faire bien, voilà tout" (9).

Rien n'empêche, naturellement, de donner un sens fasciste à de telles paroles mais on peut tout aussi bien y voir une sorte de probité et d'honnêteté foncières, celles de l'homme désireux de se conduire en homme et de faire bien tout ce qu'il fait, en bon artisan.

Il est fort probable que le problème de la portée et de la valeur à accorder aux déclarations de Créon et d'Antigone ne sera jamais résolu et que chacun les interprétera au gré de sa sympathie pour l'homme d'action ou l'homme de rêve. Cependant l'issue du débat et les dernières tirades de la pièce, mériteraient qu'on s'y arrêtât plus sérieusement qu'on ne l'a fait jusqu'à présent. On n'aurait pas de peine alors, pensons-nous, à constater qu'Anouilh lui-même ne départage pas les adversaires mais semble plutôt les renvoyer dos-à-dos. Lorsque Créon, accompagné du page, a quitté la scène pour se rendre au Conseil, le chœur tire la morale de l'aventure d'Antigone: "tous ceux qui avaient à mourir sont morts. Ceux qui croyaient une chose et puis ceux qui croyaient le contraire, même ceux qui ne croyaient rien et qui se sont trouvés pris dans l'histoire sans y rien comprendre. Morts pareils, tous bien raides, bien inutiles, bien pourris. Et ceux qui vivent encore vont commencer tout doucement à les oublier" (10).

Comment faut-il interpréter ces paroles? Faut-il y voir la condamnation d'Antigone? Est-ce une démythification de l'héroïsme, une négation de la grandeur du sacrifice? Dans ce cas il n'y a plus ni bons ni mauvais, ni victimes, ni bourreaux; il n'y a que des volontés qui s'accomplissent jusqu'au bout, chacune à leur place. Antigone est morte parce qu'elle entendait démontrer sa liberté de refuser de vivre, Hémon parce qu'il croyait son père capable de condamner sa fiancée à vivre diminuée, Jocaste parce qu'elle s'est trouvée mêlée, par hasard, à l'histoire. Créon qui reste en arrière et qui, tout à l'heure, atteignait à une sorte de grandeur épique en acceptant la vie, en commençant, courageusement, sa journée d'homme public sans un regard en arrière sur sa rude journée de particulier qui vient de s'achever et durant laquelle il a payé la rançon de son "oui", n'est pas épargné non plus, au contraire. "Il va commencer à attendre la mort" (10) qui seule pourra lui apporter la paix que les autres ont déjà trouvée. Cette attente est un châtiment et, sans doute, le plus sévère qu'Anouilh ait imposé à un de ses personnages car, vivant, il est continuellement à la merci de son oui initial et en voie de réaliser la malédiction d'Antigone, c'est-à-dire de s'abaisser chaque fois un peu plus, allant d'une compromission à l'autre, d'une sentence et d'un exemple "nécessaire(s)" à l'autre (11).

Seuls les gardes ont supporté la tourmente sans broncher. C'est qu'ils sont de tous les régimes, de tous les âges. Ils ne connaissent ni commencement, ni fin: "ils continuent". Pour eux il ne s'est rien passé, ils n'ont rien vu, ils n'ont rien retenu. Antigone, Créon, Etéocle, Polynice, leurs conflits, leur mort ne sont même pas arrivés au bord de leur conscience. Ils sont les exposants de l'inutilité, la preuve de la vanité de tout sacrifice.

Cette palinodie finale est le comble du pessimisme. Elle fait de la confiance de Créon en l'existence et en l'action un pis aller aussi aléatoire que le mépris d'Antigone devant la vie. Elle contient un appel à la raison, à la tendresse et à la compréhension mutuelles des adversaires: l'idéal que ceux-ci défendent et poursuivent n'existe pas. Seul celui des gardes est réel: ils sont la vie de tous les jours. C'est pour eux qu'Antigone est morte et que Créon a tué.

Après l'éclat d'Antigone Jean Anouilh semble avoir pris le parti de se désintéresser de la politique. On trouve bien dans les pièces qui la suivent quelques références aux lieux communs de la mythologie politique des Français. L'arbitraire: l'Eglise et la Maçonnerie regardées comme des puissances occultes commandant en secret le destin du pays (12); quelques considérations sur l'absurdité d'une guerre dite: "humanitaire" mais qui ont été coupées à la scène, sans doute pour ne pas effaroucher le "Général de l'Elysée" (13). Au demeurant donc peu de choses. Pourtant si l'on en croit Pol Vandromme, le Jean Anouilh d'Antigone et celui de L'Invitation sont deux êtres foncièrement différents, étrangers presque l'un à l'autre. Se basant sur la préface écrite en 1963 pour l'édition des Œuvres complètes de Brasillach, Vandromme nous présente un double portrait du dramaturge. D'abord jusqu'à Antigone, un enfant, un bon garçon naïf et tendre, un ingénu rêveur, un Hurluberlu avant l'heure, devenant soudain en ce début de février 1946 un adulte, critique perspicace des infirmités humaines, qui, après avoir prôné, naguère, le refus d'une "existence dévaluée", proclamera désormais la peine et l'accablement au lieu de la honte et du dégoût, parce qu'il aura fait l'expérience de l'Epuration (14) et que la mort de Brasillach lui aura dessillé les paupières.

Pol Vandromme est sans doute un des journalistes-essayis-

tes qui connaissent le mieux les milieux de la presse collabora-
tionniste de droite et en particulier les journalistes et collabora-
teurs de Je suis partout (15) dont Brasillach fut rédacteur en
chef en 1937, puis de mai 1941 à août 1943. En outre le texte
d'Anouilh est formel: "le jeune homme que j'ai été et le jeune
homme Brasillach sont morts le même jour et - toutes proportions gardées - de la même chose" (16). De sorte qu'il faudrait
être ou présomptueux ou ignare et obstiné pour vouloir discuter
ce point de vue. Pourtant une chose est peu claire, croyons-
nous. S'il est vrai que l'on trouve peu d'éléments se rattachant
à la politique dans les pièces précédant Antigone, il n'est pas
moins vrai qu'il faudra attendre La Valse et surtout L'Alouette
pour que les allusions à la "drôle de guerre" deviennent viru-
lentes et dépassent le niveau du mot d'auteur ou de l'effet facile
destiné à détendre l'atmosphère pendant une longue tirade.

Nous venons de voir que dans Ardèle une coupure opportune
a édulcoré le texte. Dans La Répétition Tigre nous est présenté comme l'un de ces officiers qui, à Saumur, arrêtèrent les
Allemands pendant trois jours en juin 40 par point d'honneur et
au prix de leur vie, le plus souvent. Il deviendra le capitaine
de Grandpié dans Les Poissons Rouges et le Commandant di
Santi Pellegrini dans Le Directeur de l'Opéra, sans que se dé-
mente cette sorte de fierté émue, de tendre ironie admirative a-
vec laquelle Jean Anouilh loue à travers le comte le sens du panache, le goût du sacrifice inutile, du geste élégant qui rempla-
cent chez les descendants de la vieille France, le sentiment de
la réalité et le souci matérialiste des générations progressistes (17).

Pol Vandromme dit trop et trop peu. L'Invitation est peut-
être "un ultime rendez-vous" qu'Anouilh fixe à ses personnages
de toujours. Il rompra avec eux mais ce ne sera que lorsque
les esprits seront suffisamment rassis pour accepter la haire
de certaines vérités qui activeront leur bile et réveilleront
leurs maux d'estomac, sans qu'ils protestent avec violence parce qu'ils seront redevenus raisonnables et, dans une perspective humaine, se sentiront mauvaise conscience.

Il serait tout aussi logique et moins "fracassant" de considérer l'affaire Brasillach comme une sorte de signal provoquant
un surcroît d'irritation et de colère. A l'occasion de ce procès et de la condamnation d'un écrivain-journaliste de talent,
helléniste et humaniste, coupable surtout, lui aussi, d'avoir
trop lu les Romains, de fidélité à un idéal fasciste datant d'a-
vant la guerre et d'une noblesse de caractère éprouvée, Anouilh
a ressenti l'impérieux besoin de s'élever avec sa violence et
son acidité coutumières contre l'aveuglement et la faiblesse
des individus quand ils sont soumis à la pression de la foule.
Il a vu qu'écrire comportait une responsabilité qui ne relevait
pas de l'appréciation de l'auteur lui-même mais de celle d'autrui, de ses pairs aussi bien que de ses lecteurs. On est libre
d'écrire ou de ne pas écrire. On ne l'est pas de ne pas s'engager. Brasillach était responsable de ses articles dans Je
suis partout et il ne s'en dédiait pas. Cependant on ne pouvait
lui reprocher aucune dénonciation, aucune vénalité mais au contraire même ses adversaires devaient lui reconnaître une sorte

Projet de décor: Pauvre Bitos, ou le dîner de têtes, Haagse Comédie 1961
Harry Wich: gouache 36 x 49,3 cm.
Collection: Toneelmuseum, Amsterdam

de probité, d'honnêteté foncières dans le cadre de ses opinions.

Créon, juge suprême, avait essayé, en dernier ressort, de sauver Antigone, sans trop la diminuer, du moins dans son optique. Dans le cas de Brasillach il appartenait aussi au Chef de l'Etat, le Général de Gaulle, de statuer, en dernière instance, sur le crime de l'écrivain et du journaliste et de sauver la vie de cet homme dont la grande erreur fut de rester fidèle à ses idées. Son cas était si peu pendable que l'un des gaullistes les plus notoires, François Mauriac, n'hésitait pas à apporter sa caution à la pétition de ses collègues gens de lettres. Il y avait un choix à faire en face du traître Polynice-Brasillach: lui témoigner la pitié d'une Antigone, ou la rigueur d'un Créon. Créon l'emporta et Brasillach mourut. Il ne fait aucun doute que, pour Anouilh, c'était la pitié d'Antigone qui seule s'imposait. Un emprisonnement, même à vie, a dû sembler à Jean Anouilh, largement suffisant pour punir les erreurs d'un adversaire politique, pour le reste sincère et franc. Anouilh avait oublié que le temps de Fontenoy était bien passé, mort et enterré, et que le je-ne-sais-quoi de la politesse des ci-devants n'avait plus cours dans un monde concentrationnaire, sauf peut-être pour quelques rares exceptions comme Tigre et encore, même ceux-là n'existaient plus en 1945. Ils étaient déjà tombés comme le capitaine de Grandpié.

Nous voyons donc apparaître en 1950 seulement le type du vrai patriote, de l'officier intègre, mais immédiatement après lui surgit dans l'univers anouilhesque le général ganache (Val.) qui, comme par un fait du hasard, écrit ses mémoires et en profite pour donne une leçon de relativité sur le thème de: comment on écrit l'histoire, en racontant par deux fois les mêmes faits (18). Ne nous y trompons pourtant pas. St. Pé n'est pas un nouveau venu dans le monde d'Anouilh. C'est le père de Thérèse, celui de Marc; c'est le général frère d'Ardèle, c'est Julien et Lucien, ce sera bientôt le Promoteur et Charles IX; ce sera Charles II tout comme Bitos-Robespierre et Napoléon. Les premiers étaient des hommes incapables de satisfaire une femme, de la garder, des velléitaires impuissants vite fatigués, vite contents de leur sort, compensant par des amours ancillaires leur échec vital. Désormais nous aurons une nouvelle série d'impuissants sexuels, mais ils compenseront leur insuffisance par leur soif d'autorité, la violence de leurs réactions, la cruauté de leur conduite doublement meurtrière parce qu'elle se donne l'allure d'ouvrer pour le bien public sous le couvert de la légalité.

Au lendemain de la guerre tout le monde aspirait à recommencer, à rebâtir. Anouilh devait fatalement être tenté lui aussi de mettre un trait sous sa production dramatique d'avantguerre pour repartir à zéro. Lorsqu'on voit avec quelle précision et quelle sensibilité barométriques Anouilh sait déterminer le climat qui règne chez son public et comment il s'y adapte, on comprend qu'il n'a pu songer à laisser inemployée cette réserve de matériel que lui offrait la drôle de guerre et ses séquelles. Nous avons vu que ces emprunts à la nouvelle source avaient été prudents sinon pusillanimes. Il faut bien chercher pour voir quelque chose qui puisse irriter le specta-

teur. Les exemples que nous avons donnés sont au fond inoffensifs: un banquier juif sorti directement d'une pièce de Bernstein;
une Franc-Maçonnerie et une Eglise comme toute la troisième
République n'a cessé de les voir sur le Boulevard; un soldat
dont la conduite en juin 1940 continuait la glorieuse tradition patriotique de la France (19).

Par contre un général qui écrit ses mémoires et parle de
ses campagnes du Maroc au moment même où le sultan Mohammed
réclame l'indépendance pour son peuple et que la révolte gronde
dans les villes comme dans le Rif, est déjà un personnage plus
aventureux. "L'homme de la sentence" aussi bien que les circonstances politiques contemporaines paraissent visés (20).

Dans L'Alouette les allusions à la politique, à la drôle de
guerre et ses suites se multiplient. C'est qu'il existe de nombreux points communs entre la France de la Pucelle et celle de
Pétain et il suffit d'un petit coup de pouce pour que l'identification entre les deux situations se fasse.

La France est partagée en deux parties: le nord est occupé,
le sud est libre. Le roi s'est retiré à Bourges, Pétain à Vichy,
Jeanne est une paysanne de Lorraine, les gaullistes font de la
croix de Lorraine leur emblème. Rouen occupé reproche à
Bourges sa vie facile comme Paris enviait Vichy. Les Godons,
eux, sont bien près des Goth et les faits de Collaboration ou de
Résistance passive à Rouen ne diffèrent guère de ceux que l'on
rencontrait en zone occupée. Il n'y a pas jusqu'au procès de
Jeanne qui n'ait son pendant: comme celui de Riom il tourne à
la confusion des accusateurs qui, pourtant, livrent les accusés:
Blum, Daladier, Reynaud et Mandel aux Allemands.

Anouilh a-t-il choisi son sujet en vertu de sa richesse en
implications politiques? Nous ne le saurons sans doute jamais
et d'ailleurs cela est relativement peu important. Une chose
reste: il a remarquablement tiré parti du cadre qu'il s'était donné.

Seule l'Epuration n'est pas encore à l'honneur. Elle apparaît dans Ornifle sous la forme d'une réplique supprimée à la
représentation et consacrée aux cours de justices (21), et dans
les confidences de Machetu, ex-roi du marché noir et profiteur
de guerre.

Les Cours de Justice ont été instaurées à la Libération en
remplacement des Cours Martiales pour connaître des crimes
de guerre: intelligence avec l'ennemi, collaboration économique,atteinte à la sûreté de l'Etat, etc... Sous le générique é-
loquent de: l'hypocrisie de l'épuration, Galtier-Boissière a
donné dans une série de dix articles publiés dans L'Intransigeant entre le 16 septembre et le 28 octobre 1947 un aperçu
des activités de ces tribunaux. Il y démontre que ce sont des
tribunaux de la haine et du déni de justice par leur forme même
(22). Il accuse clairement le Général de Gaulle malgré son appel à la "réconciliation nationale" de n'avoir pas su réglementer
l'Epuration, de n'avoir pas su imposer la réconciliation aux
Français sincères, d'avoir toléré qu'une Résistance "résistan-
tialiste" profite des circonstances pour exercer des vengean-
ces personnelles, d'avoir laissé une justice partisane perpétrer d'innombrables dénis de justice.

Quant au personnage de Machetu il pourrait bien avoir été

inspiré par un magnifique scandale, une sorte de seconde affaire Stavisky, le cas Jonanovici qui a fait les beaux jours des chansonniers au printemps de 1947. On peut en effet percevoir le souvenir de cet aventurier dans certaines répliques des plus percutantes d'_Ornifle_, comme permet de le constater une comparaison de l'histoire de Jonanovici, telle que nous la trouvons dans le _Paris-Presse_ du 18 mars 1947, avec les confidences de Machetu.

Joseph Jonanovici était alors en fuite et recherché par la police. Débarqué à Paris en 1925 en provenance de Bessarabie où il était serrurier à Kicherev, il vit à Clichy avec son frère. Après avoir débuté comme chiffonnier il s'établit comme marchand de vieux métaux (23). Israélite, il collabore néanmoins avec les Nazis et s'associe à deux indicateurs de la Gestapo Bonny et Lafont pour le "commerce" des métaux non-ferreux. Arrêté et emprisonné à la Libération, il sort de Rancy quinze jours après et reçoit la Rosette de la Libération (24) pour ses bons et loyaux services à la cause de la Patrie: avec les non-ferreux revendus au Bureau d'Achat allemand il aurait gagné 4 à 5 milliards d'anciens francs. On l'accuse (1947) d'avoir révélé aux occupants les emplacements des stocks de l'armée secrète en zone sud. Il aurait été indicateur de la police et aurait subventionné le réseau Honneur et Police. Il a été un des premiers habitants de Paris présentés au Général de Gaulle le 23 juin 1944. Il aurait livré ses anciens compagnons Bonny et Lafont après la Libération (25) en les accusant d'avoir collaboré avec la Gestapo, dont il était lui-même, Avenue Foch, l'hôte assidu.

Le cas de Jonanovici est peut-être extrême, il n'est ni unique, ni même exceptionnel: il a existé dans toutes les périodes troubles de l'histoire et la période napoléonienne abonde en exemples de ce genre.

Les protestations de Galtier-Broissière tout comme le souvenir de scandales du type Jonanovici apparaissent en filigrane dans les allusions à la situation politique en France durant la seconde guerre mondiale. Celles-ci augmentent en nombre et en virulence vers 1950 pour s'épanouir dans des pièces comme _Pauvre Bitos_, _L'Hurluberlu_, _La Foire d'Empoigne_, _Tu étais si gentil quand tu étais petit_... et _Les Poissons Rouges_...

Dans _Antigone_, dans _L'Alouette_, dans _Eurydice_ ou _Médée_ Anouilh utilisait le mythe antique ou historique comme un cadre commode servant de support à une histoire simplement humaine qui apparaissait à qui voulait voir. Dans _Bitos ou le dîner de têtes_ l'auteur se présente directement comme meneur de jeu. Le dîner est une vaste machination ourdie "pour perdre un petit jeune homme". C'est "un jeu" que chacun des invités devra jouer le plus consciencieusement possible mais qui comporte une mise à mort (26). On retrouve dans cette pièce de nombreuses allusions aux événements politiques des années 1940 à 1945 et l'accent est mis, comme nous l'avons déjà signalé, sur la période suivant la Libération: celle de la minute de vérité. Elle apparaît ici comme une drôle de "cuisine", l'occasion rê-

vée des règlements de compte. Ce sont d'abord des lieux-communs
sur le caractère des Français en général et des Parisiens en particulier. "La nostalgie française de la poigne" qui, aux yeux de
certains, explique la grandeur du siècle de Louis XIV ou de l'épo-
pée napoléonienne et le succès du Gaullisme (27). Promettre ou
remettre de l'ordre, c'est, en France, le plus sûr moyen d'acquérir de la popularité, du moins au début semble-t-il.

La badauderie incorrigible du Parisien, son goût invétéré
du spectacle et des sensations violentes, seules capables d'émou-
voir une foule essentiellement blasée par la force de l'habitude.
"L'ignoble Paris" allant au procès du Roi ou à celui de Danton
comme on va au spectacle (28), la vedette du procès considérée
comme un acteur surveillant ses effets, montrent un dédain et un
mépris violent de la masse, des "médiocres" (29) trop terre à
terre pour voir grand. L'aspect juridique de l'Epuration est é-
voqué également. D'abord évidemment dans la personne même
de Bitos, substitut du Procureur de la République, c'est-à-dire
représentant du Ministère public et porte-parole de la société
dans un procès. C'est à lui qu'il appartient de requérir et au
juge de décider; il est donc, en un sens, le premier responsable de la lourdeur de la punition infligée. Anouilh évoque ensuite le serment de fidélité au Maréchal des magistrats de la IIIème
République. Ce geste leur permet de servir la Troisième République et l'Etat Français , puis le Gouvernement Provisoire,
puis enfin la Quatrième et même avec un peu de chance, la Cinquième République, c'est-à-dire "le régime quel qu'il soit" (30).
Prise de la Bastille ou Seconde Terreur, actes de Résistance
ou d'Epuration, la similitude des époques - seul le millésime
change - est soulignée par le rappel du trafic des faux certifi-
cats de civisme. Il n'est pas jusqu'à une leçon de polémologie
dont ne nous gratifie Anouilh en rappelant que les théoriciens et
les idéalistes sont toujours les premières victimes des "révolutionnaires sérieux" (31).

Mais toutes ces remarques servent en fait de décor à deux
histoires, au rappel de deux procès menés par Bitos, celui du
petit milicien qui nous est servi en hors-d'œuvre suivant le procédé de Molière présentant Tartuffe bien longtemps avant qu'il
apparaisse et celle de Frantz Delanoue qui permet le passage
du personnage de Bitos-Robespierre à celui de Robespierre-
Bitos dans la mesure où Bitos, sous l'effet de l'émotion et du
choc, s'imagine littéralement être Robespierre. L'histoire du
milicien permet à Anouilh d'apporter son bouquet au dixième
anniversaire de la mort de Brasillach en faisant dire à Bitos
les paroles mêmes du commissaire du gouvernement Reboul
lors de l'exécution du journaliste "nous avons respecté l'horaire" (32). En outre elle lui permet de protester contre l'inhu-
manité dont sont victimes les prisonniers politiques traités
comme les condamnés à mort de droit commun: ils sont enchaî-
nés pendant de long mois après le rejet du pourvoi dans l'attente du "petit matin" ou de la grâce (33). La protestation vient
peut-être un peu tard mais si on rapproche telle réplique sur
la réhabilitation des victimes de la terreur (34) de celle accordée un an avant Bitos, au Hongrois Rajk (35) et à ce que signale régulièrement Amnesty International, on comprend sans pei-

ne que derrière l'histoire de Robespierre et celle de Bitos c'est
l'inanité et l'insignifiance des principes voire des idées au nom
desquels on torture, tue ou honore les individus, qui est en jeu.
En définitive que reprochent tous ses adversaires à Bitos?
C'est d'abord d'avoir trop lu les Romains, d'être trop Horace et
non Curiace, en un mot d'être trop systématiquement et volontairement vertueux, d'être trop pur. Comme les Julien (Col. & Rév.),
comme Lucien (R.& J.) et Fabrice (Orn.), bientôt comme
l'Hurluberlu et Toto son fils ou même Anouville (Foi.), il a une notion de l'honneur, des devoirs et de la vertu proprement inhumai-
nes. Bitos s'est fait une idée bien à lui de la probité, cet attachement à toutes les vertus civiles selon Vauvenargues (36). Son
respect aveugle des principes, sa trop stricte obédience lui font
perdre toute humanité et font de lui un monstre. C'est un pur
dans tous les sens du terme mais d'une pureté impure par son
excès: elle brûle et détruit tout ce qu'elle touche, comme le feu.
C'est dans ce sens que Marcel Aymé a pu voir dans Le dîner de
têtes "une somme de misère et de pureté". On pourrait dire à
son propos, en parodiant Pascal: misère de l'être qui n'aime
personne, qui ignore la charité autant que la bienveillance et le
bel amour du prochain. Bitos inspirerait la pitié s'il n'inspirait
la crainte et le dégoût. Cette ambiguité de l'être, nous la retrouvons dans la mise en situation. Anouilh prend bien soin d'en
faire un homme seul, suspendu entre le monde des riches auquel
il aspire et celui des pauvres dont il est issu et qu'il renie (37).
Tous deux le tolèrent mais en réalité le rejettent. Les riches
lui en veulent parce qu'il manque de grâce, parce qu'il est rai-
de et pédant; les pauvres, comme sa mère ou son ancien ami
Deschamps, parce qu'il est inaccessible à la pitié. Lui-même
d'ailleurs est toujours en porte-à-faux. Il souffre du manque
d'amitié, mais refuse le moindre sacrifice à celle-ci. Fier, à
juste titre, des bras rougis de sa mère blanchisseuse, il se détourne du peuple parce qu'il "pue". C'est un maniaque de la
propreté. Lui aussi, il a rêvé, comme nombre de ses anciens,
d'un monde où "tout soit net, toujours, sans ratures, sans ba-
vures, sans tâches" (38). Nous avons rencontré les fausses
pures et, par analogie, nous dirons que Bitos est un faux pur.
Machetu se donnait des airs d'honnêteté et de respectabilité en
surveillant sa langue et son vêtement, Julia en poursuivant la
poussière et en se rêvant bonne mère, Bitos, dans le même but,
se brosse sans cesse (39).
Mais le reproche majeur auquel s'expose Bitos c'est d'être
un impuissant. Maxime dans sa colère le traite de puceau qui
a peur des femmes. Danton explique de même la vertu de
Robespierre par sa peur du peuple et des femmes (40). Il l'accuse pour finir d'être "un sale petit curé d'Arras tout étriqué,
un sale petit pisse-froid" (41). Anouilh avait même prévu de
répéter les derniers mots de Danton, mais il les a supprimés
à la représentation et à l'édition (42). Par contre il a conden-
sé tous les complexes de Robespierre - Bitos dans une violente tirade dans laquelle Bitos, pris d'un rêve subit de grandeur
et de puissance, imagine qu'il émascule par la crainte tous
ses adversaires; qu'il interdit et rend impossible les relations
sexuelles; qu'il détruit l'envie et la joie de vivre et d'être heu-

reux règnant au cœur de l'homme (43). Le personnage de Bitos est ici dépassé. La satire et l'indignation se tournent contre tous les politiciens, tous les césars qui font bon compte de la vie humaine et font payer à leurs semblables les déficiences de leur propre constitution et de leur propre esprit. Que peut vouloir l'honneur de l'homme sinon le bonheur, la joie de vivre, le respect des valeurs éternelles et l'Amour au sens le plus large du terme. Bitos, l'incapable, l'intellectuel, le cérébral ne l'a pas compris. L'impuissant, le faux pur a fait taire la voix du cœur au même titre que ses adversaires qui, sous prétexte de lui donner une leçon, font exactement la même faute que lui en laissant parler leur raison plus haut que leur cœur. Doit-on voir un appel à la conciliation, à l'apaisement, dans l'intervention de Victoire? Si l'on accepte le symbolisme de son nom c'est elle qui montre la véritable conduite à tenir en face d'un Bitos: lui ouvrir les yeux sur ses erreurs et les lui pardonner par grandeur d'âme; en laissant parler la pitié et le cœur plus haut que la loi et l'esprit. Le refus haineux, rancunier, menaçant même, par Bitos, de toute pitié,ne laisse cependant rien présager de bon (44).

Le correctif qu'apporte le sous-titre de la pièce au caractère de l'Hurluberlu fournit les deux axes qui supportent et déterminent à la fois la conduite du héros, le Général Ludovic. Lorsque nous avons essayé de préciser le rôle de la pureté physique dans la vie du couple, nous avons vu "le réactionnaire amoureux" abandonner, peut-être à temps, sa rigueur de nouvel Alceste pour tenter de ne pas perdre sa guerre avec l'amour (45). Il nous reste à préciser cette notion de "réactionnaire" dont Ludovic est affublé.

Notons tout d'abord que le terme est d'un emploi relativement récent puisque Littré le considère comme un néologisme indiquant un adversaire de la Révolution de 1789 et que le terme désigne aujourd'hui comme substantif: un adversaire de l'évolution politique et sociale, lequel cherche à rétablir un régime, un état de choses périmés.

A peine avons-nous lu cette définition que deux constatations s'imposent à nous. Tout d'abord qu'elle convient bien au personnage du Général tel qu'il apparaît dans la pièce. Mais aussi que l'emploi du substantif "réactionnaire" cadre mal avec les dénégations proférées la veille de la "Couturière" par Jean Anouilh et confirmées par Paul Meurisse, indépendamment l'un de l'autre. En effet selon eux il "ne fallait chercher dans L'Hurluberlu aucune allusion à des événements politiques" (46). Or le terme de réactionnaire implique l'idée de politique et on en vient à se demander: de qui se moque-t-on ici? Du spectateur que l'on entend appâter? ou de la critique? ou bien veut-on souligner, même dans le sous-titre, le rapport avec Le Misanthrope ou l'atrabilaire amoureux et fournir ainsi aux journalistes l'occasion d'un papier facile et foncièrement faux.

Reconnaissons que, politiquement, la pièce est beaucoup moins explosive que Pauvre Bitos ou Ornifle mais les réflexions du Général rendent un son si connu, si habituel à notre oreille, que nous n'avons pas de peine à y percevoir comme adoucie, désamorcée, la virulence de Pauvre Bitos, le même souci de rigueur du héros, sa soif de pureté morale et d'ordre. Mais en outre le programme de restauration de Ludovic rappelle, dans l'essentiel, celui que saluait et commentait Charles Maurras dans sa "chronique des jours d'épreuves" (47) écrite à la louange du Maréchal Pétain immédiatement après l'accès au pouvoir de celui-ci. Comme Maurras, le Général trouve que tout est pourri en France "le ver est dans le fruit". Les Français ne cherchent que leur bien-être, leur confort, au point d'en oublier l'honneur. Comme le Maréchal il veut "redonner à la France le goût de la rigueur et de l'austérité" (48). Il n'hésitera pas à reculer 2 siècles en arrière pour rétablir le système des Provinces et celui des Corporations afin de "boucler l'homme dans son métier, dans sa famille" (49) en réveillant chez lui la fierté de l'ouvrier devant "la belle ouvrage". Evidemment tout cela constitue un faisceau d'allusions au récent passé de la France et l'on comprend sans peine que l'on ait pu grincer des dents et crier à l'éternel réchauffé. Mais outre le fait que dans cette pièce il s'agit surtout de l'espèce de réarmement moral que proposent régulièrement aux Français les traditionnalistes conservateurs ou progressistes modérés et, bien moins, des excès de la guerre, de la Résistance ou de la Libération, tout cela pourrait aussi n'être qu'un jeu. Au lieu de voir dans les paroles du Général une allusion à un autre Général ou au Maréchal il serait tout aussi possible de voir en Ludovic le représentant de la bonne bourgeoisie française éprise depuis toujours, et à plus forte raison quand elle porte l'uniforme, de sérieux, de paix, de certitudes et de règles, en un mot: d'ordre. Lorsque le général aura vu lui échapper un à un tous ses partisans, lorsqu'il aura dû encaisser la défection d'une des valeurs les plus sûres de son capital, son ami Belazor, il ne lui restera plus qu'à faire le pitre, ou plus exactement à jouer le rôle que l'on attend de lui sous peine de perdre toutes ses raisons de vivre. Ici encore l'auteur semble avertir les rigoristes de quelque bord qu'ils soient, de penser à la relativité des biens les plus précieux.

A part quelques réflexions bien frappées sur la Collaboration (50) et la vénalité des êtres (51) ni Becket, ni La Grotte ne nous apportent aucun élément que nous ne connaissions déjà par les autres pièces. Il faudra attendre La Foire d'Empoigne pour retrouver une pièce dans laquelle les allusions à la politique de la France égalent en importance celles que nous avons notées dans Pauvre Bitos.

Le sens qu'il faut donner à cette "charge" (52) nous le trouvons dans un texte de présentation de la main de Jean Anouilh et écrit spécialement pour le public bruxellois venant voir La Foire d'Empoigne au Théâtre du Parc. "C'est au théâtre seulement", y lisons-nous "qu'auraient dû se produire - quel que soit leur génie (nous en manquons justement dans la profession) -

ces vieux acteurs sanglants et prestigieux qui ont, pour notre malheur, occupé à intervalles réguliers la scène du monde: ils n'y auraient pas vraiment fait tuer les figurants et notre plaisir devant leur prestigieuse autorité aurait presque été le même..." Que signifient ces paroles? Notons pour commencer que la condamnation ainsi prononcée ne souffre aucune exception et qu'elle s'adresse, à travers Napoléon, à tous les Césars passés, présents et à venir. Ensuite, que le prestige de ces grands hommes rutilants et chamarrés se mesure en réalité au volume de sang versé. Enfin que malgré toutes leurs belles promesses et les apparences les plus flatteuses, ce ne sont, en dernier lieu, que de pauvres histrions cruels et monstrueux dont Néron est, à la fois, le patron et le modèle. On pourrait encore ajouter à cela que la pièce entend probablement régler son compte à certain mythe de la grandeur napoléonienne dont les Français, même les plus raisonnables, ne sont pas parvenus à se défaire en près de deux siècles.

La pièce se présente comme une comédie à quatre personnages principaux: Napoléon - Louis XVIII - Fouché - Anouville réunis au Palais des Tuileries pendant les Cent Jours. En outre elle est caractérisée par des doubles rôles: les deux majestés sont jouées par le même acteur, le factionnaire et son sergent français et anglais également. Le choix des Cent Jours devient parfaitement clair quand nous voyons Napoléon se délecter avec une jouissance presque physique devant le mot "Epuration". Celui des doubles rôles est clair, lui aussi, pour peu qu'on y réfléchisse. Ce n'est pas toujours l'être véritable de l'individu qui commande son comportement mais souvent l'être qu'il peut paraître ou qu'il s'imagine posséder. Le metteur en scène allemand qui créa la pièce à Berlin en décembre 1960 souligna cet aspect de la pensée d'Anouilh dans sa mise en scène. Il faisait précéder la pièce elle-même d'une sorte de prologue pendant lequel l'acteur désigné pour incarner les deux "Majestés" (53) cherche dans le "magasin des accessoires" du théâtre deux uniformes à sa convenance; ayant dédaigné successivement le masque de César, le pourpoint de Philippe d'Espagne, l'uniforme du Roi-Sergent et la défroque d'Adolf Hitler, il se décide enfin pour la redingote grise du Petit Caporal et l'habit chamarré des Bourbons (54).

A partir de cet instant le héros unique se verra confronté dans chacune de ses deux personnalités à une série de situations analogues auxquelles il réagira au gré de l'uniforme qu'il porte, c'est-à-dire de la personnalité qu'il aura endossé. Nous reconnaissons là une des caractéristiques constantes du comportement de certains héros d'Anouilh dont Gaston du <u>Voyageur</u> pourrait être le modèle. L'identité des situations et de leur déroulement est donnée par le contexte historique: puisque les deux majestés reviennent tour à tour au pouvoir, elles doivent faire place nette, c'est-à-dire débarrasser le Palais des Tuileries comme la France des traces laissées par leur prédécesseur et procéder à la relance des activités nationales.

En reprenant le pouvoir le revenant pourra être animé d'un esprit revanchard et rancunier. En guise de <u>Te Deum</u> nous aurons alors un bain de sang et de larmes, la guillotine et les pri-

sons de Robespierre-Bitos. C'est ici l'intention prêtée à
Napoléon et confirmée d'ailleurs par l'histoire. Il pourra au
contraire être plein d'un désir de (ré)conciliation raisonnable et
de tranquillité. Le Te Deum s'accompagnera alors d'une tentative d'union nationale dans l'oubli du passé. Panser les blessu-
res, préparer l'avenir seront ses seuls objectifs. C'est la solution que préconise Louis XVIII dans la pièce. Il reste une troisième possibilité, d'essence purement politique celle-là, qui
n'hésite pas à suspendre le règlement de comptes jusqu'à ce que
le nouveau responsable se sente suffisamment puissant pour garder les rênes en main quoi qu'il arrive. C'est celle que propo-
serait Fouché à Napoléon s'il en avait l'occasion (55).

Sans vouloir rouvrir le débat cent fois repris, toujours dé-
cevant et, après tout oiseux, de la fidélité historique, nous con-
staterons que l'auteur usant de ses "droits régaliens" n'a pas
hésité à faire du roi obèse et impotent un personnage éminemment
sympathique tandis que son adversaire était littéralement enca-
naillé. Le moins que l'on puisse dire c'est qu'il y a une légère
confusion de temps pour ce qui est de Louis XVIII. Celui qui
nous est présenté comme retournant de Gand n'est pas le monarque qui n'a pas su tenir tête aux exigences de ses partisans et
a permis la seconde Terreur Blanche mais au contraire le philosophe bon enfant de la première Restauration.

Cette partialité dans la représentation des personnages ro-
yaux de même que l'opposition diamétrale créée entre le subtil
et ondulant Fouché et son fils, le Romain par excellence, parangon de rigueur et d'obstination, sont trop apparentes pour n'ê-
tre pas voulues et trop voulues pour n'être pas significatives.

Dans la haine que manifeste Napoléon il y a toute la haine du
parvenu qui, s'il est fier d'être arrivé au sommet à la force
des poignets, n'en regrette pas moins d'avoir dû se salir les
mains et de ne se maintenir que par des prodiges d'équilibre
sans cesse renouvelés, alors que la véritable aristocratie n'a
rien d'autre à faire qu'à se montrer pour que tout lui réussisse.
C'est l'éternel reproche que les pauvres et les ratés font aux
riches à qui tout réussit: celui de facilité, fruit de l'histoire et
de la tradition. Anouilh explique même l'enthousiasme que
Bonaparte savait éveiller autour de lui par une sorte de perversion. L'amour que ses fidèles éprouvent pour lui ressemble
plus à la passion amoureuse, - à celui qui pourrait les unir à
une femme, qu'à une affection virile née de la camaraderie entre frères d'armes (56). Celui-ci en souffre au point de reprocher à d'Anouville l'offre de son sacrifice (57). La différence
entre les deux monarques n'apparaît nulle part plus clairement
que dans la façon dont chacun d'eux réagit en face du jeune adolescent. Napoléon, égoïste, aveuglé par son désir de réussir
enfin sa sortie, ne comprend rien à son problème et lui conseille la dureté d'âme; ni larmes, ni amour. Un seul idéal: finir
en beauté en épatant une dernière fois la galerie et, par une
sorte de calcul retors et machiavélique, donner mauvaise conscience à l'adversaire, l'amener à se croire responsable des
malheurs immérités de l'Empereur. En un mot la leçon de
Napoléon est celle d'une vendetta éternelle: ne jamais oublier,
ne jamais pardonner.

Louis XVIII au contraire apparaît comme un bon père, prêt à pardonner à l'enfant turbulent son coup de pistolet et sa rigueur hors de saison. Reprenant le ton de Créon envers Antigone et, à peu de choses près, les mêmes arguments, il démontre à d'Anouville qu'il est plus difficile et plus louable de vivre que de mourir; que chacun doit avaler sa portion de honte et d'humiliation et que l'honneur de l'homme consiste justement à accepter la vie avec ses ratures et sa sanie pourvu que, de temps à autre, l'on puisse rendre quelques services là où le hasard vous a placé. Comme Becket, le roi va retrousser ses manches et défendre "leur" royaume devant ses trois "frères" prêts à le voler (58); comme le petit moine d'Hastings, Anouville s'obstine, mais comme lui il cédera à la force des choses. La fin ne sera pas si sombre parce que nous avons affaire à une comédie.

Cet honneur pour lequel l'adolescent voulait mourir n'existe pas. Ce n'est qu'un rêve, qu'un stade nécessaire mais transitoire sur le chemin du mûrissement. La leçon du roi est claire: "Oublier cette foire d'empoigne où nous avons tous vécu, rentrer chez lui, se marier s'il trouve une bonne fille, avoir des enfants - et servir à sa place, ou perfectionner son métier s'il en a un" (58).

Egisthe et Clytemnestre usurpent le trône d'Agamemnon et l'on peut s'attendre à ce que dans leur univers royal la politique soit présente. Nul ne niera que l'auteur ne laisse pas passer une occasion pour faire un mot et introduire l'actualité la plus brûlante dans le drame antique. Il utilise à cet effet les personnages de l'orchestre et crée par la même occasion un effet de détemporalisation puisque les musiciens se comportent au début comme des contemporains du spectateur et finissent par mélanger chronologies et espèces en devenant au dernier acte les Erynnies (sic!). Elles quittent alors la fosse pour la scène, veulent émasculer Oreste qu'elles appellent "sale boche" et à qui elles veulent appliquer le traitement qu'a subi un officier allemand à la Libération et dont la violoniste fut témoin (59). Le pianiste, qui n'est pas touché par cette crise d'hystérie générale, établit le parallèle entre le passé et le présent en recourant à la valeur exemplaire inhérente à tout mythe. Dans tout Argos libéré demain ce sera comme ça (60). Car c'est ainsi qu'une ville occupée se redonne bonne conscience une fois libérée. Et point n'est besoin d'être grand clerc pour reconnaître ici le rappel du processus habituel des Révolutions et coups d'Etat. La puissance montante se débarrassera de ses adversaires en les accusant d'intelligence avec l'ennemi en attendant qu'un nouveau clan leur fasse subir le même sort sans que l'expérience millénaire n'éclaire ni les uns ni les autres.

On trouve aussi dans la pièce des allusions à une actualité plus récente: les événements de mai 1968 (61) ou le couple royal identifié à la veuve du Président Kennedy et Onassis (62). L'explication de la conduite meurtrière de la foule comme celle de l'individu reste la même; il s'agit pour eux de "se venger

de leur propre laideur" morale aussi bien que physique évidemment (63).

    Cette nouvelle version du mythe d'Oreste nous a permis d'a-
jouter quelques éléments à l'étude du jeu des rapports entre les
exigences que fait supporter à l'homme le respect de l'honneur
humain et celles que sa qualité de citoyen l'oblige de satisfaire.
Nous avons vu dans la dernière scène un rappel des excès de la
Libération. Dans Les Poissons Rouges, ou "Mon Père ce Héros",
l'action elle-même nous fait parcourir les différentes phases de
la "drôle de guerre": Débâcle, Occupation, Libération, Epuration. Les allusions au passé politique de la France sont abon-
dantes. Elles se concentrent dans les dialogues d'Antoine et de La
Surette. Nous voyons les deux camarades d'enfance pendant la
retraite puis à la Libération et surtout, à la fin de la pièce, pendant l'Epuration bien que la pièce soit censée se passer le 14
juillet 1960. Au dernier acte le Bossu viendra à la rescousse de
La Surette pour instruire le procès d'Antoine. Il est assez caractéristique de constater que dans ce conflit le léger aristocrate à qui tout est facile - il chasse de race - est rendu responsable
de cette facilité, de cette légèreté par deux ratés, deux incapables
et, on s'en doute bien un peu, deux impuissants. Ce détail les
rattache à la série d'homuncules que nous avons déjà rencontrés
et sur lesquels s'exerce la vindicte de l'auteur. Afin de pouvoir
intégrer la représentation d'événements datant de 1940 dans un
contexte dûment précisé: le 14 juillet 1960, l'auteur utilise le
procédé du simultanéisme temporel et spatial, c'est-à-dire la
superposition de deux temporalités et la rupture du déroulement
chronologique. Ce procédé, nous l'avons vu apparaître avec
Colombe sous la forme du retour en arrière final, nous offrant le
spectacle de la "rencontre" et de "l'entente", ou dans L'Alouette
dans le retour inattendu de la scène du sacre survenant après la
conclusion du procès en relapse.
    Dans Le Boulanger le procédé est amélioré. A la rupture
de la chronologie s'ajoute le mélange des lieux, la distorsion
spatiale dans la représentation simultanée du rêve d'Elodie et
du repas de famille par exemple (64).
    Les Poissons Rouges reprennent cet artifice mais avec un
nouvel élément venant compliquer la mise en situation. Dans Le
Boulanger comme dans Colombe le personnage passait d'une époque ou d'un lieu à un autre logiquement. C'est-à-dire qu'il était
à ce moment-là, en ce lieu-là, le personnage correspondant à
la situation. Ici Antoine et La Surette sont pleinement conscients
de l'anachronisme des événements évoqués comme actuels en ce
quatorze juillet 1960 (65). A quel moment est-on? En 1960 ou
en 1944? La réponse est simple: nous sommes en 1944 et en
1960. Le temps n'existe pas. Tout est en même temps parce
que "tout est présent en même temps dans la tête de l'auteur"
(66). Cette justification du bouleversement de la chronologie détruisant passé et avenir au profit du présent pourrait bien être
une des clefs de la pièce.
    On pourrait trouver dans le retour constant à l'expérience

des années de guerre une volonté d'en montrer l'absurdité et le danger toujours actuels. La Libération de la France et des pays occupés par les nazis a beau dater de 30 ans déjà, l'histoire mondiale de ces mêmes trente années offre nombre d'exemples de Libérations suivies d'autant d'Epurations, aussi absurdes, aussi injustes souvent que celles connues par les pays occupés de la seconde guerre mondiale. Il conviendrait alors de voir dans ce rappel des événements de 1944, non la hargne rancunière d'un misanthrope atrabilaire et déçu d'avoir dû rendre des comptes, ou une longue traînée de fiel et de colère contre la (prétendue) injustice subie, mais plutôt la protestation inquiète d'un observateur qu'effraient la haine, la violence, et la justice d'exception qu'il voit régulièrement reparaître sur la scène mondiale, même si son argumentation est simpliste et manque de fondements philosophiques, polémologiques ou autres. Dans sa discussion Antoine prend clairement position contre les tendances actuelles de la démocratisation qui veut que tout intéressé éventuel se comporte comme un membre actif de la société, "s'engage" au sens postsartrien du terme, s'intéresse à tout ce qui se passe autour de lui, y mette son grain de sel, prenne part, en commission, aux discussions entraînant une décision qui pourrait un jour le concerner même de très loin. Antoine demande que l'on revienne à la bonne tradition qui voulait que l'on conservât à chacun sa véritable spécialité: aux Ministres la politique, aux prostituées la sexologie et l'érotisme: "c'est depuis que tout le monde s'en mêle que rien ne va plus" (67). C'est reprendre à plus d'un quart de siècle de distance l'argument des fameux "ciseaux de mon père". La leçon est aussi simple que claire: il s'agit aujourd'hui comme naguère, de bien faire ce que l'on fait, ce pour quoi on est préparé et à quoi on est destiné. Antoine souligne également la relativité des engagements. La Surette en veine de confidence avoue comment il a d'abord failli être curé, puis, pour une question d'odorat (68) et un refus des "simagrées", il a choisi en définitive de s'inscrire au Parti Communiste.

La protestation la plus violente contre les abus de pouvoir qu'entraîne la tendance contemporaine à laisser n'importe qui décider de n'importe quoi nous la trouvons au dernier acte, au moment où Antoine, après s'être fait asséner par Edwiga, par La Surette et par sa fille, une série de vérités qui ont traversé la cuirasse faite de fausse légèreté et de cécité volontaire dont il s'enveloppe dans la vie courante, se sent transporté 15 ans en arrière au moment de la Libération et de sa séquelle: l'Epuration (69). Nous avons pu constater en étudiant l'honneur de l'homme en face de l'univers familial que c'est le chef de famille qui encourt l'essentiel des reproches adressés à Antoine. La politique n'a qu'une importance réduite. Lorsqu'Antoine se retrouve pour la seconde fois en présence du Bossu il ne sera pas interrogé sur ses opinions politiques, on n'essaiera pas d'apprécier la loyauté de sa conduite même envers ses adversaires (70). Entendu sans être écouté, il sera jugé et condamné sur sa conception de l'existence, sur son intelligence, sur ses dons ou sur sa facilité, non sur ses seules opinions et actions politiques. Antoine se justifiant devant

Edwiga montrait qu'il connaissait l'argumentation de l'adversaire. Le Bossu y apparaît soudain comme le frère de Julien (71) et de Bitos, en un mot des Romains qui compensent la pauvreté par l'intelligence et le travail, l'absence de grâce par la rigueur, le manque de virilité par l'abus de pouvoir, tout simplement parce qu'ils n'ont pas su grandir, ou qu'ils ont mal grandi comme Julien Paluche (Rév.) et gardent toujours au fond du cœur un reste de leurs illusions d'enfants (71). En définitive ils empêchent les hommes d'être simplement et humainement heureux, d'où leur prédicat: "emmerdant". L'honneur de l'homme, qu'il s'agisse de la famille, de la religion ou de la politique ou de n'importe quel autre domaine de l'activité et de la pensée humaines c'est de rester soi-même et de passer son temps "à ne pas dormir d'angoisse, à ne pas suer de compassion et à courir partout pour essayer de remettre un peu d'ordre dans la vie d'une demi-douzaine de pauvres mouches empêtrées dans leurs complexes, leur impuissance congénitale, ou leur égocentrisme maladif... (72), c'est-à-dire de ne pas s'inquiéter des reproches que l'on s'attire de tous côtés, même et surtout de la part de ceux que l'on aime mais de pratiquer le bon vieil, l'éternel amour du prochain, c'est-à-dire l'amour des Hommes.

BILAN PROVISOIRE:

PURETE ET BONHEUR
ou
L'ANARCHISME REACTIONNAIRE

PAUVRE BITOS (Pauvre Bitos, ou le dîner de têtes)
Projet de costume par J.-D. Malclès
Vignette ornant la couverture du volume des
Pièces grinçantes (La Table Ronde 1958)

I. ENTRE LE MYTHE DE CATHERINE
ET
LE MYTHE D'ADRIENNE

Si nous qualifions de provisoire, le bilan que nous allons dres-
ser dans les pages qui suivent, ce n'est pas parce que nous es-
timons que notre recherche sur le rôle de la pureté dans le théâtre de Jean Anouilh ne nous a pas fourni suffisamment de données
pour en tirer les conclusions qui en découlent. Ce n'est pas
non plus - bien que cela reste toujours vrai - parce que nous
pensons qu'une étude pour exhaustive qu'elle soit - et la nôtre
n'a pas cette prétention - n'est jamais définitive pas plus, évidemment que les conclusions auxquelles elle aboutit. C'est bien
plutôt parce qu'ayant accepté de prendre comme objet de recherches l'œuvre d'un auteur contemporain, nous sommes parfaitement
conscient, que nous nous exposons à chaque instant à ce que de
nouvelles œuvres, paraissant du vivant dudit auteur, viennent, en
modifiant les données de base infirmer sinon renverser nos conclusions, même celles qui paraissent le mieux assises.
     Notre enquête à travers l'histoire du couple dans le théâtre
de Jean Anouilh ne nous a pas seulement fourni les éléments d'u-
ne typologie du purisme dans cette œuvre. Nous avons été amené, parce que certaines situations fondamentales se répétaient
d'une pièce à l'autre, à dégager ce que nous voudrions appeler
une scénologie du purisme dans la vie du couple en considérant
dans leur ensemble les trois phases principales de celle-ci:
celle de l'entente, de la licitation, et celle du mariage (ou de la
vie commune).
     Lorsque le purisme a pour objet de valoriser la virginité
prénuptiale, il se lie à une certaine conception de l'amour de
chacun des membres du couple en formation.
     Comment les jeunes filles conçoivent-elles l'amour qui joue
un si grand rôle dans leur vie? Qu'en attendent-elles? Ces
questions pourtant simples à première vue soulèvent, en fait,
des problèmes pratiquement insolubles quand on tente d'y répondre. Quand nous aurons dit qu'elles conçoivent l'amour comme
un don de soi et qu'elles en attendent le bonheur, nous n'aurons
pas fait avancer le problème d'un seul pas. La seule chose
qu'elles avouent c'est leur refus d'aimer quand on ne les aime
pas comme elles l'entendent, et en particulier quand on s'intéresse uniquement à leur corps, à leur jeunesse ou à leur beauté. Pour connaître la conception que se font les héroïnes
d'Anouilh de l'amour et du bonheur il faut envisager ce qu'en
disent leur partenaire et les autres personnages qui les entourent puisque c'est en accord ou contre la conception de ceux-
ci, qu'elles emportent la victoire.
     La peinture la plus expressive de ce que doit être l'amour

nous l'avons vue dans l'évocation qu'en fait Barbara et le refus de cette image par Georges nous fournit également, par antithèse, des éléments pour notre réponse. Le portrait négatif de l'amour et du bonheur est d'ailleurs un procédé fréquemment employé par l'auteur qui nous donne, chaque fois, une parodie plus ou moins rocambolesque de ces sentiments par le canal des adultes. Qu'il s'agisse de l'aventure entre Eva et Hector, de celle du Prince et de Léocadia, de Patrice Bombelles et de Lady India, sans parler de la tirade de M. Orlas à sa fille, nous retrouvons chaque fois dans ces pièces "roses" les images éculées et mélodramatiques du théâtre de Boulevard et des romans populaires noyées dans une sexualité et dans un pathétique de commande. Plus évolués, plus cérébraux et partant plus raisonneurs, les adolescents et, à plus forte raison, les hommes mariés ont connu et parfois subi les vilenies et les promiscuités de l'existence. Leur expérience de la vie, les déceptions et les chagrins qu'ils en ont retirés, les ont amenés à se faire, par le simple jeu des oppositions, une conception idéale du bonheur. Ils réalisent en rêve. Celui-ci prend la forme, toute simple en apparence, d'une Catherinette, parfaite image de l'élue dans ce qu'elle peut voir de strictement traditionnel et de merveilleux. Belle, jeune, aimante, sincère et pure, prête à tout donner sans rien exiger en retour que le sentiment de bien-être que lui donne la présence à ses côtés d'un compagnon qui la comprend et qu'elle comprend parce que tous deux sont sans mystère l'un pour l'autre, voilà l'idéal de bonheur que traînent avec eux nos héros et héroïnes.

S'ils rencontrent la jeune fille qui n'a encore jamais vraiment aimé au sens complexe que nous avons dégagé au cours de notre pérégrination, et qu'elle accepte comme Amanda, Lucile, Isabelle, Aglaé, Colombe ou Maria d'être pour eux cette Catherine dont le prénom même est pureté et amour (1), les adolescents connaîtront, avec un peu de chance, de quelques minutes à quelques années de bonheur partagé, dans tous les cas "une éternité". Puis ce sera la faillite ou, au mieux, la survie du couple. Même commencée sous les meilleurs auspices, l'union est condamnée d'avance. La jeune fille ne peut indéfiniment se contenter d'être l'incarnation du rêve de son compagnon, elle voudra donc et devra, avec l'âge, retourner à la réalité de tous les jours. Sortant de l'irréel, elle détruira par sa défection logique mais impardonnable bien que souvent involontaire, le bonheur du couple.

Par contre, et ce sera fatalement le cas, lorsque la jeune fille rencontrée n'est plus vierge, cette "image que poursui(t)" (2) le héros et dont il s'est contenté de rêver jusqu'à présent, devient pour la jeune fille un véritable "mirage de la gloire et de la beauté" (2) à laquelle elle voudrait pouvoir s'identifier. Malgré l'ardeur dont elle est animée dans son désir de trouver enfin le bonheur que donne un amour partagé, elle échoue dans sa tentative. L'impossible adéquation du rêve et de la réalité qui coûte peut-être son bonheur au Parisien refusant la réelle et terrestre Sylvie pour la féérique et divine Adrienne joue aussi bien aux dépens de l'adolescent qu'à ceux de l'adolescente (2). L'un et l'autre lâchent la proie pour l'ombre, parce qu'ils ne peuvent se contenter d'un à peu près et ne veulent que l'absolu.

Le rêve est d'ailleurs un des piliers de la dramaturgie de l'auteur. Il vaudrait sans doute mieux pour le caractériser employer le terme de "rêverie" illustré naguère par Jean-Jacques. Il s'agit chaque fois de reconstituer un moment antérieur de l'existence qui a été senti comme éminemment heureux, ou bien d'opposer une situation idéale, une pure construction de l'esprit, à la réalité du moment. Dans cet univers onirique la jeune fille devient la personnification même de l'idéal de bonheur du rêveur. Par ailleurs on peut noter que le rêve fonctionne dans la dramaturgie de Jean Anouilh comme le monologue du théâtre classique, ou même le monologue intérieur du roman, dans la mesure où il permet à l'auteur de représenter les sentiments du protagoniste sans passer par le dialogue, le récit ou la confidence. C'est le cas par exemple d'Isabelle pour Georges (R- V.) , ou de Jacqueline pour Marc (J.), voire de Lucile pour Tigre (Rép.) . Plus rarement, l'apparition de l'adolescente fait naître ces aspirations vers l'idéal. Comme Julien devant Colombe (Col.) ou Gustave devant Juliette (Bal.), le héros éprouve alors une sorte de plénitude physique et morale en découvrant, à la suite d'une sorte d'autosuggestion ou d'osmose, la fraîcheur, la candeur de l'enfance. Sous le coup de la foi et de la confiance natives qu'irradie la jeune fille il croit soudain à la possibilité de faire table rase de son passé comme Jason ou Molière. Subissant dès lors la tentation du bonheur il se met à le rêver devant elle. Confrontée à cette image inconnue d'elle-même, la jeune fille abdique son indépendance, aliène son moi et sa personnalité pour s'identifier à cet être idéal. C'est le cas d'Eurydice et de Colombe même si celles-ci n'arrivent pas à conserver le masque dont leur partenaire les a revêtues (3). Dans certains cas elles font même fausse route dans leur volonté d'identification à l'image idéale rêvée comme Juliette se déguisant en voleuse (Bal.) ou Amanda essayant d'être Léocadia (Léoc.) .

C'est le processus d'intégration de la partenaire dans la rêverie qu'elle a orientée ou déclenchée par son apparition (4) et le conflit des deux univers, celui du rêve et celui de la réalité, qui constituent l'essence même de l'intrigue (5). Ils en fournissent également les principales péripéties soit parce que cette intégration se heurte à des forces issues du protagoniste qui refuse de se laisser aliéner plus longtemps, comme Monime (Her.) ou Colombe (Col.), soit parce que la jeune fille est prisonnière de son propre monde, c'est-à-dire de son passé, ou encore évincée par l'entourage coalisé de son partenaire (6). La tentation du bonheur est le plus souvent double. Les partenaires agissent l'un sur l'autre, mutuellement, dès leur premier dialogue. La jeune fille devient, soudain, la cristallisation du rêve souvent caressé de l'adolescent, tout comme ce dernier incarne, aux yeux de la jeune fille, le jeune Prince Charmant dont la venue, longtemps espérée en vain, devait chasser l'ennui et effacer les noirceurs de l'existence. En définitive seuls celui ou celle qui peuvent s'identifier à l'image qu'ils se font d'eux-mêmes en se voyant par les yeux de l'autre trouvent le bonheur. Tous les autres en sont réduits, paradoxalement presque, puisque par fidélité à cet autre soi-même, à fuir le bonheur entrevu pour rester digne de leur propre estime.

L'entente pose peu de problèmes: il ne s'agit au fond que des deux intéressés. Le plus souvent c'est en s'excusant du mal causé à l'autre par un tiers (frère, mère) dont il se sent responsable, que le héros établit le contact sentimental et spirituel avec sa protagoniste. Leur bonne foi est évidente quand ils rêvent leur bonheur.

Par contre la licitation, elle, est loin de se passer sans encombre, surtout lorsqu'il s'agit de jeunes filles qui n'en sont pas à leur première expérience amoureuse ou d'hommes mariés. Le plus souvent le défaut de virginité de l'héroïne lui ferme l'accès au bonheur par suite de la jalousie morbide qu'excite chez son partenaire l'idée de ses aventures passées ou bien à cause de la honte qu'éprouve la jeune fille à l'idée de ne pouvoir être cette compagne pure et sincère dont son partenaire lui tend l'image comme dans un miroir magique (7).

Dans le premier cas l'amour dont elles sont l'objet est essentiellement de nature prédative et égoïste. Dans le second il serait plutôt de caractère oblatif: c'est le cas de Florent (Sau.), de Marc (J.) et jusqu'à un certain point de Tigre (Rép.). L'on ne s'étonnera donc pas si ces derniers n'attachent qu'une importance très relative au passé de l'aimée et visent plus à "donner" qu'à "prendre" comme l'affirme Tigre. Toutefois il ne faut pas trop se faire d'illusions sur la nature de cette oppposition entre "prendre" et "donner". En effet qu'il soit Romain ou libertin, Pélican ou égoïste de caractère, l'amour de ces hommes reste, en dernier ressort, égoïste et aliénant. En effet le partenaire du couple impose à sa compagne, en lui donnant son amour, d'accepter, sans discussion aucune, sa vision du monde, sa conception du bien et du mal, du bonheur et du malheur à lui. C'est le plus souvent à la jeune fille que revient le privilège de la conquête du bonheur pour le couple. Cette lutte consiste en fait pour elles à faire la conquête de leur partenaire, à vaincre ses scrupules moraux ou intellectuels, à lui faire accepter ce qu'il désire, consciemment ou inconsciemment, mais qu'il refuse par respect d'un moralisme incongru: la possession de la jeune fille dans le mariage ou dans la vie commune. Celles-ci ont pour arme de choc leur pureté physique et/ou morale qui leur vaut nombre d'appuis extérieurs.

Dans les Pièces Roses et dans L'Invitation c'est une vieille dame, extravagante et bizarre - image du Destin lui-même dans ce qu'il a de plus capricieux et de plus inattendu - et capable d'infléchir le fatum dans la direction qu'elles ont choisie. Ce deus ex machina est à la source de la fin-postiche de certaines pièces dont le dénouement ne répond pas du tout à la suite logique des situations originelles et des événements qui en découlent. Dans Le Rendez-Vous c'est à Barbara (8) que revient ce rôle. Le personnage est absent en apparence de L'Ecole des Pères. Cela tient sans doute à l'économie de la pièce et aussi à l'âge d'Araminthe. Néanmoins c'est elle qui, à un niveau second, joue ce rôle protecteur pour Cécile, parce qu'elle est plus âgée et agit en sœur aînée.

Qu'il soit adolescent ou adulte, l'homme prend souvent, dans le couple, la forme d'un complément. Cela est surtout vrai dans les <u>Pièces Roses</u>: pauvre si la jeune fille est riche, riche si elle est pauvre, un voleur pour l'aristocrate, un aristocrate pour la midinette ou la petite bohème. L'identité des milieux n'existe pratiquement que dans <u>Le Rendez-Vous</u>, si l'on tient compte de la situation de Georges avant son mariage: comme Isabelle il appartient à la petite bourgeoisie.

A partir d'<u>Hurluberlu</u> par contre l'identité des milieux est respectée pour le couple marié, mais l'objet de la liaison est le plus souvent de nature complémentaire encore une fois: Edwiga ou Maria pour Antoine de Saint-Flour (<u>P.R.</u> & <u>C.A.</u>). L'héroïne dispose à chaque fois d'un certain nombre d'atouts et d'appuis. Elle est jeune, belle parfois d'une beauté étrange proche de la laideur et vierge, ou non. Le portrait moral le plus complet de la jeune fille vierge nous est peint par Horace dans <u>L'Invitation</u> lorsqu'il s'excuse d'avoir mal jugé Isabelle: "Vous n'êtes pas sotte, vous êtes naïve. Vous n'êtes pas romanesque, vous êtes tendre. Vous n'êtes pas dure, vous êtes exigeante. Tout est presque pareil et c'est le contraire" (9). La différence entre ces qualificatifs antithétiques est bien subtile. La naïveté rappelle la pureté morale et suggère la possibilité d'une foi et d'un enthousiasme enfantins, l'absence d'arrière-pensée et de calcul, la priorité des sentiments sur l'esprit et une grande faculté d'étonnement. En un mot cette naïveté marque la disponibilité, l'attente confiante d'une initiation. Naïve et non point sotte, elle ne se trompe guère sur le compte de ceux qui l'entourent. Son ignorance de la vie concerne surtout les noirceurs et les compromissions de celle-ci: elle les voit et les devine clairement sans en être affectée. Le complément naturel de cette candeur est une lucidité intuitive qui commande et dirige ses actes tout en la protégeant. Sa tendresse est à la mesure de sa capacité d'émotion devant le malheur d'autrui. Elle lui permet de consoler son partenaire, sans tomber dans le sentimentalisme que favoriserait le romanesque propre à sa jeunesse, et de créer autour d'elle, dans les moments de crise, le climat spirituel nécessaire à l'entente tout en tempérant ce que sa lucidité pourrait avoir de trop cérébral. Son exigence est fonction de sa capacité de don. Elle exige l'amour et le bonheur dans la mesure où elle les donne. Elle entend ne pas composer, elle vise et réussit à se faire accepter telle qu'elle est et à se faire aimer comme elle veut l'être en n'hésitant pas, au besoin, à se montrer dans toute sa rigueur et sa lucidité lorsqu'elle a été blessée. Doit-elle revêtir un masque? Elle ne le fait qu'à contrecœur et rejette violemment ce déguisement avant de s'engager définitivement. Pourtant cette mise à nu de ses sentiments et de ses pensées ne s'accompagne pas de dureté, de paroles blessantes. Même lorsqu'elle est convaincue d'avoir tout perdu, l'amour, le bonheur, elle conserve une profonde dignité qui est sa parade et son arme contre les compromis. Elle se rend compte la première de l'amour qu'elle éprouve pour son partenaire. C'est le coup de foudre, l'amour au premier regard, mais avec une sorte de prudence native elle ne se découvre pas immédiatement. Au contraire elle attend d'être bien éclairée sur les intentions du soupirant avant de s'avancer. Est-elle assurée qu'il ne s'agit pas seulement de l'aimer pour son corps, elle progresse alors avec un courage tranquille au mépris de la plus petite prudence, du moindre calcul en prenant le maximum de risques. Elle offre d'un seul geste tout ce qu'elle possède et qui se réduit d'ailleurs, sauf pour Juliette (Bal.), à elle-même, à son corps, sa jeunesse, sa foi, son amour. La virginité préservée soit à la suite de circonstances favorables, soit par un choix délibéré mais non calculateur, devient à cet instant non une monnaie d'échange comme dans le mariage bourgeois traditionnel, mais un cadeau qu'elle offre, sans fausse pudeur, sans aucune contrepartie ou garantie autre que la confiance, à celui qu'elle aime. Elle est heureuse et se hâte de jouir de son bonheur presque inconsciemment comme le lui conseille la Duchesse (Léoc.) (10). Elle se rend pleinement compte de la précarité de cette félicité, mais elle a foi en lui parce qu'elle le considère comme un élément naturel inhérent à son existence. Naturel est pris ici au sens premier de "qui appartient à la nature". Cette allégeance profonde des héroïnes et de la nature se traduit en particulier, nous l'avons vu, par l'appui que celle-ci leur apporte dans leur lutte.

Dans Eurydice et dans La Grotte l'adolescente a perdu sa virginité avant de rencontrer le "vrai amour". Dans Roméo et Jeannette, il en va de même pour Jeannette alors que Julie - l'économie des caractères l'exige - est encore vierge. Mais est-elle pure? Il semble bien que non. Eurydice a perdu sa virginité, si on l'en croit, par suite des manœuvres de sa mère. Depuis elle donne son corps par lassitude, par bonté d'âme et surtout par mépris de celui-ci, par refus de la petite sagesse et du mercantilisme petit-bourgeois. Bien que, pour Jeannette, nous disposions au début de moins de détails, on peut dire que son histoire se développe de façon analogue, avec cette différence qu'elle monnaye ses faveurs. Mais comme elle entretient de la sorte son père et son frère, on peut retrouver chez elle, avec un peu de bonne volonté, le même altruisme que chez Eurydice (Eur.). Seule Adèle (Gr.) est franchement victime puisque toute sa vie elle a été poursuivie et a souffert pour défendre sa pureté devant la violence, jusqu'à ce qu'elle ait dû céder au cocher. Il existe cependant une grande différence, dans ces trois pièces, sur les conséquences de cet accident.

Orphée ignore que son Eurydice n'est plus vierge lorsqu'il la rencontre. Celle-ci qui ne s'en est pas inquiétée outre mesure jusqu'alors, se met à regretter sa pureté perdue et aspire à se purifier sans oser aller jusqu'au bout. Elle craint les conséquences d'un aveu total dont elle devine qu'il ne pourra jamais rendre les mille et une nuances et circonstances qui ont motivé et entouré ses actes. Elle fuit devant "Mademoiselle Eurydice", faisant du titre de demoiselle une sorte de particule qui marque la noblesse comme la pureté du porteur et, caractérise ainsi l'Eurydice dont rêve Orphée, mais l'écarte définitivement de l'univers du musicien.

Pour Jeannette la situation est différente. Frédéric a été informé, avant de la connaître. Mais la virginité artificieuse de Julia ne pèse pas lourd dans la balance, en face de l'honnêteté et de la sincérité, momentanées et transitoires mais naturelles, de Jeannette. Julia est condamnée en première instance pour sa trop grande prévoyance, son caractère calculateur, son besoin maladif de propreté. Lorsque le nouveau couple fuit **vers** la cabane c'est pour trouver la solitude et soumettre l'amour à l'épreuve des corps. A ce moment-là le couple est solidement uni et la souillure oubliée, tandis qu'elle vit encore dans Orphée fuyant avec Eurydice. Malgré son sans-gêne apparent on a l'impression que Jeannette est beaucoup plus consciente de sa souillure, qu'elle en souffre plus qu'Eurydice. Aussi tentera-t-elle de se purifier <u>avant</u> de se donner à Frédéric, alors que chez Eurydice le mouvement de purification n'apparaît qu'<u>après</u> l'expérience physique.

Julia introduit donc dans l'univers de Jean Anouilh une forme de pureté physique qui est refusée par le héros comme inauthentique dès qu'il en perçoit la véritable nature. Cette pureté artificieuse ou fausse n'est pas à proprement parler une exception. Elle est en fait la forme élaborée du concept de virginité que refusait Eurydice et avec elle les deux Isabelle (<u>R- V.</u> et <u>Inv.</u>) ou encore Araminthe (<u>Céc.</u>), c'est-à-dire les pures aussi bien que les "impures". Cette virginité que Jeannette qualifie avec mépris de "petite sagesse" ou de "peur de se compromettre", ces héroïnes la dédaignent. En effet elles considèrent le don du corps comme inhérent à un amour vrai et partagé, devant, tout naturellement, intervenir sans qu'il soit besoin d'attendre le feu vert de la société. Il arrive également que dans leur révolte contre ce qu'elles considèrent comme une morale désuète et étriquée, elles affirment, en méprisant leur corps, leur volonté de liberté et d'indépendance par rapport au conformisme traditionnel (11). Dans le cas de Julia toutefois nous pouvons noter un approfondissement du refus, puisqu'en fin de compte celle-ci est punie pour avoir voulu trop bien respecter les normes sociales courantes.

La condamnation d'Adèle ne vient pas tellement de ce qu'elle "a fauté" mais de l'obstruction qu'elle rencontre de la part de Marie-Jeanne. Elle est surtout victime de l'ordre social tel que le maintient la hiérarchie de <u>La Grotte</u>. Son histoire reproduit à 20 ans d'intervalle celle de la cuisinière et du Comte, mais cette dernière a su éviter pour elle-même la mésalliance qu'elle refuse aujourd'hui à son fils. Sous sa nature brutale et violente c'est peut-être le cocher dont les actes sont le plus commandés par la soif de pureté. Il reproche à sa femme de ne lui avoir apporté que des restes et compense cette frustration initiale en déflorant les bonnes sur lesquelles pense régner Marie-Jeanne.

<u>Médée</u> apporte, elle aussi, une variation dans la thématique de la pureté physique des héroïnes. En effet alors que la plupart de celles-ci sont protégées par leur virginité comme par une sorte de talisman et que les autres en regrettent la perte parce qu'elle les prive de l'arme de choix dans la conquête du bonheur, Médée tourne la virginité en dérision. Jalousie, haine, regret? Sans doute. Mais, avant tout, assurance de la femme expérimentée qui pense que l'adolescente Créuse pourra faire un instant illusion à Jason et le lui ravir par le moyen de la sensualité, mais ne tardera pas à le décevoir. C'est une réaction que nous connaissons pour l'avoir rencontrée chez la

Comtesse (Rép.). Dans les deux cas elle manifeste une erreur d'appréciation. Pour Jason comme pour le Comte, il ne s'agit plus de prendre mais de donner ou tout au moins d'échanger. Créuse n'est pas comparable à Médée, mais son humilité, sa simplicité en font justement tout le prix dans la perspective nouvelle adoptée par Jason. Cet amour simple le ramènera à la normale, lui fera oublier le passé, lui permettra, purifié à son contact, de repartir à zéro. Grecque elle lui donnera accès à la responsabilité, à l'ordre dont il était sorti en enlevant une Barbare et si Jason l'aime c'est d'un autre amour que celui qu'il éprouvait pour Médée.

Dans la dernière réplique de Médée à Jason: "Tu as fini, toi. Tu es lavé. Tu peux t'en aller maintenant. Adieu, Jason" (12), il y a une sorte d'absolution implicite et de réitération de son regret initial: Médée, femme, ne peut se purifier comme le jeune garçon qu'elle aurait voulu être et qui serait sorti intact, comme tous les hommes, des luttes amoureuses (13). Ici encore l'accent est mis sur la pureté physique. La possibilité de recommencer à zéro est interdite à Médée et cette interdiction est d'autant plus poignante que celle-ci est sensible à sa souillure, même si c'est en ricanant qu'elle en parle, qu'elle en a honte et qu'au fond d'elle-même elle souhaiterait pouvoir s'en laver. Alors que Jason pourra retrouver l'innocence première en se plongeant dans celle de Créuse comme dans une source baptismale (14), elle sait, par expérience, que tout retour en arrière lui est impossible. N'a-t-elle pas essayé de se retrouver avec le jeune berger de Naxos et ne l'a-t-elle pas sacrifié, lui aussi, à Jason dans l'espoir inavoué de s'attacher une nouvelle fois son vieux compagnon? Cette mise au point de Médée confirme ce que nous avions constaté précédemment pour Georges (R-V.) et pour Tigre (Rép.): il peut suffire à l'homme qui veut redevenir propre et se laver le corps et l'âme, de s'appuyer sur une jeune fille pure pour être rénové dans son intégrité première et pouvoir espérer trouver le bonheur. La femme, elle, restera toujours souillée par la diminution de son corps, consécutive à la perte de sa virginité ou de sa jeunesse c'est-à-dire au vieillissement qui amollit la chair dure, fane le teint clair et ravine la peau unie et lisse. Que ce vieillissement puisse également agir sur le corps de l'homme ne semble pas devoir entrer en ligne de compte en l'occurence (15).

On ne saurait faire régulièrement de la pureté et de son complément obligatoire, l'impureté, un ressort dramaturgique motivant le comportement des protagonistes sans être amené à faire appel également aux ressources qu'offre le troisième terme: la purification.

On pourrait s'attendre à ce que, tenant compte des circonstances qui ont entraîné la souillure, l'auteur, reprenant à son compte la tradition romantique du vrai amour entraînant la régénération de la fille tombée, permette à ses héroïnes d'accéder au bonheur après leur avoir fait retrouver une virginité, morale s'entend. Nous avons vu que cette régénération est offerte aux hommes pourvu qu'ils rencontrent, comme Georges, Tigre ou Jason, la jeune fille pure dont ils rêvent. Ils peuvent à son contact renaître pleinement rénovés et innocents comme un petit enfant. Toutefois à l'exception de Georges le bonheur qu'ils obtiennent ainsi est éphémère et ils doivent payer cher les quelques instants de rêverie commune: Tigre est dépossédé de Lucile par Héro, son ami d'enfance; Jason paie sa liberté de la mort de ses deux fils et de celle de Créuse. Les jeunes filles pures ou impures ne sont guère plus favorisées. Elles paient cher aussi, le moment d'enthousiasme qui les fait céder à la tentation du bonheur. Qu'elles s'appelle Jacqueline (J.), Barbara (R - V.) , Eurydice (Eur.), ou Jeannette (R.& J.) la jeune fille impure est uniformément condamnée à être malheureuse sauf, dans une certaine optique, si elle accepte de mourir par amour et réussit à entraîner son amant avec elle.

Nous pouvons, maintenant, préciser ce que notre hypothèse de travail pouvait avoir de trop sommaire au départ. Utilisant la virginité et le résultat obtenu par les promis dans leur combat pour la licitation de leur couple, nous avions distingué trois groupes selon que la jeune fille était vierge au moment de l'entente ou encore perdait ou non cette virginité avant la licitation totale c.q. le mariage. Nous avions constaté d'entrée de jeu que seules certaines adolescentes vierges réussissaient dans leur quête du bonheur dans l'amour. Nous avions également réparti les couples mariés selon un processus analogue en trois groupes selon le succès du couple ou son échec masqué ou non et la chasteté ou l'adultère de l'épouse. Parvenu au terme de notre analyse nous avons été amené à reconnaître en fonction de la seule pureté de l'héroïne huit types de pureté physique et/ou morale:

1. - La pureté véritable : les adolescentes sont jeunes, croient à l'amour, acceptent de jouer le tout pour le tout, sans calcul sur la seule foi du bonheur possible. Cette pureté est à la fois physique et morale. Appartiennent à ce groupe par exemple: Marie-Anne (Her.), Juliette (Bal.) , Amanda (Léoc.), Isabelle (R - V.), Lucile (Rép.), Marguerite (Orn.) , Maria (C.A.) ...
2. - La pureté artificieuse: les adolescentes sont jeunes, croient à l'amour comme moyen de parvenir à un certain bien-être matériel qui est leur version du bonheur. Leur virginité a été conservée, plus ou moins accidentellement ou encore par calcul délibéré, et leur sert, consciemment ou non, de monnaie d'échange. On pourrait les appeler de fausses pures. On comprendra sans peine qu'une telle conception de la virginité puisse avoir pour corollaire une certaine impureté morale. Pourraient entrer dans ce groupe par exemple: Léocadia (Léoc.), Julia (R.& J.), Colombe (Col.), Mlle de Ste Euverte (Val.), Armande (P.M.), Edwiga (P.R.) .
3. - L'impureté par altruisme : ce sont des adolescentes qui n'ont commencé à attacher une valeur à leur corps et à leur virginité que le jour où elles ont rencontré véritablement l'amour mais ont perdu, ou sacrifié, leur virginité pour consoler un compagnon d'infortune ou lutter contre la solitude qui les oppressait même si elles étaient conscientes de se leurrer. Comme exemples nous citerons: Eurydice (Eur.), Thérèse (Sau.), Barbara (R.& V.), Jeannette (R.& J.) . On n'aura guère de peine, pensons-nous, à voir dans cette impureté une sorte de pureté morale ou au moins une fausse impureté qui l'oppose

diamétralement à la fausse pureté du groupe précédent.
4. - L'impureté par égoïsme (16) que nous pourrions qualifier également d'impureté véritable. Ces adolescentes recherchent avant tout à satisfaire leur propre désir de bonheur dans une perspective absolument personnelle sans tenir compte de leur partenaire et à plus forte raison de leur entourage. Elles se contentent souvent de simples satisfactions matérielles. C'est le cas pour Jacqueline (J.), Edwiga (P.R.) et les bonnes comme Georgette (J.), Ada (Ard.) et Paméla (Val.) qui vont jusqu'à la vénalité tout comme Josyane la petite dactylo-secrétaire (Bou.).

Si à présent nous considérons les couples mariés nous pouvons aussi regrouper les couples en quatre séries similairement constituées.

5. - La chasteté véritable ou fidélité par amour. Appartiennent à cette série par exemple: Monime (Her.), Aglaé (Hurl.) et Gwendoline (Beck.), Maria (C.A.); ou encore, si nous considérons uniquement les premières années du mariage: Mme Alexandra et Colombe (Col.), la Générale (Val.), Médée (Mé.), Marie-Jeanne (Gr.), Carla (C.A.) ... Rosa (Rév.)
6. - La chasteté artificieuse ou fidélité par calcul. (On pourrait presque dire, dans certains cas, par vengeance.) Cette fidélité est arborée par l'épouse comme une sorte d'étendard pour donner mauvaise conscience au mari convaincu d'adultère ou encore pour s'aveugler sur leur propre adultère moral. Ce sont des femmes de tête comme les Comtesses (C.A., Orn.) ou des esprits petits-bourgeois comme La Petite Reine (Beck.), Elodie (Bou.) ou Charlotte (P.R.).
7. - L'adultère. Le plus souvent il trouve sa source dans une incapacité sexuelle de l'homme à satisfaire sa compagne: Jézabel (J.) ou dans une lassitude mutuelle: Médée (Mé.) ou unilatérale: Colombe (Col.), Aglaé (Rév.), Carla (C.A.). Rarement il est la réponse de la femme à l'adultère du mari - elles lui préfèrent la chasteté artificieuse ou l'adultère moral. Il sera parfois la conséquence d'un accord mutuel: la Comtesse (Ard., Rép.).
8. - L'adultère moral: c'est celui qui se passe dans l'esprit du sujet. Il est une double tromperie puisqu'il abuse aussi bien la femme que le mari mais aussi l'amant ou la maîtresse respectifs. Il apparaît surtout en relation avec ce que nous avons appelé la chasteté artificieuse dont il est en quelque sorte le corollaire logique. Nous citerons à titre d'illustration les fausses chastes Elodie (Bou.) et Charlotte (P.R.) mais aussi par analogie la mère de celle-ci. C'est, en particulier, la seule ressource de Nathalie(Ard.),prisonnière de ses sens .

Bien que la pureté physique intéresse au premier chef les jeunes filles et les femmes on ne saurait étudier son incidence sur la vie du couple sans essayer de regrouper aussi les protagonistes masculins de nos héroïnes. La répartition est rendue plus difficile par l'absence de critères aussi tranchés que la virginité ou la chasteté. On pourrait toutefois penser, par respect de la loi des parallélismes, à faire un critère de la virilité au sens le plus large de "doué des propriétés et vertus que l'on attribue communément à un homme digne de ce nom" selon le Robert. Le classement pourrait alors se faire en deux groupes: celui des hommes virils tels Tigre (Rép.), Ludovic (Hurl.), Antoine (C.A. ou même P.R.) et celui des non-virils, terme que nous préférons à celui d'efféminé parce que moins spécifiquement orienté sur l'aspect physique ou sexuel. Parmi les non-virils nous pourrions classer Frantz (Her.), Lucien (R.& J.), Bitos (Bi.) ou Adolphe (Bou.) qui tous manquent plus ou moins de virilité au sens large. Néanmoins cette classification s'avère décevante, à la réflexion, puisque Frantz, Adolphe ou Lucien ne semblent pas moins virils, sexuellement parlant, qu'un Tigre ou Antoine mais apparaissent plutôt paralysés dans l'affirmation de leur force virile par leurs exigences idéalistes exagérées.

On pourrait également penser, pour ce clivage des hommes, au retour de certains caractères ou rôles et en faire des critères. On pourrait regrouper successivement les aristocrates: Tigre, Héro (Rép.), Antoine de Saint Flour (C.A. et P.R.) et les généraux Léon (Val.) et Ludovic (Hurl.); les bourgeois: Julien (Col. et Rév.), Adolphe (Bou.), Anouville (Foi.); les prolétaires: le traître La Surette (P.R.), les faux amis Robert (R- V.), Bachman (Gent.); les artistes: Tarde (Sau.), le père d'Orphée (Eur.), le pianiste (Q), etc... Mais cette diversité même fait obstacle à une réduction efficace des groupes.

Compte tenu du rôle important de l'enfance dans l'élaboration de l'idée de bonheur chez les héros de Jean Anouilh et de la difficulté que chacun d'eux éprouve à grandir et à défendre son idéal enfantin nous avons opté en dernière analyse pour une division en deux groupes principaux selon que le héros a su grandir ou non, chacun de ces groupes se subdivisant lui-même à son tour en deux familles selon la nature vraie ou fausse de leur idéalisme. L'influence de ce dernier n'est d'ailleurs pas limitée au domaine amoureux, mais intéresse le comportement total de l'homme.

Ce classement en quatre groupes reste arbitraire et n'est valable que pour l'instant pris en considération. Cette valeur d'instantané apparaît de façon exemplaire, pensons-nous, à l'analyse de la position de Ludovic (Hurl.). Nous avons vu que l'histoire de ce couple se déroule selon un patron exceptionnel par rapport à celle des autres couples. Sans nul doute peut-on parler, dans le cas de Ludovic d'idéalisme véritable mais puéril dans le domaine politique, probablement de réalisme efficace dans le domaine militaire, mais d'idéalisme rêveur dans le domaine conjugal, ce qui ne l'empêche pas de faire une virevolte tactique et de grandir en temps opportun tout Hurluberlu qu'il est. Georges aussi est un idéaliste qui n'a pas su grandir mais sa destinée veut qu'il rencontre Isabelle ce qui lui permet de trouver le bonheur auquel il aspirait depuis toujours sans avoir à perdre trop de ses illusions.

Un même individu peut passer au cours de la pièce d'un groupe à l'autre. C'est le cas pour les jeunes filles perdant leur virginité en cours de route mais aussi, par exemple, pour un Frédéric (R.& J.) qui, faux idéaliste qui a su grandir en face de Julia, retrouve son caractère d'adolescent idéaliste avec Jeannette et accepte de sacrifier sa vie à un idéalisme puéril.

I. - A su grandir
   A. Les idéalistes
   La première série comprend les héros les plus doués. Ils ont
été gratifiés par le destin d'une certaine légèreté d'esprit, de facilité et de grâce. Ce sont les aristocrates créateurs du domaine de
l'esprit ou de l'art pour lesquels un bal ou une fête réussie valent
toutes les distinctions. Le grand modèle est le capitaine Grandpré
(P.R.) capable de se faire tuer pour rien, pour la beauté du geste, pour obéir aux principes de l'honneur de l'homme. S'intègrent
plus ou moins parfaitement à cette famille: le Prince Troubetzkoi
(Léoc.), Florent (Sau.), Tigre (Ard.), Ornifle (Orn.), Ludovic
(Hurl.), Becket (Beck.), Antoine (C.A.), Oreste (Gent.), Antoine
de St. Flour (P.R.) et Antonio de Santa Floura (Dir.).
   Formant une sorte de groupe à part, ceux que nous pourrions
appeler les "constructeurs". S'ils ne sont pas toujours des aristocrates de naissance leur amour de "l'artisanat" du travail bien
fait, les anoblit; ils sont toujours prêts à retrousser leurs manches
et à mettre une sourdine à leur idéalisme pour servir une grande
cause: l'Homme. Aussi les rencontrera-t-on surtout préconisant
l'action dans un contexte politique ou social comme: Créon (Ant.),
Jason (Mé.), Becket (Beck.), Louis XVIII (Foi.), Egisthe (Gent.).
   B. Les faux idéalistes
   Ce sont surtout des velléitaires qui rêvent d'idéal mais sont loin
d'avoir la force de caractère ou les moyens matériels de réaliser
leurs aspirations. Ce sont des ratés qui se font illusion et tentent
de camoufler leur échec social ou affectif en affichant une grande
philosophie, un profond respect de la morale ou du moins des apparences; ou encore accusent l'injustice sociale. Nous trouvons
parmi eux: Tarde, Gosta (Sau.), Vincent (Eur.) et en général
les "bohèmes", Robert (R-V.), Maurin (R.& J.), Marcel (J.),
Armand (Col.), mais aussi le général (Ard.), le comte (Gr.),
le Cocher (Gr.), Adolphe (Bou.), La Surette (P.R.).

II. - N'a pas su grandir
   C. Les idéalistes
   Leur modèle est Alceste et leur conduite s'inspire plus particulièrement de celles des "Romains" de l'Histoire ou du "Pélican" de
la Bible. Ils voudraient que tout restât toujours aussi beau que
dans leurs rêveries d'enfants mais sont condamnés, évidemment,
à échouer dans leur tentative pour arrêter le cours naturel de la
vie. Georges (R- V.), Julien et son père (Col.), Léon (Val.),
Fabrice (Orn.), Molière (P.M.), Antoine de St. Flour (C.A.)
   D. Les faux idéalistes
   Tout comme les faux idéalistes qui ont su grandir ce sont des
ratés qui compensent leur échec personnel par la réussite sociale
ou intellectuelle qu'ils poursuivent dans la démesure et l'abus de
pouvoir. Impuissants ils font le malheur d'autrui au nom de principes qui, appliqués avec amour et discernement feraient son bonheur et le leur. Ils sont par essence égoïstes et prédatifs. Nous
citerons à titre d'exemple Frantz (Her.), Orphée (Eur.), Henri II
(Beck.), Napoléon (Foi.), Bitos (Bi.), Fessard-Le bonze (Bou.),
Julien (Rév.), le Médecin bossu (P.R.).

   Si l'on admet que le but ultime de tous les couples que nous avons rencontrés jusqu'à présent est de trouver et de conserver le bonheur le plus longtemps possible, nous sommes en droit de nous demander à présent s'il existe une relation entre la nature du bonheur imparti au couple et la composition de ce dernier, autrement dit s'il existe une (des) situation(s) privilégiée(s) garantissant aux promis un bonheur plus ou moins durable. Pour vérifier cette hypothèse et répondre à la question nous allons considérer dans chacune des 8 x 4 = 32 combinaisons théoriquement possibles la phase atteinte par le couple, celle-ci fournissant la mesure du bonheur qu'ont su conquérir les promis.

A. Les idéalistes qui ont su grandir parviennent au stade du mariage avec les vraies pures. Toutefois leur union évolue généralement vers une survie du couple ou l'amour des premiers temps cède souvent la place à une profonde tendresse. Avec les fausses pures et les impures vraies - vénales, nymphomanes, etc... le bonheur est impossible même s'il a pu faire illusion un moment. Avec les fausses impures le bonheur est toujours éphémère et se termine le plus souvent de façon tragique comme le montre le tableau suivant:

A + 1 Prince Troubetzkoi - Amanda (Léoc.): mariage et promesse de bonheur
A + 2 Prince Troubetzkoi - Léocadia (Léoc.): entente (?) idéalisation et déception
A + 3 Florent - Thérèse (Sau.): licitation et rupture (obstacle interne féminin)
A + 4 Antoine - Edwiga (P.R.): entente (?) liaison vénale anti-solitude
A + 5 Ludovic - Aglaé (Hurl.): mariage et bonheur
A + 6 Ornifle - Comtesse (Orn.): survie, tendre estime mutuelle
A + 7 Tigre - Hortense (Rép.): entente (?), liaison ludico-esthétique
A + 8 Le Comte - Marie-Jeanne (Gr.): entente; rêve et mort.

B. Les faux idéalistes qui ont su grandir forment fréquemment des couples fantoches. Ce sont des "petites natures" comme le père de Marc (J.) ou Adolphe (Bou.), souvent spécialistes des amours ancillaires comme Léon (Ard.) ou Maurin (R.&J.). Ils ont principalement des conduites d'humbles et tout en rêvant du gateau entier ils se contentent de quelques miettes qu'ils grignotent avec parcimonie. Dans sa relation avec Marie-Jeanne le Comte est dépassé par la moralité de celle-ci (Gr.).

B + 1 Le marin - Marie-Anne (Her.): mariage empêché (obstacle externe féminin) (rêve de bonheur)
B + 2 Frédéric - Julia (R.&J.): mariage empêché (obstacle interne masculin)
B + 3 Gosta - Thérèse (Sau.): entente; liaison anti-solitude puis rupture
B + 4 Le Père - Georgette (J.): liaison vénale compensatoire
B + 5 Père - Mère (J.): mariage; survie; mépris mutuel
B + 6 Adolphe - Elodie (Bou.): mariage; survie menacée
B + 7 Armand - Colombe (Col.): liaison ludique
B + 8 Adolphe - Josyane (Bou.): rêve compensatoire de bonheur

C. Ce qui caractérise dans le domaine de l'amour et du bonheur humains le comportement des adolescents et des adultes idéalistes qui n'ont pas su grandir c'est que ce n'est pas tant la véritable nature de leur partenaire qui les attire mais la possibilité qu'elle leur offre de projeter sur sa personne l'image de l'éternel féminin dont ils rêvent. Ils se comportent en cela comme l'amoureux d'Adrienne, et c'est parmi ceux qui n'ont pas su grandir - vrais mais surtout faux idéalistes - que le mythe d'Adrienne a le plus de succès. Il peut arriver aussi qu'ils imposent à leur partenaire un amour dont elles ne veulent pas: les tripes du Pélican.

C + 1 Georges - Isabelle (R- V.) : fuite commune et promesse de bonheur
C + 2 Léon - Mlle Ste Euverte (Val.): entente; rêve compensatoire déçu
C + 3 Frédéric - Jeannette (R.& J.) : suicide commun et espoir de bonheur post mortem
C + 4 Léon - Paméla (Val.) : liaison vénale anti-solitude
C + 5 Antoine - Maria (C.A.) : vie commune momentanément heureuse
C + 6 Antoine - Estelle (C.A.): survie; estime mutuelle
C + 7
C + 8 Nicolas-Nathalie (Ard.):adultère moral et infidélité,la sujétion de Nathalie à ses sens la rend doublement adultère!

D. Les faux idéalistes qui n'ont pas su grandir sont relativement nombreux. Quel que soit le type de femme qu'ils rencontrent, leur tentative de conquête du bonheur est condamnée à l'échec, même et surtout après une réussite rapide, parce qu'ils exigent de leur partenaire de vivre selon des règles et principes aussi rigides que désuets et inutiles. Nos conclusions se vérifient pour:

D + 1 Fabrice - Marguerite (Orn.) : licitation et promesse de bonheur
D + 2 Julien - Colombe (Col.): mariage et rupture
D + 3 Orphée - Eurydice (Eur.) : mort et espoir de bonheur post mortem
D + 4 Marc - Georgette (J.) : entente; liaison vénale
D + 5 Frantz - Monime (Her.): mariage empêché (obstacle externe féminin) (obstacle interne féminin)
D + 6 Henri - la petite Reine (Beck.) : survie; mépris mutuel

Le tableau ci-après donne une vue d'ensemble des différents types de couple que nous avons rencontrés dans l'univers théâtral de Jean Anouilh. Toutefois sa constitution appelle quelques remarques.
1. Les couples existent effectivement dans la composition indiquée à un quelconque moment de la pièce citée.
2. Nous n'avons pas fait de distinction entre les héros de premier plan et les autres bien que nous ayons donné autant que possible la préférence aux premiers.
3. Nous avons adopté en outre pour la constitution des couples l'optique traditionnelle et, pour le moins, discutable qui réserve l'initiative de la conquête amoureuse à l'homme (le

230

couple Jézabel - Marcel (J.) offre déjà un démenti probant à cette hypothèse).

4. Les couples cités ne le sont qu'à titre exemplaire et pourraient dans de nombreux cas, être remplacés par d'autres. Ainsi le rêve érotique de Léon, le pianiste de L'Orchestre qui "les prend(s) toutes! l'une après l'autre" (les baigneuses des bords du Cher) (15) est du type B + 8. Elodie pensant à Norbert (Bou.) ou la mère de Charlotte (P.R.) évoquant la nuque du curé commettent un adultère moral du type A + 8.

L'examen de ce tableau montre en outre que seules les possibilités C 7, D 7 et D 8 n'ont pas été utilisées par l'auteur sans doute à cause de l'inutile complication de la mise en situation. Il faudrait chaque fois qu'une femme mariée accomplisse ou recherche l'adultère avec des idéalistes, vrais ou faux, n'ayant pas grandi. Pour la combinaison C 8 on peut supposer qu'Aglaé (Hurl.) en est déjà très près, mais le mépris dans lequel sont tenus les hommes de la catégorie D et le caractère irréel de l'adultère moral semblent une justification suffisante de l'absence des combinaisons D 7 et D 8 qui donneraient des couples par trop négatifs pensons-nous.

Nous avons été amené dans un besoin de clarté contrastive à réduire le nombre de types de bonheur négligeant les mille et une nuances que peut faire naître dans cette optique un amour partagé ou même simplement supposé tel.

Tous les couples constitués atteignent par définition le stade de l'entente sauf peut-être celui du Prince et de Léocadia (Léoc.), car on ignore pratiquement les véritables sentiments de cette dernière.

Nous avons considéré comme ne dépassant pas ce stade les liaisons vénales le plus souvent adultères que les hommes entretiennent pour combattre la solitude qui les effraie et que ne chasse plus la présence de leur femme (type A 4; B 4; C 4; D 4). Plus rarement ils ont le bonheur de profiter du dévouement altruiste de la jeune fille ou femme (type C 2 et B 3). Certains poursuivent uniquement le plaisir, la satisfaction esthétique et érotique avec un succès plus ou moins grand (types A 7, B 7).

Cinq couples atteignent le stade de la licitation mais à l'exception de celui de la vraie pure (D 1) aucun d'eux ne parvient au stade suivant, celui du mariage, car les obstacles internes venus du côté masculin, féminin ou même des deux côtés à la fois entraînent la défaite des promis (type A 3, B 2 et D 5) aussi bien d'ailleurs que les obstacles externes (type B 1).

Parmi ceux qui atteignent le stade du mariage seuls Ludovic et Aglaé (Hurl.) ont résisté victorieusement depuis plus de 10 ans aux attaques du temps sur leur couple (A 5). Maria et Antoine qui au départ jouissaient des mêmes privilèges n'ont pu tenir sans doute à cause de la différence d'âge et de l'absence de consécration sociale. Les autres doivent chercher leur bonheur intime ailleurs qu'auprès de leur femme même si le couple reste apparemment uni. Au mieux les époux éprouvent une tendre estime mutuelle (A 6; C 6), parfois ils se méprisent profondément l'un l'autre (B 5; D 6) ou bien c'est l'un des deux qui méprise l'autre (B 6 et D 2).

Que faut-il conclure de cette comparaison? Rien de bien spectaculaire et que nous ne sachions déjà. Seules les jeunes filles vraiment pures, c'est-à-dire vierges et capables de défendre ou de conquérir leur bonheur auront des chances de vivre heureuses pourvu qu'elles ne demandent pas la lune et qu'elles rencontrent un compagnon de la catégorie A ou B, c'est-à-dire un véritable idéaliste prêt à les épauler ou à s'épauler sur elles et à contribuer activement et raisonnablement à leur lutte commune pour assurer longue et heureuse vie à leur couple. Dépouillé de tout l'attirail dramaturgique et thématique cela revient au respect de la morale pratique commandé par le simple bon sens.

| | 1 VIRGINITE | 2 VIRGINITE | 3 IMPURETE | 4 IMPURETE | 5 CHASTETE | 6 CHASTETE | 7 ADULTERE | 8 ADULTERE |
	Pureté véritable	Pureté artificielle	Altruiste	Egoïste	Chasteté véritable	Chasteté artificieuse	Adultère	Adultère moral
A Idéaliste	Prince (Léoc.) Amanda	Prince (Léoc.) Léocadia	Florent (Sau.) Thérèse	Antoine (P.R.) Edwiga	Ludovic (Hurl.) Aglaé	Ormifle (Orn.) Comtesse	Tigre (Rép.) Hortense	Le Comte (Gr.) Marie- J. (rêve)
B Faux Idéaliste	Le marin (Her.) Marie-Anne	Frédéric (R.&J.) Julia	Gosta (Sau.) Thérèse	Le Père (J.) Georgette	Le Père (J.) La Mère	Adolphe (Bou.) Elodie	Armand (Col.) Colombe	Adolphe (Bou.) Josyane (rêve)
C Idéaliste	George (R-V.) Isabelle	Léon (Val.) Mlle Ste Euverte	Frédéric (R.&J.) Jeannette	Léon (Val.) Paméla	Antoine (C.A.) Maria	Antoine (C.A.) Estelle		Nicolas (Ard.) Nathalie (rêve)
D Faux Idéaliste	Fabrice (Orn.) Marguerite	Julien (Col.) Colombe	Orphée (Eur.) Eurydice	Marc (J.) Georgette	Frantz (Her.) Monime	Henri (Beck.) la Petite Reine		

A su grandir   N'a pas su grandir

234

ENTENTE

Bonheur
- liaison vénale
- liaison ludique/esthétique

Malheur
- par les forces internes
- par les forces externes

COUPLE LICITE

Bonheur

Malheur
- par les forces internes
- par les forces externes

COUPLE MARIÉ

Bonheur

Malheur
- désintégration par les forces internes
- survie
  1. dans la haine
  2. dans l'indifférence
  3. dans la tendresse

LEGENDE

II. DE L'AMOUR HUMAIN
A L'ANARCHISME REACTIONNAIRE

Malgré son caractère peut-être trop systématique, sans doute même à cause de son extrême simplification et de sa réduction poussée, le tableau précédent faisait ressortir la profonde unité du théâtre de Jean Anouilh considéré dans la perspective de la vie du couple et de l'amour humain. En effet les diverses histoires d'amour se sont révélées à l'examen comme étant différentes versions des efforts accomplis par l'individu pour trouver, à travers le couple et l'amour, le type de bonheur dont la poursuite faisait tout le prix de son existence. Cette puissante unité de structure, n'est pas sans rappeler La Comédie Humaine. On a l'impression qu'ayant pris conscience dès le début de sa carrière de son système dramatique, l'auteur s'est ingénié, après l'avoir mis en formules, à épuiser de manière presque mathématique les possibilités théoriques que lui offrait la combinaison des deux critères fondamentaux de chacune de ses mises en situation. En remplissant un nombre de cases toujours plus grand de ce jeu des probabilités à partir de la virginité de l'héroïne et de la "capacité d'enfance" de son compagnon Jean Anouilh arrive à un degré de saturation toujours plus élevé dans son exploration du thème du bonheur humain en relation avec les vicissitudes de la vie du couple.

Nous avons pu constater également que certains moments caractéristiques du déroulement de cette aventure étaient privilégiés dans l'analyse et jouaient de ce fait un grand rôle dans l'économie dramatique et psychologique de la version considérée. Cela fait que telle pièce se prête mieux que toute autre à l'étude de l'un de ces moments ou de l'un des comportements essentiels. Ainsi Eurydice illustre remarquablement bien le moment de la rencontre et de la difficile communication alors que Colombe marque plutôt la désagrégation du couple marié et l'impossible constance de sentiments et La Répétition, l'impossible recommencement, et la punition de l'amour par l'ami qui n'a pas su grandir.

Mais ce qui donne à cette œuvre son aspect véritablement balzacien quant à la forme, c'est le retour fréquent d'une pièce à l'autre, soit de certains personnages typiques - Julien, Le Général, Antoine, La Surette - soit de certaines professions - musiciens ou musiciennes, comédien ou comédienne, maître d'hôtel ou bonne, ou encore auteur dramatique - soit encore de certaines époques - le XVIIIe siècle, la Belle Epoque surtout ou la Drôle de Guerre - soit, enfin de certains comportements caractéristiques comme celui de Romain, de Pélican, de bohème, de père ganache, d'aristocrate, de faux-ami et même de révolté (1).

Or, s'il y a un révolté, il faut qu'il y ait également un objet de révolte motivant ce refus, cette contestation. Contre qui nos personnages se révoltent-ils? Que contestent-ils avec une persistance telle que tout au long de l'œuvre on a l'impression de se trouver en face d'une révolte totale, illimitée, d'être en présence d'un NON catégorique et ne connaissant aucune exception, même pas le bonheur. A première vue on peut dire qu'ils rejettent tout ce qui traditionnellement, officiellement jouit d'une autorité acceptée et reconnue: la Famille, l'Eglise, l'Etat, autrement dit toute forme de vie sociale organisée si on y ajoute la vie du couple qu'ils rejettent également après un temps plus ou moins long.

En examinant le rôle de la pureté de cœur dans la conduite des protagonistes nous avons insisté en premier lieu sur les rapports de l'individu à la famille. Si l'on essaie d'avoir une vue d'ensemble de ces derniers on est amené à distinguer entre le comportement des adolescents et des enfants d'une part et celui des adultes de l'autre. C'est que les uns constituent la famille et les autres en sont les fondateurs. D'une manière générale les adolescents ont tendance à rejeter toute ingérence de la famille dans leur comportement et à juger sévèrement celui de leurs parents, surtout de la mère. Cependant ils ne s'en détachent pas tout à fait et continuent à se sentir liés à eux. Si, jeunes, les enfants ne jugent pas ouvertement leurs parents, l'expérience que ,parfois, ils ont eu de l'inconduite de leur mère les a marqués et détermine, plus tard, leur conduite d'adolescents. Mais les uns et les autres rêvent d'une famille idéale où règne l'amour et l'entente. Cependant il arrive que l'ayant trouvée, ils la refusent.

C'est le cas de Marc (J.) et Thérèse (Sau.) qui refusent d'entrer dans le monde clair et pur dont l'accès leur est ouvert par leur partenaire et s'enfoncent dans les ténèbres du malheur et du désespoir, parce que le bonheur qu'ils pourraient trouver les obligeait à renoncer à leur raison d'être. Marc dit NON au monde de Jacqueline de crainte d'en souiller irrémédiablement la nature sous l'action de sa "déviation" sexuelle. Thérèse de son côté ne peut accepter non plus d'accéder au monde de Florent, de demeurer dans la maison du bonheur, parce qu'il lui faudrait alors faire taire sa sympathie avec tout ce qui souffre, imposer silence à sa pitié et à sa bonté naturelles.

Toto, le fils d'Adolphe (Bou.), rêvait comme Marc (Sau.) pour trouver le bonheur. Refusant le monde plein de criailleries, de scènes, de haine et de rancune que la mésentente de ses parents crée autour de lui il s'enfermait dans un univers onirique dont le cadre lui était fournie par son manuel d'Histoire ou par l'exemple,idéalisé, de la famille de son camarade Perper . Il n'hésitait pas,dans sa soif d'union, à imaginer les pires calamités comme ciment éventuel de celle de ses parents. Dans un milieu et une situation analogues, Camomille (P.R.) choisit de se marier sans amour pour fuir la maison paternelle, elle aussi parce qu'elle imagine que la famille de son fiancé est unie et qu'elle y trouvera paix et bonheur.

Pour Eurydice (Eur.) la famille, le passé c'est "personne"; aussi la question des rapports familiaux ne se pose-t-elle guè-

re. Cela est d'autant plus normal que pour Orphée la famille
n'existe pas non plus. Pourtant ni l'un ni l'autre n'arrive vraiment à se défaire de sa famille. Eurydice surtout en est victime.
L'image de l'inconduite de sa mère, l'identification qui doit se
produire dans son esprit avec sa propre conduite et la comparaison dans cette perspective de l'Eurydice qu'elle est à celle dont
rêve Orphée provoquent sa fuite. Ne pouvant s'identifier à
"Mademoiselle Eurydice" elle s'efface volontairement devant elle. Oreste (Gent.) venge son père en tuant sa mère adultère et
le complice de celle-ci, sans haine véritable mais uniquement
parce que c'est son rôle. Lorsque sa sœur essaie d'évoquer
leur bonheur enfantin et des parents exemplaires il refuse de la
suivre dans son rêve et rejette ainsi cette "fille à histoire" qui
n'a vécu que pour la haine. Toutefois si l'on cherche à comprendre les motifs de l'acte d'Oreste on a peine à les justifier autrement qu'en les mettant sur le compte d'une volonté obstinée, d'un
esprit borné obéissant sans chercher à savoir ni à comprendre,
sous l'effet d'une décision sans fondement raisonnable. De la
sorte son comportement rejoint celui des gardes, d'Antigone, et
de L'Alouette, des factionnaires dans La Foire ou des Barons
dans Becket.

Gaston (Voy.) n'a pas reculé devant le mensonge le plus évident, la mauvaise foi la plus claire pour refuser la famille
Renaud et l'univers de Jacques. Mais ce n'est ni lâcheté, ni
égoïsme, amour-propre ou intérêt personnel, même si la conduite de Mme Renaud, la mère, pourrait suffire à justifier, à elle
seule, ce rejet. Son geste lui est inspiré par l'amour fraternel,
la véritable amitié. C'est un cadeau qu'il fait à l'ami dont il a-
vait souhaité recevoir sa nouvelle identité, un sacrifice qu'il offre en réparation non pas tant aux multiples oiseaux et autres
animaux torturés, mais à Georges doublement bafoué et par sa
femme et par son frère sans pour cela leur avoir ôté son amour.

Ce que tous ces refus ont de commun c'est que chaque fois
ils sont décidés en conformité avec l'image d'un comportement
idéal, véritable pierre de touche sur laquelle le héros éprouve
ses conduites, et qui n'est autre, nous l'avons vu, que sa conception de l'Honneur de l'Homme.

Le comportement des parents est beaucoup moins diversifié
et dépend le plus souvent de la nature de leurs rapports conju-
gaux. Généralement ils cherchent à trouver hors du foyer -
les hommes surtout - les satisfactions sensuelles et affectives
que leur conjoint ne leur procure plus.

Que la famille leur est une entrave, une géhenne adolescents
et adultes ne semblent s'en rendre compte qu'au moment précis
où ils rencontrent l'Autre. La présence soudaine dans leur
univers, d'un être dont ils espéraient la venue sans trop y croire et qu'ils identifient immédiatement comme celui qu'ils atten-
daient,les rend, par contrecoup, pleinement conscients de la
fausseté et de l'absurdité de leur situation présente dans le
monde. Cet être devient alors la matérialisation de leur rêve
et ils essaient de le faire passer du monde onirique à la réalité.
Ce faisant ils entrent en lutte contre la famille et il n'est donné
qu'à quelques-uns de pouvoir se libérer de leur chaîne et de
pouvoir recommencer leur vie. Mais le plus souvent ils entraî-

nent leur partenaire dans leur échec et font leur malheur.

Nous avons déjà eu l'occasion également de constater que le comportement des héros confrontés à l'Autorité était franchement non-conformiste, qu'il se caractérisait par une indépendance totale en face d'un pouvoir qu'il ne reconnaissait pas. Esprit terriblement critique, il avait d'ailleurs tôt fait d'en déceler les abus même lorsqu'ils se cachent derrière la tradition ou le consensus général ce qui ne signifie pas qu'ils rejettent la tradition, le contraire serait plutôt vrai (2). Nous venons de rappeler que, pour des raisons apparemment diverses mais qui se réduisent en réalité à une seule, il refuse toute forme de bonheur qui supposerait de sa part une entorse à l'honneur de l'homme ou à ce qu'il considère fort pointilleusement comme tel.

Antigone refuse l'amour d'Hémon, le mariage, la maternité pour lesquels elle a vécu jusqu'alors, s'il lui faut pour ce simple bonheur humain mentir et renier son acte d'humanité ; Jeanne se lance désespérément dans les bras du bourreau pour ne pas avoir à renier sa glorieuse chevauchée et sa foi en l'Homme. S'il est vrai que Becket fait le sacrifice de sa vie pour la défense de l'honneur de Dieu, l'Homme encore une fois n'est pas oublié, puisqu'il a d'abord soigneusement fait coïncider l'honneur de Dieu et le sien propre à partir du moment ou sa primatie lui a été confirmée par le Pape. Si bien que lui aussi, comme Antigone ou Jeanne, se conduit par référence à une image de soi qu'il a créée de toutes pièces. Tous trois sont là pour dire NON au pouvoir et pour mourir en refusant de comprendre les raisons de leur adversaire (3).

Il va de soi que le refus de comprendre dont il s'agit ici provient d'un choix, d'un parti-pris engageant tout l'être. Il n'a rien à voir avec l'incompréhension et la bêtise des gardes ou des meurtriers dont nous avons parlé mais il est plutôt le fait d'une intuition, une réaction viscérale pourrait-on dire. Ce refus généralisé de l'autorité, et plus particulièrement de celle émanant de corps constitués ou du consensus social, la volonté de ne pas vouloir faire comme tout le monde, de ne pas vouloir se plier à la loi du nombre, l'œuvre de Jean Anouilh en est l'expression depuis L'Hermine jusqu'à sa dernière pièce. Ce refus fait des hommes des "emmardant(s)" et de leurs équivalents féminins "des femmes à histoires". Les uns et les autres sont des "empêcheurs de tourner rond"; au lieu des petites joies simples de la vie de tous les jours ils exigent un destin hors de pair dût-il leur coûter la vie et le bonheur. Dans leur poursuite de l'absolu ils n'hésitent pas à faire fi de la raison la plus évidente et du bon sens le plus convaincant.

Ce comportement n'est pas spécial aux personnages de Jean Anouilh semble-t-il. Pour s'en assurer il suffit de regarder autour de soi ou de remonter rapidement dans l'histoire de ces dernières cinquante années, puisque c'est là l'expérience de la vie que pourraient avoir un Frantz (Her.), un Gaston (Voy.) ou une Thérèse (Sau.) qui ont tous eu, à peu de choses près, vingt ans en 1930. Ils ont eu à faire face à la grande crise économique, aux crises politiques, à la crise des valeurs succédant au cataclysme de la Grande Guerre. Ils ont dû choisir entre l'Action Française et le Quotidien ou le Populaire et l'Humanité, entre les partis et les ligues. Devaient-ils emboîter le pas à la technique et la standardisation ou rester fidèles au système artisanal et à la série; fallait-il qu'ils quittent leur province et leur milieu rural pour les grands centres urbains et industriels? Où étaient le bonheur et l'avenir? Dans la foule, dans le groupe ou dans la solitude?

A quelques exceptions près les adultes étaient pour le renforcement des traditions, les jeunes pour un renouvellement plus ou moins radical. Le conflit des générations, s'il est éternel, prit alors une virulence encore jamais vue et celle-ci redoublera après la guerre de 1940, pour atteindre une acmé avec la démocratisation et mai 1968.

Toutes ces alternatives ne sont peut-être pas directement exprimées dans le théâtre de Jean Anouilh, mais elles sont souvent posées et les personnages doivent, sous le masque de l'affabulation, trouver des solutions et des options en face de conflits qui ont leur équivalent hors du théâtre. Leur choix est commandé par le contenu et la valeur qu'ils accordent à la notion de pureté. Qu'il s'agisse du corps ou de l'esprit, ils refusent tout ce qui pourrait attenter à son intégrité. Dans la première partie nous avons montré la valeur de la pureté physique comme critère servant à déterminer le comportement des hommes dans leurs relations amoureuses. Il est clair cependant que la pureté physique lorsqu'elle ne s'accompagne pas de la pureté de cœur est condamnée. Cela signifie que tout le comportement humain est fonction uniquement des impératifs que pose le respect de l'honneur de l'Homme. La conduite d'une Thérèse (Sau.) ou d'une Eurydice (Eur.) vues dans cette optique ne diffèrent guère de celle d'un Tigre (Rép.) ou d'un Antoine de St Flour (P.R.) pas plus que celle d'Antigone (Ant.) ne s'écarte sensiblement de celle d'un Julien (Col.) sinon que les filles semblent avoir moins de peine à grandir que les garçons. Les quatre catégories auxquelles nous étions arrivé pour la répartition des héros peuvent donc s'ouvrir sans inconvénient pour admettre tous les personnages et, si par un mouvement contraire nous reprenons nos réductions de tantôt il ne nous reste pratiquement que les idéalistes et les autres. Ceux-ci ne se distinguent en rien de la masse des individus, ceux-là sont foncièrement et fondamentalement des individualistes et, par définition, en lutte contre les premiers. Peu importe en effet de savoir s'ils sont de vrais ou de faux idéalistes. Un fait domine: ils sont des individualistes, des êtres exceptionnels ou se voulant tels et en lutte ouverte contre tout ce qui est nombre. La foule, la masse, l'opinion générale a tendance à les considérer comme quantité négligeable, à les voir comme des Hurluberlus que l'on tolère parce que doucement inoffensifs. Pourtant si, d'aventure, ceux-ci font mine de se révolter vraiment et menacent l'ordre, alors ce dernier les détruit. Qu'ils s'appellent Antigone, Jeanne, Becket, Antoine, Egisthe la bêtise humaine ou le pouvoir et souvent, les deux assemblés, les anéantit. C'est qu'il n'y a guère d'autre solution: ils refusent de comprendre, ils refusent d'être compris, ils refusent la pitié, comme ils refusent la tendresse; ils refusent de marcher en avant, sinon pour le panache et pour l'honneur de l'homme, comme ils refusent de rentrer dans le

rang; ils refusent de se résigner à l'inéluctable, ils refusent
d'être patients mais veulent tout, tout d'un coup et tout de suite.
Bourgeois ou fils de bourgeois ils sont contre toute uniformisa-
tion et, en ce siècle d'automation, d'informatique, de planifica-
tion de la production, de la connaissance comme du plaisir, ils
sont "irrécupérables". Comme ceux qui ont "connu l'odeur de ré-
fectoire" dont parle Alain "Vous les verrez toujours enragés contre
les lois et les règlements, contre la politesse, contre la morale, contre les classiques, contre la pédagogie, contre les pal-
mes académiques".
    Comment faut-il définir un tel comportement qui, pour être
singulier, n'est pas unique? A quelle idéologie pourrait-il ressortir? Sa révolte ne ressemble en rien à celle des surréalis-
tes ou des existentialistes: il ne connaît pas l'engagement et encore moins le sectarisme. Il est également difficile de rattacher
sa révolte à celles que traduisent des protestations contre l'absurdité de la vie comme celle de Camus, d'Ionesco ou de Beckett,
elle manifeste encore trop de confiance en l'existence, au sens de
la vie pour leur être comparée. Elle ne se rattache pas non
plus au marxisme, puisque jamais le collectif ne l'emporte sur
celui de la personne, au contraire. N'étant pas de gauche, ni
communiste, ni socialiste, elle serait donc de droite. La défense de l'ordre et du pouvoir, du chef et de l'Etat ont souvent
fait dire que le comportement des héros de Jean Anouilh ressor-
tissait au fascisme. Nous avons déjà pris position à ce sujet. A-
joutons seulement que le fascisme étant comme le communisme et
le socialisme une idéologie dont la force est fondée sur l'autorité des masses, toute adhésion à ce système suppose la reconnaissance préalable de la primauté du Nombre sur l'Un, ce que
l'individualisme du héros interdit catégoriquement.
    L'amour du panache, de la discipline, et de l'armée, son a-
ristocratisme et son élitisme font du héros de Jean Anouilh un
bourgeois de la plus belle eau. Son refus des honneurs, des
préséances, sa critique constante des valeurs établies pourraient en faire un révolutionnaire, son respect de la légalité et
de la tradition en font un citoyen respectueux de l'ordre. Défendant constamment l'homme, sa culture, sa civilisation dans
ce qu'ils ont de transitoire et d'éternel il apparaît comme un
humaniste sincère tandis que d'autre part sa propension à démythifier les valeurs en font un iconoclaste de la culture qui
n'hésite pas à assimiler l'art, le gouvernement, la poésie, à
un métier qu'il convient de bien faire.
    L'homme anouilhien apparaît donc comme un tissu de senti-
ments et de tendances contradictoires parce que trop avide d'absolu et d'indépendance pour accepter qu'une quelconque idéologie politique de droite, de gauche, du centre ou des extrêmes
ou qu'une conception philosophique vienne interposer sa grille
devant son jugement, il ne connaît de règles et d'impératifs
que ceux qu'il se donne. Cette indépendance totale d'esprit
lui vaut une réputation de fâcheux, d'hurluberlu allant à contre-
courant de son siècle, luttant comme le vieil Hidalgo contre
les innombrables moulins qui jonchent sa route, au nom des
principes qu'il s'est donnés et poursuivant partout le bonheur
dans le respect de l'honneur de l'homme.

Arrivé au terme de cette étude sur le théâtre de Jean Anouilh nous pensons avoir montré que la recherche du bonheur de l'homme dans le respect de son honneur,est le seul objectif que poursuivent tous les protagonistes à travers toutes les pièces et dans toutes les situations depuis plus de quarante ans .Nous croyons avoir montré également que s'ils se révoltent et font de leur vie un continuel réquisitoire contre la société -l'Etat,l'Eglise,la Famille et même le Couple-en face du bonheur qu'elle leur offre, en un mot contre la vie,c'est par suite d'une conception toute personnelle de l'homme,de sa condition et de sa dignité .Cette révolte contre l'autorité politique en place,quelle qu'elle soit,contre la règle sociale en vigueur et qui les pousse à s'opposer à tous et à tout, nous la verrions volontiers inspirée par ce que nous appellerons un anarchisme. Toutefois il convient de distinguer cet emploi de l'acception courante qui n'y voit pratiquement qu'une idéologie politique de type marxiste . Aussi tenant compte de son aspect politique autant que de son aspect philosophique ou moral,nous qualifierons l'idéologie commandant la conduite de l'homme anouilhien d'ANARCHISME REACTIONNAIRE !

ANNEXE I

REPERES HISTORIQUES*

* A défaut d'informations plus précises
  la date de la création ou celle de la publication
  ont servi de terminus ad quem.

Pièces	Composition	Création	Théâtre	Metteur en scène	a) Décors b) Musique	Principaux acteurs
Humulus-le-muet	1929					
La Mandarine	1929	16.1.1933	Athénée	Gérard Batbedat	G. Batbedat	Magdeleine Ozeray Paul Lalloz
L'Hermine	1931	26.4.1932	Œuvre	Paulette Pax	a) J. Adnet-Baumont R.	Pierre Fresnay Marie Reinhardt
Le bal des voleurs	1932	17.9.1938	Arts	A. Barsacq	D. Milhaud	Jean Dasté Mlle Geoffroy
Y avait un prisonnier	1934	21.3.1935	Ambassadeurs	Marie Bell	J. Moullaert	Aimé Clariond Simone Renant
La Sauvage	1934	10.1.1938	Mathurins	G. Pitoëff	D. Milhaud	Ludmilla et Georges Pitoëff
Le voyageur sans bagage, Comédie-ballet	1936	16.2.1937	Mathurins	G. Pitoëff	D. Milhaud	Ludmilla et Georges Pitoëff
Le rendez-vous de Senlis	1937	30.2.1941	Atelier	A. Barsacq	F. Poulenc	Monelle Valentin M. Vitold G. Rollin
Léocadia	1939	3.11.1940	Michodière	P. Fresnay	F. Poulenc	Y. Printemps P. Fresnay V. Boucher
Eurydice	1941	18.12.1942	Atelier	A. Barsacq	A. Barsacq	Monelle Valentin Alain Cuny

Pièces	Composition	Création	Théâtre	Metteur en scène	a) Décors b) Musique	Principaux acteurs
La valse des toréadors, farce en trois actes		9.1.1952	Comédie des Champs-Elysées	Roland Piétri	J.-D. Malclès	Claude Sainval, Madeleine Barbulée
L'Alouette, comédie en deux actes	1952	14.10.1953	Montparnasse-Gaston Baty	Jean Anouilh, R. Pietri	a) J.-D. Malclès	Suzanne Flon, Michel Bouquet, Michel Etcheverry
Ornifle ou le courant d'air		7.11.1955	Comédie des Champs-Elysées	J.-D. Malclès	J.-D. Malclès	Jacqueline Maillan, Catherine Anouilh, Louis de Funes, Pierre Brasseur
Pauvre Bitos ou le diner de têtes		22.10.1956	Montparnasse-Gaston Baty	J.-D. Malclès	J.-D. Malclès	Michel Bouquet
L'Hurluberlu ou le réactionnaire amoureux	1956	5.2.1959	Comédie des Champs-Elysées	R. Pietri	R. Pietri	Paul Meurisse
L'orchestre	1957	11.1.1962	Comédie des Champs-Elysées	J. Anouilh, R. Pietri	a) J.-D. Malclès b) G. van Parys	H. Virlojeux, Madeleine Barbulée
La petite Molière (scenario de J. Anouilh et R. Laudenbach)		1.6.1959 12.11.1959	Bordeaux Odéon - Théâtre de France	J.-L. Barrault	a) Jacques Noël b) J.-M. Damase	Simone Valère, Catherine Anouilh, André Brunot
Becket ou l'honneur de Dieu	1958	8.10.1959	Montparnasse Gaston Baty	J. Anouilh, R. Pietri	a) J.-D. Malclès	Bruno Cremer, Daniel Ivernel

Pièces	Composition	Création	Théâtre	Metteur en scène	a) Décors b) Musique	Principaux acteurs
Antigone, tragédie	1942	4.2.1944	Atelier	A. Barsacq	A. Barsacq	Monelle Valentin Suzanne Flon Jean Davy
Roméo et Jeannette	1945	1.12.1946	Atelier	A. Barsacq	A. Barsacq	Maria Casarès Suzanne Flon Jean Vilar
Médée	1946	25.3.1953	Atelier	A. Barsacq	a) André Bakst	Michèle Alfa Jean Servais
L'invitation au château		5.11.1948	Atelier	A. Barsacq	a) A. Barsacq b) F. Poulenc	Michel Bouquet Anouk Ferjac
Ardèle ou la Marguerite, farce en un acte (précédé de Episode de la vie d'un auteur)		4.11.1948	Comédie des Champs-Elysées	Roland Piétri	a) J.-D. Malclès	Mary Morgan Roland Piétri
Cécile ou l'école des Pères	1949(?)	29.10.1954	Comédie des Champs-Elysées	Roland Piétri	J.-D. Malclès	Catherine Anouilh Henry Guisol
La répétition ou l'amour puni		25.10.1950	Marigny	J.-L. Barrault	a) J.-D. Malclès	Jean Servais J.-L. Barrault Simone Valère Elina Labourdette
Colombe		10.2.1951	Atelier	A. Barsacq	A. Barsacq	Danièle Delorme Marie Ventura Yves Robert

Pièces	Composition	Création	Théâtre	Metteur en scène	a) Décors b) Musique	Principaux acteurs
Le songe du critique (Un acte précédant la représentation de Tartuffe mis en scène par Anouilh)	1960	5.11.1960	Comédie des Champs-Elysées	J. Anouilh	J. Anouilh	Jean Le Poulain Denise Benoit
La grotte	1960	4.10.1961	Montparnasse-Gaston Baty	J. Anouilh R. Pietri	a) J.-D. Malclès	Jean Le Poulain Lila Kedrova
La foire d'empoigne		11.1.1962	Comédie des Champs-Elysées	J. Anouilh	a) J.-D. Malclès	Paul Meurisse
Chansons Bêtes		2.5.1968 19.7.1968	Gaieté-Montparnasse La Potinière	G. Dournel Marionnettes: G. Tournaire	a) J.-D. Malclès b) André Grassi	Simone Bartel Marguerite Cassan
Le boulanger, la boulangère et le petit mitron	1966	13.11.1968	Comédie des Champs-Elysées	J. Anouilh R. Pietri	a) J.-D. Malclès	Michel Bouquet Sophie Daumier
Cher Antoine ou l'amour raté, Comédie		1.10.1969	Comédie des Champs-Elysées	J. Anouilh R. Pietri	a) J.-D. Malclès	Jacques François Françoise Rosay
Les poissons rouges ou Mon père ce héros	1968	22.1.1970	Œuvre	J. Anouilh R. Pietri	a) J.-D. Malclès	Jean-Pierre Marielle Michel Galabru

Pièces	Composition	Création	Théâtre	Metteur en scène	a) Décors b) Musique	Principaux acteurs
Ne réveillez pas Madame		21.10.1970	Comédie des Champs-Elysées	J. Anouilh R. Pietri	a) J.-D. Malclès	François Périer Luce Garcia Ville Jean Parédès
Tu étais si gentil quand tu étais petit		17.1.1972	Théâtre Antoine	J. Anouilh R. Pietri	a) J.-D. Malclès	Danielle Lebrun Madeliene Barbulée Hubert Deschamps
Le directeur de l'Opéra		28.9.1972	Comédie des Champs-Elysées	J. Anouilh R. Pietri	a) J.-D. Malclès b) J.-M. Damase	Paul Meurisse Jean Parédès Monique Linval J.-C. Benoit (Opéra - Bouffe)

250

ANNEXE II

Textes de Présentation

Les textes qui suivent ont été tirés des programmes vendus lors de la représentation. Un certain nombre d'entre eux n'ont pu être retrouvés.

L'ALOUETTE

Mystère de Jeanne

Le jeu de théâtre que l'on va voir n'apporte rien à l'explication du mystère de Jeanne.

L'acharnement des esprits dits modernes à l'explication des mystères
est d'ailleurs une des plus naïves, des plus sottes activités de la maigre
cervelle humaine, depuis qu'elle s'est superficiellement encombrée de notions politiques et scientifiques. Elle ne donne, pour finir, que la nos-
talgique satisfaction du petit garçon qui sait enfin que son canard mécanique était fait de deux roues, de trois ressorts et d'une vis. Le petit garçon a en mains trois ressorts, deux roues et une vis, objets certes ras-
surants, mais il n'a plus de canard mécanique - et généralement pas d'explication.

Je refuse, pour ma part, de dire jamais aux enfants comment ça marche, même si je le sais; et, dans le cas de Jeanne, j'avoue que je ne le
savais pas.

Les soirs de découragement où j'ai envie d'être raisonnable, je dis:
le phénomène Jeanne était prêt socialement, politiquement, militairement;
une petite bergère, une des innombrables petites bergères qui ont vu la
Vierge ou entendu des voix - et qui, comme par hasard, s'appelait Jeanne
-, est venue remplir la place vide dans l'engrenage et tout s'est mis à
tourner. Si ça n'avait pas été celle-là, on en aurait trouvé une autre -
il y a eu des candidates avant et après. Brûlée, on l'a remplacée par
un petit berger des Landes qui a conduit à quelques victoires partielles
lui aussi, qui a été pris à son tour et brûlé, sans qu'on songe jamais à
en faire un héros ni un saint. (Pour l'hypothèse familière aux esprits
catholiques - du moins chez nous - de Dieu s'étant mis à s'occuper de
la France et lui envoyant Jeanne pour la sauver, je signale à toutes fins
utiles et sans en tirer aucune conclusion, que Jeanne a été reconnue officiellement sainte et non martyre. Elle a été canonisée pour "l'excellence de ses vertus théologales" et non parce qu'elle est morte pour sa
foi - sa foi se confondant avec la cause française, ce qui, même en 1920,
n'a pas paru admissible, vu du Vatican. Jeanne est donc une sainte qui
est morte dans une historique politique et Dieu n'avait pas forcément
pris parti contre Henri VI de Lancastre. C'est triste, mais c'est comme ça.)

Quoi qu'il en soit, tout cela reste le type de l'explication rassurante,
qui n'explique rien, comme toutes les explications rassurantes, mais
qui permet à M. Homais de s'endormir tranquille après sa tasse de camomille.

Etayée de textes exacts et de témoignages irréfutables, dans un fort
volume ennuyeux, elle permet à M. le Professeur Homais, sommité sor-
bonnarde, de s'endormir dans la même paix. Une ou deux générations
positives dorment ainsi, rassurées, et puis, un jour, par hasard, dans
Michelet ou dans un journal illustré, quelqu'un lit une réponse de
Jeanne au procès, une vraie réponse, une seule petite réponse, bien
simple - et tout le travail du Professeur Homais s'écroule, comme
s'est écroulée la dialectique des soixante-dix juges aux robes empesées
qui se sont acharnés pendant des mois sur cette petite fille fatiguée.

mal nourrie, hâve, maigre (je sais, c'était une forte fille, mais je m'en fiche) - et étrangement butée.

Il n'y a pas d'explications à Jeanne. Pas plus qu'il n'y a d'explication à la plus petite fleur qui pousse au bord du fossé. Il y a une petite fleur vivante qui savait de tous temps, imperceptible graine, combien elle aurait de pétales et jusqu'où ils pousseraient, jusqu'à quel ton de bleu irait son bleu, de quel mélange exact serait son fin parfum. Il y a le phénomène Jeanne, comme il y a le phénomène pâquerette, le phénomène ciel, le phénomène oiseau. Faut-il que les hommes soient prétentieux pour que cela ne leur suffise pas?

On reconnaît aux enfants - fussent-ils vieillissants - le droit de faire un bouquet de pâquerettes, de jouer à faire semblant d'imiter le chant des oiseaux, même s'ils n'ont aucune sorte de connaissance en botanique ou en ornithologie. C'est à peu près tout ce que j'ai fait.

Jean ANOUILH

ARDELE ou LA MARGUERITE

Le général Saintpé a passé dix ans au chevet d'Amélie sa femme, devenue folle d'amour et de jalousie pour lui. Sa seule liberté est Ada, la femme de chambre, qu'il paie et caresse chaque jour, la conscience tranquille.

La conscience tranquille, jusqu'au jour où Maxime, son fils aîné, épouse Nathalie, une orpheline pauvre qui passait chaque année ses vacances au château.

La réprobation muette et le dégoût qu'il sent chez la jeune femme commencent alors - Dieu sait pourquoi, puisqu'il est libre, honoré, puissant - à gâcher quelque peu son innocent plaisir.

Un autre événement vient assombrir sa vie, tant bien que mal organisée: Tante Ardèle, sa soeur, que la famille dit "légèrement contrefaite" et qui est bel et bien bossue, tombe un jour amoureuse d'un autre bossu, le précepteur du petit Toto, fils benjamin du général. On le chasse, mais Ardèle s'enferme et refuse de manger.

Le général convoque alors une sorte de conseil de famille. Il appelle, de Trouville, où ils passent leurs vacances, Liliane sa seconde soeur et le comte son mari, ainsi que Nicolas, son fils cadet qui est à Saint-Cyr.

Mais le comte et sa femme sont suivis d'Hector de Villardieu, amant de la comtesse, qui ne la quitte pas.

Et Nicolas qui depuis deux ans n'avait pas accepté de passer un seul jour de permission au château, ne revient que pour accuser Nathalie, qu'il aime depuis leurs vacances d'enfants, d'avoir épousé son frère.

Les désordres respectifs de ces divers personnages vont s'entrelacer cocassement avec les désordres de Tante Ardèle et de son bossu.

A la fin du spectacle - je t'aime, un peu, beaucoup, - la marguerite se trouvera effeuillée, sans oublier un seul pétale, espérons-le.

Analyse du BAL DES VOLEURS

dédiée au Spectateur trop curieux

Trois voleurs insaisissables pillent Vichy, malgré la vigilance de la police municipale.

Leur secret? Des déguisements multiples qui leur permettent de se glisser entre les mailles du filet qu'on tend en vain autour d'eux. Ces trop nombreux déguisements leur jouent parfois de mauvais tours. Il leur arrive de ne pas se reconnaître et se voler les uns les autres.

Leurs noms? Peterbono, Hector, Gustave.

Peterbono, c'est l'ancêtre qui en sait long, le chef de bande, le maître ouvrier qui connaît toutes les ficelles du métier. Hector, c'est le compagnon déjà plein de talent, séducteur professionnel qui ne rate pas une femme sur trois, et Peterbono assure que c'est une jolie moyenne. Gustave, c'est l'apprenti. Il fait les courses, il fait les gaffes. Il sera sincère et amoureux.

Il l'est déjà, quand le rideau se lève, d'une jeune fille, Juliette, aussi tendre, aussi nette que la vraie et presque du même âge. Ils se sont connus en sauvant un petit enfant qui était tombé dans le bassin des Thermes.

Hector, pour des raisons plus professionnelles, a fait la connaissance, sous un déguisement, d'une jeune femme multimillionnaire, Eva, qui est amoureuse de lui. Il espère devenir son amant et lui subtiliser ses perles.

Mais, entre temps, le trio déguisé en "Espagnols ruinés" décide de rafler les bijoux de Lady Hurf, une vieille anglaise excentrique qui fait à Vichy sa cure annuelle avec son vieil ami, le lunaire et charmant Lord Edgard. Ils vont lui faire un de leurs nombreux coups; tous éprouvés, tous invraisemblables, et toujours voués à l'échec, le "coup de la méprise"... Mais à peine les voit-elle que Lady Hurf se lève, bondit au cou de Peterbono. Elle a reconnu en lui un ami d'il y a trente ans: le duc de Miraflor.

C'est alors qu'Hector et Gustave reconnaissent leurs conquêtes. Eva et Juliette sont les propres nièces de Lady Hurf. Leurs explications à ces jeunes femmes étonnées seront forcément un peu embrouillées... La situation aussi, hélas! car Lady Hurf autour de laquelle tournent déjà deux voleurs du genre respectable, c'est-à-dire deux financiers: MM. Dupont-Dufont père et fils, va inviter tout le monde à habiter sa villa.

Le drame d'Hector sera à la fois poignant et fort simple. Il a oublié sous quels traits il a fait la conquête d'Eva et, tel qu'il est, il ne lui plaît plus. Il passera la pièce à changer de barbes dans l'espoir de se faire reconnaître d'elle.

Gustave aimera Juliette qui l'aimera aussi.

Lord Edgard retrouvera certain faire-part du duc de Miraflor qui est mort à Biarritz en 1904, mais il n'apprendra rien à Lady Hurf qui le savait depuis le premier jour.

Les Dupont-Dufort manqueront être les victimes d'une erreur judiciaire. Il y aura aussi un détective tardif et un musicien qui n'est jamais à sa place. Un bal des voleurs qui n'est pas un bal des voleurs, la réparation inopinée - et bien attendrissante pour les personnes sensibles - d'une flagrante injustice sociale.

Comme c'est une pièce honnête, elle se terminera bien. L'amour sera récompensé, le goût du lucre puni...

256

BECKET ou L'HONNEUR DE DIEU

Jean Anouilh présente Becket

Thomas Becket, compagnon du roi au conseil, dans le plaisir, à la chasse, travaille contre le pouvoir exorbitant que l'ancienne charte d'Angleterre avait donné au clergé et à son chef, l'archevêque-primat. Il est sans doute l'ami du roi avec le mélange humain ordinaire des choses qui vous rapprochent d'un être et des choses qui vous en séparent.

En tous cas, il est profondément fidèle à son suzerain et au serment féodal qui le lie à lui. Il est l'homme d'une époque où les rapports humains - basés sur la fidélité d'un homme à un autre homme - étaient simples.

L'archevêque meurt. Le roi, croyant simplifier tout pour le bien du royaume, force Becket à accepter ce poste. Becket l'avertit qu'il va faire une folie. "Si je deviens archevêque je ne pourrai plus être votre ami." Le roi s'obstine, l'oblige. Le soir de son élection, Becket renvoie ses concubines, vend sa vaisselle d'or, ses chevaux et ses riches habits à un juif, revêt une simple robe de bure, invite les pauvres de la rue à dîner et commence à lutter contre le roi - qu'il n'a peut-être pas cessé d'aimer. Il avait accepté le fardeau. Ce débauché, cet homme facile, ce réaliste qui pressurait le clergé pour le compte du royaume, était maintenant comptable de l'Honneur de Dieu.

Voilà ce que j'ai lu un jour dans <u>La Conquête de l'Angleterre par les Normands</u>, d'Augustin Thierry, que j'avais achetée par hasard parce que les volumes avaient une belle reliure verte.

Mon émotion et mon plaisir m'ont suffi. Je n'ai rien lu d'autre. Le drame entre ces deux hommes qui étaient si proches, qui s'aimaient et qu'une grande chose, absurde pour l'un d'eux - celui qui aimait le plus - allait séparer, m'a donné la pièce.

Que les Anglais - en plus de quelques plaisanteries de chansonnier dont je ne me guérirai jamais - me pardonnent cela. Je n'ai pas été chercher dans les livres qui était vraiment Henri II - ni même Becket. J'ai fait le roi dont j'avais besoin et le Becket ambigu dont j'avais besoin.

Depuis on m'a appris que le pauvre Augustin Thierry et ses chroniqueurs de l'époque - au lourd latin pourtant fidèlement cité dans les notes de son ouvrage - étaient de loin dépassés par la science historique moderne. (Car on fait des progrès même en histoire, et le monde des savants s'avance radieusement et rationnellement vers la vérité.)

Il paraît que Thomas Becket n'était même pas d'origine saxonne - c'était un des ressorts de ma pièce - il était normand. Qui sait s'il était même le fils de la belle Sarrazine qui avait sauvé son père captif d'un pacha au cours de la seconde croisade? Qui sait si la chanson que j'avais faite là-dessus était vraie? Une chanson même pas vraie!... Horreur!

Tout s'écroulait pour un homme sérieux. Mais je suis un homme léger et facile - puisque je fais du théâtre. J'ai décidé que cela m'était égal. Et à vous?

PAUVRE BITOS ou LE DINER DE TETES

Une joyeuse bande de petits hobereaux de province, qui ont eu pour con-
disciple chez les Pères un jeune boursier, fils de la blanchisseuse du collège, nommé Bitos, qu'ils détestaient et qui est revenu dans le pays après
la Libération en qualité de substitut, décident de l'inviter à une sorte de
surprise-partie où ils le ridiculiseront et peut-être le battront.

L'un d'eux, Maxime, vient d'hériter un local historique (qu'il se propose de vendre d'ailleurs très réalistement à la Shell pour y faire un ga-
rage). C'est un ancien prieuré des Carmes où le Tribunal Révolutionnaire tenait ses assises en 93 et où ses ancêtres ont été condamnés à mort.
Y prendre la crémaillère sera le prétexte de la soirée-piège où il invite
Bitos. Il y organise un dîner de têtes révolutionnaires où chacun devra
jouer sérieusement son rôle, et persuade Bitos (qui se prend volontiers
pour le dictateur rouge) de se faire la tête de Robespierre. Malentendu,
méconnaissance des usages de Bitos, ou sournoiserie de Maxime, le pauvre Bitos arrive déguisé de pied en cap en Robespierre au milieu des hôtes en smoking.

Le dîner, malgré la réaction de quelques-uns qui ont pitié de lui, se
déroule, à peu de chose près, comme l'avait prévu Maxime. Mais lorsque le dernier invité - un petit dévoyé de bonne famille qui a fait une bêtise et contre lequel Bitos, pour des raisons de haine personnelle et politique, a requis durement le maximum - fait son entrée en Gendarme
Merda et lui tire - pour rire - un coup de pistolet à blanc dans la mâ-
choire, Bitos, évanoui de peur, revit la vie de Robespierre pendant les
cinquante secondes de son évanouissement. Un Robespierre qui lui ressemble plus qu'au vrai et qui a d'ailleurs conservé - en 93 - son chapeau
melon.

Cette vie imaginaire de Bitos-Robespierre sera le sujet du second
acte.

Au troisième acte, il s'agira de faire boire Bitos, de le flatter, de
le séduire et même d'essayer de la corrompre pour obtenir qu'il ne porte
pas plainte contre le petit jeune homme libéré de la veille, coupable de
cette mauvaise plaisanterie qui peut très bien devenir une insulte à magistrat. Les femmes et un homme riche et cynique, Brassac (qui se
vante de faire partie de la fausse liste des 200 familles), l'essaieront.

Bitos, qui n'a pas - loin de là - la grandeur d'âme de son ancêtre-
dictateur, risquerait de tomber dans le piège encore plus dangereux
que le premier. Une jeune fille lucide et prise de pitié l'en sauvera in
extremis mais, comme Bitos a décidément l'âme basse, c'est elle qu'il
détestera le plus.

LE BOULANGER, LA BOULANGÈRE ET LE PETIT MITRON

La foule qui ramenait le roi et sa famille à Paris, et qui pensait naïvement vaincre ainsi la disette, criait, touchante, sur le parcours de la voiture (et ce fut peut-être le dernier cri d'amour de la longue liaison amoureuse de la France et de ses rois): "Nous ramenons le boulanger, la boulangère et le petit mitron."

Cette pièce, qui se joue presque intégralement en caleçon et en chemise, comme un Feydeau - et où on rira souvent, je l'espère - cette pièce où il y a un lit qui est le principal meuble sur scène, et même, dans un coin, modeste (avec couvercle, je le ferai remarquer, pour ménager certaines susceptibilités bourgeoises du beau quartier où on la joue), un bidet bien français -est pourtant, si curieux que cela paraisse (je m'en suis aperçu en la montant, car ce n'est qu'à ce moment-là qu'on sait ce qu'on a écrit) - une pièce sur la famille...

D'où le titre - qui fait fâcheusement drame historique - mais c'est comme ça.

De nos jours, où les magazines sont pleins des droits de la boulangère - y compris celui d'échanger le petit mitron contre une pilule - on psychanalyse volontiers le petit mitron atteint de dyslexie, on l'abrutit de tests savants, qui sont jeux délicieux de grandes personnes - mais on ne s'en préoccupe pas tellement. On n'en a guère le temps avec tous les droits bafoués de l'individu adulte à défendre de toute urgence...

Sauf, lorsque, poussé en graine et poussé à bout, il occupe l'Odéon de papa, causant, en retour, bien des drames tragicoburlesques...

Alors, le petit mitron, ayant mystérieusement rejoint le troupeau des opprimés de diverses couleurs, si nécessaires au confort moral de notre sensibilité moderne, redevient soudain prodigieusement intéressant. Un peu trop - et un peu tard.

Le boulanger, la boulangère, enfantins comme nous sommes tous en train de le redevenir, dans un monde qui a détraqué à plaisir ses vieilles boussoles, se disputent et se déchirent sottement et le petit mitron se recroqueville et rêve...

Il rêve à des Indiens (cette pièce se situe dans le temps, si elle en a un, un peu après la Grande Guerre, la seule époque où l'auteur a connu des grandes personnes), il rêve en repassant sa composition d'histoire à Louis XVI et à Marie-Antoinette redevenus une famille unie au Temple - à des amours heureuses de parents, qui sont les premiers rêves d'amour des petits garçons, en attendant qu'ils prennent joyeusement la suite de leur père et déchirent à leur tour, sans s'en apercevoir, un nouveau petit mitron.

Jean ANOUILH

CHER ANTOINE

Antoine est un "grand auteur dramatique" français en 1913 - cette é-
poque déjà perdue dans la nuit des temps - du temps que les bêtes par-
laient...

Du temps que le gérant du Pavillon Henri IV où Rostand, qui y dé-
jeunait chaque jour en famille (le maître, Rosemonde, les garçons en
culottes de velours, la gouvernante et sans doute quelque secrétaire
frémissant), s'étant plaint un jour d'être importuné par ses admira-
teurs, extasiés, à ses moindres coups de fourchette et ayant exigé un
paravent - le gérant attéré, faisait confectionner dans la nuit un paravent de glaces, qui isolait le maître sans le dérober tout à fait aux
regards, pour que le culte puisse continuer... Ce que Rostand,
d'ailleurs, acceptait sans sourciller, conscient de ses responsabilités royales...

Antoine est mort. Il était parti un soir, au faîte du succès, sans
prévenir personne, en Bavière, retrouver inexplicablement une vieille bonne allemande qu'il avait eu enfant. Il y a fini ses jours, croit-
on, avec une jeune fille du pays, d'origine modeste, dont nous ne saurons à peu près rien, dont il s'est séparé pau avant sa mort, dans
des circonstances qui resteront mystérieuses, avant de se tuer, accidentellement pense-t-on, seul un matin, au soleil levant, en nettoy-
ant son fusil de chasse.

Avant de mourir il avait convoque tous les personnages de sa vie
à l'ouverture de son testament: sa première femme, une tragédienne
célèbre du Français, devenue un vieux monstre de théâtre; sa dernière jeune femme; une de ses maîtresses; une jeune fille connue
autrefois au quartier latin, qui est maintenant une vieille dame avec
un grand fils (qui doit être de lui) et ses amis de toujours: un ami
trop léger, qui est aussi son médecin, un ami trop lourd, un ami
faux-jeton, qui se trouve d'ailleurs être un critique - ce qui est
vraiment un peu trop facile...

Dans ce lieu insolite et innaccessible tous ces gens sont bloqués
par une avalanche - vieux truc de théâtre de ce maître du Boulevard
de l'époque - transposé dans la réalité - les obligeant à rester qua-
rante-huit heures en face du souvenir du défunt - et en face d'eux-
mêmes... Ce qui est toujours désagréable pour des parisiens.

Or, il se trouve qu'Antoine avait eu l'idée, le jour de l'anniversaire de ses cinquante ans, il y a trois ans, d'un sujet de pièce a-
nalogue, intitulée également Cher Antoine ou l'Amour raté et cette
autre pièce, qui ressemble étrangement à la première, il avait eu
l'idée de la faire jouer chez lui, pour lui seul, en Bavière, peu de
temps avant de mourir...

C'est là que les choses se compliquent et que se dessinent quelques arabesques théâtrales sur la solitude qui n'ont d'ailleurs d'autre prétention, rassurez-vous, que de vous distraire un moment.

CECILE ou L'ECOLE DES PERES

Une maison bourgeoise en province, un jardin au XVIIIe siècle, pas de faste mais l'ambiance heureuse du temps de Chardin quand on ne savait pas encore que la condition humaine était épouvantable. Il ferait bon y vivre, mais M. Orlas est inquiet. Araminthe, la gouvernante de sa fille Cécile est trop jolie, défaut qui serait plutôt un agrément si elle consentait à lui entr'ouvrir sa porte le soir - ce qu'elle a refusé jusqu'ici.

D'autre part, un certain petit chevalier qui a peu de chance de pouvoir l'épouser car il est destiné à l'Ordre de Malte, mais qui est amoureux fou de Cécile, hante un peu trop la maison. Les convenances et la jalousie s'accordent pour que M. Orlas soit agacé de ses visites car le chevalier qui aime sincèrement Cécile aime aussi baiser les mains d'Araminthe.

Un enlèvement se prépare. M. Orlas, déguisé, y jouera un rôle parodique et, malheureusement pour lui, en se trompant de jeune fille. Un autre père surgira, obligeant le père amoureux à préciser fâcheusement les deux rôles contradictoires que les fantaisies de la vie l'on obligé de jouer. Mais rien n'avait tellement d'importance, et tout se terminera bien car dans un certain théâtre, qui n'est d'ailleurs plus du tout à la mode, les choses s'arrangent toujours.

CHANSONS BETES

Pourquoi <u>Chansons Bêtes</u>? Parce que ce sont là des chansons et qu'il y est beaucoup question de bêtes - et qu'en somme, il fallait bien trouver un titre.

Un été où je n'écrivais pas de pièce - j'ai longtemps fait une pièce tous les étés, en toute naïveté, à la fois pour me faire plaisir (avec le vélo et la natation c'était mon occupation naturelle des beaux jours), à la fois pour gagner ma vie - un été, donc, je me suis mis un beau matin à écrire une fable... Un peu au hasard, parce que j'avais du papier blanc devant moi, qu'il faisait beau et que j'avais envie de chanter. Je crois bien que c'était <u>La Jument</u>. A l'heure du bain, ma fable était faite et comme cette matinée m'avait paru heureuse, j'ai repris la même formule le lendemain matin: une fable avant le bain. Pendant quarante-sept jours, durée de mes vacances... Le quarante-huitième jour, des répétitions me rappelant à Paris, je m'arrêtais. C'est comme cela que je suis devenu, je n'ai pas encore très bien compris pourquoi, l'auteur de quarante-sept fables...

Ces fables parurent. Et puis, un jour, Simone Bartel, qui avait demandé à André Grassi de mettre certaines d'entre elles en musique, vint m'en chanter une et c'est comme cela que j'ai appris que j'étais devenu un auteur de chansons, ce qui était la dernière chose que j'aurais imaginée...

Jean ANOUILH

262

COLOMBE

Les coulisses d'un théâtre à la fin du siècle dernier. Bercé par l'intarissable bavardage de Mme Georges, l'habilleuse, un petit jeune homme attend depuis longtemps déjà dans la pénombre du couloir des loges la grande tragédienne Mme Alexandra qui, aux côtés de Sarah Bernhardt, de Bartet et de Réjane, triomphe - on ne sait plus au juste depuis quand - au ciel des étoiles de Paris. C'est son fils, Julien, fruit des amours passagères de cette vieille déesse de l'Amour de la Troisième République, avec un colonel des armées d'Afrique, connu en tournée, puis aussitôt abandonné.

Julien est pianiste; il vit chichement, poursuivant ses études musicales en donnant des leçons de piano, mendiant aux fins de mois un peu d'argent à la sordide et richissime Mme Alexandra qui le déteste; il lui rappelle trop son pauvre colonel de père, exigeant, furieux d'honneur qu'elle a dû quitter au bout de trois semaines, fatiguée de sa passion intempestive, et qui a eu le mauvais goût de se suicider. Julien, qui n'a pas revu sa mère depuis deux ans à la suite d'une épouvantable scène, s'est marié entre temps à Colombe, une petite fleuriste, qu'il a rencontrée au théâtre, un jour ou elle venait porter des fleurs à la Diva.

Le sursis qu'il avait obtenu des autorités militaires pour achever ses études musicales, est épuisé; il doit partir trois ans au camp de Châlons faire son service. Il est sans le sou, et il est venu demander à sa mère, sans grand espoir d'ailleurs, de faire vivre sa femme et le bébé qu'ils ont eu, pendant ces trois ans d'absence.

Mme Alexandra, résistant à une scène de violence inutile et maladroite de son irascible garçon, refuse d'abord de le recevoir. Cependant, sur les instances d'Armand, le demi-frère de Julien, - fils d'un jockey qu'elle a adoré - un habile et tendre petit fêtard pour qui la vieille comédienne n'a que des complaisances, Mme Alexandra consent à se charger de Colombe, mais aux frais du théâtre, ce qui provoque une explosion cocasse et impuissante du malheureux Desfournettes, le directeur. Elle fera jouer Colombe dans la pièce, on lui ajoutera un rôle et Desfournettes, bienfaiteur malgré lui, lui donnera sept francs par représentation. On passe hâtivement une robe à Colombe pour qu'elle paraisse à cette première répétition, et à peine a-t-elle respiré l'atmosphère des coulisses, à peine a-t-elle entrevu les simagrées ridicules du vieux monstre sacré et du son poète chéri, le lamentable Camille Robinet, de l'Académie Française; à peine a-t-elle passé cette belle robe prêtée pour un soir, lourde encore du parfum de Mme Alexandra et des traces de son fard gras, que du fond de la tendre et claire petite Colombe que croyait connaître Julien, surgit soudain à ses yeux épouvantés un petit être inconnu, uniquement attentif à lui-même, qui ne sait plus que se contempler dans la glace en murmurant émerveillée: "C'est moi, c'est moi!"

Julien parti pour le camp de Châlons, la nouvelle petite Colombe a tôt fait de s'épanouir. Poète Chéri (c'est ainsi qu'on appelle Camille Robinet), Desfournettes le directeur, qui se reconnaît un droit de cuissage sur toutes les petites filles qui débutent chez lui; Du Bartas le grand premier rôle, qui ne comptait déjà plus ses amours sous le Second Empire, tous tournent autour d'elle, reniflant cette bonne odeur de chair fraîche. Elle va de l'un à l'autre, ne lâchant pas grand'chose: un petit coin de peau, un baiser, une caresse un peu précise, la monnaie des petites filles, mais glanant habilement en échange un petit bout de rôle, un conseil, un joli cadeau. Seulement, dans les bras d'Armand, le demi-frère de Julien, aussi gracieux, aussi amusant, aussi tendre que Julien est triste et grondeur, elle se laissera aller tout de suite et tout à fait.

La Surette, un pauvre envieux, secrétaire souffre-douleur et haineux de Mme Alexandra, avertira Julien du scandale. Julien obtiendra une permission de vingt-quatre heures et reviendra prêt à battre tout le monde, ne battant d'ailleurs personne, tout simplement pour apprendre son malheur et découvrir que la petite Colombe, la petite écolière bien sage, à qui il avait tant fait la leçon et qu'il croyait avoir enfermée dans la cage de son amour, était un petit sphinx incompréhensible, dur et fermé, qui ne pensait depuis toujours, sans le dire, qu'au jour où elle ouvrirait ses ailes et s'envolerait vers son petit plaisir égoïste.

Et pourtant... quand Julien se rappelle le jour où ils se sont rencontrés, tout ce qu'elle lui a sacrifié gentiment pour le suivre, lui jurant qu'elle l'aimerait toujours...

"Ah! ce qu'on s'aimait, ce qu'on s'aimait tous les deux
"Dans la mansarde où tu fus ma maîtresse."

C'est sur cette évocation du jour merveilleux de leur rencontre que finit la pièce, gaiement en somme, et pleine d'un charmant espoir si on ne l'avait pas vu jouer avant...

LE DIRECTEUR DE L'OPERA

Le Directeur de l'Opéra commande tout - maître après Dieu à bord de son vaisseau - en principe, il peut tout.

En vérité cela devrait ressortir à travers les méandres de cette histoire, il ne peut pas grand chose...

Son autorité, son habit, qu'il ne quitte jamais, sa canne et son chapeau haut de forme, ne sont sans doute que les accessoires de son rôle. Mais il a du courage - qui reste, tous comptes faits, la seule vertu - il reconstruit le monde tous les matins, quitte à le voir s'effondrer tous les soirs avec une certaine naïveté de petit garçon, qui est probablement un de ses charmes (et je me demande parfois s'il n'en abuse pas).

Il pense qu'il faut toujours tenter quelque chose et qu'en somme, le destin est distrait.

Nous sommes tous les metteurs en scène omnipotents et inopérants, la plupart du temps, d'un opéra intime: notre vie.

Il n'y a que les métiers de vrais, et eux, on peut tenter de les réussir. Pour le reste, comme lui dit son fidèle et inquiétant comptable Impossible: "Nos vies sont un peu incohérentes, mais cela n'a pas d'importance, nous ne les jouons jamais sur scène."

Quand nous faisons le bilan, nous nous retrouvons tous un peu seuls. C'est le destin de l'homme. Mais il faut essayer de bien monter Parsifal ou Dom Juan, quitte à n'être dans la vie qu'une sorte de Sganarelle. Cela ne regarde et n'intéresse personne. Seul l'Opéra, le vrai, reste, en fin de compte.

L'art enterre tout le monde. Et qu'est-ce que cela peut bien nous faire que Molière ait été un mari trompé, et Racine vraisemblablement un salaud?

EURYDICE

"Le malheureux Orphée tendant ses bras, s'efforçant de la toucher, ou d'être touché par elle, ne sentit plus qu'un air léger qui cédait sous ses efforts. Eurydice, mourant une seconde fois, ne se plaignit point de lui. De quoi se serait-elle plainte? D'être trop aimée?"

OVIDE Les Métamorphoses

Dans le buffet d'une grande gare de province, un jeune homme joue du violon en attendant le train. C'est un musicien qui, avec son vieux père, - harpiste chassé de toutes les places, - fait la quête aux terrasses des cafés.

Une troupe de comédiens en tournée attend aussi dans cette gare. Il y a eu une tempête la veille: la voie est en réparation et les trains ont tous du retard.

Une petite actrice de la troupe entend ce violon et, soudain troublée, cherche celui qui en joue, dans la cohue de la gare, sans parvenir à le joindre, puis le découvre enfin et, à l'instant même où elle le découvre, se met à l'aimer.

Elle a un amant, un comédien: Mathias. Mais elle décide aussitôt de le quitter et, avec la même tranquille cruauté de l'amour, le jeune musicien abandonne son vieux père qui ne peut pourtant pas vivre sans lui.

Ils sont maintenant dans les bras l'un de l'autre; et rien ne pourra plus les séparer. Ni les lamentations tragi-comiques du père qui s'en va seul vers son lamentable destin, surchargé de paquets et d'instruments de musique, ni le suicide de Mathias qui, désespéré de l'abandon de la jeune fille, se jette sous une locomotive.

Elle s'appele Eurydice et il s'appelle Orphée: c'est dire que leur bonheur, sans qu'ils le sachent, est déjà étroitement compté.

Au deuxième acte, le lendemain soir, - sur la fin de cet unique jour de bonheur que le destin accorde à ses héros - Eurydice, qui croyait avoir effacé son passé derrière elle et être entrée, pour toujours, dans le monde clair et lumineux d'Orphée, reçoit, en cachette de celui-ci, une lettre d'un ancien amant: Alfredo Dulac, l'impresario de la troupe. Dulac a retrouvé sa trace; il veut la reprendre. Il l'attend à la gare. Il menace de monter la chercher, si elle ne descend pas.

Eurydice qu'Orphée a imaginée si pure, si droite - et elle l'est, de toute ses forces, avec lui, mais seulement depuis hier! - se sent soudain comme une petite bête traquée qui renonce à une lutte perdue d'avance et s'offre aux chiens. Puisqu'on ne peut pas changer, puisque les personnages du passé ne meurent pas d'un coup au premier sourire de l'amour, elle préfère disparaître, plutôt que d'être confrontée - telle que Dulac la révèlera aux yeux de son amant - avec cette autre Eurydice, plus vraie qu'elle-même, qu'Orphée a fait naître, la veille, en la regardant.

Elle dit qu'elle va acheter le dîner, prend son petit chapeau et s'en va, toute seule, sans effusions, avec son pauvre petit sourire.

Impatienté d'attendre à la gare, le terrible Alfredo Dulac monte chercher sa proie. Et Orphée découvre, sous ses vantardises, une petite Eurydice inconnue, qui a pu être à cet homme hâbleur et vulgaire, une petite Eurydice coquette, sournoise, paresseuse, qui n'a rien de commun avec le petit frère tendre qui l'a suivi hier.

Quelle est la vraie Eurydice? Celle d'Orphée ou celle de Dulac?

266

LA FOIRE D'EMPOIGNE

La Foire d'Empoigne est une farce où, bien entendu, toute ressemblance avec Napoléon ou Louis XVIII ne saurait être que fortuite et due au hasard.

Il n'y a que le jeune homme éternellement prêt à donner son sang pour les idées des autres et le factionnaire qui soient ressemblants; car, ainsi que le fait remarquer un personnage de la pièce qui ne ressemble pas plus à Fouché qu'à moi-même, les hommes d'Etat ont malheureusement besoin de figurants et ils ont un goût obstiné - frisant parfois le mauvais goût - pour les représentations à grand spectacle.

L'histoire de France, hĩas, c'est le Châtelet.

Quelques vedettes vieilles, avec des trucs éprouvés, toujours les mêmes, et une troupe de Dupont, mal payés, massacrés périodiquement et toujours enthousiastes pour leurs grands hommes.

La pièce commence au moment où le roi file et où Napoléon revient, puis très vite c'est le roi qui revient et c'est Napoléon qui file.

Le factionnaire lui est à la même place et son sergent lui colle encore une fois quatre jours (on verra; à la fin, par une profonde et fulgurante vue de l'esprit, que c'est pareil en Angleterre).

Pour Dupont, quoi qu'il arrive, le régime ne change guère. Il n'a qu'à se remettre les paroles du nouvel hymne dans la bouche - l'enthousiasme, bien entendu, devant rester égal à lui-même.

Encore le Dupont que je montre a-t-il la chance de rester de garde aux Tuileries. D'autres Dupont - des enfants à qui on n'avait même pas appris la manœuvre du fusil - sont partis vers la Belgique jouer le va-tout du vieil aventurier qui s'ennuyait à l'île d'Elbe, braillant de toute la force de leurs jeunes poumons:

PLUTOT LA MORT QUE L'ESCLAVAGE
C'EST LA DEVISE DES FRANÇAIS!

ce qui était, il ne faut pas l'oublier, les fortes paroles de l'hymne officiel de l'Empire.

De mauvais esprits verront dans cette pièce des allusions où il n'y en a pas: un vieux rêve enfantin du mythe du père (il est solidement enraciné au plus profond du coeur de l'homme et aucune théorie ne l'en extirpera) dans la figure de Louis XVIII.

Ce roi était fin, tolérant, il avait essayé de comprendre son temps et c'est un fait que c'est lui qui a redonné la liberté perdue aux Français. Et puis, il me plaît: j'use de mon droit régalien d'auteur.

Je sais aussi, hélas, que d'autres qui se font de l'Histoire de France une idée romanesque, s'indigneront: "Faire ça à Napoléon! un si grand homme!"

D'abord en sortant de l'obscurité - pour notre malheur la plupart du temps - les grands hommes ont pris des risques: ils nous appartiennent. Et puis, je descend d'un Dupont, donc ce grand homme là, tout compte fait, m'en a fait voir bien d'autres.

Je me rattrape.

Et il n'y a pas encore eu de régime en France qui ait réussi à empêcher les Français de faire des chansons.

La Foire d'Empoigne n'en est qu'une de plus.

Jean ANOUILH

LA GROTTE

L'ombre timide de l'administrateur vous poursuit dans les couloirs, dans la bousculade des derniers jours, quand on a tout autre chose à faire, gémissant faiblement sur votre passage: "Et mon résumé de la pièce?"

Vous faites semblant de ne pas l'entendre jusqu'à l'avant-veille de la Générale où, vaincu, coincé entre deux portants par ce reproche vivant, pendant que les décors tombent, que la jeune première s'évanouit parce qu'on lui a fait une coupure et que le grand premier rôle qu'on avait pris pour sa barbe apparaît subitement rasé, vous commencez, raturant, n'y comprenant rien vous-même, à écrire enfin un résumé qui n'a généralement aucun rapport avec votre pièce.

Cette tradition, purement française, date d'une époque Quinson où l'on arrivait au théâtre très en retard, en sortant d'admirables restaurants et où, entre deux hoquets, on tâchait de se mettre un peu au courant, avant d'embrayer à l'unisson, sur les éclats de rire, au premier effet de caleçon, qui ne nécessitait d'ailleurs aucune connaissance spéciale de l'intrigue.

Je n'ai jamais compris, depuis bientôt trente ans que je fais du théâtre, pourquoi on résumait la pièce à des gens d'intelligence normale susceptibles d'en suivre par eux-mêmes le déroulement au risque de leur enlever une partie de leur plaisir. L'ombre de l'administrateur me poursuivant, j'en ai, par lassitude, pourtant toujours fait un (j'ai d'ailleurs remarqué qu'ils avaient au moins une utilisé, s'ils sont clairs, ces résumés: on les retrouve souvent mot pour mot dans les articles de certains critiques un peu cancres).

Cette fois, Dieu merci, j'ai un prétexte, pour couper à la corvée. La Grotte est une pièce pas faite et si embrouillée que toute tentative de résumé serait vaine. Et d'ailleurs, sur scène, l'auteur en chair et en os le fait au fur et à mesure pour vous, mieux que je ne saurais le faire.

Vous n'aurez qu'à l'écouter très attentivement. Car je crains que lui aussi, le pauvre...

Jean ANOUILH

L'HERMINE

Voici la première pièce d'un jeune. D'un vrai jeune. Elle vaut par elle-même, et par cette franchise, cette rigueur, cette audace qui n'appartiennent qu'à la jeunesse.

Est-il nécessaire, avant le lever du rideau, de jeter le faisceau d'un projecteur vers les personnages et vers leurs actes?

Imaginons plutôt la Cour d'Assises. Frantz a tué. Et il a tué pour voler. Et il a tué une vieille dame sans défense. Dangereuse posture, devant la conscience des jurés qu'un pareil crime révolte.

Voici pourtant qu'un témoin se présente à la barre. Un témoin qui connaît Frantz exactement comme s'il l'eût créé. Exactement comme s'il l'eût inventé, pour en faire le personnage d'un drame.

Des gestes précis, un regard ferme, une vois claire:

- Frantz a tué par amour. La pauvreté avait fait de sa jeunesse une succession de mesquineries et de dégoûts. L'argent lui paraît nécessaire afin de sauvegarder la pureté de son amour, de l'isoler de la saleté, c'est tout. Pour un autre homme, l'absolu se serait peut-être acheté un autre prix.

"Une seule chose importe: son immense soif de pureté et d'absolu. Il ne veut pas se contenter d'un amour moins beau que son rêve. Il tue comme un fou. Il tue comme un saint.

Il sait que Monime et lui ne sont ni Tristan ni Iseult. Mais son honnêteté, sa richesse, c'est de tuer et de se faire tuer pour tâcher qu'ils le deviennent. Dieu ne donne pas la passion à tout le monde, Messieurs. Elle reste un éclatant et dangereux privilège. Il faut construire son amour humblement, même si chaque pierre en est une année; impitoyablement, même si chaque pierre en est un crime! Ce n'est peut-être qu'au pied de l'échafaud que Frantz atteindra, pendant une seconde, le pur visage de son amour."

Pierre LAGARDE

L'HURLUBERLU ou LE REACTIONNAIRE AMOUREUX

Le Général trouve que ça ne va pas en France. Il conspire contre le régime; mais chez lui ça ne va pas fort non plus.

Avec le docteur, le curé, un propriétaire et un petit hobereau voisins, et le quincaillier du village le Général va rendre la France propre, grande et rigoureuse. Il va extirper les vers qui se sont mis dans le fruit. Mais sa plus petite fille court précocement avec le fils du laitier, la grande fille Sophie qu'il a eue d'un premier mariage, s'est entichée d'un jeune fêtard ridicule et goguenard, fils d'un usinier voisin, sa sœur Tante Bise, vieille jeune fille laborieusement conservé "à la page", l'entraîne dans des vendettas d'honneur dérisoires contre des hommes qui lui ont effleuré la taille - et sa femme Aglaé vient lui révéler qu'elle s'ennuie et qu'elle rêve de quelque chose... Elle ne sait pas encore de quoi.

Avec la France sur le dos, toutes ces histoires de famille et la blessure secrète que lui a fait l'aveu de sa femme - le Général va se lancer comme un Don Quichotte touchant et un peu comique contre les moulins. Et les moulins l'assommeront.

Il croira donner une leçon d'honneur au séducteur de sa fille et c'est cet avisé et très organisé petit jeune homme qui lui en donnera une, assez pertinente, d'art de vivre. L'occasion de plaisir qu'il a essayé d'offrir à sa jeune femme lui en fera venir sans doute le goût - avec tous les dangers que le plaisir comporte pour une toute jeune femme qui croit aimer un mari plus âgé - et ses amis politiques, lâcheté, opportunité, faiblesse - le laisseront seul avec sa conspiration sur les bras.

Le Général, assommé par tout le monde, ne perdra pas courage pour si peu; Toto, son fils, est là, à qui il apprendra tout de même que l'homme est un animal inconsolable et gai.

L'INVITATION AU CHATEAU

L'auteur voulait d'abord écrire sur l'affiche de L'Invitation au Chateau, les mots: "comédie d'intrigue."

Je regrette pour ma part que la crainte d'une recherche un peu précieuse l'ait fait renoncer à cette précision.

La Comédie d'intrigue, née des Italiens et des Espagnols, fut la joie et le jeu de nos pères. C'est seulement à la fin du XVIIIe siècle, quand le larmoyant Diderot et son Père de Famille paraissent sur le scène française, quand Rousseau se met à être de plus en plus sincère dans les coulisses, qu'on commence à désapprendre à jouer. On veut toucher.

Pour toucher, on se met à essayer de faire vrai. Mais pas vrai à la manière de Molière, qui est le seul peut-être à avoir su concilier le jeu, la convention, l'artifice même, avec l'authenticité des caractères et des sentiments. Cela c'est le grand art, réservé à quelques grands fauves du théâtre. Mais comment les auteurs dramatiques français ayant tout simplement du talent, n'ont-ils pas senti qu'ils laissent échapper avec la comédie d'intrigue, un genre mineur, certes, mais où leurs qualités de charme et d'invention, de vivacité d'esprit, de style, cette grâce française (qui fait qu'à Bucarest et à Montevidéo, une mauvaise pièce soit-disant brillante, de boulevard, reste encore une fête pour le génie plus lent d'autres peuples), pouvaient faire merveille et les mener à la maîtrise?

Tout le monde ne peut pas faire le plafond de la Sixtine, mais on peut être un merveilleux peintre d'assiettes. Ce sera le crime du 19e siècle d'avoir oublié cette loi. Dumas fils, avec La Dame aux Camélias, croyait faire, lui aussi, de la grande peinture, il devait mépriser profondément Labiche qui lui survivra.

La comédie d'intrigue était le vrai théâtre avec des personnages volontairement connus, aux caractères volontairement esquissés, un jeu d'entrées et de sorties, de surprises, de quiproquos, un véritable ballet, minutieusement réglé qui amenait à un état de "poésie de théâtre" où la condition humaine devenait soudain, pour un soir, une danse absurde et cocasse (qu'elle est peut-être). Le spectateur sortait de lui-même, alors que la peinture vériste même venue d'Amerique et mâchant du chewing-gum pour nous surprendre par l'exotisme, n'a jamais fait que le replonger dans sa médiocrité.

Le Menteur, L'Illusion comique, les comédies de Regnard, de Dancourt ou celles de Shéridan ne sont plus pour nos maîtres actuels qu'un jeu de ficelles-ficelles délicates, déclanchant de gracieux automates, jeux qu'ils n'ont plus l'âge d'aimer. Ils préfèrent leurs câbles pour grandes personnes imitant à s'y méprendre la vraie corde.

Croyant fuir la convention ils arrivent ainsi à une peinture 'vraie' de la vie, encore plus conventionnelle que les jeux de l'ancien théâtre. Ils seraient stupéfaits de l'apprendre: Arlequin avec son masque, sa batte et son costume fait de pièces de couleurs, en savait plus long sur le vie que Zola avec sa redingote et son lorgnon de myope.

MANDARINE

Acte I

Sur une plage. Le personnel habituel des plages: des jeunes filles qui flirtent, des jeunes gens qui nagent bien, de gros messieurs en panama qui font les cent pas sur la jetée, et enfin, escorté de Tertullien, son étrange père, le roi éphémère de la station, un jeune gigolo: Mandarine, que se disputent les dames riches un peu mûres. On le trouve joli, mais on le méprise. Seule, Bérénice, une jeune fille plus tendre, ou plus folle que les autres, a une sympathie inavouée - inavouable - pour lui. En voulant fuir devant un mari jaloux, Mandarine tombe à l'eau; Mathis, le fiancé de Bérénice, le repêche. Celle-ci l'emmène se faire soigner dans la villa de son père, M. Bille.

Au chevet de Mandarine, Bérénice a appris qu'on pouvait être un petit voyou et posséder pourtant une pureté et droiture profondes. Elle va essayer de rendre Mandarine courageux et honnête. Celui-ci ne croit guère à sa vocation d'honnête.homme, mais il acceptera cependant d'essayer "pour lui faire plaisir" et de renoncer à ses amies mûres, et cela malgré les remontrances de son père qui pense que ces fantaisies les mettront sur la paille.

Acte II

M. Bille et M. Tertullien sont maintenant de grands amis. M. Bille, grand lecteur de Détective, a enfin fait la connaissance d'un bandit, digne de ceux dont il admirait chaque semaine les exploits.

Tertullien, ravi de cette amitié, se contente de lui emprunter de l'argent et de lui voler des cigares. Mandarine a renoncé à la compagnie des vieilles américaines et Bérénice croit qu'elle va le sauver. Mais les choses se gâtent. Mathis, qui aime Bérénice, offre un chèque à Mandarine pour que celui-ci quitte sa fiancée. Mandarine, qui est à deux doigts de la prison et qui sait bien que cette petite n'est pas pour lui, accepte l'argent. Ce geste le couvrira-t-il de honte aux yeux de tous, non sans doute, puisque Bérénice - la folle Bérénice - décidera son père à le lui laisser épouser malgré tout. Que deviendra cet étrange ménage d'une petite fille, qui croit trop aux rêves, et d'un jeune gigolo incapable de s'évader de son propre vice. Mathis, le fort et séduisant Mathis, renoncera-t-il ainsi à celle qui devait être sa femme? Le 3e acte nous le dira.

MEDEE

La légende dit que Médée, fille d'Æetès roi de Colchos, tomba amoureuse de Jason, venu disputer la Toison d'Or à son père, et lui donna un charme pour vaincre les taureaux furieux, les géants surgis tout armés de la terre, et l'épouvantable dragon, qui défendaient le trésor. Puis elle prit la fuite avec lui, massacrant son frère innocent pour retarder la poursuite de son père. Elle usa alors de ses artifices pour sauver Jason du roi Pélias, qu'un oracle avait mis en garde contre lui, faisant tuer le vieillard par ses propres filles, sous le fallacieux prétexte d'une cure de rajeunissement, avec l'espoir que son amant pourrait lui ravir son royaume, le coup fait. Mais l'affaire tourna court, le fils de Pélias ayant réussi à monter sur le trône de son père et les deux aventuriers commencèrent une longue fuite à travers l'archipel grec, qui les amena jusqu'à Corinthe où régnait Créon.

Le vieux roi s'éprit de Jason dont il avait aimé le père, et lui proposa la main de sa fille, Créuse. Jason, las de son éternelle fuite et peut-être de la terrible Médée, accepta. Ses noces furent décidées et Créon banit Médée dont il craignait la vengeance. Mais il eut l'imprudence de lui laisser une nuit de délai, et cette nuit suffit à Médée pour assouvir sa haine; elle envoya à Créuse un présent maléfique, un voile et une couronne d'or, dons de son ancêtre le Soleil, et sans doute pour cette raison curieusement inflammables, qui tuèrent le père et la fille. Puis pour blesser plus sûrement encore l'homme qui avait osé l'abandonner, elle égorgea les deux enfants qu'elle avait eu de lui.

Son forfait accompli (la fatalité gracque réservant généralement, dans sa profonde sagesse, ses châtiments épouvantables aux innocents), Médée monta sur un char traîné par deux dragons ailés et s'envola dans les airs.

Voilà l'histoire de Médée, elle se passe d'explication et de morale. On peut jouer à y retrouver l'histoire du couple usé et des abominables fureurs de la femme délaissée. C'est à quoi n'ont songé ni Euripide, ni Sénèque, ni même le bon Corneille en écrivant leurs versions de Médée, tant il est vrai qu'aux grandes époques le problème de Monsieur-Madame ne s'entendant pas, qui est la base même de nos controverses journalistiques, radiophoniques et littéraires, était considéré comme peu important.

Le premier, Racine trouva sa matière dans le duel humain, le seul vrai, celui de l'homme et de la femme dans le champ trop clos de l'amour. Quel regret, après l'œuvre faible de Corneille, qu'il n'ait pas songé à écrire à son tour une Médée. Il est même étonnant que dans le choix des thèmes qui s'offrait à lui et que nous connaissons, en somme, aussi bien que lui, Médée ne lui ait pas tout de suite - si j'ose dire, car c'est une femme qui devait le faire - sauté aux yeux. C'était incontestablement une de ses créatures.

Nous devons sans doute cette perte irréparable aux critiques de Phèdre...

Vous leur devez aussi - hélas peut-être - la Médée de ce soir que je ne me serais jamais permis d'écrire si Racine s'en fut avisé.

Jean ANOUILH

LES POISSONS ROUGES ou "MON PERE CE HEROS"

Une sorte de petit générique avertit le spectateur que cette pièce se passe exactement le 14 juillet 1960 mais ajoute ce petit générique insolite - et dans la tête de l'auteur.

Toutes les pièces se situent en vérité dans la tête de l'auteur: c'est le lieu idéal et unique de toute action dramatique.

La règle aristotélicienne des trois unités qui a rendu parfois si malheureux - et parfois si heureux - nos classiques, n'était, en fait, qu'une très bonne recette de cuisine permettant de resserrer l'action dramatique et de cerner une passion dans un état de crise. C'était la recette du bœuf bourguignon. Le cuisinier Shakespeare qui faisait des tripes à la mode de Caen (de Canterbury, me souffle le garçon de bains qui ne sommeille que d'un œil) se servait forcément d'une autre recette.

Depuis nous avons appris beaucoup de choses (nous ne cessons pas d'apprendre, nous sommes de vrais petits enfants prodiges en connaissances inutiles) et entre autres, que le temps n'existait pas. Ce qui doit faire bien rire Dieu, dans sa barbe, presque autant que la loi de la pesanteur, presque autant que notre ancienne croyance que le temps existait...

Tout cela semble bien profond pour une histoire qui s'appelle les Poissons Rouges et qui est, en fait, l'histoire d'un petit garçon de huit ans qui a fait "pipi" dans le bocal de cyprins de sa grand-mère et qui, depuis, n'a pas cessé d'être poursuivi par les reproches et les remords...

Il était pourtant nécessaire de le dire, car certaines scènes de cette pièce se sont uniquement passées dans la tête de l'auteur et n'ont probablement jamais été jouées dans la réalité de l'histoire.

D'où un certain désordre qui peut désorienter ou faire penser le spectateur (l'auteur pourtant s'en garde comme de la peste, on le sait) - cela, selon l'humeur de sa femme, que j'imagine à côté de lui (donc de la réussite de son chignon de ce soir) - l'état de son foie, les insolences du jour de son fils et le taux inattendu de sa feuille d'impôts.

Les règles d'Aristote sont bien loin et restent certainement bonnes, mais nous ne sommes plus les spectateurs tout neufs des gradins de pierre des théâtres antiques, ni ceux, très évolués, des salons dorés du XVIIe qui avaient adopté très artificiellement (et je suis persuadé qu'ils le savaient) de jouer au jeu de la raison, qui est une convention qui en vaut une autre.

Notre convention à nous, car tout est convention toujours, est de croire que nous avons dépassé la convention. Et nous en sommes déjà, car tout va vite, aux pompiers de cette convention-là.

L'auteur, qui est mal vu à Paris, pour être resté toujours fidèle à une convention ancienne, espère ne pas être compris au nombre de ces tristes individus... Mais tout de même, cette fois-ci, il ne pouvait pas seulement raconter une histoire...

D'autant plus que le vrai sujet de la pièce n'est pas ce qu'il semble être à première vue. Un moment, l'auteur - toujours dans sa tête - avait pensé l'appeler Les Misérables, mais pas tout à fait comme l'entendait Victor Hugo qui a d'ailleurs collaboré à son insu, vous le verrez, à ce spectacle.

TU ETAIS SI GENTIL QUAND TU ETAIS PETIT

Avertissement Prudent

J'avais écrit un jour, je ne sais plus où, par réaction contre quelques grosses têtes, qu'il fallait faire des pièces, comme on fait des meubles, dont les tiroirs s'ouvrent, dont les quatre pieds reposent sur le sol, que notre honneur était d'être des fabricants de cet objet de première nécessité pour l'homme, des pièces de théâtre, et qu'après c'est Dieu qui déciderait lui-même (pas nous) si on devait finir au bric à brac des Puces ou chez les antiquaires du Quai Voltaire. J'avais conclu que j'étais un fabricant de chaises...

Et, une vieille et charmante dame anglaise qui m'avait demandé d'assister, écrivant je ne sais plus trop quoi sur moi, à quelques répétitions des Poissons Rouges, m'a un beau jour, en remerciement, envoyé la curieuse image reproduite ci-contre, qu'elle avait trouvée dans son grenier dans un vieux magazine anglais.)

C'est bien moi (jeune, hélas!), c'est bien une chaise. J'avais donc dit vrai et vu juste, dans cette pêche à la ligne incertaine qu'est ma pensée. Ce document en fait foi.

Voilà donc une nouvelle chaise un peu baroque, un peu bancale, et nous ne sommes pas très sûrs - quand j'écris ces lignes, cinq jours avant de passer - si elle tient bien sur ses quatre pieds.

Vous devez nous le dire, vous-même, dans cinq jours. Car on ne fait pas de théâtre sans public, la balle tombe inlassablement dans le vide les derniers jours et les salles de répétitions, avant les premiers témoins, sont des déserts désolants où tout est présage sinistre.

La pauvre Marguerite Jamois cherchait fiévreusement une pièce, l'avant-veille de Becket la veille de L'Alouette, je rasais des murs du théâtre; la veille de Bitos , un de mes bons amis est venu apporter sur le bureau de la Directrice l'argent et le manuscrit d'un de mes autres bons amis pour sauver in-extremis le théâtre. Je n'ai été personnellement vraiment confiant que la veille d'un de mes fours célèbres, La Valse des Toréadors.

J'avais écrit Oreste autrefois, inachevé; chaque fois que je voulais le reprendre, je m'arrêtais à la même réplique d'Electre (elle est dans cette pièce, mais j'ai vaincu le sot). Il y a trois ans, un beau matin d'été, à la campagne, dans le midi, j'ai eu envie soudain de remordre dans ce fruit. J'ai téléphoné à mon éditeur de retrouver ce texte paru dans le premier numéro de la revue La Table Ronde, mais - le temps qu'il le retrouve (il est aussi désordonné que moi) et le fasse taper - je suis parti sur mes souvenirs, Dieu merci, car je me serais sans doute arrêté au même endroit. Et avant, pour me donner du courage (il en faut au début d'une pièce où on ne sait pas trop où on va) et pour gagner du temps aussi, en attendant que le vrai texte arrive, j'ai fait appel à quelques vieux copains, les musiciens de L'Orchestre , une autre vieille pièce de moi. Je pensais qu'ils seraient mon Chœur.

Et puis il a bien fallu tout de même faire parler Electre et tout s'est précipité. Le vrai texte est arrivé à l'entr'acte et j'ai pris soin de ne pas ouvrir le paquet. Entre temps, je m'étais tout de même acheté Eschyle, dans le livre de poche à la librairie de Bandol: c'est cela mes recherches savantes et studieuses dans le calme des bibliothèques (ce que les professeurs ne sauront jamais, c'est qu'il faut traiter les classiques comme des copains (ils le méritent) et les relire dans le métro).

275

J'ai donc relu Les Choéphores (que je connaissais tout de même assez bien avant, ne soyons pas trop coquet) et il y avait des passages si directs si drus, si beaux, que j'ai décidé de les mettre dans la sauce tels quels: des morceaux de gros théâtre de situation des os à moelle bien gros, bien durs, au milieu des mes analyses de petit délicat.

Mais nous avons tous de petits estomacs, et d'abord est-ce que la sauce peut prendre!

Nous ne le savons pas encore, et vous qui me lisez, vous le savez.

C'est très difficile et très amusant le théâtre!

Jean ANOUILH

LA PETITE MOLIERE

Baptême de la Petite Molière

Ce que vous allez voir ce soir n'est pas une pièce. C'est un scénario qui devait être tourné et qui ne l'a pas été. Le producteur y croyait bien un peu, mais il était dans la main de son distributeur. Et les distributeurs, on le sait, sont l'âme et la conscience de leur public: eux seuls savent. Ce sont nos Dalaï-Lamas. Des commissions de sages les choisissent dès l'âge de sept ans parmi les enfants les plus doués et ils sont dans la confidence du Dieu. Le nôtre croyait assez volontiers à Molière, mais à condition qu'on n'y parle pas trop de Molière - et surtout pas du théâtre, qui avec la boxe (je ne sais ma foi pas pourquoi) est un sujet tabou au cinéma.

Entre-temps - tout cela s'est exprimé au cours de nombreuses "conférences" où des secrétaires hautaines avaient empêché des tas de gens d'entrer pour nous laisser proférer nos importantes sornettes en toute tranquillité - entre-temps, donc, le scénario s'était trouvé écrit.

Avant de le glisser dans un tiroir philosophe où dorment pas mal de vieux coucous et quelques bonnes idées avortées, j'ai eu l'idée de l'envoyer à Jean-Louis Barrault en lui demandant si - sans rien changer à la forme - on ne pourrait pas monter ça à la scène.

Une pièce sur Molière je n'y aurais jamais pensé; je ne l'aurais jamais écrite; mais cette histoire "racontée" où le texte proprement dit compte à peine - il me semblait qu'elle pourrait être un prétexte à rêver un peu ensemble à notre saint patron.

Jean-Louis Barrault m'a écrit le lendemain que ça l'amuserait; trois jours après, nous nous rencontrions quelque part en France à un point soigneusement équidistant; il me racontait sa mise en scène et nous tombions dans les bras l'un de l'autre en clamant qu'on allait voir ce qu'on allait voir et que nous allions faire du cinéma sans producteur, sans techniciens, sans camera (nous avions même ajouté: sans argent, mais ce détail s'est avéré faux par la suite).

Nous avions trouvé le "lieu et la formule" comme dit Rimbaud. Le lieu était Bordeaux et la formule c'était le cinéma réduit à l'essentiel qui est son contenu dramatique - lequel ne demande, comme le théâtre de Lope de Vega, que deux planches, deux tréteaux et une passion. Des planches, il devait y en avoir un peu plus, hélas! et un certain nombre de costumes - mais tout cela était encore nimbé par nous du nuage doré de l'incertitude.

Rien dans les mains, rien dans les poches! - La formule des prestidigitateurs nous enchanta - sans que l'allusion fâcheuse qu'elle contenait parvint même à nous effleurer.

Ce fut une belle et chaude soirée bordelaise.

C'est peut-être comme ça que les catastrophes arrivent.

Jean ANOUILH

NE REVEILLEZ PAS MADAME..

Des générations bourgeoises qui n'avaient jamais mis les pieds dans les
coulisses ont entretenu une légende tenace sur les désordres des gens
de Théâtre... Un roman moitié noir - la cigale ayant chanté tout l'été
se trouva fort dépourvue... - moitié égrillard: je suis sûr qu'il y a encore des sous-préfectures où des messieurs (pourtant raisonnables en
affaires) pensent encore qu'avec une douzaine de roses et une invitation
à souper dans le restaurant de la ville encore ouvert à minuit, ils ont
une forte chance de lever une comédienne en tournée..

Tout cela n'est plus exactement vrai et date en fait de l'époque des
Misérables où le méticuleux Hugo, grand-père modèle et trousseur de
jeunes bonnes, notait sur ses carnets de dépense: bonnes œuvres: deux
francs - chaque fois qu'il en caressait une.

Les servantes terrorisées par le mâle chef de famille ne sont plus que
des personnages de légende et dès qu'elle s'est fait un petit nom - son
ange gardien-agent (10%) veillant jalousement à la montée de ses salaires
- la cigale, la brise venue, à généralement de quoi allumer le mazout
dans sa coquette villa suburbaine...

Et pourtant cette pièce sur les désordres sentimentaux d'un homme
a pour cadre le Théâtre et ses fausses maisons où la belle intimité -
c'est lui qui le dit à la première scène - fait toujours place au vide -
où les décors du bonheur s'envolent au cintre la représentation finie et
où on se retrouve toujours finalement seul sur le plateau nu...

Je crois que la morale à en tirer - si on ne s'embrouille pas trop,
en route, dans le temps qu'on remonte et descend au cours du spectacle
avec la même désinvolture apparente que les décors - c'est que le
Théâtre, c'est la vie comme elle est. Les décors des autres sous leurs
apparences ne sont pas plus stables que les nôtres...

Ces jeux de miroirs, ces embrouillaminis, ces entrées et ces sorties inattendues, dont vous venez vous distraire - croyant vous être
immunisés en payant votre place de "spectateur" si c'était aussi votre
vie?

Notre seul avantage - et je bénis personnellement le ciel tous les
jours de me l'avoir donné - c'est savoir jouer avec ces apparences,
ces mensonges répétés, ces incertitudes et ces désordres... On ne
souffre pas moins - mais notre art étant l'organisation ultérieure de
la souffrance, lui enlève peut-être une part de son venin.

C'est en cela, sans doute que nous sommes autres - vaguement
tricheurs et que les curés du temps de Molière, je l'ai toujours pensé,
avaient raison de nous excommunier.

.

LE RENDEZ-VOUS DE SENLIS

Un jeune homme, Georges, loue un beau soir une maison meublée de quinze pièces, à Senlis. "C'est pour y recevoir de la famille", explique-t-il à la vieille propriétaire que cette location à la nuit tombée inquiète un peu.

A l' "extra" d'un traiteur célèbre, auquel il a commandé le dîner, il demande - en échange d'un gros pourboire - de jouer, pour un soir, le rôle du vieux serviteur de la maison. Deux comédiens, engagés la veille dans une agence, figureront ses parents.

Ce faux dîner de famille est donné en l'honneur d'une jeune fille, Isabelle, qui quitte Paris le lendemain et à laquelle Georges ment depuis deux mois.

Les raisons de ses mensonges, qu'il donne aux comédiens, sont visiblement d'autres mensonges... S'il veut montrer de faux parents à cette jeune fille, cela ne doit pas être parce que les siens sont morts, comme il le leur assure: il les a dit vivants pour motiver certaines absences inexplicables... S'il fait mettre à table un cinquième couvert - qui ne servira pas - pour un mystérieux ami Robert dont il a longuement parlé à Isabelle, cela n'est pas probablement non plus, comme il l'a dit aux comédiens, parce que Robert n'existe pas...

Robert existe, le père et la mère de Georges existent, la vraie vie de Georges existe et, en la découvrant au deuxième acte, nous comprenons du coup pourquoi il a fait vivre, pour un soir, ces parents de livres d'images, ce vieux serviteur fidèle et le fantôme de ce merveilleux ami...

Georges est marié depuis plusieurs années, sans amour et sans vocation pour ce luxe tristement gagné, à une fille très riche, dont il a cru être amoureux un soir de bal et dans les bras de laquelle ses parents l'ont jeté à vingt ans. Son père et sa mère sont de charmants vieux enfants égoïstes qui vivent le plus ingénument, le plus dignement du monde, de ce riche mariage.

Robert, qui a été son ami quand ils avaient tous deux des culottes courtes, n'est plus maintenant qu'un parasite haineux, sans cesse humilié et ravagé d'envie qui vit, lui aussi - dans des conditions équivoques - avec sa femme Barbara des miettes du luxe de Georges...

La rencontre entre les vrais personnages de sa vie et ceux qu'il a imaginés, entre la vraie vie de Georges et son rêve cristallisé autour d'Isabelle, dans cette maison à louer, peuplée de fantômes et de comédiens: c'est précisément le sujet de la pièce.

Qu'on se rassure tout de suite, elle se terminera bien, comme l'exigent les âmes sensibles; mais peut-être pas aussi simplement que les âmes sensibles ont coutume de le désirer pour la tranquillité de leur sommeil, après le spectacle.

Georges s'en va vers le bonheur, bien sûr; et le rêve sera plus fort que la vie et les méchants seront punis... Mais les méchants auront peut-être été étrangement capables d'amour et les bons, sans le savoir, d'une tranquille et claire cruauté.

Et le bonheur n'y paraîtra peut-être pas si simple qu'on le disait sur les livres d'images...

LA VALSE DES TOREADORS

Le général Saint-Pé a fait comme beaucoup de généraux: lieutenant à lorgnons, entreprenant, romanesque, amoureux mais tendre et bourré de scrupules, il a épousé une chanteuse.

Grand amour, scènes, griffes, passion: la vie a passé. La chanteuse, qui a renoncé à l'Opéra pour la vie mondaine de garnison, est maintenant une vieille femme aigrie qui continue à faire du théâtre pour lui tout seul. Exploitant une maladie à demi imaginaire, elle se cloître dans se chambre à seule fin de garder le général qui doit venir la rassurer tous les quarts d'heure, sous peine d'horribles syncopes.

Le général qui a du tempérament, quoi que prétende la générale déçue, s'est rattrapé comme il a pu; quelques frasques sordides: des bonnes, des serveuses de restaurant, les femmes faciles des garnisons où ils ont traîné cette triste parade qu'ils doivent bien considérer maintenant comme leur vie...

Le général est vieux, mais un cœur de jeune homme bat encore sous sa glorieuse ferblanterie. Ce cœur, il l'a donné, voici dix-sept ans, le soir du bal annuel de l'Ecole de Saumur où il était instructeur, à une longue et sentimentale jeune fille. Mlle de Saint-Euverte. Dans ses bras, au cours d'une valse dont ils n'ont jamais oublié le titre <u>La Valse des Toréadors</u>, le général a connu l'étrange sentiment d'être en paix avec son âme.

Avec sa carrière et les enfants, il ne fallait pas songer au divorce à cette époque; les deux amoureux se sont promis de se garder et d'attendre. Le général a respecté Mlle de Saint-Euverte qui s'est gardée pour lui. Ils ont échangé une correspondance, ils se sont rencontrés chastement, toujours aussi amoureux, se trouvant toujours devant d'aussi insurmontables obstacles. Chaque année ils pensaient "bientôt", et le temps a passé sans qu'ils s'en aperçoivent.

Mlle de Saint-Euverte est une jeune fille vieillissante; le général, de carottes en lâchetés, de blennorragies en temporisations, toujours prisonnier de la passion tragique de la générale et de son horrible pitié, a laissé le temps filer entre ses doigts.

Mais voici que Mlle de Saint-Euverte débarque de sa lointaine province, enveloppée de voiles verts, âprès un voyage mouvementé. Elle a dans son réticule, avec un petit revolver à crosse de nacre, deux lettres compromettantes pour la générale qui n'aurait pas été exactement l'épouse fidèle dont ils ont tous deux respecté (un peu trop longtemps) la douleur. Si le général ne prend pas, enfin, une décision contre l'ingrate infidèle à la quelle ils ont sacrifié leur bonheur, Mlle de Saint-Euverte se tuera.

La pièce commence à cet instant même. Il y aura en effet plusieurs faux suicides, beaucoup de peines et de ridicules, un médecin libre penseur et bon enfant qui défendra tant bien que mal le bon sens, un amour inattendu, une reconnaissance imprévisible, une belle couturière, des filles idiotes, un charmant curé; une parade qui se veut cocasse de quelques sentiments élémentaires, un duel à mort entre le général et sa femme et, tout à la fin, une jolie fille aux sentiments peu compliqués qui vient, avec son tablier blanc, apporter une goutte d'eau fraîche au général prisonnier de l'enfer.

Le docteur prétend que tout cela n'est arrivé que parce que le général avait une âme. On espère, sans trop y croire, que le rideau tombé cette belle enfant l'en guérira.

LA VALSE DES TOREADORS?
QUE VOILA UNE BONNE PIECE!

Non, nous n'avons pas engagé un nouveau collaborateur. La critique dont nous donnons le texte ci-dessous est signée d'un amateur distingué, bien que bénévole. Comme il connaît très bien l'auteur de la pièce, nous avons pensé que son avis avait quelque intérêt.

Que voilà une bonne pièce! Voilà enfin un dramaturge qui comprend que le théâtre est avant tout un libre jeu de l'esprit, que la vraisemblance, une intrigue soigneusement menée, des entrées et des sorties habilement agencées ne sont rien. Les artisans du siècle dernier, dont les portraits dans de lourds cadres dorés couvrent les murs de la Salle des Ancêtres à la Société des Auteurs, et dont le nom est voué pour toujours à l'oubli, nous avalent donné ce qu'on peut faire de mieux dans ce genre; cette maîtrise inutile des seules qualités pourtant requises à l'éternel bachot des Auteurs Dramatiques ne semble pas leur avoir porté bonheur.
Je sais bien qu'une école d'auteurs, bien vue de ses maîtres, s'escrime encore à construire des pièces "bien faites", à fignoler l'anecdote, croyant encore que le salut est là, après le coup de balai de Pirandello dans Six personnages, et le souffle de liberté et de poésie de Giraudoux.
M. Jean Anouilh, un jeune homme qui promet beaucoup malgré son lourd passé, sans égaler ses maîtres, s'avance gaillardement dans la voie qu'ils lui ont tracée, orientant tout particulièrement ses recherches dans les savoureux rapports de la farce et de la vérité qui semblent lui tenir à cœur.
Rien n'est vraisemblable, en effet, dans cette aventure du général Saint-Pé qui a attendu dix-sept ans, pour la perdre en dix minutes, Mlle de Saint-Euverte qu'il aimait, et, cependant, tout est vrai. Le procédé vaudevillesque et caricatural, qu'il faut bien comparer à un procédé de déformation volontaire d'une certaine école de la peinture moderne, dans le domaine plastique, nous introduit merveilleusement, grâce à la mise en scène dansante de Roland Piétri et les décors interprétés par Jean-Denis Malclès, dans le domaine cocasse et inquiétant des mauvais rêves. Un scénario de Mac Sennet ou de Feydeau, à travers la trame duquel des sentiments vrais, parfois tragiques, mais rendus inoffensifs et propres au jeu de l'esprit par la déformation caricaturale, nous sont offerts. A nous de jouer avec eux. Le jeu et les couleurs sont sans danger, l'esprit est foncièrement sain, la conclusion éminemment morale (le général est durement puni d'avoir été lâche devant la vie et devant l'amour), et l'on rit, d'un bout à l'autre, même et surtout aux moments où l'on devrait pleurer.
Si une partie de mes confrères semble avoir boudé le soir de la générale, il faut voir l'origine de ce malentendu: non dans un manque de bonne foi (le jugement d'un critique assermenté, comme celui d'un gendarme, est irrécusable); non dans un désir secret de cette salle bien parisienne, mais espagnole d'instinct, de voir enfin le "toro" mis à mort (vingt ans de succès, c'est beaucoup pour Paris qui porte aux nues, puis tue voluptueusement ce qu'il a aimé); non dans une hypocrite réaction morale (quel homme n'a pas louché vers une jolie femme de chambre, n'a pas cédé un peu honteusement à sa pitié pour sa femme acariâtre, rêve d'un amour pur toujours remis par suite des contingences et des difficultés journalières, quel homme oserait jurer qu'il n'a pas été un tant soit peu le général?); non dans une incompréhension to-

tale des finesses dont l'auteur parsème son œuvre (les critiques parisiens sont tous très intelligents, et s'ils n'ont pas tous étudié et pratiqué les lois du théâtre depuis vingt ans, comme l'auteur, du moins ont-ils, pour elles, un respect qui date, non des lois du théâtre classique qu'ils ignorent, mais en tout cas des meilleures pièces de Sardou créées il y a une soixantaine d'années). Ce malentendu, car la lecture de la presse de ces derniers jours nous oblige à convenir qu'il y en a eu un, vient tout simplement, à notre avis, de ce que l'auteur, d'une part (qui a toute notre sympathie), et la majorité des critiques, d'autre part, n'ont pas décidé de jouer au même jeu. Que faire de vos billes de couleurs, si les bons élèves premiers en classe ont décidé, eux, de jouer au papa et à la maman? La récréation manque forcément d'entrain.

Et voilà pourtant de la bonne comédie et bien jouée! Claude Sainval a su réussir ce tour de force d'être à la fois une marionnette, comme le lui demandait l'auteur, et un personnage humain. Combien de grands acteurs à Paris, nourris dans la bonne tradition, savent encore être des marionnettes - et ne pas limiter un personnage aux tics qui les ont fait aimer et à eux-mêmes? Combien savent-ils n'être que le prétexte de chair et d'os, à la reconstitution dans l'esprit du spectateur d'un personnage imaginaire que chacun doit pouvoir compléter suivant son rêve? Merveilleux général Saint-Pé, tellement irréel qu'aucune midinette ne songera jamais à aller lui demander un autographe à la sortie! Voilà enfin un acteur poétique. Depuis le cinéma muet comique des années 20, depuis Chaplin et Max Linder nous en manquions.

Que M. Anouilh ne se décourage pas malgré cet accueil désagréable. On nous assure qu'il est jeune; il a à peine dépassé la quarantaine, il nous a déjà donné une vingtaine de pièces qui ont su distraire le Paris de ces dernières années. Son âme est candide, naïve même, et si la vue du troupeau que nous sommes lui a inspiré une peinture parfois exagérément noire - semblant ignorer notre courage, notre pureté, notre désintéressement habituels - il a toujours eu le bon esprit - et particulièrement dans cette dernière pièce - de nous inviter à rire avec lui, usant au besoin de gaillardises et de vieux trucs de vaudeville, de tout ce qu'il pouvait constater de désolant et d'absurde dans la condition humaine. Voilà de la bonne tradition française! Bravo, monsieur Anouilh! Au pays de Molière et de Rabelais, les oreilles ne sont pas aussi fragiles que l'a prétendu la presse de ces derniers jours.

Si M. Anouilh ne nous fait penser à aucun des grands problèmes urgents de l'heure, tant mieux. Il fuit les idées générales - qui le lui rendent bien d'ailleurs. Il essaie de nous faire rire avec nos petites misères d'homme et, si j'en crois les échos des spectateurs de ces dernières représentations à la Comédie des Champs-Elysées, il y parvient fort bien tous les soirs.

On m'assure que l'indignation générale l'a surpris et qu'il compte en appeler au public, suprême juge, qui a quelques raisons de lui faire confiance.

Car, après tout, pourquoi le public nous croirait-il plutôt que lui? S'il fallait en définitive que chacun exhibât ses titres, pourrions-nous nous vanter de l'avoir, nous, avec nos articles, vraiment amusé comme lui, depuis vingt ans?

Par interim:
Jean ANOUILH
Le Figaro (23-1-52)

LE VOYAGEUR SANS BAGAGE

Je serais bien embarrassé si un journaliste assez habile pour me découvrir me coinçait entre deux portants à la fin d'une répétition pour me demander ce que je pense du Voyageur sans Bagage.

Traqué par toutes sortes de questions à la reprise d'Antigone en 1945 je dus déjà relire soigneusement la pièce, comme un bon élève, pour me faire une opinion sur elle et tâcher de répondre convenablement.

Avant de donner le Voyageur à Marguerite Jamois, j'ai fait le même petit travail, me demandant, moi, spectateur de 1950, si cela m'amuserait encore de la voir jouer.

Je me suis peut-être un peu imprudemment répondu "oui". Mais, sans doute, avais-je l'excuse de la découverte.

En effet, quoique coupable d'une adaptation cinématographique du sujet et complice d'une reprise avec Pierre Fresnay, en 1944, à la Michodière, le Voyageur sans Bagage est une pièce que j'oublie toujours.

Si on m'avait demandé il y a quelques semaines le nombre de personnages et le déroulement des principales scènes, j'aurais été à peu près incapable de dire pourquoi, en 1936, le jeune homme de vingt-six ans que j'étais sans drame, sans passé, a pu sentir le besoin de traiter ce sujet.

A chaque lecture, tous les cinq ou six ans, j'entre dans cette pièce, comme Gaston, l'amnésique, dans sa chambre de jeune homme. Je garde les murs, un portrait: "C'était lui?" - "C'était toi." - "Tiens, comme c'est drôle! Je ne me voyais pas du tout comme cela, enfant."

Il faut pourtant croire que je l'ai été puisque ce texte existe et que Michel Vitold, après Pitoëff et Fresnay, va le redire ce soir.

Comme l'ombre hésitante et souriante du cher Georges, comme Fresnay, avec son air éternel de petit soldat français et sa clarté tranquille - Vitold va entrer ce soir dans cette chambre d'adolescent où les murs, couverts de volubilis et de renoncules d'un autre âge, savent tout depuis toujours. On va lui mettre des souvenirs sous le nez, des vieilles histoires sur le dos, des haines et des hontes à reprendre. Il va voir, comme eux, l'escalier, traînant derrière lui l'idiote pour laquelle il a presque tué son ami, mesurant la place pour savoir s'il a vraiment dû le pousser pour lui faire dégringoler toutes les marches...

On ne devrait pas reprendre les pièces. On ne devrait pas les jouer tous les soirs, rechercher tous les soirs cette place, la retrouver et comprendre, tous les soirs, que le palier était bien assez large et que ce n'était sûrement pas un accident. On devrait laisser dormir le passé.

Il est vrai que tous les soirs, du fond des couloirs sombres qui ont vu tant de vilaines choses, un petit garçon innocent et clair arrivera sur une petite musique. Il est vrai que tous les soirs, le prenant par la main, un homme libéré s'en ira avec lui vers un monde où il ne s'est rien passé encore...

Il n'y a jamais dans la vie de souriant petit orphelin qui vienne miraculeusement au moment où tout semble perdu, mettre sa main dans la vôtre pour sortir, avec vous, du pays de la mémoire... J'ai même l'impression que cela n'arrivera jamais qu'au Théâtre Montparnasse et pendant le temps des représentations de cette pièce.

Alors, pour que cela soit, même si le petit garçon est en vérité une jeune fille, même si c'est entre des portants de toile peinte et seulement "pour faire semblant" - on a peut-être bien fait quand même de la rejouer, cette pièce...

D'ailleurs, comme le dit un des personnages au premier acte: "Vous allez le savoir à l'instant!"

Jean ANOUILH

Y'AVAIT UN PRISONNIER ...

Ludovic est un jeune financier international. Il mène une vie extrêmement brillante au milieu d'une cour de parasites. Il accumule affaire sur affaire. Son audace grandit à chaque coup heureux, la chance ne semble pas devoir cesser de lui sourire.

Un jour, une imprudence - immédiatement exploitée par des groupes bancaires rivaux: c'est la banqueroute. A Paris, à Londres, à Vienne, à Prague, à Rome, les marchés sont bouleversés: les affaires de Ludovic intéressaient toute l'Europe.

En tentant d'y jouer sa dernière carte, il est arrêté et jugé à Rome. Quinze ans de réclusion. Comme le fait remarquer un personnage de la pièce: "A Paris il s'en serait tiré à moins. Pendant quinze ans, lui qui fut un roi de Paris et de Londres, il ne va plus avoir que quatre murs gris, un petit lit, une petite table.

La pièce commence le jour de son retour.

Barricault, son beau-frère, l'a envoyé prendre à la prison de Gênes par sa voiture. Toute la famille l'attend à Cannes sur L'Astrée, yatch somptueux de Barricault qui a su demeurer, lui, un financier heureux.

Il y a là Robert, son fils né six mois après son internement, son vieux père, sa femme Adeline, Anne-Marie, fille d'un premier lit d'Adeline, et le jeune Gaston Dupont-Dufort.

Ce retour, s'il ravit tout le monde en paroles, n'est pas sans inquiéter certains hôtes du bateau. En effet, Barricault qui tient à avoir quelques conseillers d'Etat et membres de l'Institut dans sa famille, va marier Anne-Marie au petit Dupont-Dufort. La belle dot qu'il a faite à sa nièce a permis à l'austère famille du jeune homme d'oublier la fâcheuse aventure de Ludovic. Mais encore faut-il que son retour ne ravive pas la plaie. Ludovic était un être violent, original. Quelles pensées ont pu faire germer en lui ces quinze années de solitude?

Comment acceptera-t-il cette vie qu'il a oubliée et ces lois inéluctables de respectabilité et de travail?

NOTES

PERSPECTIVES METHODOLOGIQUES

1) Michaud, G., p. 179. La démonstration est moins vraie pour le poème, celui-ci devant être, dit-on, chanté. Nous négligeons sciemment le message de l'auteur que peuvent recéler un poème ou un roman, cette particularité ne leur étant pas spécifique.
2) Ionesco, E., p. 175.
3) Gouhier, H., (1952), p. 64.
4) Voir la discussion de cette conception dans: Gouhier, H., (1943), p. 15.
5) Kowzan, T. Il est d'ailleurs caractéristique que M. Kowzan fait partir son analyse au niveau de la pièce jouée par l'acteur et non à celui du texte même de l'auteur. Voir aussi Corvin, M., citant Adamov: "Le Théâtre tel que je le conçois est lié absolument à la représentation", p. 88.
6) Cf. par exemple Ambrières, F.: "Il y a loin d'un théâtre de laboratoire comme l'Œuvre aux nécessités des grandes scènes et du grand public" pour expliquer l'échec partiel des premières pièces de Jean Anouilh et en particulier de "Mandarine", p. 46.
7) Anouilh, J., Propos déplaisants.
8) C'est le cas de Mandarine dont il ne nous reste plus que le programme et des articles de journaux ayant salué sa création, ce dont témoigne aujourd'hui le Fonds Rondel à la Bibliothèque de l'Arsenal. Chaque création ou reprise y fait l'objet d'un dossier réunissant un programme et des coupures de presse relatives à la pièce.
9) Dans Propos déplaisants, l.c.
10) Cf. dans le recueil Théâtre et Collectivité les communications de Henri Gouhier et de Mme Lise Gauthier-Florenne.
11) Pour Ornifle par exemple Jean Anouilh a coupé une bonne trentaine de minutes de texte après la première représentation, cf. Ambrières, Fr., op. cit., p. 48; Marcel Aymé a refait le dernier acte de La tête des autres à l'occasion de la reprise, et on pourrait multiplier les exemples.
12) Cf. p. 13: Lettre à Lord D... sur la soirée du 24 octobre 1829.
13) Jouvet, L., p. 21; voir également pp. 78-84 en particulier l'histoire des interprétations de Tartuffe dans: Pourquoi j'ai monté Tartuffe. Rappelons que Jean Anouilh signe la mise en scène de ses pièces en compagnie de Roland Pétri depuis Becket ou l'honneur de Dieu. Notons également que la première expérience avouée et réussie est la mise en scène de L'Alouette.
14) Voir en particulier la mise en scène de Pauvre Bitos et nos remarques p. 205.
15) Her. p. 116.
16) Idem, p. 122.
17) Gr., p. 139.
18) Bou., p. 134; on pourrait en dire autant à propos de Rév., cf. notamment pp. 74-76 le monologue de Tonton.
19) Article publié dans Aujourd'hui et repris et développé dans Brasillach (1944), pp. 418-423.
20) Idem, p. 423.

21) Chazel, P., p. 808.
22) Simon, P.H., pp. 143-164. Cette limitation arbitraire peut tout aussi bien se justifier par les nécessités d'un horaire.
23) Idem, p. 162.
24) Cf. Robert, P., art. "Pureté".
25) Il est à noter que cet emploi est considéré par Paul Robert comme abstrait malgré la nature concrète de la défloration et de ses conséquences.
26) Comme au théâtre nous avons affaire uniquement à des personnages, c'est-à-dire à des représentations d'individus nous limitons notre recherche aux aspects du concept ayant trait à l'être humain.
27) Comme le fait Valéry, Variétés, p. 913 à propos du terme d'asepsie: "l'on ne peut s'empêcher de penser au rôle immense que l'idée de pureté a joué dans toutes les religions à toute époque et aux développements qu'elle a reçus selon une sorte de parallélisme remarquable entre la netteté du corps et celle de l'âme"; ou le Lévitique qui exigeait du lépreux qu'il se couvrît la face jusqu'à la moustache en signe de honte et annonçât son passage en criant: "Je suis impur! Je suis impur!", ou encore prescrivait l'isolement complet de la femme et sa purification subséquente pendant et après le flux menstruel. Cette conception n'est pas en contradiction non plus avec le lieu commun du romantisme opposant la laideur du corps à la beauté de l'âme, magistralement illustré par Victor Hugo dans l'antithèse opposant Quasimodo à Frollo dans une sorte de chiasme des valeurs physiques et morales.
28) Cf. Jankélévitch, VI. (1960). Nous empruntons à cet ouvrage le substantif purisme dans le sens de: théorie ou doctrine de la pureté, ainsi que l'adjectif puriste dans le sens de: qui appartient à la pureté.
29) Le sang hyménal qui trahit la rupture de la membrane est également un élément de la souillure de la jeune fille.
30) Jankélévitch, VI. (1960), p. 233.
31) Cf. Jouhandeau, M., p. 77: "L'impureté pure est plus pure qu'une pureté impure et je connais ce bien inestimable qu'est le mal transfiguré par une âme douce et foudroyante".
32) Cité par Jean Cocteau, p. 27.
On pourrait aussi penser à Claudel écrivant dans sa Proposition sur la lumière "ne prétendez pas décomposer la lumière quand c'est elle qui décompose l'obscurité"..., p. 100.
33) Jankélévitch, VI., p. 39.
34) Cf. Caillois, R. - voir en particulier pp. 37-72: Ambiguité du sacré. Cf. également Le Lévitique.
La terminologie elle-même de la pureté pose de nombreux problèmes: le terme virginité peut dans un contexte théologique être la seule alternative pour désigner la pureté sacerdotale. Chasteté n'est pas virginité absolue mais, si l'on peut dire, virginité légalisée par le sacrement ou la cérémonie du mariage. Continence est entâchée de sexualité et marque plutôt une réduction dans la fréquence des rapports sexuels. Célibat se conçoit le plus souvent dans un contexte juridique, quant à vierge quel que soit son contexte lorsqu'il est appliqué à l'homme il ne peut se libérer totalement du ridicule comme le note avec un certain embarras le père Lucien Legrand dans l'introduction à son essai.

PURETE DE CORPS ET AMOUR HUMAIN

I. INTRODUCTION

1) Jean Anouilh parlant dans Arts (24-30 septembre 1953) de la pièce d'Ugo Betti Les Joueurs conseille à ses lecteurs d'aller voir: "... une des plus subtiles, une des plus étranges, des plus troublantes variations sur le thème de cette rencontre de deux solitu-

des qu'on appelle un couple".

2) Nous prenons le terme de couple dans un sens plus large que celui qu'on lui donne habituellement. Nous en faisons dépendre l'existence uniquement de la volonté des deux parties intéressées. L'entente fait passer l'amourette ou le flirt au stade "séieux"; il (elle) fréquente; le petit ami (la petite amie) devient respectivement le bon, la bonne ami(e) ou simplement l'ami(e). C'est ici, comme souvent, le ton et le contexte situationnel qui donnent son sens particulier au terme. Les fiançailles impliquent un minimum de reconnaissance sociale du couple par les ascendants et les intimes et engagent les fiancés publiquement (bague de fiançailles); c'est ce qui nous a fait choisir le terme de licite, bien imparfait d'ailleurs, et parler de promis et d'entente, plutôt que d'engagement et engagés, d'autant plus que ces termes sont plus ou moins devenus le monopole de la philosophie et de la politique depuis l'existentialisme. Cette conception du couple que l'on pourrait qualifier de "moderne" rejette tout le poids de la décision sur les deux individus directement intéressés et répond à la tendance actuelle de nos mœurs.

3) "Oui, j'ai eu des amants, bien sûr, mais je n'ai jamais aimé", Léoc. p. 302.
    Noter l'ambiguïté de la formule.

4) L'application stricte du critère de la virginité de la jeune fille pour le regroupement des pièces demanderait la présence dans ce groupe de La Sauvage et de Jézabel . Toutefois le fait que l'absence de virginité de Thérèse et de Jacqueline n'est pas considérée par leur partenaire ni par elles comme un empêchement majeur à la formation du couple, nous a amené à réserver La Sauvage et le couple des adolescents mis en scène dans Jézabel pour la seconde partie de notre étude dans laquelle nous analyserons les incidences de la pureté de cœur sur la destinée des promis. Le couple des adultes dont le meurtre du père par sa femme consacre la désintégration sera traité en relation avec les autres couples mariés de ce type. Le cas de Lucile (Rép.) est plus complexe. Peu importe si elle a vraiment perdu sa virginité à la fin de la pièce comme nous le verrons. Ce qui compte ici c'est que tout son entourage en est convaincu et que cela suffit à la diminuer aux yeux de la société comme aux siens propres.

5) Cela est surtout sensible dans l'architecture des pièces, la construction des actes et la succession des scènes comme nous aurons l'occasion de le voir.

6) Pour Antoine la question du classement est assez complexe. Antoine est mort, donc le couple est rompu de facto. Nous savons qu'il vivait séparé de sa veuve et qu'il était heureux avec Maria. Or sa veuve se considère toujours liée à lui et nous apprenons qu'il a plus ou moins aidé Maria à le quitter pour lui assurer un bonheur plus durable et plus simple, quitte à se suicider ensuite. Dans le cas Antoine-Maria il y a donc désintégration sans faillite sentimentale, au contraire même.

7) Nous n'oublions ni les Chansons-Bêtes, ni les mises en scènes réalisées par l'auteur à partir de textes autres que les siens, mais celles-ci forment un autre volet de ses activités. Après La Foire d'Empoigne (1962), Anouilh n'a plus monté ni publié aucune pièce de son crû avant Le Boulanger, la Boulangère et le Petit Mitron (1968) tandis qu'il continuait, par ailleurs, ses activités d'adaptateur, de metteur en scène et de dialoguiste pour films.

8) Pour certains dessous psychologiques et sociaux de cet état de fait voir en particulier S. de Beauvoir, I, pp. 243-52; Le deuxième sexe (1949) II, pp. 133-34 et passim.

II. DE LA TOUCHE AU TOUCHER
CONTACT ET BONHEUR

1) Elisabeth Frenzel, Vorwort V, 1963.

2) Tomachevski, p. 269.
3) Levi-Strauss, Cl., p. 233.
4) Weber, J.P., p. 17.
5) Nous nous rapprochons ainsi de la conception de Tomachevski (voir note 2).
6) Cf. Proust, M., I, p. 141.
7) Cf. Proust, M., II, p. 694.
8) Cf. Langage des fleurs.
9) C'est le but final de la chiromancie.
10) Cf. Y'avait II, 2, p. 17.
11) Eur., p. 407.
12) Cf. Gent., pp. 26 et 30.
13) Cf. Rép., pp. 457-58; Inv., p. 38.
14) Cf. Mé., p. 396; Al., p. 20.
15) Inv., p. 373. A noter que les mains du coiffeur dans Col. sont également comparées à des limaces froides et gluantes par Julien. Ce qui souligne l'identité des deux instruments de contact.
16) J., pp. 96 et 81.
17) Cf. R.& J., p. 340; Inv., pp. 9 et 141; Gr., p. 83.
18) de Léoc.
19) Sartre, J.P. (1957), pp. 275-77.
20) Cf. Eur., p. 446. Eurydice ne manque pas de perspicacité quand parlant de Mathias et par extension des personnages de son passé elle affirme: "C'est personne". Elle n'a pas honte devant mais de lui.
21) Cf. Her., p. 125; Voy., p. 291; Eur., p. 407; R.& J., pp. 223, 266.
22) Cf. Sau., p. 216 et p. 218.
23) Cf. Eur., p. 499.
24) Cf. Al., p. 20; Foi., p. 337.
25) Eur., p. 459.
26) Ant., p. 144; Inv., p. 73.
27) Beck., p. 285.
28) Gr., p. 221.
29) R.& J., p. 340; Inv., pp. 9 et 141.
30) Rép., pp. 442-464.
31) Cf. R.& J., p. 340; Dir., p. 39.
32) Cf. Gent., p. 114.
33) Cf. Beck., p. 236.
34) Alain, I, p. 216; voir aussi en particulier le propos intitulé: les mains, I, pp. 531-32.
35) Cf. Brun, Jean (1968) et la bibliographie de l'ouvrage.
36) Cf. Junker, A.
37) Rimbaud par exemple comme nous verrons. Cf. également Brion, M.
38) La Grotte est sans doute dans l'œuvre d'Anouilh la pièce dans laquelle le motif des mains a pris quantitativement le plus d'extension du fait de sa valeur symbolique tout au cours de l'action et de la longue citation, - seize vers empruntés aux neufs premiers des seize quatrains - du poème de Rimbaud Les mains de Jeanne-Marie, dans /Rimbaud, p. 105/. Le changement de prénom d'Ermeline (la pure) en Marie-Jeanne n'est pas aussi accidentel qu'on voudrait nous le faire croire. Il suggère également l'idée d'un hommage discret au souvenir de Marie Dorval, maîtresse de Vigny et créatrice du mélodrame Marie-Jeanne monté par Anouilh pendant la guerre. (Théâtre des Arts le 18 avril 1940).
39) Cf. Gr., p. 31: "Jeanne-Marie a des mains fortes".
40) Idem: "Ont-elles trempé dans des lunes aux étangs de sérénité".
41) Idem: "Chasseresses des diptères".
42) Idem: "Ployeuses d'échines" (Verlaine a corrigé: "casseuses")
43) Idem: "Décanteuses de poisons".
44) Cf. Céc., p. 496; Val., p. 108.
45) Cf. Val., p. 108.

46) Mé., p. 398.
47) Cf. R.&J., p. 245.
48) P.R., cf. p. 483: "Ce détail (la peau des cuisses) a compromis pour moi bien des passions - qui auraient pu devenir importantes"....; Bou., p. 166.
49) Mé., cf. p. 378: "tes mains déroutées chercheront, malgré toi, dans l'ombre sur ces corps étrangers la forme perdue de Médée; C.A., p. 181; Bou., p. 393; cf. Gr.
50) Gr., p. 257: "Oui, c'est un beau petit monsieur, sauf les mains qu'il a de moi; cf. également ibid; p. 243; C.A., p. 181; Bou. p. 393.
51) Cf. Gr., p. 257.
52) Cf. Val., pp. 126-128. Cette double fonction de la main caressante apparaît clairement lors de l'évanouissement de Mlle de Ste Euverte et la distinction qu'elle fait entre les mains du général et celles de Gaston, le secrétaire, fils et rival de Léon (Val.).
53) Léoc., pp. 343 et 371 et Col., pp. 311-12.
54) Cf. cit. précédente.
55) Cf. Ant., p. 153; Val., pp. 106 et 149; R.&J., p. 293.
56) Cf. R.&J., l'opposition entre p. 293 et p. 338 et Mé., p. 362 (2e tirade).
57) Gr., p. 205; Rév., p. 202.
58) Gr., p. 183.
59) Léoc., pp. 343-44.
60) Bou., p. 393.
61) Col., p. 273.
62) Rép., p. 406; Gr., p. 254; Gent., pp. 27 et 143.
63) Her., pp. 63, 117, 128; cf. Gr. p. 254, Gent., pp. 27 et 143.
64) Idem, pp. 406, 407.
65) Mé., p. 372; Gent., p. 24; R.&J., p. 245.
66) Bi., p. 449.
67) Orn., p. 327.
68) Gent., p. 34.
69) R.&J., p. 245; Her., p. 122; Gr.: la citation du poème de Rimbaud, p. 34; Rép., p. 421, où la main tremble d'éthylisme avant de casser le verre, symbole de la pureté cristalline de Lucile; Gr., p. 113 et passim. Voir l'épisode du lapin dans Gr., p. 129. Ajoutons qu'Anouilh suivant en cela la tendance générale de son modèle n'a conservé du poème de Rimbaud que la main destructrice ou homicide. Cf. J. Plessen, qui retient dans les mains de Jeanne-Marie leur volonté de détruire et la justification de ce caractère éminemment destructif lequel ne serait autre qu'une conséquence "de son ardent besoin de pureté, qui n'est qu'une soif d'une origine première", pp. 29, 39.
70) Ant., p. 162; Her., p. 124; Col., pp. 279-80; Orn., p. 327.
71) Eur., p. 123; Mé., p. 398; Col., pp. 311-12; Gent., p. 45.
72) J., p. 52; Val., p. 127.
73) Cf. Mé., p. 398.
74) Cf. R.&J., p. 293.
75) Cf. Gr., p. 29.
76) Cf. Mé., p. 362; la main de Jason se détachant du corps de Médée permet à la haine de pénétrer jusqu'à l'esprit et au cœur de Médée. La haine qu'elle enfantera alors est vue paradoxalement comme un bonheur.
77) Cf. Eur., pp. 497-98.
78) Cf. Léoc., p. 371.
79) Cf. Rép., p. 427.
80) Cf. Val., pp. 91, 127, 194 et 210.
81) Cf. Mé., p. 363 et Rép., p. 428.
82) Cf. particulièrement R.&J., pp. 299-301. La main qui se pose sur Jeannette fait de celle-ci l'égale, "la sœur" de toutes les femmes propres et dignes habitant le monde de Frédéric parce que ce con-

tact la lave miraculeusement de tout son passé: elle croit en son amour et a foi en Frédéric presque malgré elle. L'omission de Mme **Larivière** dans l'énumération des ascendantes de Frédéric nous **semble** significative du refus de la purification par la maternité chère aux Romantiques et à Pirandello et que l'on retrouvera dans P.M. Il convient de rapprocher cette négation de la Mère du désir de Julia d'appuyer son amour sur la présence d'enfants au foyer (cf., p. 308); d'un autre côté néantiser Mme Larivière c'est également néantiser Julia.

83) Eur., p. 446.
84) R-V., p.255. C'est aussi ce qui se passe avec Colombe endossant sa belle robe de théâtre. Antoine par contre change de maison en changeant de femme. Cf. C.A., pp. 9-10.
85) C'est le cas par exemple de l'excuse habituelle: "je vous demande pardon" par laquelle est créée la possibilité d'une entente.
86) Cf. J., p. 96: Jézabel à Marc endormi: "Tu dois savoir tout arranger d'un mot ou tout compromettre".
87) Cf. Eur., p. 452: la conversation d'Eurydice et d'Orphée au début du second acte est un excellent exemple de cet aspect.
88) Eur., p. 453; R.& J., p. 347.
89) Cf. Gent., p. 91.
90) Idem, p. 105.
91) Voir également dans le même ordre d'idées ici même l'analyse d'Eurydice, p.72-77 et R.& J., pp. 301-313, en particulier pour la notion de comprendre.
92) Un des rares exemples est fourni par la nourrice de Médée, cf. p. 356:"Tu l'as oubliée, toi, petite, l'odeur des herbes de chez nous", ou sur le mode parodique par la "déclaration" de Du Bartas à Colombe (Col., p. 233) :"Respire seulement mon désir autour de toi comme un parfum grisant de l'Afrique! et sois toi-même révélée à toi-même par ce désir qui te prolonge."
93) Cf. Rép., p. 375:"La bonne odeur de soie sur la peau parfumée, quel piège pour le petit pauvre...."cf. aussi P.R., p. 470: "ça a trop pué autour de moi, depuis que je suis tout petit".
94) Cf. Mé., p. 357.
95) Cf. Mé., p. 359, Al., pp. 165-69; Beck., pp. 166 et 206-7.
96) Ard., pp. 80-81, mais aussi Val., pp. 92-93.
97) Cf. Bi., p. 402: "Danton était un porc! Vautré chaque nuit chez les filles, il arrivait aux Jacobins le matin débraillé, puant le parfum à bon marché et le vin".
98) Idem, p. 402. Cf. également p. 467.
99) Gent., pp. 133-34.
100) Dir., p. 11.
101) Orn., p. 342.
102) Y'avait, p. 13.
103) Rév., p. 55.
104) Eur., p. 532; Ard., p. 13; R-V., p. 236.
105) Cf. S. de Beauvoir, 1970, 2e partie et appendice IV.
106) Cf. Eur., p. 446.
107) Cf. Y'avait, p. 13; Ard., p. 15; Hurl., p. 77.
108) Y'avait, pp. 13 et 14; Eur., p. 398; J., p. 38; Dir., p. 17.
109) C.A., p. 29; Col., p. 282.
110) Respectivement dans Col., Sau., R.& J.
111) Cf. par exemple: Eur., p. 429-37; R.& J., pp. 318 et 347.
112) Cf. R-V., p. 167; cf. Georges dans Voy.
113) Cf. ci-après p. 187: L'honneur de l'homme et la famille.
114) Cf. Les rapports d'Orphée, de Thérèse, de Toto et de leur père dans J., Eur., Sau., Dir.
115) Cf. la description type dans Eur., pp. 533-34; Tigre (Rép., p.420) retrouve ce visage d'enfant grâce à l'amour de Lucile.
116) Le type le plus complet de ce père est le Directeur de l'Opéra.

117) Cf. par exemple Hurl., p. 158; Dir., pp. 137-38.
118) Y'avait, p. 32; Céc., p. 506; Dir., p. 13.
119) Hurl., p. 173.
120) Val., p. 184; Beck., p. 197; Gr., p. 114; Col., p. 319.
121) Les pères dans Sau., Eur., Col., Bou.
122) Les pères "pélicans" dans Val., Hurl., Rév., Dir.; d'Anouville Foi.
123) Eur., pp. 530-32; Val., p. 153; Hurl., p. 208.
124) Dans Ant., Beck., et Gent.
125) Mé., p. 298. Médée refuse de grandir et son conflit avec Jason est dans son essence comparable à celui séparant Créon et Antigone.
126) C'est le cas d'Antigone, de l'Alouette et d'Électre.
127) Cf. R-V., p. 233; R.& J., p. 226; Voy., p. 341; Rév., pp. 183-84.
128) Cf. J., p. 76; R-V., p. 169; Gent., pp. 109-10; Rév., p. 117.
129) C'est le regret de la mère dans J., p. 96.
130) R-V., p. 158.
131) Le cas de Médée n'est qu'une variante de ce problème. Bien qu'elle-même soit lasse de Jason après dix ans de vie commune, elle n'accepte pas, par jalousie, qu'il retrouve un autre bonheur avec Créuse.
132) P.M., p. 30; Gr., loc.cit.; Gent., p. 132; Electre démentie d'ailleurs par sa mère.
133) Mé., p. 384. Dans un même ordre d'idées on pourrait rapprocher de cette tirade la longue invocation au mal, dans laquelle la sorcière Médée se transforme en une sorte de vampire, de bête malfaisante et nuisible. A noter aussi qu'on pourrait voir dans cette évocation le pendant antithétique de la nuit de noces qu'espérait Jason épousant le Bien alors qu'ici Médée, elle, épouse le Mal.

III. LE COUPLE LICITE
A. La victoire des promis
1) Programme de la reprise (Annexe II, p. 256.
2) Cf. la remarque d'Eva: "Tu n'as jamais eu comme moi un homme dans ton lit, sans amour". Bal, p. 90.
3) Idem, p. 90.
4) Idem, p. 45.
5) Idem, p. 98. C'est un e des idées maîtresses de la "philosophie" de Jean Anouilh. Cf. par exemple Lady Hurf: "Je joue un rôle, je le joue bien, comme tout ce que je fais, voilà tout".
6) Juliette fait par deux fois appel à la complicité du jardin (p. 60 et 129). Outre la solitude propice aux confidences elle y trouve une sorte d'harmonie en conformité avec son état d'âme. Ceci semble correspondre à l'affinité entre les jeunes filles et la nature que signale S. de Beauvoir, op. cit., II, pp. 120-122.
7) Lorsque Lady Hurf qualifie les voleurs et les banquiers de "marionnettes" (p. 66) Gustave est absent du groupe ainsi désigné. Elle parle de lui avec une sorte de sympathie comme: " du petit qui était si gentil".
8) Jean Anouilh condamne sa pièce qui est "du théâtre le plus facile, le plus éculé", dans lequel il a mis le plus de concessions possible" si bien que dégoûté par son insuccès auprès des directeurs il jeta la pièce au fond d'un tiroir et "après être descendu si bas dans la vulgarité" se mit à une tragédie, cf. Une histoire de brigands.
9) Cf. Programme, Annexe II, p. 279 "la rencontre entre les vrais personnages de sa vie et son rêve cristallisé autour d'Isabelle, dans cette maison à louer peuplée de fantômes et de comédiens, c'est précisément le sujet de la pièce".
Cette opposition fondamentale entre le rêve et la vie se retrouve jusque dans la construction de la pièce: le premier acte décrit le monde du rêve, le second celui de la vie, le troisième le combat du

rêve et de la vie qui l'emporte et le quatrième et dernier nous offre un renversement complet de la situation, mais prend l'allure, encore une fois, d'une fin-postiche. La distribution traduit également cette dualité rêve-vie: nous trouvons d'abord les personnages de la vie réelle conduits par Georges Delachaume, puis dans un second groupe ceux du rêve conduits par Isabelle, le maître d'hôtel et la propriétaire étant relégués au rang des utilités. En outre tous les personnages, sauf Isabelle, ont deux personnalités, une pour chaque monde. Le cas de Barbara est cependant quelque peu ambigu: elle appartient au monde de la réalité mais elle est la seule alliée que possède celui du rêve dans le camp adverse: c'est par elle, par son sacrifice, que Georges pourra espérer réaliser son rêve: vivre une véritable soirée de famille en compagnie d'Isabelle.

10) Idem, p. 269.
11) Idem, p. 244: "Moi je vous déteste".
12) Idem, p. 260.
13) Cf. Idem, p. 261: elle mentionne l'argent demandé par son mari comme si elle aussi l'avait exigé: "l'argent que nous lui avons demandé pour compenser celui de Madame Henriette".
14) Cf. R-V., pp. 233-34: Elle est pure non seulement dans son corps mais encore dans sa vie, du moins telle que l'imagine Georges.
15) Idem, p. 264.
16) Idem, p. 171.
17) Isabelle refuse d'entendre tout le monde et l'arrivée de Georges lui évite de répondre à Barbara.
18) Léoc., p. 302.
19) Idem, p. 294.
20) Idem, pp. 327-28 et 330. A rapprocher également de l'attendrissement de Barbara (R-V.) p. 259.
21) Léoc., p. 369.
22) Idem, p. 368.
23) Cf. idem, p. 368: "Comme vous avez l'air d'être chez vous, vous, dans le matin".
24) Idem, p. 344: "Elles sont dures, mais elles ne font pas de mal".
25) Cf. l'analyse des pièces précédentes et la réponse d'Amanda à la question étonnée et inquiète du Prince: (Je ne suis) "Rien qu'une jeune fille en robe blanche en train de beurrer une tartine au soleil", idem, p. 369.
26) Idem, p. 371. Ce symbolisme des mains nous permet de nuancer le point de vue de Robert J. Nelson, pp. 139-140: "The triumph of reality in illusion has been genuine enough but it has been unconscious" discutant et contredisant l'opinion d'Owen E. Marsh, p. 91: "It is a decisive victory. The victory of reality in fact means a rejection of the impossible and acceptance of the real world". Amanda joue la partie effectivement sur l'instigation première de la Duchesse, mais plutôt avec son appui que sous sa direction. N'oublions pas que c'est le Prince qui lui a demandé de rester au château et de recréer pour lui Léocadia; que c'est lui également qui a dénoncé leur accord d'une façon si outrageante. Au moment où la Duchesse découvre la jeune fille endormie Amanda est parfaitement libre. Si elle continue la lutte c'est pour son compte (comme l'Isabelle de L'Invitation se noie pour son compte) et sans autres armes que les siennes: sa jeunesse, sa pureté, sa chair, sa vie. Sa victoire n'est pas définitive, mais elle en est parfaitement consciente. Signalons de plus que ce don de soi d'Amanda, spirituel et physique, est exactement ce que Léocadia a refusé au Prince. L'auteur a gratifié la petite modiste de suffisamment de grandeur morale et de plasticité spirituelle pour que cet appel direct à la sexualité puisse se sublimer. D'autant plus qu'Amanda est la seule jusqu'à présent à prévoir les conséquences de cette union qu'elle poursuit. C'était Lady Hurf qui émettait des doutes sur l'avenir du couple dans le

Bal. Isabelle dans le <u>R- V</u>. hésitait à se montrer trop affirmative
à ce sujet, seule Amanda a délibérément choisi d'affronter le danger les yeux grands-ouverts.
27) Cf. <u>Programme</u>, Annexe II, p. 271.
28) <u>Cf</u>. <u>Inv</u>., p. 55.
29) <u>Idem</u>, p. 29.
30) <u>Idem</u>, p. 83.
31) Horace est à la fois obstacle interne et externe.
32) Comme Amanda, elle ignore ce qui l'attend en arrivant au château
et suppose qu'il s'agit de son travail. Elle n'accepte la proposition d'Horace que par l'effet de ce que l'on pourrait appeler le
coup de foudre (fin de 1er acte) et après que ses scrupules auront
été levés par l'idée d'accomplir une bonne action (<u>Cf</u>. pp. 38-41).
33) Cf. <u>Inv</u>., p. 110.
34) Bourget, P., <u>passim</u>.
35) Bertaut, J., p. 29.
36) <u>Cf</u>.: <u>Inv</u>., pp. 139-145.
37) <u>Idem</u>, p. 175.
38) <u>Idem</u>, p. 111.
39) <u>Idem</u>, p. 76.
40) <u>Idem</u>, p. 143.
41) Créée à Oslo le 28-12-1952.
42) Marsh, E.O., p. 150.
43) Luppé (1965), p. 70 (5 lignes).
44) Jolivet, Ph., p. 109.
45) Ginestier (1969), p. 95.
46) Borgal (1966), p. 119.
47) Quand il a besoin d'argent il écrit un dialogue de film, dit-il, à
qui veut l'entendre.
48) On peut même dire qu'elle contient en germe les pièces à venir.
49) Il suffit pour s'en assurer de voir le rôle que l'auteur réserve généralement aux mères et surtout dans des pièces comme <u>La Sauvage</u>,
<u>Jézabel</u>, <u>Eurydice</u> et <u>Médée</u>.
50) <u>Céc</u>., p. 517.
51) <u>Cf</u>.: <u>Idem</u>, p. 528: Le lecteur l'est un peu moins. Les arguments de
Cécile appartiennent plus à l'ordre de la crainte du gendarme qu'ils
ne sont inspirés par la pureté de cœur. En effet au moment où son
père lui vante les beautés de l'union libre Cécile a déjà reconnu celui-ci et se joue de lui. Voir aussi le mot de la fin.

B. L'échec des promis
a) Licitation et don du corps

1) Une comparaison de l'emploi du concept de tendresse chez Marivaux,
Crébillon et Anouilh ne peut manquer d'intérêt.
2) Her., p. 55.
3) <u>Idem</u>, p. 89. Signalons que ce type d'amour sera exploité plus en
détail dans <u>La Valse des Toréadors</u> (Le Général et Mlle de Ste
Euverte).
4) Cf. <u>Céc</u>., p. 517 sqq.
5) <u>Her</u>., p. 81.
6) <u>Idem</u>, p. 116.
7) <u>Idem</u>, p. 129.
8) <u>Idem</u>, p. 42. Alors que l'argent purifie, le travail salit. Frantz va
jusqu'à parler de la crasse des travailleurs honnêtes.
9) <u>Ard</u>., p. 56.
10) <u>Idem</u>, p. 34. Le fait que son partenaire soit bossu également est un
un parti pris de l'auteur tout aussi logique et normal que l'antithèse d'un être difforme amoureux d'un individu de toute beauté ou l'inverse. De plus ce choix accentue, dans l'optique sociale étriquée du milieu donné, la monstruosité de l'union en évoquant l'accouplement démoniaque d'un gnome et d'une succube. Il supprime en outre, du

Colaiste Oideachais Mhuire Gan Smal Luimneach

295

moins dans l'esprit d'Ardèle, toute objection d'ordre esthétique ou
éthique qu'elle pourrait avoir si son partenaire était normalement
constitué.

11) Idem, p. 15.
12) Idem, p. 12.
13) Idem, p. 73.
14) Idem, p. 76.
15) Idem, p. 79.
16) Ambrières, Fr. (1949), p. 356. Qu'il nous soit permis de noter ici
que le titre de Goethe "Dichtung und Wahrheit" ne suggère aucunement que "poésie c'est vérité" mais uniquement l'existence possible
d'un rapport, positif, négatif ou adversatif entre ces deux termes.
17) Tans, J.A.G., p. 16.
18) Ard., p. 59.
19) Georges Mauduit (1952) qui la désigne ainsi (p. 163) entend marquer
par là ce qui distingue Nathalie des héroïnes précédentes d'Anouilh.
Elle est restée jusqu'à aujourd'hui une exception.
20) Cf. Dr. D.W. Hasting, p. 123 sqq.
21) Rép., p. 427.
22) Idem, p. 447.
23) Idem. La comtesse est la première à en parler: "... il ressem-
blait à une petite photographie de lui qu'un "camarade avait prise
pendant la guerre le matin de l'offensive allemande: ce petit garçon
grave et parfaitement heureux à côté de son canon. Je ne pensais
pas qu'autre chose que la mort pouvait faire remonter ce visage du
fond de lui...", p. 411. Cette allusion au visage de l'enfance est
le reproche majeur que lui adresse Héro et peut être la raison
profonde de sa conduite avec Lucile: "Tu as le visage que tu avais
à Ste Barbe avant le jour que nous avons sauté le mur...", p. 420.
(on ne peut pas ici ne pas penser à une transposition de la scène de
la Turque dans l'Education sentimentale). Et enfin Héro encore,
sur un mode ironique et avec un dépit haineux: "Il va avoir vingt
ans comme un rien et toute la candeur, tout l'avenir devant lui!",
p. 452.
24) Cf. Idem, p. 385.
25) Cf. La défense de Tigre aux reproches de Héro (Idem, p. 422-423) et
le compliment que fait Eliane à son ennemie. (Idem p. 476-477).
26) Cf. Idem, p. 369 et, au dénouement, (p. 477). La Comtesse se pré-
parant à jeter Léonor dans les bras de son mari.
27) Cf. Idem, p. 437 puis 473 et idem, p. 369, l' histoire de Léonor.
28) Cf. Idem, p. 447: "comment avez-vous pu vous donner à lui, tout de
suite, comme cela pour la première fois"; p. 460: "vous étiez vierge", "toujours: c'est cette nuit, c'est tout de suite".
29) Par exemple C. Jolivet, habituellement fort perspicace, qui place
la coupure après le seond acte (Aurore 17-3-54, Reprise).
30) Cf. Idem, p. 397.
31) Idem, p. 376.
32) Rép., p. 405, Marcel, G. (1959), pp. 128 et 129 place la rencontre
entre Lucile et Tigre après l'histoire du vol de l'émeraude et toute
la scène des prétendues excuses. Si cette conception était celle de
la générale, ce que nous n'avons pu retrouver dans les comptes-rendus
de l'époque, la solution retenue par l'auteur nous paraît faire gagner
une certaine unité à l'ensemble.
33) Qui rappellent la Double Inconstance, acte II, 2: La révérence de
Lisette.
34) Cf. Rép., p. 398; il existe de nombreuses ressemblances entre le
personnage de Lorenzaccio de Musset et celui de Héro. Ils ont tous
les deux la hantise de la pureté, ils accusent tous les deux leur ennemi de la leur avoir fait perdre et s'en vengent avec le même ma-
chiavélisme maladif. Après leur acte ils se dégoûtent eux-mêmes et
cherchent la mort. Tous deux sont également prisonniers du personnage qu'ils ont joué et de leur rôle longuement assumé de débau-

ché pour l'un, d'ivrogne pour l'autre.

35) <u>Idem</u>, p. 452; Notons que le titre s'applique aussi bien à la répétition théâtrale, celle de la pièce de Marivaux, qu'à la répétition de l'aventure du couple, celle du Comte et de Lucile, vue dans la perspective de Tigre.
36) <u>Idem</u>, p. 455.
37) <u>Figaro</u> du 30 octobre 1950.
38) <u>Rép</u>. - note de régie, p. 442.
39) <u>Idem</u>, p. 460.
40) <u>Cf. Idem</u>, p. 404 et 475, les deux exclamations: "Je ne vous reverrai jamais" qui prouvent ce double besoin d'oblation.
41) Celle-ci est parfaitement consciente de son infériorité sociale; non contente de le rappeler à Tigre elle en tient compte dans son évocation de l'avenir au cours de son combat avec Héro.

b) Pureté perdue et licitation

1) <u>Cf</u>. Franck, A., p. 141.
2) à Yvon Novy: <u>Quand M. Anouilh ne nous parle pas d'Eurydice...</u> dans <u>Comoedia</u> du 15-11-41.
3) <u>Eur</u>., p. 488.
4) Une comparaison de la version d'Anouilh à celle de Virgile et d'Ovide montre qu'Anouilh s'est surtout inspiré d'Ovide.
5) C'est ce qu'a bien vu Mme Kushner dans son étude.
6) <u>Eur</u>. <u>cf</u>. les notes de régie p. 411 et 413. Eurydice se cache et ne sort que quand ils sont partis.
7) <u>Idem</u>, p. 413.
8) <u>Prévost</u>, p. 140. Voir en particulier comment Manon justifie son comportement avec le fils de G.M. (pp. 134-141):"la fidélité que je souhaite de vous est celle du cœur", (p. 147).
9) Hugo, Marion Delorme, V 2: Ton amour m'a refait une virginité". Voir J.v.d. Linden, p. 34; et aussi W. v.d. Gun, <u>passim</u>.
10) <u>Eur</u>., p. 501.
11) <u>Idem</u>, p. 425.
12) <u>Idem</u>, p. 447. Nathalie était trahie par son corps, Eurydice l'est par la parole.
13) <u>Idem</u>, p. 454.
14) <u>Idem</u>, p. 463, "Oui, et tu as raison, c'est bien une femme pour toi".
15) <u>L'Hermine</u>, p. 130. La conduite de Frantz, son besoin de pureté, d'amitié idéale, d'amour parfait sont considérés comme ridicules par ses protagonistes. Mais lui-même répond à sa logique intérieure lorsqu'il se livre aux policiers. L'abîme séparant le rêve et la vie, le bonheur imaginé et le bonheur réalisable, même dans des conditions idéales, comme dans <u>La Sauvage</u>, cause la fuite de Thérèse. Nous reviendrons dans notre seconde partie sur les implications morales de la pureté et en particulier sur celles de la honte dans <u>Eurydice</u> et dans <u>La Sauvage</u>.
16) Et comme nous le verrons plus loin dans <u>La Sauvage</u> : Florent, le père Tarde, Thérèse ont leurs correspondants en Frédéric, le père Maurin et Jeannette.
17) C'est aussi le cas de Thérèse (<u>Sau</u>.).
18) <u>Cf</u>. <u>R.& J</u>., p. 273 : <u>Julia</u> :"Tu crois qu'il peut t'aimer, toi? Tu es tout ce qu'il hait au monde".
19) <u>Cf. Idem</u>, p. 242, <u>J</u>. pp. 11-12, <u>R- V</u>., p. 236 le rêve du foyer et du couples modèles.
20) <u>R.& J</u>.: "Et quand nous aurons un enfant, il aura une vraie maman, comme toi"., p. 242.
21) <u>R- V</u>. pp. 236-37 et <u>R.& J</u>., p. 257.
22) <u>Kemp</u>, R. (1956), pp. 91-96.
23) Marcel, G. (1959), p. 107.
24) Voir en particulier notre analyse "<u>La victoire des Promis</u>", p. 38-54.
25) A ne pas confondre avec le mouvement de Barbara se salissant pour

empêcher Georges de retourner vers elle. Ce motif est, peut-être, également présent, mais il est subordonné ici à la faiblesse de caractère de Jeannette.

26) Eur., p. 514.
27) F., p. 135.
28) Cf.R.&J., p.261: "J'adore les ménagères, moi! C'est l'image de la mort. Comme ce doit être drôle, vu de loin, toutes ces malheureuses qui frottent inlassablement le même petit coin du décor, jour après jour pendant des années et des années, vaincues chaque soir par la même poussière... Et la ménagère s'use, se sèche, s'abîme, se tord et claque enfin un soir, après un dernier nettoyage, vannée... Alors, sur le même petit coin du décor, qui n'a pas bougé lui - pas si bête! Il a le temps - retombe le lendemain une nouvelle couche de poussière. La bonne celle-là."
29) Idem, p.222; à noter que c'est aussi le geste de Bitos s'essuyant les mains.
30) Lucien ne s'y trompe pas et associe Mme Larivière et Julia dans un même dédain pour les fourmis, cf. idem, p. 261; et Julia, p. 242: "Je serai comme elle, Frédéric. Je serai comme elle, je te le jure".
31) Idem, p. 247.
32) La recherche d'une disponibilité totale, sa confession à Frédéric, la robe blanche qu'elle emporte dans sa fuite et la mort des amants en mer seront étudiées alors. On ne manquera pas de relever l'arbitraire de cette division puisque nous venons de justifier la condamnation de Julia par des considérations qui pour s'appuyer sur la virginité de celle-ci n'en sont pas moins en même temps des critères moraux. Mais nous rappelons que notre distinction entre physique et moral est une question d'éclairage et de commodité.
33) Cf. ci-dessous, p. 163.
34) Comme il l'avait fait à propos de La Valse ou pour soutenir Ionesco lors de la création des Chaises.
35) Même la tirade du Nez y est mentionnée, p. 260.
36) Cf. dossier de la pièce au Fonds Rondel. No. 8º SW 309.
37) Même le nom de la jeune Comtesse: Evangéline vient de la Répétition, tandis que Adèle est une variante fruste de Marie-Anne et Marie-Jeanne une Duchesse de Granat populaire.
38) Nous reviendrons sur cet aspect dans notre seconde partie.
39) Gr., p. 165, note de régie.
40) Idem, p. 271.
41) Idem, p. 192.
42) Idem, p. 219: "Elle vous a très mal parlé hier et je voulais vous dire que cela m'avait fait honte. Et honte aussi qu'elle soit... vous le savez, ma mère. Et qu'alors, moi, je vous demandais pardon."
43) Cf. Idem, pp. 199 et 290. C'est lui qui tirera la leçon des événements en proclamant sa confiance en l'avenir.
44) Sa mère lui reproche surtout d'être puceau et de se payer de mots.
45) Idem, p. 264.
46) Idem, cf. sa tirade pp. 276-78.
47) Le départ d'Adèle pour Oran peut être considéré comme la dernière preuve d'amour qu'elle donne au Séminariste et au souvenir de Marie-Jeanne à qui elle obéit: cf. "Moi, je t'aide pour rien. Seulement, toi, il faut m'aider aussi ma poule. Il faut lui dire que tu ne veux pas de lui", pp. 257-58.
48) Cf. p. 242 son analyse du rêve de bonheur d'Adèle.
49) Cf. notre analyse p. 177.

IV. LE COUPLE MARIE

A. Victoire du couple

1) Programme de la création Cf. Annexe II, p. 270.
2) Cf. Hurl., p. 123.
3) Idem, p. 101.

4) Mme de Lafayette, p. 132.
5) Hurl., p. 47. Faut-il voir dans ce reproche une réminiscence du Cid?
6) Idem, p. 159.
7) Idem, p. 103 et tout le reste de la scène entre Aglaé et le général.
8) Cf. Idem, p. 107. Comme pour Juliette (Bal.) une note de régie prescrit pour Aglaé une robe blanche. Cf. Hurl., p. 49.
9) Comparer son comportement avec le jeune Mendigalès et avec le "protégé" d'Aglaé, Achille de Lépaud.
10) Jean Anouilh dans son interview à Jean Delavèze in Nouvelles Littéraires 5-2-'59.
11) A noter que dans la dernière scène avec Edward Mendigalès c'est le général qui réagit en adolescent rêveur et Edward qui parle en adulte rationaliste. La démythification de l'amour, du romanesque et des rêves de bonheur est considérée par le jeune homme comme un bien et par le général comme une hérésie.
12) Pour les implications politiques dans la pièce nous renvoyons à la seconde partie, p. 206.

B. Faillite du couple
    a) Désintégration du couple

1) Colombe constitue une exception au même titre que Mandarine- un ou deux ans au lieu de dix.
2) Voir Annexe II, p. 263.
3) Notons le comique facile des noms de certains protagonistes: Bille, le père de Bérénice; celui de Mandarine Tertullien, en qui l'on peut reconnaître une première ébauche du père Tarde tandis que son nom évoque le Père de l'Eglise auteur d'un traité sur la chasteté.
4) Annonce dans Paris-Midi du 17 janvier 1933.
5) Strowski dans Paris-Midi du 17 janvier 1933.
6) Dans son interview à Jean Brissac dans Paris-Midi du 10 janvier 1933.
7) Marcel, G., p. 96.
8) Cf. en particulier le rêve de Marc, pp. 11-12.
9) J., p. 26.
10) Cf. Idem., p. 45: "Il lui en aurait fallu dix comme moi. Elle est exigeante et dans la famille nous sommes discrets". Nous retrouverons ce type de l'impuissant en particulier avec Bitos.
11) Idem, p. 64.
12) Idem, p. 68. A noter que Marc fait ce même reproche à son père (p. 27) et que la mère se voit aussi comme telle (p. 50).
13) Idem, p. 74.
14) Idem, p. 69.
15) R.&J., p. 308.
16) Gr., p. 111.
17) J., p. 52.
18) Il faut voir là également une des raisons incitant Marc à fuir Jacqueline dès le début de la pièce et son refus d'en faire sa maîtresse. Nous y reviendrons dans notre seconde partie. Cf. p. 145.
19) Sur le thème de la vieillesse et du vieillissement de la femme cf. ici même p. 36 ; et l'essai de S. de Beauvoir (1970), en particulier pp. 301-383 et passim.
20) Programme in Annexe II, p.
21) Cf. Mé., pp. 375-391.
22) Idem, p. 385.
23) Lacroix, J., p. 44.
24) Cf. Adrien répondant au reproche de Marc, p. J. 30: "Quand elle ne me dit rien je ne l'attaque jamais" pour justifier sa passivité devant la conduite de sa femme.
25) "Je l'attendais tout le jour, les jambes ouvertes, amputée...", idem, p. 362. A rapprocher également de la remarque désespérée

d'Orphée: "Oui. J'entrerai un moment dans toi. Je croirai pendant une minute que nous sommes deux tiges enlacées sur la même racine. Et puis nous nous séparerons. Nous redeviendrons deux. Deux mystères, deux mensonges. Deux". (Eur., p. 497).

26) Mé., p. 385.
27) Idem, p. 380.
28) Cf. par exemple J.J. Gautier: "Si la pièce se terminait après la justification de Colombe, l'intransigeant garçon aurait tort. La pureté qui se refuse à discuter aurait tort", dans Le Figaro, 12 février 1951.
29) Cf. sa réponse à Colombe demandant: "... les gens très riches qu'est-ce qu'ils font de leur argent? Ils le gardent" (p. 218), ou bien sa remarque sur les faux bijoux: "quand on se donne le genre de ne pas aimer les faux bijoux, on gagne assez d'argent pour en acheter de vrais" (idem, p. 206).
30) Col., p. 229.
31) Idem, p. 231-32, ils semblent plus obéir à une tradition qu'à un véritable désir en courtisant Colombe.
32) Idem, p. 329.
33) Idem, p. 193.
34) Idem, p. 307.
35) Idem, loc.cit. Toute la tirade serait à commenter comme l'éclatement d'un hymne hédoniste à la vie des sens et de la chair.
36) Dans Opéra du 7 février 1951.
37) Programme, Annexe II, p. 263.
38) Col., p. 308.
39) Par exemple in La nuit et le moment: "Jamais les femmes n'ont mis moins de grimaces dans la société, jamais l'on n'a moins affecté la vertu. On se plaît, on se prend. S'ennuie-t-on l'un avec l'autre? on se quitte avec tout aussi peu de cérémonie qu'on s'est pris (...). On sait aujourd'hui que le goût seul existe, et si l'on se dit encore que l'on s'aime c'est bien moins parce qu'on le croit que parce que c'est une façon plus polie de se demander réciproquement ce dont on sent qu'on a besoin", p. 23.
40) Col., p. 316.
41) Idem, p. 287.
42) Idem, p. 320.
43) Eur., p. 487. La ressemblance entre les deux pièces a été bien vue par P. Ginestier (1969), p. 96, mais elle va beaucoup plus loin que les aspects formels qu'il souligne.
44) Boisdeffre, P. de, p. 230: "Dans Colombe il s'est donné le plaisir de bafouer la pureté, l'intransigeance, la pauvreté qui a été celle de ses premiers héros (...). Une fois de plus une société corruptrice a triomphé d'un être jeune".
45) Thierry Maulnier dans Combat du 16-2-1951.
46) Cf.: Prévost, M., les appelle "les demi-vierges".
47) Un des articles les plus complets à ce sujet fut écrit par P.B. Marquet dans Le Monde du 31 décembre 1959.
48) Cf. Programme, Annexe II, p. 277.
49) On pourrait penser ici, outre les pièces que nous venons d'étudier, à: La Valse, La Répétition, Colombe ou même à L'Invitation pour le couple Georges-Henriette et Georges-Barbara. Sous l'influence d'une dizaine d'années de mariage, l'image que se fait l'homme de sa partenaire a évolué, il ne retrouve plus dans celle-ci la source lui permettant d'assouvir ses plus intimes désirs. Il essaie alors de se libérer de son passé, de repartir à zéro, de refaire sa vie avec une autre. Pour Colombe la situation est évidemment inversée et l'on n'est pas sûr qu'elle veuille déjà refaire sa vie, elle aime encore Julien mais ne l'adore plus aveuglément.
50) P.M., p. 29: "Je sais nous l'avons toujours dit, nous resterons libres".
51) Idem, p. 29.

52) Idem, p. 28.
53) Idem, p. 24.
54) Idem, p. 24: note de régie: Entre ses doigts un œil qui regarde Molière"et, à la fin de la scène:"on revoit comme tout à l'heure entre ses doigts un œil qui regarde Molière s'éloigner".
55) Idem, p. 29. Cf. aussi A. Adam (1962) III, p. 230-33 et Thorens, p. 97-111.
56) Idem, Dans la mansarde, p. 29 la note de régie.
57) Idem, p. 38.
58) Cf. ci-avant, p. 43.
59) Idem, p. 75. On pourrait ajouter à ces ressemblances la façon dont Baron et Armande s'avouent leur amour. Baron fils adoptif de Molière correspond à Armand demi-frère de Julien. Ici aussi les deux amants ne veulent pas trop faire souffrir "la victime" et ils cèdent à l'entraînement du texte qu'ils disent, actualisant ce qu'ils jouent en une sorte de faux théâtre au théâtre, cf. p. 41.
60) P.M., note de régie, p. 34.
61) C.A., p. 28-29.
62) Idem, p. 150 et p. 69.
63) La rencontre de l'ancienne amante méconnaissable est aussi dans Dir. où Antoine ne peut imaginer que la femme de ménage qu'il voit dans son bureau, la Grosse Jeanne, a été un jour "la vraie beauté".
64) Cf. Rép., p. 376 et C.A., p. 135.
65) Il est assez caractéristique de l'ambiguïté de ce personnage dans l'optique du théâtre au théâtre que dès qu'elle se met à donner la réplique en tant que Maria elle n'est plus qualifiée par l'auteur de jeune comédienne mais de jeune fille. Cf.: C.A., pp. 136 et 137.
66) Cf. C.A., p. 137: "Peut-être s'est-elle aperçue qu'Antoine n'avait jamais été capable de vivre - qu'il avait inventé sa vie et les personnages de sa vie comme ses pièces et en même temps - qu'elle n'était qu'un signe comme les autres, dans le rêve de cet homme endormi".
67) Idem, p. 135.
68) Comme Georges dans la Rép.
69) Cf. C.A. par exemple pp. 9-10 et 144-45; p. 11 et pp. 146-48; la seule différence étant fournie par le changement de prénoms - Geneviève pour Estelle - et des noms de lieux.
70) B. Poirot-Delpech dans sa chronique du 3 octobre 1969 a lourdement souligne les emprunts faits par Jean Anouilh à ses confrères, allant jusqu'à corriger Antoine qui fait jouer la fin de la Cerisaie avec les personnages qui lui rappellent ceux de La Mouette de Tchekov.
71) Cf. C.A., p. 24.
72) Cf. Idem, p. 140 et le reste de la scène. Thérèse(Sau.) reprochera à la maison de Florent de n'être pas vraie et la bonne d'Elodie, dans une tonalité populaire utilise le même raisonnement cf. Bou., p. 156. Ajoutons pour marquer plus fortement les constantes que le R-V., Bi., Rép., Al., Céc., confondent constamment Théâtre et Réalité.
73) Cf. Rép., pp. 403-405.
74) Peut-être faut-il alléguer l'inexpérience, le manque de maturité pour comprendre pourquoi Mandarine se clôt sur une solution "raisonnable".

b) Survie du couple

1) Dans Le Figaro du 23 janvier 1952, le jour anniversaire de la mort de son ami Robert Vitrac, auteur de Victor, ou les enfants au pouvoir, auquel La Valse est dédiée.
2) Dans Les Nouvelles Littéraires du 24 janvier 1952, repris dans Marcel, G. (1959), p. 139.
3) C'est du moins l'opinion de M. Henri cf. Eur., p. 529.
4) Le Figaro, loc. cit.
5) Ard., p. 12.

6) <u>Val</u>., p. 91: "La main sous leur jupe et plus être seul une minute, tu me l'as dit une fois".

7) <u>Idem</u>, p. 135.

8) <u>Idem</u>, p. 210.

9) <u>Eur</u>., p. 520.

10) <u>Val</u>. Voir toute la tirade du Général pp. 100-101.

11) <u>Idem</u>, p. 208.

12) <u>Idem</u>, p. 155 : "C'est ignoble de vieillir et de comprendre".

13) <u>Idem</u>, p. 138. Frantz (<u>Her</u>.) ne pensait pas différemment.

14) Que la virginité puisse également être considéré comme maléfique, les ethnologues l'ont suffisamment montré.

15) <u>Val</u>., p. 155; <u>cf</u>. aussi pp. 116 et 133.

16) C'est encore une des idées maîtresses d'Anouilh. Ses héros ont peur de faire mal au moment où ils abandonnent ce qu'ils chérissaient naguère. C'est leur pitié et leur tendresse qui parlent. Jason et Créon (<u>Mé</u>.) en sont victimes.

17) <u>Val</u>., p. 181.

18) <u>Idem</u>, p. 133.

19) <u>Idem</u>, p. 187.

20) <u>Programme</u>, <u>cf</u>. Annexe II, p. 259.

21) En fait toute la pièce n'est qu'une seule dispute.

22) <u>Bou</u>., p. 444.

23) <u>Idem</u>, "que ça aurait tout pour être heureux: la situation, les enfants bien portants, l'appartement, la santé et même une bonne! et ça pleure et ça se lamente et ça aboie à quatre pattes sur le tapis, <u>loc. cit</u>.

24) <u>Idem</u>, <u>cf</u>. en particulier la chanson des enfants, pp. 389, 407 et 431.

25) <u>Idem</u>, p. 370.

26) <u>Idem</u>, p. 436.

27) <u>Idem</u>, p. 401.

28) <u>Cf</u>. <u>Ard</u>., p. 73.

29) <u>Bou</u>., pp. 398-99.

30) <u>Idem</u>, <u>loc.cit</u>.

31) <u>Idem</u>: "Tu n'es pas sincère avec toi-même. C'était avec Norbert que tu avais envie de faire l'amour", p. 436.

32) Ne répond-il pas à Toto que les disputes dont celui-ci souffre ne viennent pas de ce que ses parents ne s'aiment plus mais de ce qu'ils se sont aimés, p. 371. Voir aussi p. 401.

33) C'est d'ailleurs l'argument des héroïnes ayant perdu leur intégrité physique avant de rencontrer l'amour comme par exemple Thérèse ou Eurydice.

34) Comparer <u>J</u>. p. 11 et <u>Bou</u>., p. 423. "Ce n'est pas le même chose. Je ne veux pas qu'elle soit ma maîtresse, deux heures, deux fois par semaine, en me cachant".

35) <u>Bou</u>.: "Et je ne me suis jamais donnée. Tu pourras m'apprendre l'amour", p. 412.

36) <u>Idem</u>, p. 398. C'est également le reproche de la générale (<u>Val</u>.)

37) <u>Idem</u>, p. 428.

38) Voir en particulier le raisonnement de Barbara dans le <u>R-V</u>. tel que nous l'avons analysé p. 43 et notre conclusion p. 225.

39) <u>Bou</u>., p. 437: "C'est répugnant le mariage! (...) Avec le désir tout passe. On peut faire n'importe quelle acrobatie, tout est simple, tout est gentil, tout est pur".

40) <u>Hurl</u>., p. 131.

41) Même les deux ans de bonheur que semble avoir connu le couple - Elodie fait remonter le début de son vieillissement à dix ans en arrière - ont leur source dans le mensonge de cette dernière et de son mari, lesquels se contentent d'un à peu près au lieu de rester fidèles à leur idéal premier.

42) Les relations parents-enfants ont été fréquemment évoquées dans les pièces précédentes, par exemple dans <u>Ardèle</u>, <u>Eurydice</u>, <u>Roméo et Jeannette</u>, <u>La Grotte</u> et <u>L'Hurluberlu</u>, pour ne citer que les œuvres que nous avons déjà analysées. Toutefois ce n'est qu'avec

Le Boulanger que les enfants soulignent véritablement le portrait de la famille constituée par le couple. (Dans Ardèle ils ne font que ridiculiser les travers des adultes indépendamment de toute notion de famille et dans L'Hurluberlu ils ne sont que le reflet de leurs ascendants: Sidonie ressemble à sa mère, la comédienne et Toto assimile tant bien que mal les leçons de son père.)

43) Cf. ci-dessus n. 24.
44) Idem, p. 386.
45) Idem, p. 389.
46) Idem, cf.:"il se rappellera qu'il aura vu jusqu'au dernier moment, attachés à leurs poteaux de torture un homme et une femme pleins d'amour qui se souriaient tendrement," p. 453.
47) Idem, p. 431 et note de régie.
48) Idem, cf. pp. 448-450 et 461. A noter toutefois que c'est l'âge où, dans la rue, Marc a rencontré sa mère avec un homme (J. , p. 75).
49) Idem, p. 444.
50) Idem, loc. cit. fin de sa tirade.
51) P.R., p. 477.
52) Idem, p. 484.
53) Idem, p. 486.
54) Idem, p. 486.
55) Idem, p. 481, "Seule ma fidélité, à moi, compte à mes yeux. Je ne te la dois plus, mais je me la dois".
56) Idem, p. 486: "Ce n'est qu'une façon de faire connaissance... On se sent si seul".
57) Idem, p. 532.
58) Idem, p. 540.
59) Nous étudierons les actions adventices dans notre seconde partie p.171 sqq.
60) Cf. P.R., pp. 567-71.
61) Cf. Bou., p. 371.
62) Cf. P.R., p. 595.
63) Idem, p. 566.
64) Cf. Bou., pp. 346-352 et P.R. pp. 494-510 par exemple.
65) De même l'utilisation "en contrepoint" du texte de pièces réputées afin de gagner du temps quand on veut exprimer certains sentiments ou évoquer certaines situations vient de Col. et bien entendu de la Rép. Cf. p. 186 sq. les fragments d'Hamlet par exemple.
66) Cf. Rév., pp. 55-63.
67) Idem, pp. 126-27. Signalons également l'idéntité de caractère, de ton et d'argumentation d'Armand et Bachman d'une part et des deux Juliens de l'autre, cf. p. 130 par exemple.
68) Programme de la Comédie des Champs-Elysées. Annexe II, p. 278.
69) Cf. Idem, p. 117.
70) Cf. Idem, pp. 121 et 123.
71) Cf. par exemple: Marc (J.), Frédéric (R.&J.), Nicolas (Ard.), Molière (P.M.), etc...
72) Cf. P.R., p. 94.
73) Cf. Idem, pp. 125-127.
74) Cf. Idem, p. 50.
75) Cf. Idem, p. 87. A noter aussi que, comme Marc, Julien s'abandonne à une fille pour la seule satisfaction sexuelle, cf. p. 178.
76) Comparer Rév. pp. 185-190 et 194-199 et Hamlet, p. 531-534 et 550-552.
77) C'est évidemment comme toujours le problème de Diderot dans son Paradoxe et le problème qui ronge Hamlet lui-même. Notons en passant que Julien s'identifiant à son rôle renouvelle avec Aglaé puis avec l'actrice jouant la reine, l'aberration d'Armand et de Colombe jouant et vivant leur scène d'amour.
78) Rév., p. 205.
79) Montaigne, Essais, II, 20, p. 761. Voir aussi I, 20.
80) Oreste (fragments) in Cahiers de la Table Ronde no. 3 (1945),

pp. 55-79; repris dans Luppé, Anouilh, pp. 103-116, mais dont le texte s'arrête à la page 70 de celui du Cahier de la Table Ronde.
81) Gent., p. 4: "Elle attend son frère, elle attend Oreste". "Non ce n'est pas fini. Tout recommence. J'attends Oreste", p. 156. C'est le procédé de L'Alouette et, à un degré moindre, de Colombe qui est repris ici.
82) Idem, p. 136.
83) Idem, p. 24.
84) Idem, p. 112.
85) Idem, pp. 76 et 108-109.
86) Idem, p. 79: "J'étais pauvre et maigre et je te voulais très fort, au prix de ma peau. Cela c'était presque propre. Après..."
87) Cf. IIe partie, ch. III, p. 170-172.
88) Idem, p. 33: "Et pour purifier l'homme aux mains sanglantes, tous les fleuves ensemble, confondant leurs routes tenteraient en vain de laver la souillure", rappelle le chœur.
89) Gent., p. 83: "C'est toi qui m'as fait comme cela".
90) Idem, pp. 59-60.
91) Idem, pp. 60-61.
92) Dans Bou., la bonne adopte la même attitude critique à l'égard des malheurs d'Elodie.
93) Cf. en particulier le second couplet de la chanson, p. 74.
94) Cf. le dernier tableau.
95) Idem, pp. 141-142.
96) Tendresse au sens que donne Anouilh à ce terme et qui, pour lui, signifie mollesse, faiblesse devant les décisions à prendre, recul devant l'idée de faire souffrir.
97) Accessoirement il aura également à répondre de ses activités de Directeur de l'Opéra de Germinano devant les Grévistes.
98) Cf. Dir., pp. 77-79.
99) Idem, p. 222.
100) Idem, p. 96.
101) Idem, p. 30 "Avant c'était toujours raté physiquement. C'est la première fois que c'est réussi".
102) Cf. idem, p. 148: "C'est triste la vertu quand ça ne vient pas du cœur".
103) Idem, p. 256.
104) Idem, p. 257.
105) Idem, p. 244: "Une fille qui n'a pas signé, ça peut toujours être une voleuse".
106) Idem, p. 247. A noter que c'est ce qui fait le malheur d'Eurydice, comme dans un certain sens de Thérèse et éclaire la conduite de Colombe.
107) Nous aurons l'occasion de revenir sur cet aspect en étudiant la notion d'honneur de l'homme dans la seconde partie.
108) Dir., p. 258: "C'est cela qui est important en fin de compte".
109) Cf. Des ciseaux de papa au sabre de mon père in Opéra, 7 mars 1951.
110) Cf. Bal., Léo., Voy., Inv.
111) Cf. Léo., R-V., Voy., Inv., Bou.
112) Cf. Bou., Rév., Ant., Dir.

PURETE DE CŒUR ET HONNEUR DE L'HOMME

I. INTRODUCTION

1) Nous prendrons le terme cœur dans son sens le plus large qui englobe à la fois l'être sentimental, l'être intellectuel et l'être spirituel.
2) Psaumes 15, 2, 3, 4.
3) Au sens de "honestum": qui est moralement bon ou honorable (du point de vue de la morale naturelle ou philosophique) sc. Lalande

p. 420 col. II.
4) Au sens de valeur morale positive, de conformité à l'idéal moral. sc. Lalande, p. 656, col. I.
5) Sans entrer dans des discussions etymologiques, notons que le terme sincérité contient l'idée de pur, de sans mélange, soit qu'on l'emploie pour désigner des choses, soit qu'il serve à caractériser des idées et concepts abstraits.
6) Il ne fait aucun doute que nous aurions pu inclure également dans cette liste L'Alouette et Becket ou l'honneur de Dieu, puisque les implications politiques y jouent un rôle au moins aussi important que l'aspect religieux. Nous ne l'avons pas fait parce que l'analyse de l'aspect politique nous aurait obligé à des redites inutiles, cet aspect ne pouvant se penser, en l'occurence, sans son contexte religieux.

II. L'HONNEUR DE L'HOMME ET LA FAMILLE

1) Cf. Dictionnaire Littré, Larousse en 10 volumes et Robert en 6 volumes.
2) "La sincérité est une ouverture de cœur qui nous montre tels que nous sommes, c'est un amour de la vérité, une répugnance à se déguiser, un désir de se dédommager de ses défauts, et de les diminuer même par le mérite de les avouer." La Rochefoucauld, De la confiance. Cité également par Littré et Larousse.
3) Cf. Jankélévitch, V1. (1968), et Pascal, Pensées, fragment 110, p. 78.
4) Voir en particulier le tableau récapitulatif, vol. II, p. 549.
5) J., p. 11. Elle en sera définitivement chassée.
6) Idem, p. 12.
7) Idem: "Allez-vous en, vous n'êtes pas chez vous ici" (p. 123), et p. 114: "Voilà deux fois que vous en forcez la porte" (de la chambre de Marc).
8) Idem, p. 14.
9) Idem: "... il fait mal. C'est un vicieux. Et puis ce n'est jamais fini avec lui (...). C'est à croire que si on le repoussait dans ces moments-là, il vous tuerait". p. 99.
10) Idem, p. 52: "Mais moi je n'étais pas comme les autres mère, j'étais heureuse parce que tu me ressemblais".
11) Idem, p. 52: "Tout petit déjà tu errais avec des photographies dans tes poches. Tu te touchais, tu te rendais malade".
12) Idem, pp. 81 et 115-116: Comparer la valeur qu'il donne au verbe comprendre.
13) Idem, p. 115.
14) Dès la parution en volume des Nouvelles Pièces Noires, Gabriel Marcel (1949) avait reconnu cette dualité du personnage de Marc tiraillé entre son corps et son cœur, entre le monde idéal de la vertu et le monde réel du vice, cf. p. 98: "le problème [...] est d'essence morale. Il (Marc) ne se reconnaît pas la force ni, peut-être, le droit de renier ce monde abject".
15) J., p. 109.
16) Cf. Idem, p. 71: "Je ne viendrai plus! Je ne viendrai plus jamais", qui fait allusion à une visite de Marc alors qu'il venait d'écrire sa lettre de rupture à Jacqueline.
17) Sau., p. 154.
18) Kemp, R. (1956), p. 82; c'est également l'opinion de E. Giudici, p. 267 (Thérèse) "non si muove per scalizare l'ideale ma simplicemente per non accettare il reale".
19) Gignoux, H., en particulier p. 33.
20) Cf. Sau., p. 224: "Tu m'as torturée et tu es bon, tu sais..."
21) Cf. idem, p. 177: "C'est eux qui viennent de m'apprendre cela aussi - jusqu'à tout à l'heure - c'est drôle - je ne savais pas. J'étais innocente".
22) Idem, p. 157: "C'est personne eux".
23) Cf. idem, p. 224: "Tu n'es pas seulement riche d'argent, comprends-

le, tu es riche aussi de ta maison de petit garçon, de ta longue tranquillité et de celle de tes grans-pères... Tu es riche de la joie de
vivre qui n'a jamais eu à attaquer ni à se défendre, et puis de ton
talent aussi".

24) Cf. Jean Anouilh dans un interview au Figaro le 11.1.38: "Ma Sauvage est un être qui ne peut s'adapter, qui ne paut accepter le bonheur. Il n'est pas donné à tout le monde d'être heureux. Il faut une
certaine accoutumance. Il ne faut pas souffrir de la peine des autres.
Dans la pièce d'ailleurs, un autre personnage, qui est riche celui-
là, souffre du même mal".

25) Cf. Sau., p. 261: "Tous les personnages de mon passé seront venus
ici les uns après les autres".

26) Cf. idem, p. 273: note de régie.

27) Idem, p. 261.

28) Idem, p. 221.

29) Bien qu'il n'entre pas dans notre propos de juger de la valeur dramatique de tel ou tel caractère, nous ne pouvons après cette analyse
que nous inscrire en faux contre l'interprétation de R. Kemp quant
aux personnages de Hartman et de Gosta (op. cit.). Ce critique trai-
tait l'un de "vieux fantouche" et voyait en l'autre le pendant de
Florent "comme sur la cheminée un bronze à l'autre bronze". Nous
croyons avoir montré que si Hartman est le pendant de quelqu'un
c'est de Gosta, tout aussi bien que de Florent et qu'en réalité les
trois hommes forment une unité et se complètent chacun à un niveau
différent. Florent est un musicien génial et riche, mais sa musique
et sa richesse l'ont isolé de la vie, il lui manque la sagesse de son
ami qui, lui, a connu le désespoir que cause la conscience de manquer de génie et qui a accepté son malheur en le sublimant consciemment. Gosta, moins sage, plus près de la nature et de l'instinct,
reste un révolté, un insoumis, un aigri qui se rendra d'abord aux
arguments de Thérèse, puis à la musique de Florent rejoignant ainsi pratiquement, dans sa sphère, le comportement de Hartman. De
même le caractère irréel de Florent semble bien obéir à une sorte
de logique intérieure de la répartition des forces.

30) Sau., p. 218.

31) Idem, p. 250.

32) Marie, la sœur de Florent, est une jeune fille pure bien entendu,
mais sa pureté est du type de celle de Diana (Inv.). Elle ne lui donne pas cette douceur, cette ingénuité, des pures vraies et sincères.
Elle est "tranchante comme du cristal". C'est une Aglaé adolescente que le collège a protégée, qui ne s'est pas encore rendu compte
qu'elle a un corps et un cœur qui sont susceptibles d'échapper à sa
raison et à sa volonté. Ainsi la virginité des filles de riches,
Juliette exceptée, semble faite d'ignorance et d'aveuglement. N'é-
tant pas un bien défendu avec constance et en danger continuel il
perd toute valeur éthique et devient presque un sujet de honte et de
mauvaise conscience ou, en tout cas, un privilège gratuit et inopérant.
Aussi sa cruelle inconscience est-elle ridicule.

33) Eva Kushner, p. 225.

34) Sau., p. 249.

35) Cf. idem, p. 250: "Je comprends, j'explique, j'exige peu... je deviens sans doute moins vulnérable", où se retrouve cette priorité
de l'esprit sur le cœur qu'il cuirasse.

36) Jean Anouilh pendant la générale de La Sauvage, in Figaro, 1938.

37) Kemp, R., op.cit., p. 83.

38) Sans revenir sur la dette possible de Jean Anouilh à l'égard du
Siegfried de Giraudoux signalons que le titre de la pièce nous semble tiré d'une repartie de Waldorf à propos du départ de Siegfried
abandonnant l'Allemagne pour rentrer dans sa patrie originelle:
"Il est parti seul, sans bagages" (IV, 2, p. 79). Mais la réplique
de la duchesse: "Vous êtes comme l'a dit très justement un journaliste de talent, le soldat inconnu vivant" (Voy., p. 282) fait allu-

sion au titre de différents articles consacrés à l'amnésique de
Rodez comme: Paul Brinquier, "l'énigme du soldat inconnu vivant"
dans l'Intransigeant du 11 au 20 mai 1935, ou Le soldat inconnu vivant va-t-il être enfin identifié dans Paris Soir du 19 janvier 1936.

39) Chronologiquement Y avait un prisonnier est dans l'œuvre de Jean
Anouilh la première pièce dans laquelle un individu refuse les conditions habituelles de l'existence, le bien-être, les honneurs, au nom
d'une conception personnelle du bonheur et des obligations de l'individu envers soi et envers les autres. C'est que quinze ans de réclusion pénitentiaire ont agi sur lui comme une eau lustrale. Cette clôture lui a rendu la candeur ingénue du petit enfant devant les mer-
veilles de la nature et les actions de l'homme! Publiée dans
L'Illustration no. 370 du 18 mai 1935, cette pièce n'a jamais été reprise en volume par l'auteur. Ce fait ajouté à la reprise du même
thème par l'auteur dans Le voyageur ans bagage nous ont amené à
ne pas nous étendre sur les implications du purisme dans cette pièce, d'autant plus que l'on peut dire que le problème dans cette première pièce était mal posé. Ludovic cherchait à travers Marcellin,
sa femme, Marie-Anne, etc... à retrouver le passé qu'il aurait pu
vivre s'il n'avait pas été prisonnier, alors que Gaston cherche à
connaître le passé qu'il a vécu. Si la recherche de Gaston est une
gageure, celle de Ludovic est franchement condamnée à l'échec et
même impossible parce que toutes les options sont potentiellement
réalisables. Cette impropriété dans la mise en situation pourrait
bien, à la réflexion, justifier le refus de Jean Anouilh à réhabiliter
cette pièce après un oubli de près de 40 ans.

40) Voy., p. 292: "... quel fils avaient-ils?"

41) A noter que la structure de la pièce préfigure celle de la Gr..
Jacques est vu par les domestiques et par les maîtres, sans que les
deux mondes se mêlent. Par ailleurs ceux-ci jouent vis-à-vis du
spectateur le rôle du chœur dans le théâtre antique en annonçant
les événements à venir ou en confirmant certaines conclusions (3e
et 4e tableau).

42) Voy., p. 310.

43) Idem, p. 329.

44) Cf. idem, p. 365: "Il se croyait bon, il ne l'est pas; honnête, il ne
l'est guère. Seul au monde et libre en dépit des murs de l'asile -
Le monde est peuplé d'êtres auxquels il a donné des gages et qui
l'attendent".

45) Idem, p. 349.

46) Idem, p. 359.

47) Idem, p. 365.

48) In J.A. Poet, p. 76: A reasonable envy colours our content at his
escape, to which must be added the oddly disturbing thought - that
this dénouement is entirely in keeping with the rebellious and self-
centred character of Jacques Renaud.

49) Idem, p. 316. A cet égard il est intéressant de noter que l'amitié
est un lien privilégié dans tout le théâtre de Jean Anouilh de
L'Hermine aux P.R.

50) Ginestier, P. (1961), p. 162.

51) Voy., p. 375.

52) Cf. idem, p. 371: "Je suis un homme et je puis être si je le veux
aussi neuf qu'un enfant".

53) Jean Anouilh attire lui-même l'attention sur cette clef du comportement de Gaston dans le programme de la reprise au Théâtre
Montparnasse, Gaston Baty, le 6 avril 1950, en citant, sans doute de mémoire ou selon un autre texte que celui publié, les paroles
de Gaston entrant dans sa chambre de jeune homme: "c'était lui? -
C'était toi". - "Tiens comme c'est drôle! Je ne me voyais pas du
tout comme cela, enfant".

54) Eur., p. 423.

55) Cf. idem, p. 423: "il faut que tout soit limpide entre nous".

56) Fromentin, E., p. 3.
57) Cf. Eur., p. 425: "Je cherche ce qui vous fera le moins de mal".
58) Cf. idem, p. 487: "Qui qu'elle soit je l'aime encore".
59) Cf. Kushner, E., p. 249.
60) Cf. Eur., p. 407: "On ne sait pas de quelle couleur sont les vôtres. /yeux/. Ils disent que cela dépend de ce que je pense".
61) Cf. aussi sous ce rapport nos analyses précédentes de ces trois dernières pièces.
62) R.& J., p. 349.
63) Idem, pp. 254 et 315.
64) Molière, Le malade imaginaire, II, 8, T. II, p. 1147.
65) Cf. R.& J., p. 221.
66) Idem, p. 266.
67) Idem, p. 267: "Vous voyez, vous questionnez toujours, alors il faut bien que je mente, moi, pour gagner un peu de temps".
68) Idem, p. 293. A comparer avec Eur., p. 438: "Oh comme j'aurais voulu être petite avec vous!"
69) Nerval, G., p. 10.
70) R.& J., p. 268.
71) Notons qu'Eurydice reculait devant cette confrontation et que celle-ci a lieu en son absence.
72) Non seulement elle y est attachée mais même lorsque Frédéric veut la souiller elle la défend.
73) Voir idem, p. 268: Elle était en effet "sans bouquet, sans voile, sans innocence" pour son mariage.
74) Le "Paete non dolet" se trouve dans tous les dictionnaires français consultés, mais également dans le Van Dale woordenboek, (p. 2591).
75) Comparer R.& J., p. 270 et p. 338: "Ce qui a été fini si vous le voulez c'est cette certitude que j'avais en moi d'être plus forte que votre mère, plus forte que Julia et que toutes les dames romaines".
76) Idem, p. 342.
77) A noter que cinq ans auparavant Jeannette (R.& J.) avait également ouï-parler des Romains puisqu'elle imite la femme de Paetus, et son "Paete, non dolet!".
78) Hurl, pp. 102 et 103.
79) Orn., p. 333: "Alors la gravité, l'ennui même de Fabrice, cela m'a paru une aventure amusante".
80) Col., p. 319 et p. 320.
81) Hurl., p. 157.
82) Cf. Bou., p. 68 la note de régie: Toto a levé la tête inquiet, douloureux, de voir son père effrayé et humilié et de même p. 159.
83) Idem, pp. 388-389.
84) Idem, p. 454.
85) Cf. Rév., p. 97.
86) Rappelons la vie de ménage et la position d'Antoine en face de l'amour ont été analysées p. 124- 127 et qu'Edwiga lui reprochait un simulacre de moralité, une sorte de Tartufferie dans le domaine amoureux.
87) Respectivement dans R- V., C.A. et Rév.
88) P.R., cf. p. 491.
89) Cf. Hugo, V., La Conscience: "L'œil était dans la tombe et regardait Caïn". Après la bataille: "Donne-lui tout de même à boire, dit mon père".
90) P.R., p. 497.
91) Idem, p. 553.
92) Idem, p. 503.
93) Idem, cf., p. 588.
94) Idem, pp. 569 et 597.
95) Cf. Rév., pp. 100-102.
96) Idem, cf., p. 103 "Pourquoi lèves-tu toujours les sourcils, Papa?" et toute la scène entre le petit Julien et son père.
97) Idem, p. 59: la confession de Rose.

98) Idem, p. 99.
99) Idem, p. 67.
100) Idem, p. 204. A noter que l'expresion "donner ses tripes" revient ici aussi mais en argot de théâtre, au sens de: charger dans la sentimentalité (cf. pp. 108-109) et que le petit Julien, lui aussi, voit sa mère en posture galante (p. 117).
101) Cf. Gent., p. 119.
102) Cf. idem, p. 146: Oreste regardant les amants qu'il a tués: c'est vrai qu'il était beau votre amant ma mère! Et vous aussi, en ce moment, vous êtes belle, et innocente, avec votre visage de jeune fille retrouvé.
103) Cf. Brunel, P., en particulier pp. 132-135.
104) Cf. Gent., p. 143.
105) Cf. idem, pp. 85, 114-115. Ce qui n'est pas sans rappeler le comportement de Dom Juan en face de la statue du Commandeur (Cf. Molière, Dom Juan.)
106) Voir, p. 193-201. L'honneur de l'homme et l'Etat pour le comportement de Créon.
107) Rappelons que dans C.A. les problèmes familiaux se posent surtout au niveau du couple et non de la famille. Ils ont été étudiés p. 109-112.
108) Cf. Dir., p. 64.
109) Cf. idem, p. 213 et p. 262.
110) Il est toujours difficile de préjuger des intentions de quelqu'un, surtout lorsqu'il se tait, comme Jean Anouilh, mais tout dans le Dir. fait penser à un adieu à la scène, surtout la chanson finale.

III. L'HONNEUR DE L'HOMME ET L'EGLISE

1) Dans: Une inexplicable joie, Vandromme, (1965) pp. 219-221.
2) Doncœur, (1952), p. 152-157.
3) Pernoud, R. (1953).
4) Elle répond en particulier aux critères posés par Pierre Albouy (1970) p. 1061-62: l'aventure de Jeanne d'Arc constitue une tradition qui permet une palingénésie de l'héroïne et de son histoire et celle-ci réunit une grande pluralité de sens réels et virtuels.
5) En outre dans la version d'Anouilh les résonnances politiques effacent l'aspect religieux du drame d'Antigone.
6) Doncœur, (1952).
   Cf. aussi idem: je l'ai repris parce que vous n'aviez pas tenu votre
8 promesse de me laisser ouir la messe, recevoir mon Sauveur et mettre hors des fers; et Pernoud, p. 353.
7) Bachelard, G., pp. 99-106.
8) Littré, citant Pline et Suétone à l'appui, rappelle que César avait donné le nom de l'alouette à une de ses légions composée d'habitants des Gaules: Alauda. Pour Michelet l'alouette : "est la compagne assidue" du laboureur, "qu'il retrouve partout dans son sillon pénible pour l'encourager, le soutenir, lui chanter l'espérance. Espoir, c'est la vieille devise des Gaulois, et c'est pour cela qu'ils avaient pris comme oiseau national, cet humble oiseau si pauvrement vêtu mais si riche de cœur et de chant", in l'Oiseau, le Chant, p. 76-77.
9) Al., p. 132.
10) Préface.
11) Michelet, p. 23.
12) Cf. Ant., p. 177: "Je le pouvais (dire non). Seulement je me suis senti tout d'un coup comme un ouvrier qui refusait un ouvrage et Al., p. 100: Ce n'est pourtant pas difficile à comprendre. Il y avait le travail à faire d'abord, voilà tout."
13) Comparer: Ant., p. 175: "Pour que je pleure, que je demande grâce, pour que je jure tout ce qu'on voudra et que je recommence après quand je n'aurai plus mal" et Al., p. 109: "Tout ce que vous pouvez, c'est me tuer, me faire crier n'importe quoi sous la torture, mais me faire dire "oui" cela vous ne le pouvez pas".

14) Al., p. 108.
15) Idem, p. 20.
16) Idem, p. 57 et en particulier: "Mais c'est dans cette solitude, dans ce silence d'un Dieu disparu dans ce dénouement et cette misère de bête, que l'homme qui continue à redresser la tête est bien grand".
17) Idem, p. 92: "J'ignore le clan anglais et le clan armagnac de la même ignorance".
18) Idem, l.c.: "La sainte Inquisition a autre chose de plus haut et de plus secret à défendre que l'intégrité temporelle de l'Eglise".
19) Idem, p. 96.
20) Idem, p. 87.
21) Idem, p. 131.
22) Alain, I, p. 203.
23) Il manque lui-même la différence entre l'adversaire qu'il poursuit en Jeanne et celui qui visent le Promoteur et Cauchon.
24) Voir aussi Linke.
25) Vandromme, P. (1965), p. 109.
26) Le chauvinisme et le nationalisme qu'évoque la figure de Jeanne ont très bien été sentis par l'Allemand F. Sieburg: dans "Dieu est-il français" il place ses considérations sur la France des années 1920/1930 sous l'égide de Jeanne et de son rôle d'avocate de la cause française auprès de Dieu, puisqu'elle va jusqu'à affirmer que quiconque fait la guerre à la France risque d'avoir affaire à Dieu; "ce principe aujourd'hui encore vivant de la notion française de patrie a été inventé par Jeanne et a toujours fait depuis lors partie intégrante du patriotisme dans son pays" (p. 51).
27) Au livre IX, p. 62 -164 et I, p. 75.
28) Nous renvoyons pour l'examen de la fidélité aux sources à la thèse de Madame B. Coenen-Mennemeier, p. 9 sqq.
29) Beck., p. 150 en particulier.
30) Idem, p. 182.
31) Idem, p. 184.
32) Cf. idem, p. 161. Nous sommes tous tenus /...7 par le même serment féodal /...7 de lui conserver sa vie, ses membres, sa dignité et son honneur.
33) Idem, cf., p. 162: sa réponse à l'archevêque et p. 187 le monologue de Becket à la fin du premier acte.
34) Idem, p. 197.
35) Idem, p. 260.
36) Au sens féodal du terme, qui nous paraît bien être celui qu'il faut accorder à l'expression: Salve in omnibus ordine suo et honore Dei et Sanctae ecclesiae, cité par A. Thierry I, p. 75 d'après une chronique d'époque.
37) Beck., p. 276.
38) Idem, p. 265.
39) Idem, p. 273.
40) Cf. p. 290 "Rien! je ne peux rien! Veule comme une fille. Je tremble étonné devant lui... et je suis roi!" où l'on retrouve le mouvement de la fameuse protestation de cet autre faible et impuissant qu'est Néron chez Racine.
41) Idem, p. 286.
42) Cf. idem, p. 279: "Regarde l'homme /...7 Il peut tout. Ah j'aime les hommes. La rude race", et p. 282: "Cela aurait été une solution aussi, mon Dieu, d'aimer les hommes".
43) Idem, comparer les prières de Becket pp. 259-60 et p. 282.
44) C'est le lieu "décent" de sa mort. Etienne Frois voit chez Becket comme chez Antigone et L'Alouette un suicide librement recherché et non un martyre. Nous pensons que dans le cas de l'Archevêque au moins, c'est aller trop loin, d'autant plus qu'il n'avait d'autre solution sinon celle de fuir. Et elle n'est compatible avec aucun des "honneurs" de Becket!

IV. L'HONNEUR DE L'HOMME ET L'ETAT

1) Sau., p. 185.
2) Voy., p. 357.
3) Le 18 et 25 février et le 19 février 1944.
4) Le 9 juillet 1944. Ce même compte-rendu éreintait Huis-clos de Sartre.
5) Mars 1944, Claude Roy en a reconnu la paternité.
6) Front National, 30 septembre 1944.
7) Vandromme, p., p. 109.
8) Bal, p. 65.
9) Léoc., p. 339.
10) Ant., p. 206.
11) Cf. la préface de Jean Anouilh aux Œuvres complètes de Brasillach:
"L'homme à la sentence, croyant le supprimer l'a préservé. Quels
que soient les mots dont il se grise. Créon joue toujours perdant".
Signalons à ceux qui veulent continuer à voir Pétain derrière Créon
qu'ici c'est de Gaulle qui est identifié à Créon.
12) Cf. Inv., pp. 40 et 130.
13) Comme en fait foi le texte accompagnant la mise en scène d'Ardèle
où sont barrées entre autres les répliques suivantes:
La Paix? Général parlez-nous de la guerre. Les militaires ont
toujours eu des idées enfantines sur la paix (Ard., p. 57).
Vous êtes pour la guerre humanitaire... sont bons (Ard., p. 59).
14) Pol Vandromme, un auteur... p. 112: "Anouilh ressemble à peu près
tous ses personnages d'autrefois. C'est comme un ultime rendez-
vous qu'il leur fixe. Il va rompre avec eux - en supposant qu'il puisse
y avoir une rupture véritable après une longue complicité - mais
avant de leur signifier leur congé il les invite une dernière fois."
15) On lui doit un Brasillach (1956), un Drieu la Rochelle (1958), un
Céline (1963) et même un Rebatet (1968).
16) J. Anouilh, Préface aux Œuvres Complètes de Brasillach.
17) Rép., p. 357 et 383. On rencontre une nouvelle allusion ironique-
ment laudative à la défense de Saumur dans P.R., p. 68 sqq., ce qui
tendrait à prouver que cet épisode de la guerre de 40 a frappé l'auteur. Sans vouloir absolument être complet. signalons encore(Col.)
une allusion à l'éternelle carence des finances publiques. L'Etat
arrivera à faire ce que ni les femmes.ni les curés n'ont réussi: à
croquer les millions de Chancrard.
18) Val., cf. pp. 98 et 140 l'histoire des missionnaires.
19) Par exemple dans Inv. ou Rép. Même le refus de la Croix par Tigre
n'a rien de bien explosif.
20) Val., pp. 95-98, 140.
21) Orn., p. 229.
22) Galtier-Boissière rappelle que le Tribunal était constitué par un
juge, magistrat professionnel,et quatre jurés résistants, victimes
de Vichy ou de l'Allemagne. Il signale en outre qu'un seul magistrat
a refusé de prêter serment à Vichy, mais qu'il y a eu à leur égard
très peu de poursuites.
23) Cf. Orn.: "Mon père était dans la ferraille"... (...) mon premier
million je l'ai gagné dans la ferraille", p. 229.
24) Idem, l.c.: "Je suis /.../ avec trois ministres dont le ministre de
la Justice" (alors que Pilu avait un casier judiciaire).
25) Idem, l.c.: "Pour ceux qui m'ont connu ... on ne peut jamais épu-
rer complètement".
26) Dans la construction de la pièce on n'aura pas de peine à reconnaître les trois temps et la minute de vérité caractéristique des courses de taureaux. Cf. Bi., p. 397.
27) Sans vouloir comparer la popularité de Napoléon et celle du Général notons que le cimetière de Colombet-les-deux-Eglises a reçu
300.000 pèlerins en 1971.
28) Bi., p. 405. A noter cette théâtralisation au second degré des
manifestations humaines.

29) Idem, pp. 444-445.
30) Idem, p. 405.
31) Idem, p. 486.
32) Cf. Brasillach (1967) et Me Isorni.
33) Comme ce fut le cas pour Henri Béraud ou Rebatet.
34) Bi., p. 462.
35) Condamné et exécuté en 1949, réhabilité en 1955. Par ailleurs l'histoire politique internationale abonde en exemples. Nous avons cité Rajk parce qu'il est contemporain de Bitos.
36) In Œuvres complètes t. I, p. 247.
37) Comme le séminariste de la Gr., mais la ressemblance s'arrête là.
38) Bi., p. 494.
39) Cf. idem, pp. 451, 462, 468, 471.
40) Idem, pp. 401 et 421.
41) Idem, p. 402.
42) "Tu te rappelles de ce que j'ai dit en mourant: Si au moins je pouvais laisser mes jambes à Couthon et mes couilles à Robespierre... cela pourrait peut-être aller". Texte de la mise en scène. A noter que cette phrase a été reprise par A. Büchner dans La mort de Danton IV, 5.
43) Bi., p. 466 et p. 467. On pourrait y voir une diatribe contre Napoléon (et Anouilh y reviendra) aussi bien que contre Hitler ou mieux Goebbels.
44) Ce serait encore une fois un appel à la grandeur d'âme, à la noblesse de caractère comme réponse à l'envie, la haine et l'excès de formalisme.
45) Cf. la présente étude, p. 89 sqq.
46) A Jean Dalevèze, Nouvelles Littéraires du 5 février 1959.
47) Dans: La Seule France
48) Cf. les paroles de Pétain (discours du 25 juin 1940) citées par Ch. Maurras, op.cit. p. 270: "Ce n'est pas moi qui vous bercerai de paroles trompeuses. Je hais les mensonges qui vous ont fait tant de mal" et la devise choisie par le gouvernement de Vichy pour l'Etat Français: Travail, Famille, Patrie.
49) Cf. dans le même discours: "le régime corporatif sera réglé développé, encouragé..." ainsi que la prédominance de l'individu sur la foule, fréquemment défendue par les héros d'Anouilh, cité par Charles Maurras, op. cit., p. 160.
50) Cf. Beck., p. 209: "Une bonne occupation ne doit pas briser, elle doit pourrir" ou encore Gr., p. 19: Il y a plusieurs manières de penser bien, suivant les différents gouvernements...
51) Beck., p. 213: "On n'achète que ceux qui sont à vendre, mon prince Et ceux-là précisément ne sont pas dangereux. Pour les autres c'est loups contre loups." Cette réflexion n'est d'ailleurs qu'une variante de celle de Messerschmann dans Rép. et Napoléon la reprendra à propos d'Anouville dans la Foi.
52) Cf. P. de Boisdeffre: "La Foire d'Empoigne n'est pas seulement "une chanson" mais une charge comme il y en eut sous tous les régimes", p. 238.
53) Le titre allemand de la pièce est "Majestäten".
54) César Santelli dans Le Monde, 30 décembre 1960.
55) Un parallèle avec la situation en 1940 fera comprendre l'irritation de certains. Au moment de l'armistice M. Bergery lança une déclaration en vue de soutenir le projet d'Assemblée Nationale et nous y lisons: "Il peut être opportun de reculer la recherche officielle des responsabilités jusqu'au jour où un pouvoir fort pourra ne plus s'effrayer du nombre et de la qualité des responsables" (juillet 1940), tandis qu'au même moment le Général Weygand lançait un manifeste où il réclamait l'union des Français autour de l'idéal du nouvel Etat Français "Dieu Patrie Famille" en observant: "A programme nouveau, hommes nouveaux (...) Le temps nous presse. Les vieux cadres responsables qui craignent le châtiment

travaillent dans l'ombre pour reconquérir le pouvoir"... cité par Emmanuel Berl, (1968) appendices.

56) Cf. Foi., p. 310 et p. 319. A noter que la Reine-mère reproche la même chose à Henri dans Beck., p. 286.

57) Idem, p. 359.

58) Idem, p. 358. C'est la solution que voulait adopter Frédéric et que mettront en pratique tous ceux qui acceptent de "grandir" comme Lucien (R.& J.), Jason (Mé.), le garçon de cuisine (Gr.), Egisthe (Gent.).

59) Gent., pp. 147-149.

60) Cf. idem, p. 152.

61) Cf. idem, p. 11.

62) Cf. idem, p. 17.

63) Cf. idem, pp. 151-152.

64) Cf. Bou. p. ex. pp. 343-355.

65) Cf. P.R., p. 547 mais surtout les nombreuses allusions au temps de Tonton dans Rév. pp. 55-56 par exemple.

66) Texte de présentation de la pièce. Programme de la création.

67) Idem, p. 521.

68) Idem, p. 508. Rappelons qu'il voulait 100 francs pour avoir une femme "qui sent bon" (p. 470), qu'il aime les parfums pour oublier la puanteur de sa jeunesse. Faut-il voir dans ce rappel de Le Rouge et le Noir et de Julien Sorel une condamnation de Stendhal pour fait d'impuissance et de hargne?

69) Ces scènes sont sûrement rêvées et leur raccordement s'expliquerait par une simple association d'idée: L'injustice des reproches qui s'amoncellent sur la tête d'Antoine lui rappellent cette scène vécue naguère, où il a dû essuyer également des reproches injustifiés. L'imagination joue à partir d'un: c'est comme le jour où... et utilisant la réalité il en meuble son rêve.

70) Idem, p. 580: "Je ne vous ai pas posé de question sur vos idées politiques, que j'imagine enfantines et d'un autre âge".

71) Cf. idem, p. 582: la longue tirade du Bossu.

72) Dir., p. 534.

73) Dans Dir. la politique bien que fournissant matière à une série de tableaux: revendications des Grévistes, allusion à l'absurdité des guerres (p. 46), à la loi du nombre dès qu'il s'agit de mesures sociales ne nous apporte guère d'éléments nouveaux. Le pauvre vit avec son mythe du riche, le riche avec son mythe du pauvre et s'ils fraternisent un moment autour d'un verre de vin et d'un morceau de saucisson à l'ail c'est sans quitter leur quant soi de part et d'autre (p. 200). L'ordre chez eux veut justement que l'on ne mélange pas les mondes comme le signalait déjà la Jeanne de La Grotte.

BILAN PROVISOIRE: AMOUR ET BONHEUR
OU: SOIF DE PURETE ET ANARCHISME REACTIONNAIRE

I. ENTRE LE MYTHE DE CATHERINE ET LE MYTHE D'ADRIENNE

1) De καθαρός pur; on peut retrouver un sens poétique significatif dans les autres prénoms que nous avons cités: Lucile l'aimante, Amanda la lumineuse, Jézabel - Isabelle la séductrice, Aglaé, l'une des trois Grâces, Colombe, la messagère de paix et Marie, l'immaculée.

2) Nerval, I, Sylvie, pp. 267, 270, et d'une manière plus générale toute l'histoire de Sylvie.

3) Il est évident qu'il convient également de tenir compte de la motivation de la jeune fille. Nous avons fréquemment souligné la forme stéréotype de l'entente. On pourrait y ajouter souvent le désir d'épouser un rigoureux moraliste par compensation parce qu'elles désapprouvent le laxisme de leur propre père comme le font Julia (R.& J.) ou Aglaé (Hurl.).

4) Dans L̲é̲o̲c̲. l'apparition d'Amanda et son identification momentanée au rêve du Prince détruit par sa réalité l'artificialité de cet idéal. Elle est donc plus l'instrument d'une prise de conscience que d'une rêverie.

5) Cela est vrai, dans une certaine mesure, pour toutes les pièces étudiées jusqu'alors.

6) Pour Ardèle et son bossu c'est l'inverse qui se produit, mais aussi est-ce Ardèle qui rêve la première.

7) Pour Marc surtout au début avant qu'il connaisse le crime de sa mère et après c'est lui qui a honte.

8) Elle s'oppose en cela à Robert qui serait l'image du méchant alors qu'elle est celle de l'Ange gardien par rapport à Georges.

9) I̲n̲v̲., p. 38.

10) C̲f̲. L̲é̲o̲c̲., p. 302: "Il faut l'attendre en vivant le plus intelligement possible tous les jours, un par un, puis quand on le rencontre être bien bête tout d'un coup et tout manger à la fois".

11) C̲f̲. également D̲i̲r̲., p. 197 la remarque de Maria-Christina.

12) M̲é̲., p. 391.

13) I̲d̲e̲m̲, p. 363.

14) I̲d̲e̲m̲, p. 372: "Il peut (...) s'enfouir dans l'innocence de ta fille".

15) J̲. et M̲é̲. donnent une image saisissante des effets du temps sur la vie du couple. La faillite s'explique surtout par des conditions biologiques: frustration sexuelle dans un cas, vieillissement du couple dans l'autre. Ici intervient en outre un élément sociologique. Jason rêve de réintégrer le consensus social. Il accepte de devenir adulte. Sa maturation qui le dispose à se contenter du petit bonheur humain évoqué tout au long de la pièce par la nourrice, s'oppose à une sorte d'infantilisme de Médée qui conserve, avec une sorte de mauvaise conscience, les exigences et l'intransigeance intolérante de l'enfance. Même lorsqu'elle fait allusion à sa vieillesse prochaine, il semble bien que ce soit dans un futur lointain et imprécis.

16) I̲d̲e̲m̲, p. 398. C'est-à-dire vénale ou pour le moins prédative. Il y a lieu, à propos de l'image conventionnelle qui nous est donnée des bonnes, de faire une exception pour celle d'Elodie (B̲o̲u̲.) c̲f̲. sa tirade, p. 156. Elle ne diffère guère des adolescentes du groupe précédent.

17) C̲f̲. O̲r̲c̲h̲., p. 334.

II. DE L'AMOUR HUMAIN A L'ANARCHISME REACTIONNAIRE

1) Rappelons que ces retours ne signifient pour ainsi dire jamais répétition pure et simple, mais qu'ils fonctionnent dans l'œuvre comme un moyen d'approfondir les peintures un peu comme le procédé musical connu sous le nom de variation sur un thème donné n'est jamais entièrement gratuit mais complète ou renouvelle et enrichit même la phrase mélodique originelle.

2) C̲f̲. par exemple la dernière scène de P̲o̲i̲s̲s̲o̲n̲s̲ R̲o̲u̲g̲e̲s̲ Antoine expliquant à Toto la valeur symbolique du 14 juillet.

3) Oreste, lui aussi, est là pour dire NON aux paroles d'Egisthe, justes pourtant. Toutefois sa conduite est plutôt celle d'un impuissant d'une brute sauvage, d'une machine à tuer, sans volonté véritable puisque son bras est guidé non par un choix personnel mais par le Pédagogue, puis par Electre ! Celle-ci comme Antigone, Médée, Jeanne et Thérèse par exemple, est une "femme à histoires" qui ne "peut pas faire comme tout le monde" .

BIBLIOGRAPHIE DES OUVRAGES DE JEAN ANOUILH UTILISES
  ✱ Sauf indication contraire, le lieu d'édition est Paris.

I. Théâtre

PIECES ROSES:
  Humulus-le-muet - Le bal des voleurs - Le rendez-vous de
Senlis - Léocadia (La Table Ronde, 1958).

PIECES NOIRES:
  L'Hermine - La Sauvage - Le voyageur sans bagage - Eurydice
(La Table Ronde, 1958).

NOUVELLES PIECES NOIRES:
  Jézabel - Antigone - Roméo et Jeannette - Médée (La Table
Ronde, 1958).

PIECES BRILLANTES:
  L'Invitation au château - Colombe - La répétition ou l'Amour puni -
Cécile ou l'école des pères (La Table Ronde, 1958).

PIECES COSTUMEES:
  L'Alouette - Becket ou l'honneur de Dieu - La foire d'empoigne
(La Table Ronde, 1960).

PIECES GRINÇANTES:
  Ardèle ou la Marguerita - La valse des toréadors - Ornifle ou le
courant d'air - Pauvre Bitos ou le dîner de têtes (La Table Ronde,
1958).

NOUVELLES PIECES GRINÇANTES:
  L'Hurluberlu ou le réactionnaire amoureux - La Grotte -
L'orchestre - Le boulanger, la boulangère et le petit mitron - Les
poissons rouges ou Mon père ce héros (La Table Ronde, 1970).

  Y avait un prisonnier (La Petite Illustration, mai 1938).

  Oreste (ds 3e Cahier de la Pléiade, 1945).

  La Petite Molière (L'avant-scène, no. 210, 1959).

  Episode de la vie d'un auteur (Cahiers de la Compagnie Renaud-
Barrault, mai, 1959).

  Le songe du critique (Avant-Scène, no. 243, 15 mai 1961).

  Cher Antoine (La Table Ronde, 1969).

  Ne réveillez pas Madame (La Table Ronde, 1970).

  Tu étais si gentil quand tu étais petit (La Table Ronde, 1972).

<u>Le directeur de l'Opéra</u> (La Table Ronde, 1972).

II. Œuvres diverses

<u>Histoire de M. Mauviette et de la fin du monde</u>.
in: La Nouvelle Saison No 6, 1939
   repris dans C.C.R.B. no. 26, 1959, p. 97-118

<u>Fables</u>, La Table Ronde, 1962.

III. Articles et écrits divers

Ma première "générale"	- <u>L'Intransigeant Illustré</u>, 15 mai 1932.
Aime-t-on la fantaisie au théâtre	- <u>L'Intran</u>, 14 mai 1933.
Y avait un prisonnier et le printemps	- <u>Le Figaro</u>, 19 mars 1935.
On présente ce soir aux Ambassadeurs Y avait un prisonnier	- <u>Journal</u>, 20 mars 1935.
Avant propos pour <u>Le Roi Cerf</u> de Carlo-Gozzi	Programme du <u>Bal des Voleurs</u>, Cie des Quatre saisons, Atelier, 1938.
Le cinéma sauvera-t-il le théâtre	- <u>Je suis partout</u>, 12 mai 1939.
Il n'y a plus de comédiens sincères	- <u>Paris-Midi</u>, 16 avril 1940.
Une histoire de brigands, avant <u>Le Bal des Voleurs</u> à l'Atelier	- <u>Aujourd'hui</u>, 22 octobre 1940.
Propos déplaisants	- <u>La Gerbe</u>, 14 novembre 1940. Vandromme, pp. 223-227.
A la recherche d'une Avant-Première	- <u>Aujourd'hui</u>, 27 novembre 1940.
Monsieur Dullin	- Ier Programme de la Cie des Quatre Saisons inauguration de la représentation - '40 - Repris dans le programme de <u>Médée</u>, Va. pp. 183-184.
Marie Dorval, créatrice de Marie-Jeanne	- Programme de la représentation, 23 avril 1940.
Boulevard du crime	- Programme de <u>Marie-Jeanne</u> de Dennery et Malhian, revue par Jean Anouilh, Théâtre des Arts, avril 1940.
Mon cher Pitoëff	- <u>Aujourd'hui</u>, 11sept. 1940 Va. pp. 185-188.
Soliloque au fond de la salle obscure	- <u>La Gerbe</u>, 23 janvier 1941.
Propos confus	- <u>La Gerbe</u>, 11 decembre 1941.
Victor Boucher	- <u>Je suis partout</u>, 28 février 1942.

A Jean Giraudoux	- La Chronique de Paris, février 1944.
André Barsacq	- Programme de L'Agrippa ou la folle journée, Atelier, 18 février 1947.
Une naissance	- Opéra, 22 mai 1946.
Michel Marie Poulain	- Catalogue d'exposition, Paris, mai 1947.
Hommage à George Pitoëff	- Opéra, 4 mai 1949 Va. pp. 189-190.
Cher Pitoëff	- Programme de la 3e reprise du Voyageur sans bagage (1949).
Analyse du Bal des Voleurs dédiée au spectateur trop curieux	- Programme Atelier, saison 1950-51.
La pièce...pour le spectateur en retard	- Progr. Centre Dramatique du Nord (65/66) (Texte identique à celui du programme cf. annexe II.)
Des ciseaux de papa au sabre de mon père	- Opéra, 7 mars 1951.
Ludmilla Pitoëff	- Opéra, 19 septembre 1951.
Caveant Consules	- Opéra, 7 au 13 novembre 1951.
La Valse des Toréadors, que voilà une belle pièce	- Le Figaro, 23 janvier 1952.
Adieu à R. Vitrac	- Opéra, 30 janvier au 5 février 1952.
Anouilh, Aymé, Schéhadé jugent "Les Joueurs"	- Arts, 1953.
Godot ou le sketch des Pensées de Pascal traitées par les Fratellini	- Arts, 27 février - 5 mars 1953.
Un cadeau sans prix, les Frères Jacques	- Arts, 8-14 mai 1953.
Une inexplicable joie...	- Programme de L'Alouette 14-10-1953 Avant-Scène, 15-10-1964, Va. pp. 219-221.
Mystère de Jeanne	- L'Alouette, programme 15 octobre 1953 Avant-scène 320, 15 octobre 1964, Va., pp. 235-237.

Adapter Shakespeare	- Préface de l'adaptation par J.A. et Cl. Vincent de <u>Trois comédies</u> de Shakespeare, <u>L.T.R.</u>, ds Paris Théâtre VII - no. 79 (déc. 1953).
Lettre à une jeune fille qui veut faire du théâtre	- <u>Elle</u>, 21 janvier 1955 Va. pp. 201-214.
La mort d'une troupe	- <u>Arts</u>, 19-25 octobre 1955.
Du chapitre des chaises	- <u>Le Figaro</u>, 23 avril 1956 Va. pp. 231-233.
	- <u>Numéro spécial Ionesco des Cahiers des Saisons</u>, hiver 1959.
Lettre d'un vieux crocodile à un jeune mousquetaire	- <u>Arts</u>, 1-7 mai 1957.
Ai-je du crédit	- <u>Arts</u>, 14-10-1957.
Il y a dix ans mourrait Charles Dullin	- <u>Le Figaro</u>,12-13 déc. 1959.
Présence de Molière	- Texte lu à la Comédie Française le 15 janvier 1959 pour l'anniversaire de la naissance de Molière. Publié dans <u>Molière-Anouilh</u> CCRB XXVI, mai 1959, <u>Avant-Scène</u> 210, 15-12-'59.
Aujourd'hui 17 février mort de Molière	- <u>Paris-Match</u> no. 308, 1959, Léon Thoorens, <u>le dossier Molière</u>, 1964, pp. 172-187, 1964. Va. pp. 145-159, 1965.
La mort de Molière	- <u>Le dossier Molière</u>, sous la direction de Léon Thoorens, Paris 1964.
Le baptême de <u>La petite Molière</u>	- <u>Programme Festival de Bordeaux</u>, 1er juin 1959. <u>Avant-Scène</u> 210, 15 décembre 1959, Va. pp. 241-242.
Le bon pain	- <u>Le Figaro</u>, 9 juin 1960.
<u>Becket ou l'honneur de Dieu</u>	- <u>Programme Montparnasse-Gaston Baty</u>, 1959. <u>Avant-Scène</u> 282-283, 1er mars 1963, Va. pp. 239-240.
Cadeau de Jean Cocteau	- Numéro spécial (58) de <u>Points et contrepoints</u> sur Cocteau, Oct. 1961 Art. paru ds <u>La Voix des Poètes</u>, avril-mai-juin 1960, Va. pp. 191-193.

D'un jeune conformisme	- Le Figaro, 15 février 1962 pp. 215-218.
Dans mon trou de souffleur pour la première fois j'ai eu peur au théâtre	- Paris-Match, 20 octobre 1962.
Vitrac ou les enfants au pouvoir	- Programme Théâtre de l'Ambigu, octobre 1962.
Février 1945	- Aussi: Brasillach (Préface du Théâtre de Br.) ds O.C. IV p. XI-XIII daté octobre 1963 - cf. ci-dessous.
L'acheteuse	- Programme Théâtre des Champs-Elysées, 1963. pp. 179-181.
Brasillach	- Va. pp. 175-178.
Suzanne Flon	- Va. pp. 197-199.
Jean Flory	- Va. pp. 195-196.
L'Administrateur	- Va. pp. 229-230.
Le mystère Labiche	- Labiche, Œuvres Complètes, Club de l'honnête homme, 1966.
La Grâce	- Le Figaro, 7 février 1968.
Vous n'avez rien à déclarer	- Le Figaro, 13 novembre 1968.
Préface	- Wagner, P., Graine d'Ortie, La Table Ronde, 1971.

IV. Interviews

Interview (Mandarine)	- Paris Midi, 10-1-1933 17-1-1933.
Le rôle du théâtre n'est pas de faire vrai	- Interview à Yvon Novy, Jour, 12-3-1935.
Interview (accidentel) G. Reuillard	- Excelsior, 17-3-1935.
(L'Artifice)	- (C.R. d'une conversation) Les Nouvelles Litéraires, 27 mars 1937.
Interview à Claude Orland	- Je suis partout, 16 juillet 1937.
Interview (invol.) sur La Sauvage	- Paris-Soir, 10 janvier 1938.
Interview à André Warnod	- Rencontre avec J. Anouilh pendant la générale de la Sauvage, Le Figaro, 11-1-1938.

Interview (faux)	- Quand M. Anouilh ne nous parle pas d'Eurydice , Yvon Novy ds "Comoedia du 15-10- 1941.
Interview à Franck, A.	- Le théâtre d'aujourd'hui: J.A., Les Nouvelles Litté- raires, 10-1-1946.
Interview à Borel, E.	- Jean Anouilh a fait un conte bleu, Gavroche 5-11-1947 (début d'interview).
Interview à Odette Pannetier	- Opéra, 3-11-1948.
Interview à Françoise Giroud	- Anouilh (8 pièces roses, 11 pièces noires à la scène comme à la ville ne connaît qu'une femme (Monelle Valentin), France Dimanche, 12-10-1950.
L'auteur le plus mystérieux du Siècle: Jean Anouilh	- Opéra, 14-2-1951. Conversation pendant une rép. de Colombe .
Jean Anouilh nous dit	- Arts, 16 novembre 1951.
Interview à Jean Dalevèze	- Pour la première fois J.A. parle, Nouvelles Littéraires, 5 février 1959.
Interview à Jean Nicollier	- Rencontre avec Jean Anouilh, Interview Gazette de Lausanne, 4-3-1961.
Interview à Georges Verdot	- Pour une fois Anouilh s'est laissé interviewer... parce qu'il aime Vitrac, ds Figaro littéraire, 6 octobre 1962, p. 23.
Interview (cité par J. Harvey)	- ds NewYork Times, drama sect., 3-1-1954.
Interview	- Chansons Bêtes d'Anouilh Rue de la Gaieté, dans L'AURORE du 2-5-1968.
Interview	- Lauréat du prix Del Duca, Jean Anouilh a prononcé (sans trac) son premier discours, dans France- Soir, 6-6-1970.
Interview à Thomas Quinn Curtiss	- I write plays as a chair- maker makes chairs, dans International Herald Tribune, 18-9-1970.

320

LISTE DES OUVRAGES ET ARTICLES CITES [*]

Adam, A., Histoire de la littérature française au XVIIe siècle, 5 vol., Del Duca (1949-56), éd. de 1962.

Alain, Propos, 2 vol., éd. Pléiade, Gallimard, 1969-1970.

Albouy, P., Quelques gnoses sur la notion de mythe littéraire, in Revue d'Histoire Littéraire de la France, sept.-déc. 1970 (70), no. 5-6, pp. 1058-1063.

Ambrières, Fr., La galerie dramatique, 1945-1948. Le théâtre en France depuis la libération, Corrêa, 1949.

Ambrières, Fr., Le Théâtre de Jean Anouilh, Annales 63, Août 1956, pp. 46-57.

Amorós, A., Algunas notas sobre la idea de purezza en "Electre" de Giraudoux. Quadernos hispano-americanos no. 185, mayo de 1965, pp. 406-412.

Arvon, J., L'Anarchisme, P.U.F. 1959[2].

Aymé, M., Clérambard, B. Grasset, 1950.

Bachelard, G., L'Air et les Songes, Essai sur l'imagination du mouvement, José Corti, 1943.

Beauvoir, S. de, Le deuxième sexe, 2 vol. Gallimard, 1949[122].
  , La vieillesse, essai, Gallimard, 1970.

Berl, E., Le Bourgeois et l'amour, Gallimard, 1931.
  , La fin de la 3ème République, Gallimard, 1968.

Bertrant, J., La jeune fille dans la littérature française, Nizet L. Michaud, 1910.

Blanchart, P., Théâtre, 3e cahier, Editions du Pavois, 1945.

Boer, J., Aantekeningen over het hedendaagsche Fransche Toneel. Erasme 1ère An., 1946, pp. 38-52 (Anouilh, Sartre, Camus).

Boisdeffre, P. de, Métamorphose de la littérature
  I.I   De Barrès à Malraux
  I.II De Proust à Sartre,   Alsatia, 1963[5].

Borgal, Cl., Anouilh, la peine de vivre, coll. Humanisme et religion, éd. du Centurion, 1966.

Boudot, M., Pureté et aliénation dans le théâtre de Jean Anouilh, Cahiers du Sud, 41e Année, Juin 1954, pp. 92-110.

Bourget, P., L'Etape, A. Fayard, 1946.

Brasillach, R., Œuvres complètes, éd. par M. Bardèche. Au club de
l'honnête homme à Paris, 1963^2 - en XII vol. (Vol. IV: Théâtre,
Préface de J.A.).
, Le mystère de Jeanne d'Arc, ds La Politique, no. 8,
mai 1944, pp. 41-42.
, Anciens Acteurs de théâtre, Table Ronde, 1954.
, Animateurs de théâtre, Corrêa, 1936.
, Notre avant-guerre, Plon, 1941.
, Les quatre jeudi, Éd. Balzac, 1944.
, Écrit à Fresnes, Plon, 1967.

Brion, M., Les mains dans la peinture, Albin Michel, Paris, 1949.

Brun, Jean, La main, 1968.
, Prendre et comprendre, PUF 1963. Thèse comp. Paris 1961.
, La main et l'esprit, PUF 1963.

Brunel, P., Le mythe d'Electre, collection U^2, A. Colin, 1971.

Buchner, G., Théâtre complet, L'Arche, 1953.

Carofiglio, V., Nerval e il mito della "pureté", La Nova Italia ed.,
Firenze, 1966.

Chazel, P., La pureté de cœur dans le théâtre d'Anouilh. Foi et vie
no. 7 (1946) pp. 780-808.

Cocteau, J., La difficulté d'être, éd. 10 x 18, 1957.

Claudel, P., Connaissance de l'Est, Mercure de France, 1960.

Caillois, R., L'homme et le sacré, Gallimard 1950.

Coenen-Mennemeier, Brigitta, Untersuchungen zu Anouilhs Schauspiel:
"Becket ou l'honneur de Dieu". Max Hueber Verlag, Munchen, 1964.

Corneille, P., Théâtre complet, 2 vol., éd. P. Lièvre, Pléiade,
Gallimard, 1950.

Corvin, M., Approche sémiologique d'un texte dramatique "La Parodie"
d'Arthur Adamov, in Littérature, no. 9 février 1973; numéro spécial:
La Scène.

Crebillon, (Fils), La nuit et le moment, ou les matinées de Cythère,
Club Français du Livre 1966.

van Dale Groot woordenboek der Nederlandse taal, La Haye, 1961^8.

Deonna, Waldemar, Le symbolisme de l'œil, 1965^8.

Dictionnaire des Personnages Littéraires et Dramatiques et de tous les
pays, Laffont-Bompiani, 1960.

Didier, J., A la rencontre de Jean Anouilh, Bruxelles, 1946.

Doncœur, R.P. Paul, La minute française de l'interrogatoire de
Jeanne la Pucelle d'après le réquisitoire de Jean, Estivet et les ms.
d'Urfé et d'Orléans, Melun, 1952.
, Paroles et lettres de Jeanne la Pucelle, Plon,
1960.

Flaubert, Œuvres, 2 vol., éd. A. Thibaudet et R. Dumesnil, Pléiade, Gallimard, 1952.

Fournier, Y., La psychologie du mariage chez quelques écrivains français de 1920 à 1935. Thèse université de Lille. Dactyl. 1964.

Franck, A., Georges Pitoëff, l'Arche, 1958.

Franzel, Elisabeth, Stoff, Motiv und Symbolforschung, J.B. Metzlersche Verlagbuchhandl, Stuttgart, 1963.
, Stoffe der Weltliteratur, Stuttgart, 1962.

Frois, E., Trois cas de suicide dans le théâtre de Jean Anouilh, in Le Français dans le monde, no. 6, janvier 1962, pp. 2-5.

Fromentin, E., Dominique, éd. E. Henriot, Cl. Garnier, 1961.

Gerard, M., La déclaration d'amour dans le roman romantique. Etude de scénologie, R.H.L.F. 1968, pp. 798-814.

Ginestier, P., Le théâtre contemporain dans le monde, P.U.F., 1961.
, Anouilh, Seghers, 1969.

Gignoux, H., Jean Anouilh, éd. du temps présent, 1946.

Giraudoux, J., Théâtre complet, 4 vol. Grasset, 1958.
, Siegfried et le Limousin, éd. L. de P. 1963.

Giudici, E., Le statue di sale, ed. Scientifiche Italiane, Napoli, 1966.

Gouhier, H., L'Essence du théâtre, Plon, 1943.
, Le théâtre et l'existence, Aubier, 1952.
, L'œuvre théâtrale, Flammarion, 1958.

Grand Larousse Encyclopédique Larousse, 10 vol., Paris, 1960-64.

Guérin, Daniel, Front populaire, révolution manquée, 1963.

Guilleminault, G. & Mahé, A., L'époque de la révolte, le roman vrai d'un siècle d'anarchie (1862-1962), Denoël, 1963.

Gun, W.H. van der, La Courtisane Romantique et son Rôle dans la Comédie Humaine de Balzac, v. Gorcum, Assen s.d. (1962?).

Harvey, J., Anouilh, a study in theatrics, Yale U.P., New Haven and London, 1964.

Hastings, Dr. D.W., L'impuissance et la frigidité, R. Laffont, 1970.

Hugo, V., Romans, 3 vol. Prés. H. Guillemin, coll. Intégrale, Seuil, 1963.
, Théâtre complet, 2 vol. Bibl. de la Pléiade, 1964.
, La Légende des siècles - La fin de Satan - Dieu, I vol. idem, 1964.

Ionesco, E., Notes et contre notes, Gallimard, 1962.

Isorni, J., Le procès de R. Brasillach (19-1-1945), Flammarion, 1946.

Jankélévitch, Vl., Le pur et l'impur, Flammarion, 1960.
, L'aventure, l'ennui, le sérieux, Aubier Montaigne, 1963.

, La Mort, Flammarion, 1966.
, Traité des Vertus, 3 vol. Bordas-Mouton, 1968-72[2].

John, S., Obsession and technique in the plays of Jean Anouilh., French
Studies, April, 1957, p. 97/116.

Jolivet, Ph., Le théâtre de Jean Anouilh, Michel Brient et Cie., 1963.

Jolivet, R., Essai sur le problème et les conditions de la sincérité,
Paris/Lyon s.d. (1950 ?).

Jouhandeau, M., Algèbre des valeurs morales, 1935.

Jouvet, L., Témoignages sur le théâtre, Flammarion, 1952.

Junker, A., Das Thema der Hand in der moderne französischen Literatur,
in Die Neueren Sprachen, Jahrg. 1967, pp. 311-323.

Kahl, Detlev, Die Funktion des Rollenspiels in den Dramen Anouilhs,
Hambourg, 1974.

Kemp, R., Les poissons d'Anouilh et Roméo et Jeannette, Ds Vie du Théâtre, 1956, pp. 91-96.
, La vie du théâtre, 1956.

Kowzan, Tadeusz, Le signe au théâtre, introduction à la sémiologie de
l'art du spectacle, in Diogène 61, 1968, pp. 59-90.

Kushner, E., Le mythe d'Orphée dans la littérature française contemporaine, 1961.

La Bible, Ancien Testament, éd. E. Dhorme, Pléiade, Gallimard, 2 vol.,
1956-1959.
, Nouveau Testament, éd. Jean Grosjean c.s., Pléiade,
Gallimard, 1971.

Lacouture, J., André Malraux, une vie dans le siècle, Seuil, 1973.

Lacroix, J., Les sentiments et la vie morale, P.U.F., 1968.

Lafayette, Mme de, La Princesse de Clèves, éd. par E. Magne, T.L.F.
Droz, Genève/Lille, 1950.

Lampen, Anna-Davel, Le romanticisme de Jean Anouilh, Prétoria, 1965.

Laubreaux, A., La saison 1940-41. 5 Chroniques. Ds: Je suis partout,
11 août, 1941: Jean Anouilh.

Legrand, Père L., La virginité dans la Bible, 1964.

Lemaire, Ton, De tederheid. Gedachten over de liefde, Utrecht, 1968.

Levi-Strauss, Cl., Anthropologie structurale, Plon, 1958.

Lilar, Suzanne, Le couple, Grasset, 1963.

Linden, J.P. van der, A. Esquiros, De la bohème romantique à la république sociale, Winants/A.G. Nizet, Heerlen/Paris, 1948.
, Jean Anouilh, zijn visie op de mens, Thymge-
nootschap, XXXVIII, 1951, pp. 258-274.

Linke, H., Dramaturgie des Wunders in J.A. Schauspiel l'Alouette, Z.F.S.L. LXIX 1/2 46-80 et 3/4 129-149, 1959.

Littré, Emile, Dictionnaire de la langue française en 7 volumes, Pauvert, Gallimard, Hachette 1956-1958.

Luppé, R. de, Jean Anouilh, éd. Univers. 34, 1959.

Machefer, Ph., Ligues et fascismes en France, 1919-1939, P.U.F. 1974.

Malachi, Th., L'idée de bonheur dans le théâtre d'Anouilh, The Hebrew University Studies in Literature, vol. 1, number 1, Spring 1973, p. 111-118.

Marceau, F., c.s., La Française et l'amour, Laffont, mai 1960.

Marcel, G., De Jézabel à Médée, le tragique chez Jean Anouilh, Revue de Paris, 56e Année (juin 1949), pp. 96-110.
, L'heure théâtrale. De Giraudoux à Jean-Paul Sartre (Chroniques dramatiques) Paris, 1959.

Marivaux, La double inconstance, in Deloffre, F.M. Théâtre complet I, Garnier, 1968.

Marsh, E.O., Jean Anouilh, poet of Pierrot and Pantalon, Allen & Co., London, 1953.

Mauduit, J., Anouilh ou la nostalgie de la grâce, in Recherches et débats C.C.I.F. cahier no. 2, oct. 1952, pp. 157-168.

Maurras, Ch., La seule France, Lardanchet, 1941.

Mauzi, R., L'idée du bonheur dans la littérature et la pensée française au XVIIIe s. A. Colin, 1960.

Michaud, Guy, L'œuvre et ses techniques, Nizet, 1957.

Michelet, J., Jehanne d'Arc, Le Club du Meilleur Livre, 1962.
, L'oiseau, Delagrave, 1936.

Miquel, P., La révolte, Bordas, 1971.

Molière, Théâtre complet, éd. G. Couton, 2 vol., Pléiade, 1971.

Montaigne, Essais, éd. Alb. Thibaudet, Pléiade, Gallimard, 1950.

Montherlant, Théâtre, éd. J. de Laprade, Pléiade, Gallimard, 1958.

Moulinier, L., Le pur et l'impur dans la poésie des grecs., 1952 .

Nahas, H., La femme dans la littérature existentielle, P.U.F., 1957.

Nelson, R.J., Play within a play, the dramatist's conception of his art: Shakespeare to Anouilh, Yale U.P./ P.U.F., 1958.

Nerval, G. de, Aurélia, éd. J. Richer, Minard, 1965.

Ni dieu ni maître, anthologie historique du mouvement anarchiste, avec la collaboration de Daniel Guérin, Ed.de Delphes s.d.(1967?)

Pascal, Pensées, éd. Lafuma, Livre de vie 24-25, 1962.
, Les Provinciales, éd., J. Steinmann, 1962.

Pernoud, R., Vie et mort de Jeanne d'Arc, Hachette, 1953.

Plessen, J., Promenade et poésie. Expérience de la marche et dela poésie dans l'œuvre de Rimbaud, Mouton 1967.

Abbé Prévost, Histoire du chevalier des Grieux et de Manon Lescaut, éd. G. Matoré, T.L.F., Droz, Genève/Paris, 1953.

Pronko, L.C., The world of Anouilh (Persp. in criticism 7), Univ. of California Press, Berkeley and Los Angeles 1961.

Proust, M., A la recherche du temps perdu, éd. Clarac, P. et Ferré, A., Pléiade, 3 vol., Gallimard, 1954.

Racine, Œuvres complètes, 2 vol., éd. R. Picard, Pleiade, Gallimard, 1950.

Radine, S., Anouilh, Lenormand, Salacrou - trois dramaturges à la recherche de leur vérité, éd. des trois collins, Paris/Genève, 1951.

Robert, P., Dictionnaire alphabétique et analogique de la langue française, 1970-1971[2].

La Rochefoucauld, Œuvres complètes, éd. Martin-Chauffier, Pléiade, Gallimard, 1950.

Rimbaud, Œuvres, éd. S. Bernard, Garnier, 1960.

Sartre, J.P., Le diable et le Bon Dieu, Gallimard, 1951[109].
, L'être et le Néant, Gallimard, 1957[50].

Schyler, H-J., Das Problem des Todes bei Anouilh und Camus, D.U.P., Tübingen, 1959.

Shaw, P., Saint Joan, 1923, éd. Penguin plays, Edinburg, 1962.

Sieburg, F., Gott in Frankreich, essay, 1929.

Simon, P.H., Théâtre et destin. La signification de la renaissance dramatique en France au XXe siècle., 1959.
, Le couple dans la littérature française contemporaine. Anneau d'or, 1966, mars-avril, pp. 131-43.

Tans, J.A.G., Toneel en leven, enkele beschouwingen over Anouilh., Wolters, Groningen ,1962.

Tchekov, Œuvres, éd. Cl. Frioux c.s., Pléiade, Gallimard, 1963.

Teil, R. du, Amour et pureté, essai sur une morale de la signification, P.U.F., 1946.

Tertullianus, Q.S.F., Traité du baptême. Texte M. Drouzy, 1958[8].

Thody, Ph., Anouilh, Edinbourg, 1968.

Thierry, A., Histoire de la conquête de l'Angleterre par les Normands. Tome II, Garnier, 1867.

Thoorens, L., Le dossier Molière, ouvrage collectif - Marabout Université, 1964.

Théorie de la littérature. Texte des formalistes russes., traduct. T. Todorov., Seuil, 1965.

Tomachevski, B., Thématique in Théorie de la littérature, pp. 263/307.

Valéry, Œuvres, T.1, éd. Pléiade, Gallimard, 1957.

Vandromme, P., Brasillach, P.U.F. 1956.
　　　　　　 , Drieu la Rochelle, P.U.F. 1958.
　　　　　　 , Céline, P.U.F. 1963.
　　　　　　 , Jean Anouilh, un auteur et ses personnages, La Table Ronde, 1965.
　　　　　　 , Rebatet, P.U.F. 1968.

Vauvenargues, Œuvres complètes de Vauvenargues, éd. H. Bannier, 2 tomes, Hachette, 1968.

Vigny, A. de, Théâtre, Nelson, s.d.

Weber, Eugen, Action Française, royalisme and reaction in twentieth century France, Stanford U.P., Stanford (Cal.).

Weber, J.P., Génèse de l'œuvre poétique, Gallimard, 1960.

Werrie, P., Théâtre de la fuite, Bruxelles, 1943.

Weseloh, Elke, Anarchismus eine Bewusstseinshaltung, Diss. Münster, 1968.

Wulms, G., Jean Anouilh, Bruges, 1969.

* Sauf mention spéciale le lieu d'édition est Paris.

332

Onanisme: 146.
ONASSIS (Jacques): 110.
Opéra-bouffe: 134.
OPHELIE (Hamlet) : 129.
Orchestre (L'): 21, 51, 60, 130, 149.
Ordalie, Jugement d'- : 165-167.
Oreste: 292, 303.
ORESTE (Gent.): 33, 130, 131, 132, 133, 170, 175, 176, 210, 228, 309.
ORLAS (Céc.): 52, 53, 57, 58.
ORNIFLE (Orn.): 143, 168, 226, 228, 287.
Ornifle : 21, 220, 201, 202-203, 229, 234, 287, 291, 308, 311.
ORPHEE (Eur.): 30, 32, 33, 39, 75, 76, 77, 78, 79, 80, 82, 83, 105, 115, 148, 161, 162, 163, 165, 166, 222, 228, 230, 234, 239, 292, 300.
OVIDE: 297.
Ouie: 21.

Palais des Tuileries: 208.
PALUCHE: Voir JULIEN - fils; -père; RITA -; SIDONIE -;
Ne Réveillez pas...
PAMELA (Val.) : 226, 230, 234;
voir aussi Bonne(s).
PAPE: 182, 191.
Parents: 168.
- respectables: 169-171.
PARISIEN (Le) (Les filles du feu): 218.
Paris-Presse: 203.
Parole (parler, mots): 30-31, 33. 222; voir aussi: Communication et Eurydice.
PASCAL (B.): 145, 167, 173, 205, 305, 325. Voir aussi: Pureté de cœur.
Le patriote: 201.
PEDAGOGUE (Le): 176, 314.
PEDOUZE, Mme: 125.
Pélican(s), Pères -: 37, 38, 104, 127, 159, 169, 172, 174, 175, 177, 220, 228, 237.
Pensées (Pascal): 173, 325.
PERE (Le) (J.): 229, 234.
Père ganache: 237.
- pélican: Voir Pélican(s).
PERNOUD (Régine): 179, 326.
PERPER (Bou.) : 123.

Perspectives méthodologiques: 1-13, 287-288.
PETAIN (Maréchal Ph.): 198, 201, 204, 207, 310.
PETERBONO (Bal.): 41, 42.
PETIT CAPORAL, Napoléon
1er dit le - : Voir NAPOLEON.
Petite Molière (La) : 19, 20, 105-109, 112, 127, 174, 277, 292, 293, 300, 301.
Petit Parisien (Le): 194.
PETITE REINE (La) (Beck.) : 226, 230, 234.
PETRI (R.): 287.
Phèdre (Racine): 18.
PHILIPPE (Her.): 5, 56, 58, 59, 196.
PHILIPPE D'ESPAGNE: 208.
PIANISTE (Le)(Gent.): 210.
Pièces Brillantes: 12, 45.
Pièces Grinçantes: 12.
Pièces Noires: 6, 7, 45, 126, 148.
Pièces Roses: 92, 153, 220, 221.
Pièce rose: 45.
PIEDELIEVRE (C.A.): 110.
PIRANDELLO (L.): 83.
Pitié et l'entente: 27; voir aussi Entente.
PITOEFF (G.): 75.
PLESSEN (J.): 326.
POETE-CHERI (Col.): 100, 102, 103.
Poissons Rouges (Les) ou "Mon Père ce héros": 21, 124-127, 128, 133, 141, 169, 170, 172, 195, 200, 203, 211, 211-213, 274, 291, 292, 307, 308, 311, 313.
Politiques (Allusions): 193, 203-206, 237.
POLONIUS (Hamlet): 129.
Le Populaire: 240.
POLYEUCTE (Polyeucte): 188.
Presse de la Collaboration: 194.
PREVOST (Abbé): 297.
PREVOST (M.): 105, 300.
PRINCE (Le) (Le Double Inconstance): 72, 73.
PRINCE (Le) (Léoc.): 45,

342

30,328.

LE THÉÂTRE DE JEAN